Antonio de Ulloa

Physikalische und historische Nachrichten vom südlichen und nordöstlichen Amerika

ISBN/EAN: 9783743653795

Hergestellt in Europa, USA, Kanada, Australien, Japan

Cover: Foto ©ninafisch / pixelio.de

Weitere Bücher finden Sie auf **www.hansebooks.com**

Vorrede
des Uebersetzers.

Wenn Nachrichten von entfernten und weniger bekannten Ländern nur alsdenn für zuverläßig und lehrreich gehalten zu werden verdienen, wenn man versichert seyn kann, daß sie von einem Manne herrühren, der diese Länder selbst kennen zu lernen und zu untersuchen Gelegenheit gehabt und zugleich alle die nöthigen Kenntnisse und Eigenschaften, eine solche Gelegenheit zu nutzen, besessen hat, darf man hoffen, daß die hier in einer deutschen Uebersetzung mitgetheilten physikalisch-historischen Nachrichten von einigen der vorzüglichsten Länder in America auf den Beyfall des Publicums Anspruch machen können. Der Verfasser derselben, Don Antonio de Ulloa, welcher sowohl als Gelehrter, als auch als einer der vornehmsten Befehlshaber der spanischen Seemacht, auch außerhalb seines Vaterlandes rühmlich bekannt ist, stammet aus einer der edelsten und vornehmsten Familien in Spanien ab, und ward im Jahre 1716 zu Sevilla geboren. Er that sich sehr frühzeitig durch seine Kenntnisse und Fähigkeiten unter der königlich spanischen Garde Marine, in die er 1733 kam, so rühmlich hervor, daß er im Jahre 1734, nebst D. Georg Juan, vom Könige von Spanien ernannt ward, in Gesellschaft der französischen Mathematiker, der Herren de la Condamine, Bouguer und Godin, nach Südamerica zu reisen, um einige Grade des Meridians zu Bestimmung der Gestalt der Erdkugel zu messen. Er reiste mit seinen Gefährten am 26sten May 1735 aus Spanien nach Peru ab. Hier blieb er, bis die Messungen und Beobachtungen am 12 May 1744 geendigt waren. Auf seiner Rückreise fiel er vor Luisbourg auf Cap-Breton den Engländern in die Hände, welche ihn gefangen nach England führten, wo er gut behandelt ward, seine Papiere wieder erhielt, auch zum Mitgliede der königl. Gesellschaft aufgenommen wurse. Im Julius 1746 kam er nach einer eilfjährigen Abwesenheit wieder in Madrid an. Von seiner Reise, den nebst D. Georg Juan gemachten Beobachtungen und Messungen und den Resultaten derselben, desgleichen von den Ländern, die er durchreist, und in denen er sich aufgehalten hat, gab er eine ausführliche und sehr schätzbare Beschreibung heraus, die unter dem Titel: Relacion historica del Viage de Orden de S. Mag. para medir algunos Grados de Meridiano, por D. *Jorge Juan* y D. Antonio de Ullòa, Madrid 1748. in 5 Bänden in klein Folio erschienen ist. Sie ward zu Leipzig 1751, als der neunte Band der allgemeinen Historie der Reisen zu Wasser und zu Lande, deutsch, und zu Amsterdam und Leipzig 1752 französisch übersetzt herausgegeben. Seitdem hat D. Antonio wichtige Ehrenstellen ruhmvoll bekleidet; verschiedene Male ist er Gouverneur von einigen Provinzen in America gewesen. Im Jahre 1766 ward er zum Gouverneur von dem von der Krone Frankreich an Spanien abgetretenen Louisiana ernennt, welche Stelle er aber wegen einiger erfolgten Unruhen nicht lange behal-

behalten hat. Im Seedienſte iſt er durch ſeine Verdienſte bis zur Würde eines Generallieutenants der königlich ſpaniſchen Flotte geſtiegen. Von der ihm wegen einer Nachläßigkeit in ſeinem Dienſte gemachten Beſchuldigung iſt er durch einen Kriegsrath in Cadiz, wo er itzt ſich aufhält, vor kurzem rühmlich freygeſprochen worden.

Gegenwärtige phyſikaliſche und hiſtoriſche Nachrichten vom ſüdlichen und nordöſtlichen America, welche beſonders Peru und Louiſiana betreffen, und die Reſultate ſeiner vieljährigen Beobachtungen ſind, erſchienen im Jahre 1772 zu Madrid unter dem weitläuftigen Titel: Noticias Americanas: Entretenimientos phiſicos-hiſtoricos, ſobre la America Meridional y Septentrional Oriental. Comparacion general de los Territorios, Climas, y Producciones en las tres eſpecies, Vegetales, Animales, y Minerales. Con Relacion particular de las Petrificaciones de Cuerpos Marinos, de los Indios Naturales de aquellos Paiſes, ſus Coſtumbres, y uſos: de las Antiguedades: Diſcurſo ſobre la Lengua y ſobre el modo en que paſſaron los primeros Pobladores. Der Verfasser hat sich in dem ihnen vorausgeschickten Vorberichte über die Absichten, die er dabey gehabt, und über den Gesichtspunkt, aus welchem man sie zu betrachten hat, ausführlich erklärt. Man wird durchgängig den wohl unterrichteten Naturkündiger, den genauen Beobachter, den von Vorurtheilen befreyten Denker, und den für sein Land warmen Patrioten bemerken. Insbesondere sind seine Nachrichten von den Bergwerken in Peru lehrreich und schätzbar. Eine ihm eigne zu gekünstelte und selbst nach dem Geständnisse verschiedener Spanier oft schwer zu verstehende Schreibart ist vielleicht das Einzige, was an diesem so schätzbaren Werke auszusetzen wäre. Die Zusätze, welche diesen Nachrichten beygefügt werden sollten, werden in einiger Zeit besonders nachfolgen. Göttingen, im April, 1781.

Dieze.

Inhalt
des zweyten Theils.

Zwölfter Abschnitt.
Von den Bergwerken, besonders von den Silberbergwerken, und von der Art, sie zu bearbeiten.   Seite 1

Dreyzehnter Abschnitt.
Fortgesetzte Anmerkungen über die Bergwerke; Nachricht von den vornehmsten Cassen und Magazinen, und der Menge des daselbst zugutgemachten Silbers   S. 17

Vierzehnter Abschnitt.
Von dem gegenwärtigen Zustande der Silberbergwerke, von denen, wo das Silber durchs Feuer, und von denen, wo durchs Quecksilber zugute gemacht wird.   S. 33

Funfzehnter Abschnitt.
Von den zur Zugutemachung des Silbers nothwendigen Materialien, dem Quecksilber und dem Salze, und von den Bergwerken dieser beyden Gattungen.   S. 56

Sechzehnter Abschnitt.
Von den Fossilien, und insbesondere von den Versteinerungen   S. 75

Siebenzehnter Abschnitt.
Von den eingebornen Indianern in Süd- und Nordamerica, und von ihren Sitten und Gebräuchen.   S. 90

Achtzehnter Abschnitt.
Fernere Nachrichten von dem Charakter und Sitten der Indianer, nebst einer Vergleichung derselben unter einander.   S. 107

Neunzehnter Abschnitt.
Von der Religion der Indianer; ihren Begräbnissen; ihrer Abnahme; und von den Casten oder Geschlechtern der Mestizen.   S. 130

Zwanzigster Abschnitt.
Nachrichten von den Alterthümern der Indianer, und den noch davon vorhandenen Ueberbleibseln.   S. 145

Ein und zwanzigster Abschnitt.
Von einigen Arbeiten und Werken der Indianer zu ihren unumgänglichen Bedürfnissen; desgleichen von einigen kleinen Figuren in Form von Idolen oder Amuleten.   S. 163

Zwey und zwanzigster Abschnitt.
Von der Sprache der Indianer. Vermuthung, wie America wahrscheinlicherweise ist bevölkert worden.   S. 178

Don Antonio de Ulloa
physikalische und historische
Nachrichten
vom
südlichen und nordöstlichen
America.

Zwölfter Abschnitt.

Von den Bergwerken, besonders von den Silberbergwerken, und von der Art, sie zu bearbeiten.

Zu allen Zeiten haben Reichthümer und kostbare Metalle, welche die Mittel sind, zum Besitze aller übrigen Dinge zu gelangen, für die Menschen den größten Reiz gehabt. Gold und Silber haben so viel anzügliches an sich, daß, ohne ihnen einen festen Werth beyzulegen, sie selbst von Nationen, die ihrer am wenigsten zu ihrem Handel und Gewerbe bedürfen, auf das höchste geschätzt werden. Diese Metalle geben der Welt Gesetze, und die Fürsten könnten sich, bey der gegenwärtigen

wärtigen Lage der Sachen, kein Ansehen verschaffen, wenn ihnen diese fehlten, und würden nicht im Stande seyn, den unumgänglichen Aufwand, den ihre Würde erfordert, machen zu können. So wie sie Gesetze vorschreiben, eben so bestimmen sie den Werth der Dinge, indem nach dem Ueberflusse oder Mangel, worinnen sie vorhanden sind, alle übrige Dinge sich richten müssen; und dadurch sind sie in der That der allgemeine Maaßstab des Werths der Bedürfnisse des Lebens geworden, der durch sehr kleine Theile derselben bestimmt wird. In diese Classe gehören vorzüglich die Arbeiten der Menschen. Vom Größten an bis zum Geringsten giebt es keinen, der nicht die Belohnung seiner Verdienste, seiner Geschicklichkeit, oder seiner Bemühungen, in Theilen derselben erhält, welche dem Werthe der Arbeiten eines jeden angemessen sind. Die Chineser arbeiten unaufhörlich, um sich Silber zu verschaffen, welches ihr Land nicht hervorbringt, und sind eine Nation, die dessen am wenigsten bedarf. Die Europäer lassen sichs sauer werden, es zu erwerben, um den Chinesern, die so sehr darnach streben, damit auszuhelfen und es ihnen zuzuführen. Die Mohren in Afrika üben beständige Seeräubereyen aus, und suchen mit großem Bestreben, Silber zu gewinnen; und dazu bedienen sie sich des Mittels, Menschen zu Sklaven zu machen, um etwas zu haben, das ihnen den Besitz desselben verschaffe, da sie im übrigen die am meisten barbarischen und am wenigsten handelnden Nationen unter allen übrigen bekannten Völkern sind. Die Europäer setzen sich allen Arten von Gefahren aus, um sich mit diesen Metallen zu versehen; und von einem unaufhörlichen Wetteifer angetrieben, reiben sie einander in den Kriegen, die sie unter sich führen, wechselsweise auf, bloß aus Begierde, den größten Antheil davon zu besitzen. Die Bewohner von America wühlen in der Erde, und bringen in den

Schoos

Schoos derselben hinunter, in der Hoffnung, durch die Herrschaft über diese Götzen vollkommen glücklich zu werden. Allein sie sind die, welche sie am wenigsten genießen: denn unvermerkt verlieren sie sie, und in sehr kurzer Zeit sieht man, daß sie die halbe Erde durchlaufen, und, ohne sich lange zu verweilen, durch die Hände verschiedener Besitzer bis zu den entferntesten gelangt sind. Ihre Macht erstreckt sich gewissermaßen über die Begriffe der Menschen, und nöthigt sie zu einem wechselseitigen Umgange und Gewerbe, welche ohne diesen Antrieb unter den verschiedenen Nationen nicht statt finden würden, indem jede von ihnen in dem Bezirke ihres Landes bleiben, und sich nicht bemühen würde, die entferntesten und unbekanntesten Länder aufzusuchen. Durch sehr kleine Stücken dieser Metalle kann man den Willen der Menschen nach seinen Absichten lenken; und indem man sie nach dem Verhältnisse der sich entgegensetzenden Hindernisse vermehrt, wird der Weg zu dem, was unmöglich scheint, gebahnt, und alle Schwierigkeiten mit leichter Mühe überwunden.

Man kann daher Gold und Silber als Dinge ansehen, die unter den Menschen zu einem allgemeinen Maaßstabe dienen. Diese durch den Reiz derselben angetrieben, sind in steter Bewegung, und bringen die Zeit ihres Lebens in steten Beschäftigungen, Arbeiten und Bemühungen zu. Hierzu trägt die Natur selbst durch die von ihr getroffene Anordnung das Ihrige bey, daß sie diese Metalle nicht so gemein gemacht hat, damit sie nicht zu leicht zu erlangen seyn möchten, weil sie alsdenn bald ihren Werth verlieren würden. Eben so hat sie sie auch nicht in gleicher Menge auf der ganzen Erde vertheilt, damit die Bewohner der verschiedenen Weltgegenden sich der gehörigen Mittel bedienen sollten, sich dieselben durch den größten Fleiß und eine anhaltende und unabläßige Bemühung zu verschaffen. In allen

Welttheilen pflegt man einige geringe Anzeigen von dem Daseyn dieser so geschätzten Metalle anzutreffen; aber eben dadurch, daß sie sich in den mehresten Gegenden so sparsam finden, und die Erlangung derselben mit so sehr großen Schwierigkeiten verbunden ist, werden sie noch schätzbarer und wünschenswerther, und die geringen Spuren derselben dienen nur zu einer Probe, sie daraus kennen zu lernen, und zu einem Antriebe des Bestrebens der Menschen, sich das im Ueberflusse zu erwerben, was das Schicksal ihnen mit sparsamer Hand zugetheilt hat.

America, welches den Vorzug hat, Gold- und Silberbergwerke in größerm Ueberflusse als alle übrige Welttheile zusammen zu besitzen, hat die Indianer zu Einwohnern, ein Volk, welches, sich selbst überlassen, das trägste, und unter allen bekannten Nationen gegen alle Arten von Arbeiten das allerabgeneigteste ist. Wenn diejenigen, die man für cultivirt und gesittet hält, etwas arbeiten sollen, muß man sie mit vielen Bemühungen dazu bringen und mit Gewalt dazu antreiben: denn wenn man sie ihrem eignen Willen überließe, würden sie ihre Tage zubringen, ohne sich von der Stelle zu bewegen, wie es die noch nicht bezwungenen thun; daher geht das Gold und Silber, davon sie die ersten Besitzer sind, ihnen aus den Händen, und fließt von einem Herrn zum andern, ohne sich lange bey einem zu verweilen.

Die Schwierigkeit, diese kostbaren Metalle zu gewinnen, rührt nicht bloß daher, daß sie mit so vieler Mühe aus dem tiefen Schoose der Erde müssen herausgezogen werden; sondern es scheint auch, daß der erhabene Urheber der Schöpfung dasjenige Land, welches den Vorzug hat, sie in größtem Ueberflusse zu besitzen, durch weite Meere von den übrigen Ländern abgesondert hat. Er erhub dieses hohe land weit über die gewöhnliche Höhe andrer Länder auf der Erdkugel, und ließ es über alle übrige empor ragen, um gleichsam eine gewisse Analogie zwischen der physischen und moralischen Beschaffenheit zu erkennen zu geben. Denn so wie man keine andere Länder auf der Erde antrifft, die in Ansehung ihrer Höhe mit diesem zu vergleichen wären, so kennt man auch kein Product, welches zum Maasstabe der Macht, des Ansehens, der Herrschaft, der Würde, des Vergnügens, des Wohlstandes, durch alle Stufen der Menschen, von dem erhabensten Reichen bis zum niedrigsten Armen, so durchgängig diente, als die in diesem Lande enthaltenen kostbaren Metalle.

Lange Zeit vor der Entdeckung von **America**, so weit die ältesten Nachrichten hinaufsteigen, gab es schon Gold und Silber, welche zu allen Zeiten eben diese Bestimmung gehabt haben. Allein seit dieser berühmten Begebenheit sind diese Erze die mächtige Triebfeder geworden, alle Nationen in steter Bewegung zu erhalten, und sie zu einem unablässigen Bestreben und Wetteifer, sich dieselben zu verschaffen, anzutreiben. Die Begierde nach dem Besitze dieser Metalle ist die Ursache, daß die Völker durch wechselseitigen Umgang und Gewerbe sind cultivirt worden; die Meere sind mit zahlreichen Flotten bedeckt worden, die wie ganze Staaten auf den Gewässern herumschiffen. Die Künste sind gestiegen; der Fleiß der Menschen ist geschärft worden; Aufklärung hat sich über die Völker verbreitet, und sie sind zu einer genauern Kenntniß der Erde, ihrer Producte und Merkwürdigkeiten, welche vorher sehr unvollkommen war, dadurch gelangt.

Es ist gewiß, daß nach dem Verhältnisse dieser Vortheile, diese Entdeckung der Quellen des Reichthums auch sehr viele üble und unglückliche Folgen, insbesondere für diejenige Nation, in deren Lande sie entstehen, veranlaßt hat. Sie ist die vornehmste Ursache ihres Verfalls und der öftern Kriege, welche der Neid der übrigen Nationen und die Ansprüche einer jeden von ihnen auf einen vorzüglichen Besitz derselben erregt haben; ob man gleich glauben kann, daß die Kriege nicht aufhören würden, wenn auch die Begierde nach dem Besitze der Reichthümer sie nicht veranlaßte: denn wie die Erfahrung lehrt, sind auch zwischen andern Nationen, bey denen der Gebrauch dieser Metalle nicht eingeführt ist, immer Kriege gewesen, und werden auch noch immer seyn, da es so schwer für das menschliche Herz ist, seinen Begierden Gränzen zu setzen, und mit dem, was man wirklich besitzt, sich zu begnügen.

Das Königreich Peru ist eine der großen Niederlagen, wo Metalle gefunden werden. Man trifft daselbst alle Gattungen derselben an, als: Bley, Kupfer, Zinn, Quecksilber, Silber und Gold; auch giebt es daselbst diejenigen, welche man Halbmetalle nennt; insbesondere findet man auch Salz, Schwefel und Harze. Allein alle Aufmerksamkeit wird vorzüglich auf Gold und Silber, als die kostbarsten, gerichtet, und in diesem Betrachte streben alle ohne Unterschied nach dem Besitz derselben: denn obgleich die andern auch gesucht werden, und ziemlich einträglich sind, geschieht es doch nicht mit so großer Begierde und Bemühung.

Es scheint, daß jenes hohe Land ausdrücklich zu einem Behältnisse oder Magazine des Silbers von der Natur angelegt und eingerichtet worden, da die Silberbergwerke ihm vorzüglich eigen sind. Und ob sich gleich einige in den Gegenden, wo man aus dem höhen Lande in das niedrige herabkömmt, befinden, sind sie doch in geringer Anzahl und von wenigem Ertrage. Die Erfahrung lehrt, daß dieses Erz in den Punas und kältesten Gegenden gefunden wird, so wie das Gold in den wärmsten, ob man es gleich zuweilen auch in solchen Gegenden,

genden, die nicht von dieser Beschaffenheit sind, antrifft. Die Silberbergwerke sind nicht so häufig, als man sich insgemein vorstellt, indem sich die Leute einbilden, daß es deren in jedem Berge gebe, und daß, wenn man diese nur öffnete und aufgrübe, das Silber sich sogleich zeigen würde. Dieser Irrthum ist nützlich: denn durch diese Täuschung werden sie angereizt, sich zu bemühen, sie überall aufzusuchen; und wenn es einigen fehlschlägt, gelingt es dagegen andern.

Eben dasselbe Vorurtheil, welches glauben macht, daß die Silberbergwerke so sehr gemein sind, veranlaßt auch, sie alle für sehr reichhaltig und ergiebig zu halten. Auch dieser zweyte Irrthum hat seinen Nutzen: denn indessen bis man diesen Reichthum, den man sich in seiner Vorstellung verspricht, findet, wird doch etwas Silber gewonnen, ungeachtet die Kosten zwey= bis dreymal mehr als der Werth betragen. Der Verlust hierbey trifft diejenigen, welche die Kosten hergegeben haben; indessen wird im Ganzen doch die Menge des Silbers vermehrt, und das Publicum gewinnt dadurch. Es ist keine angenehmere Unterhaltung für diejenigen, die sich darauf einlassen, noch ein Gegenstand, auf welchen sie ihr Vermögen freygebiger verwendeten, ohne es zu bereuen, wenn sie es dabey verloren haben, und sich in ihrer Hoffnung betrogen sehen. Die Bergleute werden gänzlich hingerissen, und gleichsam bezaubert, durch die Kennzeichen der Ader (Veta), welchen Namen sie dem Bergwerke geben, durch die Strecke, wie weit sie mit der Arbeit gekommen sind, durch die Gattung der Erze, die sie herausbringen, oder durch den Anblick des Silbers, das sie von Zeit zu Zeit finden, und durch die Geschichten, die ihnen diejenigen, welche sich mit diesem Geschäfte abgeben, zu erzählen pflegen. Das einzige, was sie kränkt, wenn ihr Vermögen zu Ende ist, ist, daß sie nicht noch einmal so viel haben, um die Unternehmung fortzu=

fortzusetzen; und daher, ob sie gleich viel aufwenden, und wenig gewinnen, glauben sie doch nicht dabey verloren zu haben, und halten das, was sie hoffen, daß ihnen das Bergwerk eintragen soll, für weit beträchtlicher. Unter einer großen Anzahl sind einige glücklich; und das Beyspiel dieser wenigen erhält die übrigen bey gutem Muthe, und macht, daß sie mit ihrem Funde zufrieden und ganz darauf erpicht sind, die Arbeit fortzusetzen, um den Schatz endlich zu finden. Die Leidenschaft für den Bergbau geht so weit, daß derjenige, der sich einmal darauf eingelassen hat, wenn es auch nur einigermaßen und gleichsam zum Versuche geschieht, ganz verdorben wird, und bereit ist, sein ganzes Vermögen der Begierde, zum Besitze der darinnen enthaltenen Reichthümer zu gelangen, aufzuopfern. Dieß ist die einzige Sache, worinnen sie sich weder ökonomisch noch geizig zeigen. Den bey dem Bestreben, bis dahin zu kommen, wo sie sich Hoffnung machen, ihre Silberader so reichhaltig zu finden, daß sie das gediegne Silber mit dem Eisen losschlagen können, und einen unermeßlichen Schatz besitzen werden, sparen sie kein Geld, und lassen sich nicht abschrecken, so lange es auch währt, und wie groß auch der Aufwand seyn mag. Darüber darf man sich so sehr nicht wundern, daß sie auf Bergwerke, die in Ansehen stehen, und Hoffnung geben, Unkosten verwenden, sondern daß sie es bey solchen thun, die vorher den Untergang anderer zuwegegebracht haben, und daher verlassen worden, und über die Verblendung, daß sie sich so viel Mühe geben, diese aufzusuchen. Sie machen verschiedene Oeffnungen in die Berge, und lassen sich durch einige äußere Kennzeichen, die sie antreffen, und durch die Vorstellung, daß es einige zuverläßige gebe, dazu verführen. In Ansehung des ersten Umstands haben sie die Meynung angenommen, daß Reichthümer Deposita sind, die Gott denen aufgehoben hat,

welchen

welchen er sie bestimmt, und daß, wenn gleich viele in Aufsuchung derselben verarmt sind, weil sie ihnen nicht zugedacht waren, die Zeit ihrer Entdeckung noch nicht gekommen war. Zu der zweyten Unternehmung veranlaßt sie die Beschaffenheit und Form des Gesteins des Berges, die Richtung desselben, die Stellung der Lagen*), die Breite derselben, und die Gestalt und Größe des ganzen Bergs, ja selbst die darauf wachsenden Kräuter. Die Vorstellung dieser Kennzeichen wird durch das Urtheil derjenigen, welche man für Bergverständige hält, bestärkt; aus jedem Umstande wird eine Vorherverkündigung gezogen, und die vortheilhafteste Abschilderung der zu gewinnenden Ausbeute wird als untrüglich angenommen. Sie bedienen sich hierbey einer eigenen Bergwerkssprache, welche vermögend ist, die Einbildungskraft von allen andern Gegenständen abzuziehen, und sie ganz zu entzücken. Durch dergleichen Zuredungen wird der größte Geizhals freygebig, der gleichgültigste Mensch läßt sich dadurch einnehmen; und indem sie von Tage zu Tage, und von einer Stunde zur andern hoffen, daß der glückliche Zeitpunkt erscheinen wird, der sie in den Besitz der größten Reichthümer setzen soll, überlassen sie sich gänzlich diesen Bemühungen mit solchem Eifer und einer solchen Hartnäckigkeit, daß sie an nichts anders denken, von nichts anderm sprechen, nichts anders hören wollen, und alle ihre Gespräche und Bemühungen einzig und allein darauf richten.

Die Begierde nach Silber geht so weit, daß die angesehensten, einsichtsvollesten und klügsten Männer in diese Schwachheit gerathen, und keine Gründe noch Vorstellungen etwas bey ihnen vermögen, sobald sie sich darauf eingelassen haben. Alle ihre Gespräche ha-

---

*) Lajas. Das Wort Laxa oder Laja bedeutet sonst einen platten ebenen Stein.

ben keinen andern Gegenstand, als Bergwerke, überwundne, oder noch zu überwindende Schwierigkeiten, Anzeigen, die ihnen eine reiche Ausbeute versprechen, Mittel, sie in Gang zu bringen, Beyspiele glücklich gewordner berühmter Bergleute, und glückliche Entdeckungen.

Diejenigen, die sich mit diesen Unternehmungen abgeben, sind nicht jederzeit, ja nicht einmal die mehreste Zeit, vermögende oder reiche Leute; die mehresten von ihnen sind arm, ohne einige Unterstützung zu haben, und nicht wenige sind verunglückte Kaufleute. Diese treten in Gesellschaft mit irgend einem Catrador, gehen hin und zeigen eine von ihnen entdeckte Grube an, oder suchen bey dem Könige an, daß ihnen eine derjenigen, die verlassen worden, und von wenigem Belange ist, käuflich überlassen werde. Auch pflegen sie sich in Unterhandlung mit dem Besitzer einer der gangbaren Silbergruben einzulassen, damit er ihnen eine Veta (Ader) in derselben abtrete. Auf eine oder andere dergleichen Art bemühen sie sich um den Besitz, und lassen sich bey der königlichen Casse einzeichnen, wo sie dem Könige den Zehenten des gewonnenen Silbers, und den Betrag des Quecksilbers, das sie zur Zugutmachung desselben nöthig haben, entrichten müssen. Dieß ist gemeiniglich der Anfang, und der schwache Grund, welchen die wichtigen Arbeiten, ganze Berge zu durchwühlen, um das Silber herauszuholen, zu haben pflegen. Indessen hilft der Besitz der Silbergruben nicht viel, wenn das Vornehmste, nämlich das darauf zu verwendende Capital, fehlt; und hier zeigt sich die Geschicklichkeit, die Ueberredung und der Einfluß, welchen Reichthümer haben, auch die Vorsichtigsten und Klügsten zu überwinden.

Mit den Proben reichhaltiger Erze, von denen sie vorgeben, daß sie aus ihrer Grube sind, wenden sie sich an einen reichen und wohlhabenden Mann, und indem
sie

sie sie ihm mit dem größten Geheimnisse und vieler Zurückhaltung zeigen, geben sie ihm die Silberstreifen zu bemerken, die sich darinnen zeigen; sie preisen ihm die Güte und Stärke der Ader an, und alle die übrigen günstigen Kennzeichen; sie überreden ihn, daß es nur aussenliegende Pallacos (Halden) sind, und sobald man sich bemühe, die Gruben, welche, wie sie vorgeben, eingestürzt, und deswegen verlassen worden, wieder zu bauen und in Gang zu bringen, man gewiß das Erz finden würde; sobald die Halden weggeräumt und sie völlig freygemacht worden, würden sie wieder ergiebig werden. Hiezu fügen sie hinzu, daß dieses auszuführen kein großes Capital erfordert werde. Sie legen ihm einen Plan vor von dem, was noch zu thun ist, und indem sie ihn mit einer weitläuftigen Nachricht unterhalten, wie einträglich sie in vorigen Zeiten, ehe sie eingefallen gewesen sey, locken sie ihn mit ihren süßen Worten an, sich in die Unternehmung einzulassen; und am Ende läuft ihr Antrag dahinaus, ihn zu bereden, daß mit einem mäßigen Aufwande von ungefähr fünfhundert bis tausend Pesos, oder einer solchen Kleinigkeit, wie sie sagen, alles leicht auszuführen sey. Um ihn vollends gänzlich zu überreden, bieten sie ihm an, daß alle Silberkuchen (Piñas) die gewonnen werden, ihm zugehören sollen, und daß kein baares Geld nöthig sey, sondern nur Kleider, Branntwein, eiserne und stählerne Werkzeuge, und andre dergleichen unter die Arbeiter zu vertheilende Artikel erfordert würden. Ob nun gleich die erste Bemühung fruchtlos abläuft, bleibt doch der Saame in dem Gemüthe ausgestreuet, um in demselben aufzuschießen, und die gewünschte Wirkung nach und nach hervorzubringen.

Auf diese Art machen sie ihre Versuche bey verschiedenen Personen, hüten sich aber, daß keine von der andern etwas erfahre; und dazu haben sie die Gelegenheit,

sich

sich Leute an entfernten Oertern zu diesem Endzwecke zu wählen, als in Lima, in Guamanga, Cuzco, La Paz, Guancavelica, oder in einer andern der vielen großen und kleinen Städte dieser Landschaften. Es findet sich immer einer darunter, der sich mehr als die andern anreizen läßt; zuweilen zeigen sich wohl zwey oder drey Concurrenten, welche sich erbieten, die Unkosten vorzuschießen. Wenn das erste Capital zu Ende ist, ist es unumgänglich ein neues herzugeben, damit das erstere nicht verloren gehe: denn diese Leute, die man Aviadores (Gewerken) nennt, haben nichts, wodurch sie sich bezahlt machen können, bis die Grube Ausbeute gegeben hat. Die Bergleute, die immer darauf sehen, daß die vorgeschossenen Summen nicht so stark werden mögen, geben ihnen neue Beweise oder Kennzeichen an, daß die Absicht bald erreicht seyn werde; sie bringen sogar den Aviadores oder Gewerken, einige kleine Silberkuchen von wenigen Marken, um sie hiervon zu überzeugen. Auf diese Weise werden Summen von funfzig bis sechszigtausend Pesos nach und nach ohne einen merklichen Fortgang verwendet.

Bey diesen großen Unkosten, denen nichts Gränzen setzt, als das Ende des Capitals, es müßte denn das Glück besonders günstig seyn, finden sich zwey merkwürdige Umstände zu betrachten: einmal, daß die Besitzer oder Gewerken, die sie hergeben, so zufrieden sind, es gethan zu haben, daß sie die Schwachheit, die sie begangen haben, nicht einsehen, und gegen die, welche sie dazu verführt haben, nicht aufgebracht werden, und daß die, welche bey jedem andern Aufwande geizig und sparsam sind, es bey denen von dieser Art gar nicht zu erkennen geben, wie so viele Beyspiele beweisen. Der andere Umstand ist, daß, nachdem die Arbeit schon lange Zeit, ohne irgend einige beträchtliche Ausbeute zu gewinnen, fortgesetzt worden, nach ihrer Meynung nichts weiter, als

noch

noch die Arbeit eines einzigen Tages erfordert wird, um die reichhaltige Silberader zu entdecken; dieser Termin, der dem Ansehen nach so kurz ist, erscheint nie: denn stets entsteht eine neue Schwierigkeit, die denselben eben so lange wieder verschiebt; und auf diese Art verfließen viele Tage, und es vergehen viele Jahre, ohne daß das, was sie in ihrer Einbildung sich vorstellen, zur Wirklichkeit kömmt.

Wenn eine alte Silbergrube, die vorher verlassen gewesen war, oder eine Ader einer gangbaren gebauet wird, wird zuweilen etwas Silbererz gefunden: aber das ist so wenig, daß es in keinem Verhältnisse mit den aufgewandten Unkosten steht, und die Mark kömmt oft drey-bis viermal über ihren eignen Werth zu stehen; wenn hingegen nach vielen Bemühungen und Unkosten man so glücklich ist, die Quelle des Reichthums zu finden, gewinnt man in kurzer Zeit wieder, was man aufgewendet hat, und alle, die an dem Bergwerke Theil haben, der Aviador, der Bergmann und der Catrador, welcher letztere gemeiniglich der Factor ist, und die Arbeiten dirigirt, bereichern sich.

Der glückliche Erfolg, den einige von denen, die sich mit diesen Unternehmungen abgeben, zuweilen zufälliger Weise haben, ermuntert sehr viele, standhaft fortzufahren; allein da alles dieses von zufälligen Umständen abhängt, ist die Gefahr des Verlusts allemal grösser als die Hoffnung des Gewinnsts.

Daher kömmt es, daß die Bergleute gemeiniglich unter einander zu sagen pflegen, daß sie dem Könige einen vorzüglich beträchtlichen Dienst leisten: denn wenn sie nicht mit so vielem Eifer und so vieler Bereitwilligkeit die Arbeit in den Bergwerken unternähmen, und ansehnliche Capitale daran wagten, würde kein Silber gewonnen werden, welches den Reichthum der Monarchie ausmacht. Gewissermaßen haben sie Recht: denn in der That verhält es sich so; allein wenn man die Absicht, die sie dabey haben, betrachtet, geht sie nicht dahin, die Monarchie zu bereichern, sondern sich durch den Besitz einer großen Menge Silbers reich und angesehen zu machen; und diese Begierde darnach ist es eben, welche sie so weit, als eben gesagt worden, verführt.

Insgemein befinden sich neben den Silbergruben, die verlassen worden, große Haufen Halden, die man als unnütz, zu der Zeit, da sie gebauet wurden, hatte liegen lassen; diejenigen nun, welche sich bemühen, sie wieder in Gang zu bringen, lassen aus denselben diejenigen Stücke herauslesen, welche reichhaltig zu seyn scheinen, und lassen sie zu Gut machen, durch welches Verfahren, sie etwas Silber gewinnen, und zuweilen selbst mehr als aus dem frisch herausgebrachten Silbererze. Diese Stücke nennen sie Pallacos, und die Operation, sie heraus zu lesen, Pallaquear. Hieraus ist die Meynung entstanden, daß das Silber mit der Zeit wächst, und daß die Gesteine oder Erde der Adern das Vehiculum sind, in welchem die Saamenkörner des Silbers sich festsetzen, und wenn es durch die verschiedenen in der Erde enthaltenen Materien zubereitet worden, immer vollkommner wird und wächst; sie geben dabey vor, daß, als die Adern verlassen worden, es deswegen geschehen sey, weil sie gar kein Silber enthielten, denn sonst würden sie sie nicht vernachläßigt haben. Gegen diese Behauptung ließe sich einwenden, daß zu der Zeit, da sie dieselben liegen ließen, sie sie für weniger ergiebig hielten, in Vergleichung der Reichhaltigkeit des Erzes, welches sie zu Gute machten. Allein es ist so gewöhnlich, in den alten Pallacos Silber in mittelmäßiger Menge anzutreffen, daß diese Meynung nicht ganz ohne Grund ist, und noch durch das ähnliche Beyspiel unterstützt wird, daß sich das Nämliche in den Quecksilbergruben zuträgt; man hat auch bemerkt, daß eben auch bey den

Silber=

Silberadern diejenigen, welche, weil sie kein Silber gaben, verlassen worden sind, wenn sie nach sechzig oder mehrern Jahren wieder bearbeitet werden, Silber, und zuweilen in ziemlichem Ueberflusse liefern.

Dieses wird auch noch dadurch bestätigt, daß, so lange die Grube noch einige Kennzeichen hat, daß sie Silber enthält, und das zu dem dabey zu machenden Aufwande nöthige Geld nicht fehlt, sie nicht verlassen wird, indem noch immer die Hoffnung zu den zu gewinnenden Reichthümern vorhanden ist. Daher, da sie ergiebig war, geschahe es nicht, und beym Mangel nutzt man alles, in der Rücksicht, daß, obgleich der Ertrag gering ist, das Wenige doch immer etwas hilft. Man kann also aus diesem Grunde nicht als gewiß annehmen, daß die Pallacos zu der Zeit, da sie aus der Grube heraus gebracht wurden, silberhaltig gewesen wären, und deswegen weggeworfen worden, weil andere reichhaltigere vorhanden gewesen wären.

Wenn man Adern bearbeitet, die kein Silber sehen lassen, oder wenn sie sehr wenig liefern, beschäftiget man sich mit Sammlung und Zugutmachung der Pallacos, im Falle Halden da sind, wo man es thun kann. Ausserdem daß sie mit zu den Unkosten beytragen, dienen die Piñones und silberhaltigen Steine, die man findet, dazu, sich bey den Aviadores, denen sie vorgezeigt werden, in der guten Meynung zu erhalten, und zur Bestätigung der guten Nachrichten, die sie von dem gemachten Fortgange geben, und wodurch sie sie stets in der Hoffnung, daß alles noch besser gehen wird, unterhalten. Durch solche Beweise überzeugt, thun diese ihre Hand auf, und schiessen wieder ein Capital her, um die Arbeit zur Vollkommenheit zu bringen.

Kein Mensch auf der Welt kann vergnügter seyn, als ein Aviado'r oder Eigenthümer einer Silbergrube, die er durch einen Verwalter bearbeiten läßt, wenn ihm

ein

ein Silberkuchen (Piña) zur Ersetzung seines Aufwands vorgelegt und einige oder mehrere Stufen eingehändiget werden, worinnen man den Gehalt des Silbers aus einigen Fasern erkennen kann. Das Vergnügen, das er hierbey empfindet, macht, daß er nicht mehr daran denkt, wie viel es ihm gekostet hat, da oft eine Mark auf ein oder mehrere tausend Pesos zu stehen kommt. Dieses so theuer erkaufte Vergnügen erheitert sein Gemüth, nicht allein wegen der bestätigten Hoffnung eines vollkommnen Gewinns, sondern auch, weil er nun einmal das kostbare Erz vor sich sieht, wovon er die Proben, als den Anfang seines Triumphs, sorgfältig an einem der vornehmsten Oerter seines Hauses aufstellt, wo es jedermann in die Augen fällt, und allen, die dahin kommen, gezeigt wird, damit sie an seinem Glücke Theil nehmen, und ihm ihre Glückwünsche abstatten sollen. Hierauf werden die Erzählungen und Berichte des Bergmanns oder Aufsehers des Bergwerks mit allen Umständen, ohne einen einzigen davon auszulassen, erzählt; hierdurch nun wird die Einbildungskraft ganz bezaubert, und er macht sich Hoffnung, die Silberkuchen nach dem Maaße seiner Wünsche und Begierden vermehrt zu sehen.

Dreyzehnter Abschnitt.

Fortgesetzte Anmerkungen über die Bergwerke; Nachricht von den vornehmsten Cassen und Magazinen, und der Menge des daselbst zu Gut gemachten Silbers.

In dem vorigen Abschnitte haben wir einige Nachricht gegeben, aus was für schwachen Gründen der Bau der Bergwerke insgemein angefangen, und wie derselbe bey vielen von Leuten unternommen wird, die nicht das geringste Vermögen, ja zum öftern nicht einmal zu leben haben, und daß Capitale von vielen Tausenden aus Begierde, Silber zu gewinnen, durch sie verschwendet werden. In diesem Abschnitte wollen wir diese Nachrichten fortsetzen, und von den Erzen und Bergwerken, und von der Art, wie sie gebauet und bearbeitet werden, handeln, wozu nicht weniger Bemühung und Geschicklichkeit erfordert wird, als Fonds zu erlangen, mit der vorgeblichen Vorstellung, sie durch die reiche Ausbeute von Silbererzen, die man dadurch zu erhalten hofft, vermehrt zu sehen; hierzu wird es nöthig seyn, von der Art, wie man das Quecksilber erhält, einen Begriff zu geben, da dasselbe das vornehmste Hülfsmittel ist, wodurch die Arbeit bey den Bergwerken gefördert wird.

Das Quecksilber ist das Maas des Silbers, und das sicherste Zeugniß, woraus erhellet, wie viel aus jedem Bergwerke gewonnen worden: denn da es mehrentheils durch Amalgamation oder Verquickung zu Gute gemacht wird, kann es ohne Hülfe dieses Metalls von dem Erze nicht abgesondert werden. Es giebt indessen doch einige Bergwerke, wo die Arbeiten mit Feuer geschehen:

II Theil. B

stehen: allein deren sind wenige, und außerdem findet sich die Unbequemlichkeit, daß in der Gegend, wo sie liegen, kein Ueberfluß an Holze, oder auch Icho ist, welches letztere die Stelle des erstern ersetzen könnte; daher, ob es gleich verschiedene Erze giebt, die, wenn sie auf die zweyte Art zu Gut gemacht werden könnten, weit ergiebiger seyn würden, als nach der ersten Art, dieses doch nicht geschehen kann. Also vorausgesetzt, daß die Zugutmachung größtentheils vermittelst des Queckfilbers verrichtet wird, kann man sogleich, wenn die gebrauchte Quantität desselben bekannt ist, beynahe ganz zuverläßig die Menge des gewonnenen Silbers darnach bestimmen.

Es ist eine in den dortigen Gegenden allgemeine, und durch die Erfahrung bestätigte Meynung, daß die ehemals berühmten, sehr ergiebigen Bergwerke gegenwärtig in Verfall gerathen sind. Diese Bewandtniß hat es mit denen von Potosi, die jetzt in der That bey weitem nicht mehr so ergiebig sind, als in vorigen Zeiten. Dieses rührt aus zwey Ursachen her. Erstlich liegen einige Gänge oder Adern derselben so tief, daß die Kosten das Wasser abzuleiten, desgleichen die um sie im Gange zu erhalten erforderlichen Werke, und die Erze zu Tage zu fördern, den daraus zu ziehenden Gewinn um ein sehr Beträchtliches übersteigen. Zweytens, da man viele Jahre hindurch die besten Schätze aus denselben herausgeholt, haben sie abgenommen. Obgleich dieses nicht bey allen eben derselbe Fall ist, bemerkt man es doch, wenn man nur die seit Anfang dieses Jahrhunderts verflossenen Jahre ansieht, bey den mehresten. Es scheint, daß, so wie einige derselben abnehmen und in Verfall gerathen, in andern sich einige etwas reichhaltige Adern zeigen. Hieraus kann man mit Grunde annehmen, daß in dem ganzen Umfange dieses weitläuftigen Landes gegenwärtig nicht weniger Silber, als vor siebenzig oder

achtzig

áchtzig Jahren gewonnen wird, nur mit dem Unterschiede, daß es jetzt in andern Gegenden gefunden wird.

Den Berg von Potosi muß man sich, in Betracht der unzähligen Oeffnungen von außen, und der Aushöhlungen und Gänge, die sich im Innern desselben befinden, als einen Bienenbau vorstellen. Dieß läßt sich leicht begreifen, wenn man bedenkt, was für eine ungeheure Menge Materien aus seinen Eingeweiden herausgezogen worden, um die Erze zu erhalten, die gleichsam als Adern in demselben sich ausbreiten, und aus welchen das Silber hernach herausgezogen wird. Daher, wenn es möglich wäre, seine äußere Schale abzunehmen, und das Innere desselben mit einem Blicke ganz zu übersehen, würde man eine unendliche Menge von Wegen und unterirdischen Gängen entdecken, die ohne regelmäßige Richtungen, nach den Strichen, die die Adern halten, angelegt und geführt worden. Diese Erze, welche in der gemeinen Sprache Metalle genannt werden, sind seit den erstern an die Entdeckung gränzenden Zeiten, da sie außerordentlich reichhaltig waren, sehr geringhaltig geworden, und zwar so sehr, daß, wenn sie nicht die gute Eigenschaft hätten, daß sie sich sehr bequem herausholen, und sehr leicht zugut machen lassen, man keinen Nutzen von ihnen würde ziehen können; allein der Umstand, daß sie so leicht zu fördern, und zugut zu machen sind, ersetzt den Mangel der Reichhaltigkeit. Es giebt in verschiedenen Gegenden andere Erze, die weit mehr silberhaltig, aber auch weit weniger bequem zur Arbeit sind, sowohl wegen ihrer Härte und der dabey erforderlichen Unkosten, als auch, weil sie eine Beymischung von Spießglas und verschiedenen andern Materien haben, welche nicht zulassen, sie dahin zu bringen, daß das Quecksilber bey ihnen wirken könne. Aber bey diesen Unbequemlichkeiten haben sowohl die einen, als die andern, so viel Reiz, daß es nicht an Leuten fehlt, die sich entschließen, ihr Glück dabey zu versuchen, und die sich weder durch ihre Geringhaltigkeit und Härte, noch durch die Schwierigkeit, die rechte Art, sie zugut zu machen, zu treffen, abschrecken lassen.

Die Silberbergwerke finden sich in verschiedenen Provinzen vertheilt, und es scheint, daß die Natur auch hierinnen eine gewisse Ordnung, so wie in Ansehung der Thiere und Pflanzen, hat beobachten wollen, die sie auch nicht in allen Gegenden des nämlichen festen Landes gemein hat werden lassen. Dieses erhellet daraus, daß, da diejenigen, welche von Norden oberhalb Lima bis parallel mit Potosi', und von da aus bis nach Chile laufen, Punas von fast gleicher Höhe und Kälte sind, sie sich in dem Striche von Lima bis nach Potosi am meisten finden, und hingegen in eben der Parallele von Lima bis zum Aequator immer weniger werden, wie die geringe Anzahl derselben beweist, die man in dem Königreiche Quito, und von da weiter hin in der Gegend von Santa Fe' antrifft, in welchem Landstriche die Goldbergwerke gemeiner sind, welche insgemein nur in warmen Gegenden, und sehr selten außer denselben gefunden werden. Eben dasselbe zeigt sich von Potosi' nach Süden zu, in welchem weitläuftigen Raume man nur zufälliger Weise von irgend einem etwas weiß. Die tiefste Naturlehre kann keine zuverläßige und sichere Grundsätze angeben, diese seltne Erscheinung auf eine hinlängliche und befriedigende Art zu erklären, da dem Anscheine nach einerley Umstände bey allen sich vereinigen.

Da die Silbererze vermittelst des Quecksilbers müssen zugut gemacht werden, so hat der Staat die Sorge auf sich genommen, dasselbe zu liefern, damit dieses vornehmste Ingredients, ohne welches die Erze ohne Nutzen seyn würden, keinen Zufällen ausgesetzt sey, und die Bergleute ohne Hindernisse und Unterbrechung ihre

Arbei=

Arbeiten unternehmen, und sicher seyn können, das, was ihnen dazu nöthig ist, jederzeit zu erhalten. Zu diesem Endzwecke sind in den Gegenden, wo die meisten Bergwerke sind, verschiedene Cassen (Caxas), oder Magazine, errichtet worden, welche die Niederlagen und die bestimmten Oerter sind, wo das gewonnene Silber hingebracht und geschmolzen werden muß, um dem Könige den gebührenden Zehnten zu entrichten, und den Werth des Quecksilbers zu bezahlen, welches einem jeden das Jahr über ist überlassen worden.

Unter diesen Niederlagen, oder königlichen Cassen, ist eine Hauptcasse, welche alle übrige mit Quecksilber versieht, und die sich zu Guancavelica befindet; die übrigen in den Gegenden nach Norden sind zu Jauja, Pasco, Lima und Truxillo; und in den süblichen zu Cuzco, Chucuito, La Paz, Caylloma, Carangas, Oruro und Potosi, so daß zusammen ihrer zwölf sind. Indessen befinden sich doch nicht in den Bezirken einer jeden derselben reichhaltige Bergwerke: denn in einigen sind sie so selten, daß man kaum einige Spuren davon findet.

Aus diesen Magazinen erhalten die Bergleute, die sich in jeder Gerichtsbarkeit befinden, ihren Vorrath von Quecksilber, der ihnen auf ein Jahr auf Credit gegeben wird, um ihnen dadurch ihre Arbeiten zu erleichtern, damit sie nicht nöthig haben, die baare Bezahlung sogleich zu leisten, welche eine der beträchtlichsten Kosten, die sie haben, ausmacht. Die hierbey beobachtete Einrichtung besteht darinnen, daß die Mineros (Bergleute) sich an die königliche Casse wenden, und sich wegen des Quecksilbers, welches sie zum Gebrauche des Silbererzes, das sie während des Jahres aus dem Bergwerke ziehen, nöthig haben, durch eine Obligation verpflichten, es am Ende desselben zu bezahlen. Dieses Jahr wird nach einem alten Gebrauche vom ersten May an gerechnet, und endigt

endigt sich mit dem letzten April. Dieses wird nicht allein in Ansehung des Queckfilbers beobachtet, sondern auch in allen andern Departements der königlichen Finanzen: denn an diesem Tage müssen alle Rechnungen in den königlichen Cassen geschlossen, und neue angefangen werden, welches man cerrar las Cartas-Cuentas (Abschluß der Rechnungen) nennt.

Es ist, wie man leicht begreifen wird, eine große Erleichterung für die Bergleute, daß sie diese Bequemlichkeit haben, das Queckfilber ohne baare Bezahlung zu erhalten, und des dazu nöthigen Capitals sich während des ganzen Jahrs bedienen zu können. Allein auch diese Erleichterung ist oft nicht hinlänglich, sich erhalten zu können, indem es sich sehr oft zuträgt, daß sie noch vor völligem Ablauf des Jahrs sich ohne Fonds befinden, ihren Bau auszuführen; welches entweder von dem geringen Gehalte des Erzes herrührt, oder von der Vermehrung der Kosten, die theils durch die Härte des Erzes und die Schwierigkeiten es zu gewinnen, theils durch den Bau und die Arbeiten, die in der Grube erfordert werden, verursacht wird. Daher kömmt es, daß diejenigen, welche sich nicht durch sich selbst erhalten können, verlassen werden, wenn ihre Eigenthümer kein eigenes Vermögen besitzen, oder keine Aviadores haben, die das Geld dazu vorschießen. Man muß die Bergwerke als eine Art von Glücksspiel ansehen, wodurch diejenigen, denen es günstig ist, sich bereichern, und die, welchen es zuwider ist, zu Grunde gerichtet werden.

Derjenige, welcher unterläßt, das während eines Jahrs erhaltne Queckfilber am Ende desselben zu bezahlen, darf sich keine Hoffnung machen, in der Folge weiter damit versehen zu werden; und wenn dieses nöthige Hauptmittel fehlt, hilft das Bergwerk weiter nichts, wird daher verlassen, und verfällt wieder in den ersten

Zu=

Zustand, worinnen es derjenige fand, der es zu bauen unternommen hatte. Es geschehen große Einstürze; das Wasser nimmt überhand; die Gänge werden verstopft, und wenn nach Verlauf einiger Zeit ein andrer den Bau von neuem unternimmt, muß er mit vielen Unkosten dieselbe Mühe und Arbeiten wie sein Vorgänger anwenden.

Wenn man die beträchtliche Menge Silber sieht, die alle Jahre aus America nach Spanien gebracht wird, so ist es nicht leicht, sich die Schwierigkeiten vorzustellen, die es vom Anfange zu gewinnen gekostet hat, und daß es nur mit dem Aufwande großer Summen, und durch die unermüdete Leidenschaft derer gewonnen wird, die sich diesen Bemühungen unterziehen. Diese Leidenschaft ist es, welche, wie im vorhergehenden Abschnitte gesagt worden, sie so sehr einnimmt, daß, so lange sie noch die Bequemlichkeit haben, Quecksilber erhalten zu können, sie es nicht verlassen, wenn sie gleich sehr wenig Silber daraus ziehen; daher ist diese Anstalt eine der größten Unterstützungen, die sie haben, ihre Arbeit zu befördern.

Auf diese Kenntniß gründete sich daher ohne Zweifel die Einrichtung, welche in jenen Königreichen gemacht worden, das Quecksilber für den Preis, den es hat, zu liefern; hierzu kömmt auch noch der Umstand, daß er in Vergleich mit dem in Spanien gewöhnlichen sehr beträchtlich ist. Nach diesem Grundsatze ist er auch nicht in allen Gegenden gleich, sondern wird nach dem Verhältnisse der Entfernung der Oerter bestimmt: so ist er in Guancavelica 79 Pesos $37\frac{1}{100}$; in Jauja 85 $6\frac{1}{100}$; zu Pasco $847\frac{1}{100}$; zu Lima $847\frac{1}{100}$; zu Truxillo ist der Preis am höchsten wegen des Transports von Lima dahin; zu Cuzco 95 $87\frac{1}{2}$, zu Caylloma 86 $\frac{69}{100}$; zu Carangas 94 $\frac{50}{100}$; zu Oruro 97 $10\frac{1}{100}$, zu Potosi'

99 $12\frac{1}{4}$; $\frac{99}{100}$ hiebey müſſen die Bergleute den Transport aus den Magazinen bis nach dem Orte, wo die Silbergruben liegen, über ſich nehmen.

Die Schatzkammer genoß zweyer Rechte, die ihr zukamen, nämlich den Quinto ſowohl vom Queckſilber, als auch von dem gewonnenen Silber. Dieſer letztere wurde auf wiederholte Vorſtellungen und richtige Beweiſe, welche die Mineros vorbrachten, und woraus es ſich offenbar ergab, daß ihre Umſtände ihnen dieſe Contribution nicht verſtatteten, im Jahre 1737 auf den Diezmo oder Zehnten heruntergeſetzt; denn da ſie den Quinto nicht erlegen konnten, wurden viele Bergwerke verlaſſen, und der Nachtheil fiel auf den Staat, der darunter leiden mußte. Aus eben ſo gegründeten Urſachen wurde im Jahre 1761 den Bergleuten die Erlegung des Quinto vom Queckſilber auf eine Zeit von zwey Jahren erlaſſen; mit dem Vorbehalte, daß es dem Willen Sr. Majeſtät überlaſſen ſeyn, und von dem, was die Erfahrung lehren würde, abhängen ſollte, ob es inskünftige dabey bleiben könnte, oder ob ſie nach Verfließung dieſer Zeit dieſe Abgabe fernerhin wieder erlegen müßten. Allein bis itzt ſind die Sachen in dieſem Zuſtande geblieben, welches ein überzeugender Beweis von dem Verfalle der verſchiedenen Bergwerke iſt; und da man dieſen Gegenſtand als den wichtigſten zur Erhaltung des Silbers betrachtet hat, ſo hat man für weniger nachtheilig gehalten, daß die königl. Finanzen dieſe Einnahme verlieren, als dieſelbe zum Nachtheil anderer, die dadurch zu Grunde würden gerichtet werden, fernerhin zu fordern; ſo daß itzt der einzige Vortheil, der ihr noch übrig geblieben iſt, in dem Zehnten vom Silber beſteht, den ſie aber auch nie völlig erhält.

So lange die Bergwerke gebauet werden, werden ſie in einem ſehr guten Zuſtande unterhalten: denn ſo wie man

man in der Länge oder in der Tiefe weiter kömmt, trägt man Sorge, den Bau durch *Empotrados**) zu versichern, und dabey zu mehrerer Befestigung von Distanz zu Distanz die gehörigen *Estrivos* anzubringen, wozu eigne Verordnungen und Gesetze, worinnen dieses vorgeschrieben wird, vorhanden sind. Allein, wenn das Wasser in Menge eindringt, und es nicht möglich ist, Socebones (Stollen) zu Ableitung desselben anzubringen, sieht man sich gezwungen, sie zu verlassen, wenn sie gleich sehr silberhaltig sind. Die Arbeit in denselben geht ununterbrochen sowohl bey Tage als bey der Nacht stets fort; eben so auch bey den verschiedenen Operationen der Zugutmachung der Metalle: denn an einer Stelle werden die, welche zu Tage gefördert werden, gemahlen, bis sie in einen sehr zarten und feinen Staub verwandelt sind; an einer andern Stelle werden die *Cuerpos* zur Amalgamation zubereitet, und diejenigen, welche es nöthig haben, werden gewaschen. Hieraus ergiebt sich, daß es unumgänglich nöthig ist, daß das Quecksilber stets vorräthig und bey der Hand seyn muß, weil sonst die *Mineros* großen Schaden dadurch leiden würden, davon einer der beträchtlichsten seyn würde, wenn sie sich genöthigt sähen, die Arbeiten der Bereitung zu unterbrechen. Man muß diese daher nothwendig als eine Kette ansehen, deren Glieder alle mit einander verbunden sind, und worunter das Quecksilber das wichtigste ist, ohne welches die übrigen würden getrennet werden.

Je reichhaltiger die Erze sind, desto mehr Quecksilber erfordern sie zur Verquickung; und eben so, nachdem die Grube, dadurch, daß ihre Adern mächtiger sind, an Erze reicher ist, desto mehr wird aus derselben gewonnen,

*) Vermuthlich die Verzimmerung der Wände, so wie *Estrivos* die Pfeiler sind.

nen, welches eben die Besitzer wünschen: denn obgleich die Güte gering ist, wird es doch durch die Menge ersetzt. Daher kann die Consumtion des Queckſilbers nicht gleich ſeyn, noch eine allgemeine Regel, nach der es vertheilt würde, ſtatt finden. Allein ein Jeder weiß ziemlich genau, nach Beſchaffenheit der Werke, die er bearbeitet, und ihrer Mächtigkeit und Ergiebigkeit, wie viel er während eines Jahrs zur Zugutmachung des Erzes nöthig hat, und ſorgt alſo dafür, ſich im Voraus damit zu verſehen.

Aus der Menge des während der Zeit von einigen Jahren aus den eilf im Vorigen angeführten vornehmſten Caſſen oder Magazinen, des zu Lima ausgeſchloſſen, verbrauchten Queckſilbers wird man ſich einen Begriff von dem gegenwärtigen Zuſtande der Silberbergwerke des Königreichs Peru machen können; zu mehrerer Deutlichkeit wollen wir ſie nach der Ordnung auf folgender Tabelle verzeichnen:

Caxas	Jahr 1759. Centr. Pf. Unz.	1760. Centr. Pf. Unz.	1761. Centr. Pf. Unz.	1762. Centr. Pf. Unz.	1763. Centr. Pf. Unz.
Guancavelica	298 39 —	242 — —	234 50 —	200 — —	142 18 8
Jauja	130 — —	140 — —	200 — —	237 50 —	247 24 —
Paſco	500 — —	650 — —	373 53 5	455 46 11	729 — —
Truxillo				1284 2 8	131 17 —
Cuſco	14 27 —	5 88 —	9 40 —	6 49 3	13 50 8
Chucuito	733 58 2	740 — —	437 74 12	548 36 —	369 34 4
La Paz	32 26 9	64 36 4	49 94 3	31 75 10	30 25 10
Cayllomа		396 — —	288 50 —	292 50 —	374 59 8
Carangas	230 6 7	191 27 —	420 31 1	330 — —	150 4 1
Oruro	1253 75 6	1251 60 11	1472 54 —	1061 38 —	1264 63 10
Potoſi	1544 21 2	1604 9 2	1814 18 14	1903 53 14	1792 86 12
Summa	4727 51 10	5375 21 1	5295 76 3	5195 41 14	5245 1 13

Die Angabe der Consumtion des Queckſilbers iſt für das erſte dieſer fünf Jahre unvollſtändig, indem ſie bey den Magazinen von Truxillo und Caylloma fehlt, und auch für das zweyte und dritte Jahr bey dem von Truxillo ebenfalls mangelt. Wenn man die auf die Jahre 1762 und 1763 hinzufügt, wird man ſie vollſtändig machen können, und alsdenn iſt der Betrag fürs Jahr 1759: 5155 Centner, 94 Pfund, und 2 Unzen; für das Jahr 1760: 5503 Centner, 63 Pfund, und 9 Unzen; und für 1761: 5424 Centner, 18 Pfund und 8 Unzen. Wenn man dieſer Berechnung zu Folge eine mittlere Zahl zwiſchen allen fünf Jahren annimmt, werden 5304 Centner und 84 Pfunde herauskommen.

Die Meynungen über die Menge des bey der Amalgamation des Silbers verbrauchten Queckſilbers ſind verſchieden. Einige ſetzen ſie auf 14 Unzen für die Mark, andre auf 12, und andre beſtimmen ſie noch geringer. Allein man kömmt doch insgemein überein, daß der eigentlich erforderliche und wahre Aufwand dem Gewichte des gewonnenen Silbers gleich iſt. Nach dieſer Regel muß die Mark Silber ein halbes Pfund Queckſilber hinwegnehmen, und alles, was darüber ſteigt, hält man für Verluſt. Es giebt Erze, die nach dem Urtheile der Bergwerksverſtändigen, ihrer Beſchaffenheit wegen, mehr Queckſilber als die andern erfordern; und von dieſen ſagen ſie, daß Verluſt dabey ſey, den man nach dem das Gewicht des Silbers überſteigenden Queckſilber berechnet. Alſo diejenige Silbergrube, bey welcher für jede Mark Silber dreyzehn Unzen Queckſilber erfordert werden, ohne ſie wieder zu erhalten, verliert fünf Unzen; diejenige, bey welcher 14 Unzen nöthig ſind, verliert ſechs Unzen; und nach dieſem Verhältniſſe giebt es andere Silbererze, bey denen der Verluſt geringer iſt: allein man kennt keine Silbergrube, die nicht weniger oder mehr verlöre. Ohne daher Berechnungen bloß nach der

der Einbildung zu machen, kann man die Consumtion und den Verlust der sämmtlichen Bergwerke, eines in das andre gerechnet, auf zwölf Unzen für die Mark annehmen; und hierinnen stimmen die mehresten überein. In diesem Falle müssen die in jedem Jahre aufgewandten 5304 Centner, 84 Pfund Quecksilber, 707,312 Mark, oder 5,658,496 Unzen Silber bringen: Zu dieser Summe muß man die von der Consumtion des Quecksilbers hinzufügen, welche weniger als zwölf Unzen auf die Mark beträgt, desgleichen den Betrag des durchs Schmelzen gewonnenen Silbers; welche zwey Puncte schlechterdings nicht zu bestimmen sind: denn es ist nicht leicht möglich, die Bergleute dahin zu bringen, daß sie ihren wahren Aufwand und wirklichen Verlust ehrlich und richtig angäben.

Die genaueste Nachricht, wie viel Mark Silber ein jeder Bergmann vermittelst des aufgewandten Quecksilbers gewinnt, ist ein so undurchdringliches Geheimniß, daß die allerwirksamste angewandte Bemühung schlechterdings nicht hinlänglich ist, dazu zu gelangen. Indessen da es doch bey den mehresten Cassen oder Magazinen bestimmt ist, so kann man eine Berechnung des gewonnenen Silbers, und desjenigen, was daran nach dem Verhältnisse des verbrauchten Quecksilbers noch fehlt, fest setzen.

Im Jahr 1763 berechnete die Casse von Guancavelica als verbraucht 13448 Pfund Quecksilber, welches weniger war, als ausgegeben worden: es wurden geschmolzen 1821 Mark, für welche an königlichen Einkünften, an Zehnten und Cobos 17743 Pesos und 3 Realen entrichtet wurden. Nach dem angenommenen Fuße der 12 Unzen hätten nur allein 17930$\frac{1}{2}$ Mark geschmolzen werden sollen; und folglich war ein Ueberschuß von 90$\frac{1}{2}$ Mark, die in Betracht des ganzen Betrags von keiner Erheblichkeit sind. Man muß hiebey bemer-

ken,

ten, daß die Menge des verbrauchten Quecksilbers, nach dem Betrage der Marke, dem Aufwande dieses Jahres nicht gleich kommt. Dieses rührt zuweilen daher, daß nicht alle Bergleute das während dem Verlauf desselben Jahres, in welchem sie das Quecksilber erhalten haben, gewonnene Silbererz schmelzen, und zuweilen, daß sie die Menge des zu schmelzenden Silbers durch das, was sie im vorigen Jahre nicht geschmolzen haben, vermehren.

Die Casse zu Jauja verbrauchte 26742 Mark mehr als ausgegeben worden; geschmolzen wurden 14565 Mark, wofür an Abgaben nur 14340 Pesos und 3 Realen entrichtet wurden. Von Rechts wegen hätten sollen 35656 Mark geschmolzen, und 35105 Pesos und $4\frac{1}{5}$ Realen an Abgaben erlegt werden; folglich fehlten an der Rechnung 21091 Mark, und wurden 20765 Pesos weniger Abgaben bezahlt.

Die Casse zu Chucuito consumirte 42962 Pfund Quecksilber, schmolz 48063 Mark und 3 Unzen, und bezahlte 47322 Pesos und 3 Realen. Das geschmolzene Silber hätte betragen sollen $57282\frac{2}{3}$ Mark; es fehlten daran 9219 Mark 3 Unzen, daher 9065 Pesos und 3 Realen an den zu entrichtenden Abgaben abgiengen.

Bey der Casse von La Paz betrug die Menge des consumirten Quecksilbers 3025 Pfund; geschmolzen wurden 1601 Mark, wofür an Abgaben entrichtet wurden 1571 Pesos 5 Realen. Das geschmolzene Silber hätte betragen sollen $4034\frac{2}{3}$ Mark; es betrug aber $2432\frac{2}{3}$ Mark weniger; die darauf fallenden 2395 Pesos und 2 Realen kamen also nicht in die königliche Casse.

Die Casse zu Caylloma verbrauchte 49059 Pfund Quecksilber; es wurden geschmolzen $28029\frac{1}{4}$ Mark, wovon die Abgabe 27596 Pesos $7\frac{3}{4}$ Realen ausmachte: allein das geschmolzene Silber hätte 65412 Mark ausmachen

machen sollen; es fehlten also 37382$\frac{3}{4}$ Mark, und der Betrag der Abgaben war um 36805 Pesos 5$\frac{3}{4}$ Realen geringer.

Die Casse zu Carangas verbrauchte 15004$\frac{1}{10}$ Pf. Quecksilber; schmolz 22304 Mark 1 Unze, für welche die Abgaben entrichtet wurden, mit 22076 Pesos. Das geschmolzene Silber war nach dem Verhältnisse der 12 Unzen 2299 Mark und eine Unze mehr.

Die Casse zu Oruro verbrauchte 125463$\frac{3}{4}$ Pfund Quecksilber; das geschmolzene Silber betrug 121856 Mark 4 Unzen, wofür sie an Abgabe entrichtete 119975 Pesos 7$\frac{1}{2}$ Realen: allein nach dem verbrauchten Quecksilber hätte das geschmolzene Silber 167284 Mrk. ausmachen müssen, und also 45427$\frac{1}{2}$ Mrk. mehr, wofür die Abgaben 44726 Pesos und 7$\frac{1}{2}$ Realen betragen.

Bey den fünf angeführten Cassen fand sich also im Ansehung der Marke beym Schmelzen und der königlichen Einnahme folgender Abgang:

Cassen.	Abgang beym Schmelzen.	Verringerung der Abgaben.	
		Pesos	Realen.
zu Jausa	21,091 Mrk.	20,765	2
zu Chucuito	9,219	9,065	3
zu La Paz	2,432$\frac{5}{8}$	2,392	5
zu Caylloma	37,382$\frac{3}{4}$	36,805	5$\frac{3}{4}$
zu Oruro	45,427$\frac{1}{2}$	44,726	7$\frac{1}{2}$
Summe	115,552$\frac{7}{8}$	113,755 P. 7$\frac{1}{4}$ R.	

Der Betrag der Abgaben, welche der König von den Bergwerken, die zu den sieben angeführten Cassen und Magazinen gehören, erhob, war:

Von

Von den Bergwerken
von **Guancavelica**, 17,743 Pesos 3 Reales.
von **Jauja** — 14,340 3
von **Chucuito** — 47,322 3
von **La Paz** — 1,571 5
von **Cayloma** — 27,596 7¾
von **Carangas** — 22,076 —
von **Oruro** — 119,975 7½

250,626 Pesos, 3¼ Reales.

Demnach erhebt die königliche Finanzkammer den vierten Theil einer Million von Pesos, auf und ab gerechnet; hingegen verliert sie mehr als den zehnten Theil einer Million.

Die vier übrigen Cassen sind die zu **Pasco** in der Provinz **Tarma**, die beträchtlich ist; die zu **Cuzco**, wo kein Silber geschmolzen wird; die zu **Truxillo**, welche mittelmäßig ist, und die zu **Potosi**, welche die größte und ansehnlichste ist; indem ihre Consumtion an Quecksilber die zu **Oruro** um 54000 Pfund übersteigt; und nach einer billigen Schätzung kann man annehmen, daß alle Bergwerke in **Peru**, bey welchen Queckfilber gebraucht wird, dem Könige jährlich noch keine völlige halbe Million Pesos eintragen.

Die Anzahl der Marke Silber, welche nicht bey den angewiesenen Cassen oder Magazinen, wo ihnen das Queckfilber gereicht wird, geschmolzen werden, und der größere Theil des Silbers, welches zugut gemacht wird, wenn der Aufwand und der Verlust noch nicht auf zwölf Unzen für jede Mark kömmt, eben so auch das, welches durchs Feuer zugut gemacht wird, geht auf dreyerley Art für die Cassen verloren. Ein Theil wird untergeschlagen, und heimlich weggebracht; ein anderer wird eingeschmolzen und als Silbergeschirr verarbeitet,

beitet, und der übrige wird, vermöge einer besonders verstatteten Begünstigung, in die Casse von Lima gebracht, und daselbst geschmolzen: allein eigentlich sollte es, nach der Strenge, in die Casse gebracht werden, welche das Quecksilber liefert, und zu dem Bezirke gehört, sowohl, weil sie näher liegt, als auch um die königlichen Gefälle bey derselben zu entrichten, und um zu beweisen, daß das von derselben erhaltene Quecksilber gehörig angewendet worden.

Vierzehnter Abschnitt.

Von dem gegenwärtigen Zustande der Silberbergwerke; von denen, wo das Silber durchs Feuer, und von denen, wo es durchs Quecksilber zugute gemacht wird.

Die Gerichtsbarkeit von Cuzco ist sehr eingeschränkt. In dem Bezirke derselben giebt es keine Bergwerke, daher wird auch kein Silber daselbst geschmolzen. Das wenige Quecksilber, welches daselbst aufgeht, wird zu den Manufakturen gebraucht, deren es ziemlich viele in dieser Stadt giebt, deren Einwohner in allerhand Handarbeiten sehr geschickt sind.

In vorigen Zeiten war die Provinz Castro Virreyna sehr reich, wegen der vielen und ergiebigen Silberbergwerke, die daselbst bearbeitet wurden; so daß sie von dieser Seite besonders berühmt war. Seitdem ist sie so sehr herunter gekommen, daß sie gegenwärtig eine der ärmsten ist, und nur ein oder das andere Bergwerk wird gar dürftig von Leuten bearbeitet, die wenig Mittel haben, und die mehrentheils sich mit den Pallacos abge-

abgeben, und das wenige Silber schmelzen, welches ihnen dieses Hülfsmittel zu gewinnen erlaubt. Diese Provinz hängt von der Casse zu Guancavelica ab.

Die Provinz Vilcas-Guaman hat einige Bergwerke, obgleich nur eines mit einiger Erwartung von reicher Ausbeute gebauet wird. In der Provinz Guanta wurde eines bearbeitet, und Silber aus demselben gewonnen; allein es hatte denjenigen, der es auf seine Rechnung bearbeitete, zu Grunde gerichtet, nachdem er ein ansehnliches Capital zugesetzt hatte, und es lieferte ihm zuweilen einige Mark Silber Ausbeute, welche zwar hinlänglich waren, die Hoffnung zu unterhalten, aber nicht die Kosten zu ersetzen.

In der Provinz Angaraes giebt es einige, welche verlassen sind. Eines davon, welches bessere Aussichten gab als das andere, hatte ein Mann, der für reich bekannt war, auf seine Kosten zu bearbeiten übernommen; allein er setzte sein Vermögen dabey zu, und war zufrieden einige Piñas von wenigem Werthe, und einige Stufen von weißem Silber, welches man auch Machacado nennt, zu erhalten, welche den Besitzer ganz verbleudeten, und ihn in der Meynung bestärkten, daß das Capital, welches er aufgewandt hatte, dieselben zu gewinnen, wohl angelegt sey: denn nach diesen Proben machte er sich Hoffnung, die großen Reichthümer zu erlangen, die in dem Silber enthalten zu seyn er sich einbildete.

Fast alles Quecksilber, welches aus der Casse zu Guancavelica geliefert wird, geht in die Provinz San Juan de Lucanas, woselbst sich einige beträchtliche Bergwerke befinden, vorzüglich eines, welches in gutem Rufe stand. Aber wegen des bey ihnen gewöhnlichen Steigens und Fallens hat es so abgenommen, daß es nicht einmal die Kosten trägt; nichts desto weniger, da es wegen der reichen Ausbeute, die es gegeben hatte,

hatte, in gutem Rufe stand, setzte man die Arbeit stand=
haft fort, in der Hoffnung, daß es wieder so reich und
ergiebig als vorher werden sollte.

Die Casse zu Pasco liegt in der Gerichtsbarkeit
der Provinz Tarma, allein nicht in der vornehmsten
Gegend, da man sie sehr nahe bey den Bergwerken an=
gelegt hat, um sich desto bequemer mit Quecksilber zu
versehen, und die Piñas Silber zum Schmelzen zu
bringen. Seit einigen Jahren her haben sie zugenom=
men, und lassen hoffen, daß man daselbst eines der reich=
haltigsten Erze des Königreichs finden wird. Ver=
schiedene Gruben werden mit bekanntem Vortheile bear=
beitet, wie solches die Consumtion des Quecksilbers be=
weist, die, ein Jahr in das andere gerechnet, fast auf 500
Centner jährlich sich beläuft.

Die Bergwerke in dem Bezirke von Chucuito er=
halten sich in einem gewöhnlichen guten Zustande, und
ob man gleich bey der daselbst ausgegebenen Quantität
des verbrauchten Quecksilbers in den ersten zwey Jah=
ren der Vergleichung bemerkt, daß sie sich auf $733\frac{1}{2}$ bis
740 Centner belief, und in den drey folgenden, eines ins
andere gerechnet, 450 Centner, und also 300 Centner
weniger beträgt, so rührt dieses nicht daher, als wenn
sie in diesen wenigen Jahren verfallen wären. Die
Schwäche der Bergwerke rührt aus den entferntesten
Zeiten her, und ohne Zweifel entweder von der großen
Tiefe, die einige derselben haben, oder von den Schwie=
rigkeiten, die man bey einigen andern antrifft, das reich=
hältige Erz herauszubringen.

Aus der Casse zu Trujillo versorgen sich diejeni=
gen Silbergruben, welche sich in der Bergkette befin=
den, die von da an, wo sich die Gerichtsbarkeiten der Cas=
sen von Jauja und Tarma gegen Norden endigen,
und nach dem Königreiche Quito zu laufen, wo die Cas=
sen von Caxamarca, Chachapoyas und einige an=

dere

dere liegen. Aus dem wenigen jährlich daselbst aufgehenden Quecksilber kann man auf ihre Armuth schliessen: denn es werden von da aus alle Bergwerke versehen, die in einem Umfange von mehr als zweyhundert Meilen liegen, bis an die Gränzen der Cassen von Piera und Cuenca, wohin keine Quecksilberremisen geschehen.

Man sieht, daß bey der Casse von Carangas 2299 Mark Silber mehr geschmolzen worden, als nach der Quantität des gelieferten Quecksilbers verhältnißmäßig war; und es wird daher aus dieser Vermehrung scheinen, daß bey den Bergwerken ihres Bezirks weniger Verlust gewesen sey, als bey den von andern Cassen: allein dieß ist nicht der Fall; denn zuweilen pflegt er noch größer zu seyn, wovon man hinlängliche Anzeigen hat. Unter den Bergwerken, welche zu dieser Casse gehören, befinden sich die berühmten Silbergruben zu Huantajaya, und sowohl bey diesen, als bey der größern Anzahl der zu dieser Casse gehörigen, werden die Erze durch Schmelzen zugute gemacht, ohne Quecksilber dabey nöthig zu haben; da diejenigen die geringere Anzahl ausmachen, und am wenigsten reichhaltig sind, welche $15000 4\frac{1}{18}$ Pfund Quecksilber verbrauchen, so müßte die Menge der geschmolzenen Marke weit zahlreicher seyn, welches auch durch einige vorhandene Beweise bestätigt wird.

Unter den großen Entdeckungen von Silberbergwerken, welche im Königreiche Peru gemacht worden, ist die zu Huantajaya in neuern Zeiten die allerberühmteste gewesen. Es war so reich, daß die ganze Ader in ihrer Breite gediegenes Silber war, welches mit dem Eisen und Schlägel losgeschlagen wurde, so daß dieses Bergwerk mit Recht den Namen einer Silbergrube führte: denn überall, wo man hinkam, sahe man das Silber; es gab Stellen darinnen, wo die Ader Knoten hatte,

hatte, und wo sehr dicke und große Stücken Silber gebrochen wurden. Diese berüchtigte Silbergrube hat so, wie alle übrigen, ihre Abwechslungen gehabt; und ob sie gleich die reiche Ausbeute in Ansehung des Ueberflusses, der sich anfangs zeigte, nicht behalten hat, erhält sie sich doch, wird ohne Verfall bearbeitet, und liefert immer eine ansehnliche Ausbeute dieses kostbaren Metalls.

Diese Silbergrube dient zur Bestätigung der besondern Anordnung, welche die Natur in Ansehung der kostbaren Metalle beobachtet, daß sie sie in so abgelegne und durch ihre Lage gleichsam verwahrte Gegenden setzt, daß man ohne viele schwere Arbeit und Kosten in das Innere derselben nicht eindringen kann. Die Natur wählte, um diesen reichen Aufbewahrungsort des Silbererzes anzulegen, das einsamste und unfruchtbarste Land unter allen in dortigen Gegenden gelegenen, in einer von dem Gestade des Meeres ziemlich weit entfernten Einöde, und wo der Boden dürrer Sand ist, zwischen Bergen, wo der Durchgang wegen des mühsamen Weges im Sande äußerst beschwerlich ist, und der so öde und unfruchtbar ist, daß gar nichts daselbst wächst. Sogar das Wasser zum Trinken, welches sowohl daselbst, als in den benachbarten Gegenden, gänzlich mangelt, muß zugleich mit den Lebensmitteln für die Menschen und dem Futter für die Thiere von außerhalb auf Schiffen zugeführt, und wenn es ans Land gebracht worden, durch diese beschwerlich zu durchreisende Gegend bis nach dem Orte, wo die Bergwerke liegen, getragen werden. In dieser Rücksicht ist die Bereitung und Zugutmachung der Erze äußerst kostbar: denn da auch selbst das dazu nöthige Holz fehlt, so muß dasselbe von weitem herbengeschafft werden. Alles wird nach Portionen ausgetheilt, wie auf langen Seereisen; und diejenigen, die da gewesen sind, versichern, daß zuweilen eine

eine gewöhnliche Flasche Wasser einen Peso kostet. Man hat verschiedene Brunnen gegraben, und auch die ganze Gegend durchsucht: allein in jenen hat man kein Wasser gefunden, und bey den genauesten Nachforschungen hat man auch keine Spur von Quellen oder Bächen, eben so wenig als Pflanzen oder Bäume angetroffen, die man statt des Holzes zu der großen Consumtion desselben, welche sowohl zur Erhaltung der Menschen, als zur Zubereitung der Erze erfordert wird, brauchen könnte; diese Gegend liegt in der Provinz Arica, und der nächste Hafen, sowohl zur Einfuhr als Ausfuhr, ist der zu Jquique. Auf diese Art wird die so sehr reiche Ausbeute dieser so vorzüglich ergiebigen Silbergruben bloß und allein durch die zu ihrer eignen Bearbeitung erforderlichen Unkosten verzehrt; und da der von ihnen gezogene Vortheil auf sie selbst wieder verwendet werden muß, ist der Gewinnst der Eigenthümer derselben nicht beträchtlicher, als der von andern, deren Bergwerke, ohne gleiche Nachtheile und Unbequemlichkeiten, geringhaltiger sind. Hierdurch wird die reichste und ergiebigste Silbergrube derjenigen, die es nicht ist, gleich, damit auf diese Art der Werth des Silbers im Gleichgewichte durch die Beschwerlichkeiten erhalten werde, die man, um es zu gewinnen, übersteigen muß. Diese entstehen bey einigen von der Armuth, bey andern von der Härte des Steins, worinnen es eingeschlossen ist, oder auch von der gar zu großen Tiefe, oder der Menge des Wassers, welches sie ersäuft, von den fremden Metallen, die damit vermischt sind, von den Beschwerlichkeiten, die von der Lage und Beschaffenheit des Orts, wo sie liegen, herrühren, wie bey der zu Huantajaya.

Bey den in alten Zeiten so sehr berühmten Silbergruben von Potosi zeigt sich gerade das Gegentheil von dem, was bey den vorhergehenden zu bemerken ist; die Silbererze sind von so geringem Gehalt, daß man

man keinen Nutzen davon haben, und sie nicht bearbeiten würde, wenn nicht die sich zur Zubereitung derselben darbietenden Bequemlichkeiten die Arbeit erleichterten und beförderten. Sie lassen sich leicht brechen und mahlen; es finden sich bey den übrigen mit ihnen vorzunehmenden Operationen keine größern Beschwerlichkeiten; es findet sich bey denselben die große Bequemlichkeit des berühmten Sees, der mit großen Kosten in dem zwischen einigen Bergen eingeschlossenen Raume angelegt worden, worinnen sich das Regenwasser sammlet, und hernach sich von da in einen Fluß ergießt, der die Mühlen treibt, wo das Erz gemahlen wird, welche Ersparniß größtentheils den Abgang am Gehalte des Silbers ersetzt. Dieser Berg hat in vorigen Zeiten sehr reichhaltige Erze geliefert, und dadurch seinen großen Ruhm erhalten; noch jetzt finden sich in einigen Adern desselben Anzeichen seiner ersten und ursprünglichen Reichthümer; indessen sind doch diejenigen, welche bearbeitet werden, von geringem Gehalte. Außer den vielen Adern in dem Umfange dieses Bergs, giebt es noch verschiedene Silbergruben in den in der Nachbarschaft um denselben liegenden Provinzen, die in alten Zeiten ebenfalls sehr berühmt gewesen, jetzt aber eben so, wie diese, in Verfall gerathen sind. Diese werden aus eben diesen Caxas oder Magazinen mit Quecksilber versehen, und müssen die damit zugutgemachte verhältnißmäßige Quantität Silber daselbst schmelzen; welche jederzeit die größte aus allen andern Bergwerken in Peru gewesen ist.

Man würde an der großen Reichhaltigkeit dieses Berges in vorigen Zeiten zweifeln können, wenn man dieselbe bloß nach dem Zustande seiner Bergwerke in gegenwärtigen Zeiten beurtheilen wollte, und wenn sie nicht durch glaubwürdige Schriftsteller bestätigt wäre. Denn es findet sich eine so sehr weite Verschiedenheit dazwischen, daß sich keine Vergleichung machen läßt; allein eben so ist es mit allen den übrigen berühmten Bergwerken dieses Königreichs gegangen. Indessen, um dieses begreiflich zu machen, wollen wir aus den in dem Buche *Pretensiones del Potosi*, welches der General-Procurator dieses Orts, **Don Sebastian de Sandoval y Guzman** im Jahre 1634, herausgegeben hat, enthaltenen Nachrichten, und dem, was man jetzt von dem dortigen im Vorigen angeführten Aufwande des Quecksilbers weiß, eine Vergleichung anstellen.

Die Entdeckung dieser Bergwerke geschahe im Jahre 1545, und so bald nach der Eroberung, daß seit der im Jahre 1526 erfolgten Ankunft der Spanier in diesen Gegenden, nur 19 Jahre verflossen waren, welches ein offenbarer Beweis ist, daß diese Bergwerke noch nie bearbeitet worden, und daß das Silber in denselben in Menge fortgewachsen war. Bey diesem ersten Anfange wurde das Silber durchs Schmelzen zugutgemacht, und die Reichhaltigkeit war so groß, daß aus jedem Centner Erz, die Hälfte so viel Silber gewonnen ward; welches so viele anlockte, daß mehr als sechstausend Guairas oder Schmelzöfen errichtet wurden. Diese Menge war von keiner langen Dauer: denn sechs und zwanzig Jahre nachher, im Jahre 1571, hatten sie schon ziemlich abgenommen; und da die Operation des Schmelzens nicht hinlänglich war, wurde die Amalgamation mit dem Quecksilber von **Pedro Fernandez de Velasco** eingeführt, ob sie gleich nicht zu der Vollkommenheit gekommen war, mit der sie itzt verrichtet wird. Denn nach dem Verhältnisse, als die Erze nach und nach von ihrem Gehalte verloren haben, ist die Art und Weise, sie zu nutzen, und allen nur möglichen Vortheil von ihnen zu ziehen, sehr vervollkommnet worden, indem man sich äusserst beflissen hat, diejenige Methode der Zubereitung

reitung und Zugutmachung ausfindig zu machen, die eine jede derselben erfordert.

In den damaligen Zeiten gab, wie bereits gemeldet worden, der Centner Erz funfzig Pfund Silber, welche hundert Mark ausmachen, und also kam aus jedem Pfunde Erz eine Mark Silber. Gegenwärtig wird nach den zuverläßigsten Nachrichten diejenige Silbergrube dieses Bergs, welche vier Mark Silber auf jeden Cajon (Kiste) Erz giebt, für gut gehalten, und ist für ihren Eigenthümer einträglich genug. Es werden viele bearbeitet, die nicht bis zu diesem Gehalte steigen; und diejenigen, welche über vier Mark geben, werden für sehr reichhaltig angesehen. Der Cajon Erz in den Silberbergwerken hält funfzig Centner, welches nach dem Viermarkfuße 2$\frac{1}{2}$ Adarmes *) Silber auf jede Arroba Erz ausmacht, und das Verhältniß ist also wie 1 zu 1250, das heißt, aus der Quantität Erz, aus welcher ehemals im Anfange 1250 Mark Silber gezogen wurden, erhält man itzt nur allein 1 Mark. Diese ungeheure Abnahme würde ganz unglaublich seyn, wenn sie nicht durch die Glaubwürdigkeit des angeführten Werks, welches, um dem Könige vorgelegt zu werden, verfertigt ward, bestätigt würde; indessen ist dieses nicht dieselbige Proportion bey der Verringerung, welche die Quintos erlitten haben.

Seit dem Jahre 1545, in welchem das Bergwerk entdeckt ward, bis zum Jahre 1564 entrichtete dieser Berg an Quintos 76 Millionen Pesos ensayados, jeden zu 13$\frac{1}{2}$ Reales von Silber gerechnet, so, daß auf jedes dieser neunzehn Jahre vier Millionen Pesos kommen.

---

*) Adarme ist der sechszehnte Theil einer Unze, oder eine halbe Drachme.

Von 1564 bis 1585 gab er 35 Millionen, also jedes dieser ein und zwanzig Jahre 1,666,666⅔ Pesos ensayados.

Von 1585 bis 1624 wurden an Abgaben entrichtet 52 Millionen Pesos; und da dieses eine Zeit von neun und dreyßig Jahren ausmacht, kommt auf jedes Jahr 1,333,333⅓ Pesos ensayados.

Von 1624 bis 1633, welches letztere vor dem zunächst vorhergieng, in welchem der Verfasser schrieb, wurden 6 Millionen Pesos bezahlt, und also in jedem dieser 9 Jahre 666,666⅔ Pesos ensayados.

Im Jahre 1763 verbrauchte Potosi bey den Silbergruben seines Berges und den in seiner Gerichtsbarkeit gelegenen 179,286¼ Pfund Queckfilber; nach dem Fusse, daß zu jeder Mark Silber zwölf Unzen Queckfilber consumirt worden, müssen gewonnen seyn 239,049 Mark, auf welche an Quinto und Cobos beynahe 426,463 Pesos, jeder zu acht Realen kommen; diese auf Pesos ensayados, jeder zu 13¼ Realen, betragen 252,719, und das Verhältniß ist daher wie 1 zu 15⅗. Dieser große Unterschied, der sich in der Proportion dessen, was entrichtet wird, mit der des Gehalts des Erzes zeigt, entsteht aus zwo Ursachen: erstlich, weil unter der Anzahl der gegenwärtig geschmolzenen Marke diejenigen mit begriffen sind, welche aus allen den übrigen Bergwerken herkommen, die sich aus dieser Caffe mit Queckfilber versorgen; zweytens, weil die gegenwärtige Geringhaltigkeit der Erze nöthigt, eine ohne allen Vergleich größere Anzahl von Cayones von Erz aus den Gruben zu holen, als ehedem, da es reichhaltiger an Silber war; und also ersetzt die größere Arbeit zum Theil den Abgang am Gehalte des Erzes.

Dieses wird durch die Berechnung der Marke bestätigt, die man in jedem der neunzehn ersten Jahre gewinnen mußte, und derer, die man izt erhält. Die vier Millio=

Millionen Pesos ensayados an Quintos, welche in jenen erstern Zeiten diese Bergwerke jährlich dem Könige entrichteten, kommen überein mit zwanzig Millionen eben dieser Pesos von dem ganzen Gewinn des Silbers, welche 33,750,000 Pesos zu acht Realen, oder eben so viel Unzen Silber ausmachen; und da dieses die Hälfte ist von dem, was an Erze gebrochen wurde, so kommen 4,218,750 Pfund Erz heraus, welche 42,187½ Centner ausmachen. Gegenwärtig, wenn man nach einer mittlern Berechnung annimmt, daß das Gehalt des Erzes vier Mark für jeden Caxon Erz sey, um die 239049 Mark herauszubringen, so werden 59762 Caxones erfordert, welche 2,988,100 Centner ausmachen; und damals erhielt man eben so viel Silber aus 2390 Centner Erz, woraus man den großen Unterscheid zwischen den damaligen und jetzigen Zeiten abnehmen kann; und wenn man zu diesem noch die Anzahl von Halden rechnet, die man herausholen muß, um die 59762 Caxones Erz zu erhalten, würde die Rechnung noch ohne Vergleich größer seyn: denn man muß annehmen, daß diese Anzahl Caxones aus allen den Bergwerken der Gerichtsbarkeit dieser Casse genommen werden.

Seit dem Jahre 1633 bis itzt hat die Abnahme des Silbers, welches bloß aus diesem Berge kömmt, mehr als zwey Drittel betragen, welches in einem Zeitraum von 130 Jahren geschehen ist. Wenn also die Abnahme des Silbers nach eben diesem Verhältnisse fortdauern sollte, so würden diese Bergwerke in eben so viel, oder vielleicht noch kürzerer Zeit ganz unfruchtbar werden; daher ist die Beförderung neuer Entdeckungen in diesen Ländern sehr nöthig und zuträglich, wodurch vermittelst der neuentdeckten Bergwerke der Verfall der alten so viel als möglich ersetzt wird.

Der

Der große Reichthum der alten Bergwerke wird auch durch den Umstand bestätigt, daß die Indianer Silber aus denselben herausholten, da sie keine andere Art der Zubereitung oder Zugutmachung desselben kannten, als daß sie das Erz, in welchem das Silber sichtbar und in Menge enthalten war, in irdenen Gefäßen oder Tiegeln übers Feuer setzten, es schmolzen und das reine Silber auf die Art gewonnen. Bey diesem einfachen Verfahren konnte bloß dasjenige, welches von allen andern Metallen rein war, sich schmelzen lassen. Daher ist es gekommen, daß der Name Cayana für die Oefen, wo das Erz geschmolzen wird, noch bis itzt beybehalten worden ist; denn er bedeutet in der Sprache der Indianer ein Gefäß zum Schmelzen. Diesen großen Reichthum nutzte man zur Zeit der Eroberung, und noch itzt geschieht es, daß in den Bergwerken, wovon die Indianer eine von ihren Vorfahren hinterlassene Nachricht haben, und welche sie den Spaniern aus einer besondern Zuneigung entdecken, das Silber sogleich sichtbar ist, und zum Beweise des Reichthums derselben dienen kann.

Die Menge des Quecksilbers, welches die Casse von La Paz austheilt, ist, wie wir schon gesehen haben, sehr gering; ein Theil davon wird in den Bergwerken von Larecara, Jaraca und andern, welche unter ihrer Gerichtsbarkeit liegen, verbraucht. Diese bezahlen den Quinto bey den Cassen zu Lima, wozu sie von dem Vicekönig von Peru die Erlaubniß haben. Silbergruben giebt es daselbst weder mehrere, noch so ergiebige, als in den vorigen Zeiten.

Die Bergwerke zu Caylloma erhalten sich, ohne die ergiebigsten zu seyn, in einem mittelmäßigen Zustande; indessen ist man doch der Meynung, daß sie vielmehr zu- als abgenommen haben. Unter allen Bergwerken in jenen weitläuftigen Königreichen sind die zu

Oruro

Oruro die reichsten und ergiebigsten, wohin itzt die großen Reichthümer verlegt zu seyn scheinen, die in vergangenen Zeiten die Silbergruben in dem Districte von Potosi' besaßen. Aus dem Aufwande des Quecksilbers kann man ersehen, wie nahe sie ihnen kommen; denn ein Jahr in das andre gerechnet, werden daselbst beynahe 1300 Centner Quecksilber verbraucht, und verschiedene einsichtsvolle und glaubwürdige Leute versichern, daß die Erze in dem größten Theile der Bergwerke, in Betracht der andern, von sehr gutem Gehalte sind, und daß man merkt, daß sie zunehmen.

Aus den bisher mitgetheilten Nachrichten kann man den Schluß ziehen, daß die Silberbergwerke in den sämmtlichen Königreichen von Peru nicht merklicher abgenommen haben, als sie zu Anfange dieses Jahrhunderts oder in den nächsten Jahren vor demselben gewesen sind. Denn, wenn sie auch in einigen Gegenden nach und nach geringer worden sind, hat man dagegen in andern einen Zuwachs bemerkt, so wie zu Pasco, Oruro und Carangas. Zu einem Beweise hiervon dient auch die richtige Bezahlung der Bergleute, welche sie für das erhaltene Quecksilber gehörig abtragen; da man im Gegentheil gegen diejenigen, welche arme Gruben bauen, und gegen ihre Gewährleister, wenn das Jahr zu Ende ist, mit Gewalt verfahren muß, um den Abtrag an die Cassen, welchen sie zu entrichten schuldig sind, von ihnen einzutreiben.

Im Jahre 1760 thaten die Einwohner der Provinz Tucuma'n Ansuchung, daß man sie mit Quecksilber versorgen möchte, weil sie bey einigen Silbergruben, die man eben angefangen hätte zu entdecken, sehr hoffnungsvolle Aussichten hätten; und weil es ihnen an Quecksilber fehlte, könnten sie die Erze nicht gehörig zugutmachen, noch untersuchen, was sie liefern würden.
Da

Da in diesen Königreichen die Unterstützung und Beförderung des Bergbaues der Gold- und Silberminen einer der Hauptgegenstände ist, erhielten sie funfzig Centner Quecksilber: es scheint aber, daß der Versuch der Erwartung nicht entsprochen hat; denn bis 1763 hatte man noch keine Anzeige davon. Beynahe eben so gieng es in dem Königreiche Chile, wo man eben dergleichen Bergwerke entdeckt zu haben glaubte, und von welchen man reiche Ausbeute zu erhalten hoffte: allein die daselbst entdeckten sind nicht von der Beschaffenheit und Festigkeit derer in Peru, sie bestehen mehrentheils in Mantos, welche nur auf der Oberfläche sind, und in der Tiefe abnehmen, welches nicht in den Gruben geschieht, wo die Adern in förmlichen Gängen streichen; denn ob es auch gleich, viele giebt, in denen der größte Reichthum auf der Oberfläche zu finden ist, so behalten sie dennoch einen Theil desselben in der Tiefe, da hingegen andre nicht eher als in der größten Tiefe ihre ganze Reichhaltigkeit zeigen.

Die Silberpiñas und Tejos von Gold sind, wenn der Quinto davon nicht entrichtet, und die Mark nicht mit dem Stempel darauf bemerkt worden, im ganzen Königreiche Peru Contreband, und es ist erlaubt, sie aus den Bergwerken geraden Wegs zu den Cassen, wohin sie gehören, zu bringen, woselbst sie geschmelzen werden, und wo die dem Könige zugehörigen Abgaben des Diezmo (Zehnten) und Cobos (Erhebungskösten) müssen bezahlt werden. Allein in diesen weitläuftigen Ländern, wo die bewohnten Oerter so weit von einander entfernt liegen, und wo man insgemein, um Weide für die Thiere zu suchen, durch unbewohnte Gegenden reiset, ist es sehr leicht, etwas heimlich wegzuführen, und Unterschleif zu machen; und daher läßt es sich nicht genau erweisen, daß alles aus den Bergwerken

werken gewonnene Silber in den königlichen Cassen gehörig geschmolzen wird.

Die zum Schmelzen bestimmten Oerter befinden sich bey den königlichen Cassen, wo die Niederlagen vom Quecksilber sind. Diese Schmelzofen werden, wie vorher gemeldet worden, Cayanas genannt. In diesen Schmelzhütten werden die Silbererze in Barras, (Stangen) gegossen, und hernach von Eins u. s. w. numerirt, welche Reihe von Numern mit jedem Jahre anfängt und geschlossen wird; ferner wird das Jahr, wenn es gegossen wird, das Gewicht, welches jede hält, in Marken, Unzen und Adarmen, wie auch das Gehalt darauf gesetzt, und hernach der königliche Stempel dazu gedruckt. Hierdurch werden sie in eine Art von Münze von dem Werthe von zwey oder dreytausend Pesos, und zuweilen noch drüber, verwandelt. Alsdenn werden sie überall hin innerhalb des ganzen Königreichs verführt; denn sie haben nunmehr alle die Kennzeichen, welche zum Beweise ihrer Gültigkeit, und daß sie die schuldigen Abgaben dem Könige entrichtet haben, dienen können. Die also gestempelten Silberbarren und Tejos von Gold kommen endlich in die Münzstätte zu Lima; daselbst wird in Gegenwart der Interessenten ihr Gewicht und Gehalt nochmals sorgfältig untersucht, um zu sehen, ob beym Schmelzen ein Irrthum oder eine Nachläßigkeit begangen worden, und hierauf werden sie zu Gelde ausgemünzt. Die von Potosí nehmen diesen weiten Weg nicht; denn in Betrachtung, daß daselbst die ältesten und angesehensten Bergwerke des Königreichs sich befinden, ist hier eine Münzstätte angelegt; eben dieses ist auch in neuern Zeiten zu Santiago in Chile und Oruro geschehen, um die Beschwerlichkeit zu vermeiden, das Silber bis nach Lima zu schaffen.

Das Silber wird, wie man gesehen hat, durch die Arbeit und Kosten der Mineros aus den Gruben geholt;

holt; hierauf kömmt es in die nächsten königlichen Caf-
sen oder Magazine, wenn es nicht heimlich weggeschafft,
oder in Geschirre verarbeitet wird; alsdenn wird es in
die Münzstätte gebracht. Wenn es daselbst in Pesos
Duros ausgeprägt worden, geht es nach Spanien, und
wird von da aus durch die ganze Welt verbreitet; das
Zeichen, das es führt, dient ihm nicht weiter, als bis
ins erste Wirthshaus: denn alsdenn gilt es, wird überall angenommen, und jedermann strebt nach dem Besitz
wegen der Materie, ohne Rücksicht auf das Zeichen.

Es sind nicht jederzeit die Mineros, die die Piñas
für ihre Rechnung in die königlichen Cassen bringen,
um sie daselbst schmelzen zu lassen, und die Abgaben davon zu entrichten. Dieses thun nur die wohlhabenden
und reichen, welche, ohne Gelder aufzunehmen, arbeiten: allein diejenigen, welche sich nicht in diesem Falle
befinden, bezahlen damit die Aviadores, oder Gewerken, die sie unterstützen, oder geben sie den Rescatadores zur Bezahlung der Waaren und anderer Bedürfnisse, theils für die Arbeiter, theils zur Beförderung
der Arbeiten, und diese bringen sie in die Cassen, und
lassen sie schmelzen. Zu den Bedürfnissen, welche zum
Bau der Werke nöthig sind, gehört das Quecksilber, de-
her die Aviadores und Rescatadores selbst es besorgen, damit keine Hinderniß entstehe, wodurch der Bau
oder die Zugutmachung unterbrochen und gehemmet
werde, wobey ihr eigener Nutzen interessirt ist. Das
Auflaufen der Piñas bey den Bergwerken nennt man
rescatar, wovon diejenigen, welche Sachen zum Ver-
kauf bringen, den Namen Rescatadores erhalten
haben.

Die wohlhabenden Mineros, welche durch den
Bergbau ihren Reichthum erlangen, halten sich nicht
beständig in den Bergwerken auf; einige gehen jeden
Abend dahin, andere selten oder niemals, und verlassen
sich

sich auf ihre Capataces (ober Factors), welche die Aufsicht über die Arbeiten haben, und die Ausgaben führen. Dieses geschieht insgemein deswegen, weil gemeiniglich die Bergwerke in rauhen und wegen der daselbst herrschenden Kälte und üblen Witterung sehr unangenehmen Gegenden liegen; von da lassen sie das Erz in dazu bestimmte Gebäude (Assientos) bringen, wo sie zubereitet und zugut gemacht werden; auf diese Art haben sie sie unter den Augen und können selbst bey dem Waschen zugegen seyn, welches die letzte Operation ist, das Silber aus dem Schliche zu ziehen.

Das Silbererz wird aus den Bergwerken von Llacmas, oder Alpacas, nach den Assientos getragen, welche Thiere vorzüglich geschickt sind, auf solchen rauhen und schlimmen Wegen zu gehen, wo Thiere von einer andern Gattung ohne Schaden nicht würden fortkommen können. Diese Thiere sind für diese Gegenden eben so vortheilhaft, als die Rennthiere in Lappland bey den ungleichen Wegen und auf dem Eise. Die Erze werden in Säcken aufgeladen, welche nebst den dazu erforderlichen Stricken der sicherste und einträglichste Handelszweig für die Indianer in den Flecken Juli in der Provinz von Chucuito sind: denn daselbst werden sie mehrentheils verfertigt, und von da nach den mehresten Bergwerken in Peru hingebracht.

Es ist nicht genug, wenn die Bergwerke ergiebig und reichhaltig sind, um die Kosten des Baues derselben durch die Ausbeute, die sie liefern, zu ersetzen: denn es ereignen sich oft mancherley Zufälle, welche die Fortsetzung der Arbeit bey denselben unterbrechen; dergleichen ist, wenn sich die Silberader verliert, und sich in so feine Aeste verbreitet, bis sich endlich gar kein Erz mehr darinnen entdecken läßt; in diesem Falle wird viele Geschicklichkeit und Glück erfordert, sie wieder zu finden; denn so lange arbeitet man, ohne Vortheil zu gewinnen,

II Theil. D

winnen, und ist in der Ungewißheit, wie lange es noch dauert, ehe man wieder Erz finden kann. Die Toros, die man antrifft, sind Knoten von sehr hartem Gesteine, welche die Ader unterbrechen, deren Größe oder Ausdehnung man nicht wissen kann, daher man in Ungewißheit ist, ob es zuträglicher sey, mit dem Gange durch dieselben durchzubringen, oder bey denselben, auf einer ihrer Seiten vorbeyzugehen. Dieß weiß man gewiß, daß, wenn man einen solchen Toro überwunden hat, die Ader wieder so reichhaltig oder noch reichhaltiger als zuvor wird. Die ihrer Beschaffenheit wegen unsichern Erbschichten, welche viele Stützen (Empotrados) und andre Werke erfordern, um den Einsturz abzuhalten, und das Wasser, wenn dieses letztere sich häufig einfindet, und die Gruben sehr tief sind, pflegen solche Nachtheile zu verursachen, welche der größten Ergiebigkeit und Reichhaltigkeit das Gegengewicht halten. Man sieht sich alsdenn genöthigt, mit großen Kosten Stollen (Socabones) anzulegen, um das Wasser abzuleiten; dieses läßt sich nicht einmal zu allen Zeiten unternehmen, weil es die Beschaffenheit des Berges zuweilen verhindert. Diese und andere dergleichen Unbequemlichkeiten und Hindernisse verringern die gewonnenen Vortheile so merklich und in einem so hohen Grade, daß die Eigenthümer mehr Verlust als Gewinn dabey haben.

Die Arbeit wird durch die Indianer und Mestizen verrichtet; wovon diese Freywillige, jene aber dazu verpflichtet sind. Diese letztern sind die sogenannten Mitayos. Der Unterschied zwischen diesen beyden Gattungen besteht darinnen, daß die erstern zufällig, die andern aber jederzeit sicher und gewiß sind; was das Tagelohn anbelangt, ist es bey beyden gleich, sehr reichlich und durch eine gewisse Taxe festgesetzt, nach welcher es niemals geringer als vier Realen dortigen Geldes ist, ob es gleich auch Bergwerke giebt, wie die zu Potosi,

wo

wo sie für den Tag, den sie arbeiten, einen Peso Lohn erhalten. Es ist eine gemeine, aber ganz irrige Meynung, daß die Arbeit in den Bergwerken sehr hart sey, und diese Leute zu Grunde richte; allein weder das Eine noch das Andre ist wahr. Ein deutlicher Beweis hiervon ist, daß die Mestizen und andere Indianer, an welchen die Reihe der Mita nicht ist, sich melden, und freywillig zur Arbeit sich anbieten, und daß selbst die Mitayos oder Verpflichteten, wenn ihre Arbeitsstunden verflossen sind, sich anbieten, sie zu verdoppeln, das heißt, Tag und Nacht, oder alle Tage hintereinander zu arbeiten, um desto mehr Lohn zu verdienen. Die hierbey zu verrichtenden Arbeiten geschehen theils unter der Erde, oder ausserhalb, welche letztere im Fahren oder Tragen des Erzes und der zu den verschiedenen Manipulationen bey der Zubereitung desselben nöthigen Materialien bestehen. Man bemerkt nicht, daß sie dadurch krank werden, oder sonst von einem beträchtlichen Ungemach dabey leiden. Bey diesen Umständen erhalten sie die beste und richtigste Bezahlung, die sie nur durch irgend eine Art von Arbeit verdienen könnten. Daher bleiben sehr viele von den zum Dienst Verpflichteten nach dem Beyspiele der Freywilligen, wenn gleich die Zeit ihrer Mita oder sie treffenden Dienstes schon um ist, noch da.

Diese Mitas dauern sechs Monate; nach Verfliessung derselben werden sie abgelöst, damit sie nach Hause gehen und ihr Land bestellen können; sie haben nachher zwey, drey oder mehrere Jahre frey, ehe die Reihe wieder an sie kömmt, nachdem die Flecken und Dörfer mehr oder weniger Einwohner haben.

Außer den Mitayos oder verpflichteten Indianern hat man bey den Bergwerken noch immer freye Arbeitsleute nöthig; denn ein Bergwerk, zu welchem sechs oder acht Verpflichtete gehören, kann nach dem Verhältnisse und Beschaffenheit der Gruben wohl funfzehn, zwanzig und noch mehrere beschäftigen. Wegen der großen Kälte dieser Gegenden schicken sich die schwarzen Sklaven nicht dazu, indem sie gleich sterben, welches bey den Indianern nicht zu besorgen ist, deren Natur zu solchen Klimaten geschickt ist, und die daher ohne Ungemächlichkeit oder Krankheit aushalten können.

Es ist im Vorigen gesagt worden, daß der Aufwand des Queckfilbers die Menge dieses Metalls ist, welche der des gewonnenen Silbers gleich ist, und das, was darüber aufgeht, für Verlust gehalten wird. Dieser Regel zufolge kann man Silber gewinnen ohne Verlust, aber nicht ohne Aufwand, und demnach derjenige, welcher hundert Mark Silber gewinnt, muß zur Zugutmachung desselben durch die Verquickung wenigstens funfzig Pfund Queckfilber aufwenden. Hieraus ist die Meynung entstanden, daß sich dieses Metall in Silber verwandele, welche man dadurch bestätigen will, daß in den mehresten Erzstuffen das Silber nicht sichtbar ist, wie bey den sogenannten Pacos, welche eine Farbe wie Tobak haben und am häufigsten gefunden werden. Man nimmt dabey an, daß das Mineral solche Materien enthalte, die geschickt sind, das Queckfiber zu fixiren, und es von den fremden Körpern, die es enthält, zu reinigen, und daß die Stuffen, in welchen das Silber sichtbar ist, welche sie Machacadas nennen, in dieser Form gefunden werden, weil in der Grube die ursprüngliche Materie des Queckfilbers in so großer Menge, als sie ergiebig sind, im Ueberflusse vorhanden war; daß aber außer derselben, welche sehr deutlich zu erkennen ist, die übrige Materie, die nebst ihr mit dem sich ihr incorporirenden Queckfilber vereinigt, dasselbe fixirt und in Silber verwandelt. Diese Behauptung rührt nach dem Urtheile der einsichtsvollsten Männer in Amerika aus Unwissenheit her, und der Verlust des Queckfilbers entsteht

steht aus ganz andern Ursachen, ohne daß es dabey nöthig wäre, daß es seine Art wegen der Vermischung mit den metallischen Theilchen der Grube verändere; und man kann schließen, daß, wenn man ein Mittel wüßte, diese Operationen auf eine andre Art anzustellen, man alle das Quecksilber wieder sammeln könnte, was durch das Amalgama incorporirt wird. Und in der That, die großen Metallurgisten in Europa, welche praktische Kenntnisse hierinnen haben, verwundern sich über die ungeheure Verschwendung des Quecksilbers in den Bergwerken in Amerika, und glauben, daß sie davon herrührt, weil man sich keiner sichrern und sorgfältigern Methoden bedient, dieselbe zu vermeiden.

Seit der langen Zeit her, daß die Silber- und Goldbergwerke in den beyden Reichen von Indien die besten und reichsten Einkünfte von Spanien ausmachen, wäre es doch wirklich nöthig und nützlich gewesen, Laboratoria zu Versuchen anzulegen, wo man durch fleißige Untersuchungen sich eine theoretische und praktische Kenntniß in Ansehung der Art und Weise, die Erze mit Vortheile für das Quecksilber sowohl als für Gold und Silber zuzubereiten und zugute zu machen, sich erwerben könnte; denn der Verlust erstreckt sich oft auf alle, weil es an der gehörigen Einsicht fehlt, sie von den fremden Körpern, die ihnen nachtheilig sind, abzusondern, als Vitriol, Spießglas, Arsenic, Alaun, Schwefel, Opernient und andern dergleichen, welche gemeiniglich unter dem Silber sind; und welche man unumgänglich davon absondern muß, ehe die Incorporation des Quecksilbers vorgenommen wird: denn wenn diese nicht mit der gehörigen Genauigkeit geschieht, entspringen daraus zwey nachtheilige Folgen; erstlich, daß man nicht alles Silber, welches im Mineral ist, herausbringen kann, indem eine Dazwischensetzung oder Vermischung einer der fremden Materien verhindert, daß das Quecksilber nicht gehörig

sich

sich vereinigen, und alle die in dem Minerale enthaltenen Silbertheilchen an sich ziehen kann; zweytens, daß schlechterdings keine rechte Amalgamation bewirkt werden kann; von diesem Umstande bedient man sich des Ausdrucks, daß die Körper entwischen (disparar los cuerpos): denn das Queckſilber, welches in unendlich kleine und leichte Theilchen sich subdividirt hat, geht mit dem Wasser fort, und das Silber, welches sich mit dem Queckſilber hat vereinigen können, verschwindet gleichfalls und geht verloren.

Wenn man die Absicht erreichte, das Silbererz von den fremden Materien zu reinigen, und die Incorporation des Queckſilbers ohne die dabey angeſtellten Wiederholungen der Operation zu bewerkſtelligen, würde man dadurch den großen Aufwand deſſelben vermeiden können, und jemehr man hierbey gewönne, deſto weniger würden die Koſten des Silbers betragen. Die Bergleute würden dieſen Aufwand erſparen, und viele Bergwerke würden gebauet und einträglich werden können, die verlaſſen werden, weil das Gehalt des Silbers die Koſten der Zugutmachung deſſelben nicht trägt. Denn wenn angenommen wird, daß zwölf Unzen Queckſilber zu jeder Mark gebraucht werden, ſo betragen bloß die Koſten des Queckſilbers, in Rückſicht auf den Preis, den es in Potoſi' hat, ſchon ſechs Reales. Außerdem würde man dabey den Vortheil gewinnen, daß man in Betracht des Gewinnſts des Silbers nicht vom Queckſilber abhängen dürfte; denn wenn dieſes fehlen ſollte, würde die Zugutmachung des Silbers aufhören müſſen, und die Bergwerke könnten nicht gebaut und genutzt werden. Wenn im Gegentheil das Queckſilber gar nicht oder wenigſtens nicht ſo ſtark conſumirt würde, ſo würde man mit einer mäßigen Quantität deſſelben verſchiedene Jahre reichen können, und in keinem Falle würde man den Ueberfluß deſſelben merklich vermiſſen. Der
Ver=

Verfall der Quecksilbergrube zu Almade'n, welcher sich ereignen könnte, so wie dieses nicht ohne Beyspiel ist, ist eine Gefahr, welche der Erhaltung der Silberbergwerke drohet. Die Kriege, welche zum öftern entstehen können, würden einen andern gefährlichen Umstand veranlassen, und allen diesen Gefahren würde durch das angeführte Mittel vorgebeugt werden. Die Bergleute beschäftigen sich, so viel sie können, sich eine Kenntniß ihrer Erze zu erwerben, und wie sie dieselben am einträglichsten machen können: allein, wenn sie an Personen gerathen, die niemals einige Grundsätze oder Kenntnisse von den Eigenschaften und den Beschaffenheiten der Bergwerke und der Metalle gehabt haben, und die nur in Ermangelung einer andern Beschäftigung sich damit abzugeben veranlaßt werden, und weil sie glauben, daß, um Silber zu gewinnen, weiter nichts nöthig ist, als in die Erde zu graben, werden sie nie einen wesentlichen oder beträchtlichen Vortheil gewinnen können, und wenn sie ihn ja erreichen, geschiehet es nach öftern und vielfältigem ansehnlichen Verluste; indem die Methoden, die sie erfinden, doch jederzeit unvollkommen genug sind. Diejenigen, welche die Erze zubereiten, oder Hüttenarbeiter, sind ebenfalls Leute von geringen Fähigkeiten, die nur das lernen, was sie andre machen sehen, und wenn sie hierinnen geschickt worden, sind sie doch nicht im Stande, weiter zu gehen, für sich selbst nachzudenken, noch die Methoden bey den gewöhnlichen Operationen zu verbessern. Sie kennen das Mineral, welches Silber enthält, allein nicht die Mittel, es vollkommen von den damit vereinigten Materien abzusondern, welches doch, wie gesagt, der wesentlichste Punkt ist; eben so wenig können sie Mittel ausfindig machen, das Quecksilber zu erhalten, welches ein andrer sehr wichtiger Umstand ist. Ein angesehener Schriftsteller und sehr geschickter Bergwerksverständiger dieses Reichs hat eben so geurtheilt,

urtheilt, und ist der Meynung, daß die Zugutemachung ohne irgend einen Aufwand und ohne Verlust des Queck= silbers verrichtet werden kann. Diese Erfindung, auf welche man alle seine Aufmerksamkeit und Untersuchun= gen verwenden sollte, würde der Monarchie eben so viel ein= tragen, als die Silberbergwerke selbst, die ihr ihre Reich= thümer verschaffen, und würde sie ihr auch für die Zu= kunft versichern, indem sie dieselben ohne unnöthigen Aufwand einsammeln könnte. Um dieses noch begreif= licher zu machen, müssen wir noch bemerken, daß man Bergwerke findet, deren Erze bey kleinen Versuchen ei= ne unglaubliche Reichhaltigkeit zeigen, im Großen aber von keinem Gehalte sind, und bey der Zubereitung ver= loren gehen.

Funfzehnter Abschnitt.

Von den zur Zugutemachung des Silbers noth= wendigen Materialien, dem Quecksilber und dem Salze, und von den Bergwerken dieser beyden Gattungen.

Die Zugutmachung der Erze erfordert zwey wesent= liche Ingredientien, das Quecksilber und das Salz; ohne dieselben würde die Amalgamation nicht zu bewirken seyn, indem das erste sie vereinigt, welche Ope= ration daher die Incorporation genannt wird; das Salz macht die Erze geschickt, damit das erste darauf wirken kann, indem es sie von den vielen fremden Theil= chen, die darinnen enthalten sind, reinigt. Es giebt außer dem Salze noch verschiedene andre Materien, de= ren man sich zu eben diesem Endzwecke bedient, nachdem es die verschiedenen in dieselben eingemischten fremden

Körper

Körper erfordern. Dieser Operation bedürfen zum Theil diejenigen Erzarten nicht, welche durchs Feuer zugutgemacht werden; es giebt aber nur sehr wenige Bergwerke, die Bequemlichkeit dazu haben.

Das Königreich Peru hat vor Neuspanien den besondern Vorzug, daß es die Bequemlichkeit hat, eine sehr reichhaltige Quecksilbergrube zu besitzen; in Betracht dieses Vortheils ist es daher wegen des nöthigen Quecksilbers niemals von Spanien abhängig gewesen, und bey vorfallenden Gelegenheiten hat es selbst das andere Reich mit einigem Vorrathe desselben versehen können, welche Hülfe um so viel wichtiger gewesen ist, da im Fall eines gänzlichen Mangels desselben, die Bergwerke daselbst nothwendig sehr viel dadurch würden haben leiden müssen.

Das Quecksilberbergwerk liegt in dem Bezirke von Guancavelica; dieses ist ein aus Huanca Vilca verdorbener Name, der aus zwey Wörtern aus der Sprache der Indianer besteht, die eigne Namen einiger Nationen unter ihnen sind. Der Berg, in welchem sie sich befinden, steht ungefähr anderthalb Meilen von der an dem Fuße desselben liegenden Stadt gleiches Namens. Diejenigen, welche ihn und den Berg von Potosi gesehen und untersucht haben, versichern, daß sie beyde eine große Aehnlichkeit mit einander haben.

Indessen sind sie doch, in Ansehung ihrer innern Beschaffenheit und Einrichtung, einander nicht so ähnlich: denn der von Potosi besteht aus einer Menge von Oeffnungen oder Mündungen, die die Eingänge zu eben so viel verschiedenen Silbergruben ausmachen, die eben so viel verschiedenen Besitzern zugehören, indem die Silberadern gleichsam als Aeste sich überall durch denselben ausbreiten; der Berg von Guancavelica dagegen hat an der höchsten Seite, da wo der Gipfel desselben ist, nur vier Eingänge und drey Socabones, (Stollen,) die dazu dienen, Wetter in die Grube zu bringen, und das Wasser abzuführen, das zwar nicht aus innern Quellen entsteht, sondern durch Rinnen hinein kommen kann.

Dieses Bergwerk dehnt sich nicht in der Länge oder Breite aus, sondern besteht aus einem einzigen sehr tiefen Schachte, der oben zu ist, und weiter keine Oeffnung als die vier angeführten hat; sein Umfang beträgt hundert und achtzig Varas, der Durchschnitt sechzig, und die Tiefe fünfhundert und dreyzehn. In diesem Umfange, aber nicht außer demselben, ist das Erz, welches das Quecksilber giebt, enthalten gewesen, womit dieses Königreich gleich vom Anfange an sich selbst versorgt hat. In ältern Zeiten war es sehr ergiebig: allein da es von keinem großen Umfange ist, ist es jetzt gleichsam ein Gerippe von Pallisaden und Fragmenten geworden, die man in der Absicht, die Grube zu stützen, und gegen den Einsturz zu sichern, übrig gelassen hat, und welche der Scharfsichtigkeit und Verschlagenheit der Bergleute haben entgehen können; diese Stützen nennt man Estrivos. Auch diese nehmen täglich sehr merklich ab, indem man vorzüglich das zum gewöhnlichen Gebrauche nöthige Quecksilber von ihnen nimmt. Diese Quecksilbergrube gehört der Krone, und dieser Umstand hat nicht wenig zu ihrer schlechten Erhaltung beygetragen. Denn sie ist einer Anzahl von Personen überlassen worden, die sie gemeinschaftlich bauen, und dieses sind mehrentheils Leute ohne Vermögen, und Fremde, die dahin kommen, um ihr Glück zu versuchen, und die weder theoretische noch praktische Kenntnisse haben. Der König bezahlt ihnen ein Gewisses für jeden Centner Quecksilber, den sie liefern, und schießt ihnen ein Capital zur Unternehmung der Arbeiten vor. In vorigen Zeiten, da der innere Raum dieser tiefen Grube, oder Magazins, ganz angefüllt war, erhielten sie sehr reiche Ausbeute, und zogen

gen großen Vortheil davon, ohne der Grube zu schaden: allein jetzt, da das Erz so geringhaltig worden ist, hat es sich geändert. Die Stadt, welche ziemlich groß ist, erhält sich von der königlichen Schatzkammer, wegen der Vortheile, die das Quecksilber dahin bringt.

Dieß Bergwerk wird eben so, wie die Silbergruben, durch zum Dienst verpflichtete Indianer gebauet: allein die Anzahl der Freywilligen, sowohl von diesen, als von Mestizen, ist weit größer. Das Gehalt des Metalls ist heute zu Tage äußerst gering geworden; für jeden Cajon, der daselbst auf sechs Arrobas gesetzt ist, welches Maas von dem bey den Silbererzen verschieden ist, von wenigstens einem Pfunde bis auf zwey und ein halb oder drey Pfund. Die geringen Spuren, welche noch in den Estrivos übrig geblieben sind, haben ein Gehalt von acht bis zehn Pfunden im Cajon; allein da die Grube noch ihren ganzen Reichthum hatte, hielten sie wohl fünf und zwanzig bis dreyßig Pfund; dieses nannte man Metall de Apunchao, welches ein indianisches Wort ist, und ein reichhaltiges Erz bedeutet. Man bemerkt daselbst einen besondern Umstand in Ansehung der Wiedererzeugung des Erzes, so wie bey dem Silbererze. Denn an den Stellen, welche seit langer Zeit ungefähr seit sechzig oder achtzig Jahren verlassen worden, und wieder bearbeitet werden, findet man auf der Oberfläche eine mehr oder weniger dicke Rinde oder Decke, die sehr reichhaltig ist; wenn diese weggenommen ist, behält der Stein eine metallische Eigenschaft, ohne jedoch Quecksilber zu enthalten, oder doch so wenig, daß es der Mühe nicht werth ist. Dieses läßt vermuthen, daß sich erst, nachdem die Stelle verlassen worden, das Gehalt des Erzes verbessert hat: denn als man sie verließ, geschahe es, weil sie so äußerst geringhaltig waren, da man zu allen Zeiten Erze von gutem Gehalte genutzt hatte, und keine Arbeit gespart, sie aufzusuchen. Hierzu kömmt noch

noch dieses, daß es nicht natürlich scheint, daß man sie
würde verlassen haben, so lange nur noch ohnge=
fähr von der Dicke einer Vara vorhanden war, indem
man an eben diesen Stellen sehr tief gearbeitet hatte,
um Erz zu gewinnen, welches zuweilen wohl nicht so
gut seyn mochte, als das, was man jetzt findet. Wenn
dieser Umstand der Wiedererzeugung sich nur an einer
einzigen Gegend bemerken liesse, könnte man ihn einer
zufälligen Ursache zuschreiben: allein da man ihn an al=
len Stellen, die seit so lange verlassen worden, daß selbst
das Andenken davon verloren ist, antrifft, hat man hin=
länglichen Grund zu vermuthen, daß sie seit der Zeit, als
sie verlassen worden, reichhaltiger geworden sind, wel=
ches auch die geringe Dicke der Schicht (Capa) zu be=
weisen scheint.

Das Gestein, in welchem das Quecksilber sich an=
setzt, hat eine besondre Farbe und Korn; und wenn
man gleich keines darinne antrifft, so erkennt man doch
daran, daß in einer größern Tiefe, oder wenn einige
Schichten weggenommen worden, man den Zinnober
finden wird, welches eben derselbe Stein ist, worinnen
sich Quecksilber und Schwefel vereinigt und vermischt
befindet. Diesen Stein nennt man Metel de Azo=
gur, Quecksilbererz, zum Unterschiede von dem andern,
in dem er nicht anzutreffen ist, den man Desmonte
(Halde) nennt, und der dem Schiefer ähnlich ist. Die=
ses angenommen, kann man schliessen, daß, nachdem an
einer Stelle alles nutzbare Erz herausgeholet worden,
sie verlassen, und mit den Halden oder tauben Ber=
gen (escombros), die aus den nächsten Gegenden hin=
eingeworfen wurden, wieder ganz angefüllt und zuge=
macht warb. Die Effluvia und ursprünglichen Theil=
chen, welche das Quecksilber ausmachen, und die aus
der größten Tiefe empor steigen, bringen durch die Zwi=
schenräume des Erzsteins, der die Beschaffenheit hat,

sie

sie anzunehmen, und wenn sie auf die Oberfläche kom=
men, setzen sie sich an, weil sie keine Matrize finden,
durch die sie ihre Circulation fortsetzen könnten; wenn
sie sich nun mit dem Erzsteine vereinigt haben, verän=
dern sie dessen dunkle Farbe, und nach dem Verhältniß=
se, als die Mercurialtheilchen und der damit verbundne
Schwefel häufiger sind, geben sie ihm eine mehr oder
weniger lebhaftrothe Farbe, so daß dieser unfruchtbare
Stein von denselben durchdrungen, und zu Zinnober
wird. Hieraus folgt, daß, je längere Zeit seit der Ver=
lassung verflossen ist, oder je mehr das Andenken davon
bis zur Zeit der Entdeckung sich verloren hat, die
Schicht, welche das Quecksilber enthält, mehr oder we=
niger dick ist. Die Quecksilbertheilchen pflegen an eini=
gen auswendigen Stellen des Erzgesteins so häufig zu
seyn, daß, da sie nicht in dasselbe eindringen, und sich
firiren können, man sie in ihrer wahren und eigentlichen
Gestalt bemerken kann; und wenn man den Stein ge=
gen einen harten Körper anstößt, giebt er kleine Kügel=
chen Quecksilber von sich, so wie aus der Piña von Sil=
ber, wenn sie geknetet und zusammengedrückt wird, oh=
ne weiter daran etwas zu thun, Quecksilber herausläuft.
Die Steine, welche das Quecksilber in seiner metalli=
schen Form enthalten, haben eine Farbe wie Bley=
glanz, die ins Röthliche fällt, und da, wo es sich befin=
det, hat es Fasern, wie die kleinen Krystallisationen, die
man in den Bergwerken zu finden pflegt.

Unter den alten Halden, die im Feuer gewesen
sind, findet man ebenfalls einige Steine, die Quecksilber
enthalten; daher so, wie in den Silbergruben, die Mey=
nung entstanden ist, daß der Stein die Matrize sey,
worinnen das Quecksilber sich firirt und ansetzt, und ihn
deswegen mit einem Schwamme vergleicht, der das
Wasser annimmt; und daß, indem durch die Luft die
feinsten Theilchen des Schwefels, und die Theile, die

das

das Queckſilber ausmachen, mitgetheilt werden, ſie mit dem Erze eben ſo von neuem vereinigt werden, als wie in der Grube.

Es mag nun ſeyn, daß dieſes ſich wirklich ſo ver‐
hält, oder daß bey der Zubereitung das Queckſilber nicht
völlig aus dem Erze herausgebracht worden, ſo iſt doch
gewiß, daß es Bergleute giebt, welche, wenn ihre Wer‐
ke nicht die gehörige Ausbeute geben, ſich damit beſchäf‐
tigen, die Pallacos aufzuſuchen, und aus denen, die ſie
finden, Queckſilber ziehen.

Wenn die tiefen Gegenden der Grube, nachdem ſie
lange Zeit durch die hineingeworfenen Halden verſtopft
geweſen ſind, wieder geöffnet werden, bemerkt man dar‐
innen eine Luft, die von ſolcher Beſchaffenheit iſt, daß ſie
diejenigen, die ſie einathmen, ſogleich tödtet. Hieben ſind
verſchiedene Beſonderheiten zu bemerken. Dieſe Art
von Luft wird Umpe' (Schwaden) genannt; man
entdeckt in Anſehung ihrer Schwere und Elaſticität
nichts, woher dieſe Eigenſchaft derſelben entſtehen könn‐
te. An einem Barometer, welches mit Fleiß in die Ge‐
gend, wo dieſe Luft war, hineingebracht worden, verän‐
derte der Mercurius ſeinen Stand, den er außerhalb,
wo ſie nicht zu ſpüren war, hat, nicht ſehr merklich, da
ſie hingegen ſo ſchnell und ſtark wirkte, daß, als man
drey zuſammengebundene und angezündete Talglichter,
die ſehr helle brannten, hinein hielt, ſie, ſo bald ſie in den
Umpe' kamen, ſogleich auslöſchten, und an den Doch‐
ten keine Spur blieb, daß ſie eben angezündet geweſen wa‐
ren. Eben ſo wenig beobachtete man eine Veränderung
am Thermometer, auch nicht in Anſehung der Feuchtig‐
keit oder Trockenheit, noch durch den Geruch. Nichts
deſto weniger pflegen die Arbeiter, wenn ſie eine alte Höh‐
lung wieder öffnen wollen, und nicht alle Vorſicht an‐
wenden, ſogleich getödtet zu werden, und können durch
kein einziges bekanntes Mittel gerettet werden. Wenn
ſich

sich dieser seltne Zufall ereignet, so ist es eben nicht, daß das Loch, welches gemacht wird, groß sey: denn bloß ein solches, welches mit der Spitze der Hacke, oder dem Brecheisen gemacht wird, ist schon hinreichend. Um sich für diese Gefahr zu verwahren, nehmen sie sich, wenn sie merken, daß die Communication beynahe eröffnet ist, sorgfältig in Acht, beym Hacken oder Schlagen nicht Athem zu holen, und in das Loch, so bald als sie offen ist, halten sie ein Licht, so weit sie in die Oeffnung reichen können, an einer Stange hinein; wenn es nicht aus= löscht, ist es ein Zeichen, daß kein Umpe' darinnen vor= handen sey; so wie hingegen, wenn es auslöscht, die gan= ze Gegend, wo dieß erfolgt, damit erfüllt ist.

Es ist sehr schwer, von dieser sonderbaren Beschaf= fenheit der Luft, die weder von ihrer Schwere noch Elasticität herrührt, die wahre Ursache anzugeben; man bemerkt indessen, daß sie sich weiter verbreitet, und be= wegt; welches daraus erhellet, daß sie sich an einigen Stellen zeigt, wo man sie vorher nicht bemerkt hatte. Man sieht oft unvermuthet an Stellen, wo es vorher noch nicht geschehen war, daß die Lichter auslöschen wol= len, welches auf eine ganz sonderbare Art sich zeigt. Das ganze Licht, oder die Flamme, sondert sich vom Dochte ab, springt sehr schnell in die Höhe, fällt wieder auf den Docht, auf welchem es einen kleinen Augenblick bleibt; hierauf springt sie von neuem empor, bis sie end= lich nach einem von diesen Absprüngen gänzlich verschwin= det. Bey diesem Springen erhebt sie sich ohngefähr ei= ne halbe Viertelvara über den Docht, an welchem man nicht bemerken kann, daß er angezündet gewesen ist; wenn sie aber sehr hoch empor fährt, ist es ein Zeichen, daß der Umpe', oder Schwaden, sehr stark ist, und alsdenn löscht das Licht beym zweyten oder dritten Auf= springen der Flamme sogleich aus. Wenn der Schwa= den so stark ist, können ihn die Menschen ohne Lebens= gefahr

gefahr nur eine sehr kurze Zeit aushalten: allein sobald das Licht auf einmal, ohne daß die Flamme von demselben empor springt, auslöscht, fallen die Leute in einem Augenblicke todt nieder.

Die Eigenschaft des Umpe' oder Schwadens, daß er sich bewegt, läßt sich daraus bemerken, daß er zuweilen in den Oeffnungen, wo er sich zeigt, verbleibt, zu einer andern Zeit aber in den Gang, durch den man die Oeffnung gemacht hat, sich verbreitet, und täglich weiter vorwärts kömmt. Man bemerkt auch, daß, wenn man an einer Stelle, wo diese Wirkung sich nicht zeigt, in der einen Hand ein Licht hat, und es mit ausgestrecktem Arme dahin hält, wo der Umpe' ist, es sogleich auslöscht; und wenn man es mit dem Lichte, das man in der andern Hand hat, wieder anzündet, löscht es so viele male wieder aus, als man es wieder in den Umpe' hinein hält.

Leute, welche unvermuthet in Gegenden gekommen sind, wo der Umpe' anfängt, und noch nicht in seiner ganzen Stärke vorhanden ist, fühlen ein starkes Jucken und Kriebeln durch den ganzen Körper, besonders in den Extremitäten, im Gesichte und im Kopfe, Taubheit und Klingen in den Ohren; die Augen schwellen auf, als wenn sie aus dem Kopfe herausspringen wollten, welches alles eben die Wirkungen sind, welche man im luftleeren Raume unter der Glocke einer Luftpumpe bemerkt. Um zu erfahren, ob die Wirkungen des Umpe' von Verdünnerung der Luft herrühren, hat man an zwey verschiedenen Stellen, wo er war, und wo kein Licht brennend blieb, wiederholte Versuche angestellet. Man band demjenigen, welcher hinein zu gehen sich anschickte, ein Tuch um den Mund und die Nase, und indem er den Athem an sich hielt, trug er das aufrechtstehende Barometer vier Varas weiter über die Stelle, wo die Lichter verlöschten, hinein; nachdem er hierauf
wieder

wieder herausgegangen war, begab er sich wieder hinein, um zu sehen, ob sich eine Bewegung am Barometer zeigte, welches er bey dem Scheine eines Lichts, das an der äußern Seite zwey Varas außerhalb der Gränzen des Umpe' sich befand, deutlich erkennen konnte, und da nahm er wahr, daß der Mercurius auf 17 Zoll 1½ Linien stand; nachdem das Barometer wieder heraus gebracht, und an dem Ort, wo das Licht stand, in eben der Höhe als drinnen gestellt worden, stand es auf 17 Zoll 2 Linien; der ganze Unterschied betrug also nur eine halbe Linie, welches doch wohl nicht die Ursache dieser sonderbaren Wirkung seyn konnte. An der zweyten Stelle, wo der Versuch gemacht wurde, und wo der Umpe' ebenfalls kein Licht brennen ließ, und welche die tiefste in der Grube war, die man Hoyo Negro (das schwarze Loch) nennt, stand der Mercurius auf siebenzehn Zoll 2½ Linien. Zu eben der Zeit brachte man auch ein Thermometer hinein, welches keine Veränderung litt, und so blieb, wie es draußen gewesen war. Hieraus kann man abnehmen, daß die schädliche Beschaffenheit dieser Luft weder von einer großen Verdünnung, noch davon herrührt, daß sie viel leichter wäre, als die Atmosphäre dieser Höhe erfordert. An diesen Stellen war nur ein einziger Eingang, ohne weitere Communication mit andern Stellen.

Das Mittel, den Umpe' zu zerstreuen, besteht darinnen, daß man an der Stelle, wo er sich befindet, eine zweyte Oeffnung macht, um der Luft eine Bewegung zu verschaffen. Aus diesem Umstande läßt sich abnehmen, daß diese Beschaffenheit der Luft daher rührt, weil sie lange Zeit ohne alle Bewegung und Kreislauf gewesen ist. Ob dieses verursacht, daß sie ihre Elasticität gänzlich oder nur an einigen Stellen verliert, läßt sich nicht leicht ausmachen: allein man kann doch so viel erkennen, daß sie dadurch eine besondere, dem Leben schäd-

schädliche Eigenschaft erhält, welche sich in der Geschwindigkeit äußert, mit der sie, wo sie herrscht, die Menschen tödtet.

Diese sonderbare Eigenschaft der Luft bemerkt man auch in verschiedenen Gegenden von Europa, in einigen nicht sehr tiefen Brunnen in Italien, in der sogenannten Grotta del Cane. Indessen ist der Umstand, daß die Luft eingeschlossen ist, nicht allein hinreichend: denn es giebt selten Brunnen, wo man dieses bemerkt, so wie auch in den Bergwerken; allein man nimmt wahr, daß die Stellen, wo reichhaltige Erze sich befinden, oder sonst befunden haben, derselben am meisten ausgesetzt sind, woraus man abnehmen kann, daß die Ausdünstungen derselben der Luft einige Theilchen mittheilen, welche dem Leben gefährlich sind. Es wäre nichts befremdendes, daß die Metalle die in der Luft verbreitete feurige oder elektrische Materie in sich zögen, und daß daher das Licht nicht brennen kann, weil der Luft die Theilchen fehlen, welche nöthig sind, das Licht brennend zu erhalten, und daher könnten, ohne einige Veränderung in der Schwere und in der Elasticität, die Wirkungen, die man sieht, hervorgebracht werden. In diesem Bergwerke werden die darinnen Arbeitenden nicht, wie man insgemein glaubt, vom Quecksilber angegriffen und dadurch krank gemacht, welchen Zufall man azogarse nennt. Man sagt, daß in alten Zeiten dieser üble Zufall gemeiner gewesen ist; welches man zwey Ursachen zuschreibt, nämlich der größern Menge des im Minerale enthaltenen Quecksilbers, und der Art, das Erz mit der Hacke vom Berge loszuhauen, da der abfliegende feine Staub, durchs Athemholen eingezogen, in das Blut gieng, und dieses Uebel verursachte. Jetzt leiden nur wenige durch das Quecksilber, und dieses Ungemach bekommen sie in den Schmelzhütten, weil sie in dieselben gehen, zur Zeit, wenn sie ganz erhitzt sind. Da aber

aber jetzt die Metalle nicht so reichhaltig sind, ist auch dieser Zufall nicht so gemein.

Diejenigen, die vom Quecksilber krank geworden sind, bedienen sich eines leichten Mittels, wodurch sie in kurzer Zeit völlig wieder hergestellt werden, wenn sie wegen eines beständigen Zitterns in allen Gliedern nicht länger aushalten können. Sie begeben sich nämlich, nachdem sie ganz entkräftet und mager geworden sind, in eine Guebrada oder großes Thal, wo eine warme Witterung herrscht. Daselbst bauen sie das Land, wobey sie sehr stark schwitzen, und das Quecksilber heraustreiben, und gänzlich wieder hergestellet werden; sobald sie sich wieder gesund befinden, kehren sie freywillig, ohne dazu genöthigt zu werden, wieder zu ihrer vorigen Arbeit zurück.

Man glaubte ehemals, daß die Quecksilbergruben in Peru so gemein wären, als die Silberbergwerke, und machte daher eine sehr genaue und scharfe Anordnung, daß man da, wo sich dem Anscheine nach einige Merkmale fanden, daß es daselbst dergleichen gäbe, nicht arbeiten sollte, um zu verhindern, daß der König bey dem Silber und Quecksilber nicht um die ihm zukommenden Abgaben betrogen würde. Allein da bey dem Verfalle der Quecksilbergrube zu Guancavelica der Fall eintrat, daß es an Quecksilber mangelte, so fand es sich, daß es ein aus Mangel gehöriger Einsichten entstandener Irrthum gewesen war. Denn als man alle mögliche Sorgfalt und Bemühungen anwandte, die nur das Verlangen darnach, und die Wichtigkeit der Sache eingeben konnten, fand man nichts, als fehlgeschlagene zuvor täuschende Erwartungen, und die Ueberzeugung, daß das, was man in vorigen Zeiten für Quecksilbergruben gehalten hatte, Eisenwerke, nebst einigen andern Materien von röthlicher Farbe waren, wie durch viele und sehr genaue Versuche, die man deshalb anstellte, offenbar bewiesen ward. In denjenigen, welche man in einigen andern Provinzen, und im Königreiche Chile entdeckt zu haben vorgab, hat sich eben so wenig Queckſilber als in den andern gefunden. Bey dieſer großen Seltenheit der Gruben dieſes Erzes, erkennt man die weiſe Anſtalt des Schöpfers, daß, da dieſes Metall wegen ſeiner beſondern flüßigen und unſtäten Beſchaffenheit weniger nützlich, als andere Metalle iſt, ob er gleich die Bergwerke der edlern Metalle des Goldes und Silbers in der ganzen Welt ausgetheilt, und auch beyden Theilen von America ſo reichlich verliehen hat, dennoch die Queckſilberbergwerke ſo ſelten ſind, daß man weiter keine kennt, als das zu Guancavelica in Peru, das zu Almaden in Spanien, und das zu Trieſte in Friul: denn wenn es auch noch andere giebt, ſind ſie doch wenig bekannt, und von keiner Beträchtlichkeit; es finden ſich auch keine in Nordamerica, wo die Silberbergwerke nicht weniger ergiebig ſind, als in Peru, wie der anſehnliche Vorrath von Silber, der jährlich aus denſelben gewonnen wird, hinlänglich beſtätigt.

Das Queckſilber wird auch zur Amalgamation bey den Goldbergwerken gebraucht, wenn dieſes in ſo kleinen Theilchen gefunden wird, daß es weder durchs Schmelzen, noch durch die Wäſche kann geſammlet werden.

Seit einiger Zeit bedient man ſich deſſelben zu Portobelo, woſelbſt in den benachbarten Bergen Goldgruben entdeckt worden, die nach dem Urtheile verſtändiger Leute, ſo wie der Bau derſelben fortgeſetzt werden würde, guten Fortgang verſprachen; allein da der Gebrauch des Queckſilbers daſelbſt nicht gewöhnlich geweſen iſt, leiden ſie Mangel daran, und dieſer Umſtand hinderte den Fortgang, den ſich die Beſitzer derſelben wünſchten.

Was das nöthige Salz anlangt, werden einige Bergwerke mit dem, welches aus der See kömmt, andere mit

dem,

dem, welches aus Bergwerken geholt wird, versehen, nachdem die Bequemlichkeit ihrer Lage es ihnen verstattet. Dieses ist ein sehr nothwendiger Aufwand, den sie haben, und der für die, welche sehr abgelegen sind, ziemlich kostbar ist. Dieses Land erfreuet sich des Vortheils, daß hieben keine Arbeit oder Fleiß der Menschen erfordert wird. Das Salz entsteht von sich selbst, oder die Natur giebt ihm seine Härte, ohne daß man weiter einige Mühe hat, als hin zu gehen, und es zu holen. In dem Bezirke des Fleckens Chilca, der in dem Corregimiento von Cañete liegt, überschwemmt das Meer bey der Fluth einige Thäler, die zwischen einigen nicht sehr beträchtlichen Anhöhen liegen, und läßt in der tiefsten Gegend derselben einige kleine Seen oder Pfützen zurück, welche beständig erneuert werden. Dieses Seewasser wird durch die Natur des Bodens zu Salze verhärtet, welches in so großem Ueberflusse vorhanden ist, daß ein großer Theil des dortigen Landes damit versorgt wird. Es hat aber niemand Erlaubniß, es von dort wegzuholen, als die Indianer dieses Fleckens, welche sich damit beschäftigen, es in die übrigen Gegenden zu verführen, wo man es nöthig hat. So giebt es an diesen Küsten mehr dergleichen natürliche Salzgruben.

In den hohen Gegenden von Peru, welche die Vorsehung zu einem Sammelplatze von allen Arten von Bergwerken gemacht zu haben scheint, giebt es auch Salzgruben, welche eben die Einrichtung und Structur, als die Erzbergwerke haben. Es werden gewöhnliche Schachte in denselben angelegt, und man findet darinnen das Salz als einen harten, dichten, und aneinanderhangenden Körper, in Form eines Steins. Es wird mit Hacken in solchen Stücken losgehauen, daß es auf Lastthiere gepackt, und auf diese Art nach den verschiedenen Oertern und Bergwerken gebracht werden kann. Der Anblick desselben ist sehr betrüglich, indem es wie ein Stein von einer ins Dunkle fallenden Violetfarbe aussieht, und Abern wie der Jaspis hat. Es wird nicht nach dem Gewichte oder Maße, sondern nach den Steinen verkauft, die an Größe wenig von einander verschieden sind. Diese Salzbergwerke trifft man fast in allen dortigen Ländern an. Die Besonderheit dabey besteht in der Härte, in der Farbe, und daß es in diesen Bergen, die eben so hoch sind, als die, welche Silber und Quecksilber enthalten, gebrochen wird. Diese große Mannichfaltigkeit macht, daß man die Werke der Vorsehung in allen bewundern muß.

Es verdient bemerkt zu werden, daß, da man ehedem auf den Inseln Santo Domingo und Cuba, in den zunächst an die Eroberung gränzenden Zeiten, so viele Reichthümer, besonders an Golde gefunden hat, jetzt so sehr geringe Anzeichen solcher Bergwerke daselbst anzutreffen sind. Auf der Insel Cuba finden sich noch einige Ueberbleibsel von ehemaligen Bergwerken, allein bloß dem Namen nach. Nicht weit von la Habana, nach Bacuranao zu, liegen einige Berge von geringer Höhe, und daselbst ist eine Gegend, die man la Mina (das Bergwerk) nennt, weil ein Bergwerk daselbst ist, ob es gleich jetzt nicht mehr gebauet wird, auch seit langer Zeit her nicht gebauet worden zu seyn scheint; und gleiche Bewandtniß hat es mit den übrigen. Indessen hat man eine Nachricht, daß in dem Sande aus dem Bache oder kleinen Flusse Escambray, drey Meilen von der Stadt Santa Clara, in dem Gebiete von Manicaragua, und aus einigen andern in der Gerichtsbarkeit von la Trinidad, wenn er gewaschen wird, Goldstaub und auch Gold in Körnern gefunden wird; eben dieses sagt man auch von den Flüssen, welche sich in der Nähe der Stadt Holguin befinden. Allein diese Spuren sind sehr geringe, wenn man sie mit den ehemals so gerühmten Reichthümern vergleichen will.

will. Auf der Insel Santo Domingo sind sie nicht beträchtlicher als auf der Insel Cuba, und so ist es mit allen den übrigen beschaffen, wo man zu den Zeiten der ersten Entdeckung etwas Gold gefunden hat.

In Luisiana war einer der ersten Bewegungsgründe, die die Franzosen veranlaßten, dieses Land mit dem Verluste des Lebens so vieler, die beym ersten Anfange darauf giengen, anzubauen, die Hoffnung reichhaltige Erzbergwerke anzutreffen, indem sie sich durch die Muthmaßung, daß es ein mit Neuspanien zusammenhängendes festes Land ist, dazu verführen ließen. Ob sie gleich viel Fleiß und Mühe angewandt haben, einige dergleichen aufzusuchen und zu entdecken, und auch wirklich so glücklich gewesen sind, einige Bley- und Kupferbergwerke in der Gegend des Landes der Illinesen zu finden, haben sie doch bis jetzt kein Gold- oder Silberbergwerk entdecken können.

Sechzehnter Abschnitt.

Von den Fossilien, und insbesondere von den Versteinerungen.

Es ist von jeher eine der wichtigsten Beschäftigungen der Menschen gewesen, die Geschichte alter Zeiten zu erforschen und zu untersuchen, und zur Bestätigung derselben überzeugende und wo möglich sichtbare Beweisthümer ausfindig zu machen; und je entfernter die Gegenstände waren, desto lebhafter und eifriger sind ihre Bemühungen gewesen, ihre Absicht zu erreichen. Bey diesem Vorhaben ist nichts übrig geblieben, welches der menschliche Fleiß nicht durchforscht hätte; keine Hindernisse sind mächtig genug gewesen, welche eine anhaltende

Geduld und Beharrlichkeit nicht auf Kosten der größten Beschwerden und Bemühungen überwunden hätte. Die Menschen haben sich durch die Welt verbreitet und sie durchreiset, um mit ihren Augen das zu sehen, was die Geschichte erzählt, und haben kein Land übrig gelassen, welches sie nicht durchforscht und studiert hätten, und keinen Ort, wohin sie nicht diese Wißbegierde getrieben hätte. Die Erreichung eben dieses Endzwecks hat auch das Studium der Alterthümer veranlaßt, bey welchem die Gelehrten, durch Entdeckungen unterrichtet und geleitet, alle ihre Kräfte anwenden, die Denkmäler alter Begebenheiten und Vorfälle, die durch die Länge der Zeit entstellt worden, zu erklären und zu enträthseln, und hierdurch werden überzeugende Beweise von den erstaunenswürdigsten Weltbegebenheiten entdeckt.

Es ist Niemand, dem der beständige Kreislauf aller Dinge in der Welt unbekannt seyn kann, und der nicht wisse, wie alle Dinge, nachdem sie bis zu dem höchsten Grade der Vollkommenheit gestiegen sind, wieder herabfallen, und eben so schnell wieder untergehen, als sie zuvor sich erhoben hatten, zum unwidersprechlichen Beweise der Unbeständigkeit, der sie alle unterworfen sind. Die berühmtesten Reiche sind zerstört worden und verschwunden, so wie der Staub in der Luft verfliegt. Die reichsten, mächtigsten und volkreichsten Städte sind untergegangen, und der Marmor und die Bronze, die sie auszierten, sind zerstoben und vernichtet; ihr Grund ist nicht mehr zu sehen, und sie sind dahin, wie ein Traum der Phantasie. Ganze Nationen sind untergegangen, als wenn sie nie unter den Menschen gewesen wären. Die Erdkugel selbst leidet in ihren einzelnen Theilen Veränderungen; Berge von ungeheurer Größe, die keiner Veränderung unterworfen zu seyn scheinen, erfahren mit dem Verlaufe der Zeit und durch große Umkehrungen merkliche Veränderungen, und ihre Höhen nehmen ab.

ab. Die Flüsse verändern ihr Bette; einige verlieren ihre vorige Tiefe, so wie andre sich verschiedene Wege öffnen, um ihren Lauf ins Meer zu richten. Auch im Meere zeigen sich beträchtliche Veränderungen, wie man an den Küsten, den Häfen, den Buchten und den Vorgebürgen bemerken kann. Einige Inseln nehmen ab, andere kommen zum Vorschein, als wenn sie aus der Tiefe des Meers hervorwüchsen. Auf diese Art verändern mit der Zeit sich alle Dinge, und sind in einem beständigen Kreislaufe von Abwechselungen und Veränderungen.

Diese Ueberzeugung erweckt die Begierde, den merkwürdigsten Revolutionen der Welt nachzuspähen, um ihren ersten ursprünglichen Zustand kennen zu lernen, und die Umkehrungen zu betrachten, die sie erfahren hat, bis sie ihre gegenwärtige Gestalt und Beschaffenheit erhielt, nachdem sie stufenweise von einer Abwechselung zur andern gekommen war, die nur erst nach Verlauf vieler Jahre und Jahrhunderte bemerkt werden können. Man begnügt sich hiebey nicht mit den Nachrichten des Alterthums, weil sie entweder nicht umständlich und deutlich genug sind, oder weil man argwöhnt, daß sie durch viele Fabeln, welche die in ihnen verhüllte Wahrheit verändern, sind verfälscht und entstellt worden. Hiezu kömmt noch, daß man sich gerne durch augenscheinliche Beweise überzeugen will, welche alle Zweifel, die bey dem, was man nur aus Tradition weiß, entstehen, heben können; überdem weiß man, daß von den größten Umkehrungen, welche die Erde erfahren hat, noch einige Ueberbleibsel selbst aus den entferntesten Zeiten vorhanden sind. Vor nicht gar zu langer Zeit schickte der König von Dänemark einige Gelehrte, die er mit grosser Freygebigkeit unterstützte, ab, um nach Asien und einem Theil von Africa zu gehen, diese Länder zu durchreisen, und eine beträchtliche Anzahl von Gegenständen

aus

aus der Geschichte und den Alterthümern, deren Verzeichniß einen ziemlichen Band ausmacht, auf das sorgfältigste und genaueste zu untersuchen. Um dieses Unternehmen durch wichtige Beobachtungen noch gemeinnütziger zu machen, wurden die Akademien und gelehrten Gesellschaften in Europa eingeladen, diejenigen Punkte und Materien vorzuschlagen, welche ihnen vorzüglich wichtig und interessant schienen, damit sie mit gleicher Genauigkeit von den Reisenden untersucht würden. Allein diese Reise, welche die Erwartung aller Gelehrten und Wißbegierigen erregte, hat den vorgesetzten Endzweck nicht vollkommen erreicht; indem unglücklicherweise alle diese Reisenden unterwegs starben, bis auf einen Einzigen, der so glücklich war, die Mühseligkeiten und Beschwerlichkeiten, die sie bey dieser Unternehmung litten, zu überstehen. Indessen wünscht man doch die Resultate zu wissen, von dem, was, dieses widrigen Vorfalls ungeachtet, ausgerichtet worden, ob man gleich glauben muß, daß der Endzweck der zu machenden Untersuchungen und Beobachtungen nicht vollkommen hat erreicht werden können.

Viele andere haben für sich selbst unternommen, Alterthümer zu untersuchen, und ihre Entdeckungen dem sie dazu ermunternden Publico mitzutheilen, und haben sich von Ausführung dieses Vorhabens weder durch Gefahren noch andre Beschwerlichkeiten abschrecken lassen. Das spanische Indien oder Amerika befindet sich nicht in dem Falle, wie andre Länder der Erde. Dieses rührt aus zwey Ursachen her: erstlich, weil es ein erst in neuern Zeiten entdecktes Land ist; und zweytens, weil man vor dessen Entdeckung ganz und gar nichts davon wußte, indem sich nicht ein einziger alter Schriftsteller findet, von dem man mit Gewißheit behaupten könnte, daß er nur einige dunkle Nachrichten von den Merkwürdigkeiten desselben gegeben hätte. Da überdem dieser Welttheil von den übrigen dreyen, so viel man itzt noch mit Zuverläßigkeit weiß,

weiß, gänzlich abgesondert ist, hat er an den großen
Vorfällen und Revolutionen, die sich in den übrigen seit
der gänzlichen Erneuerung der Erde nach der allgemeinen Sündfluth ereignet haben, nicht den geringsten Antheil gehabt, und ist während eines Zeitraums von so
vielen Jahrhunderten in einer gänzlichen Unabhängig-
keit geblieben. Hierzu kömmt noch, daß die besondern
Nachrichten, die man von einzelnen Ländern dieses Welttheils hat, so eingeschränkt sind, daß sie in dem, was
Peru betrifft, nicht über die Zeiten der dreyzehn Incas hinaufsteigen, die, wie man weiß, vor der Entdeckung und Eroberung dieses Landes daselbst regiert haben. Wenn man einem jeden derselben aufs höchste
dreyßig Jahre der Regierung beylegt, kommen noch nicht
vierhundert Jahre zusammen heraus; wenn man ferner
diese von dem Jahre 1525, in welchem die Eroberung unternommen wurde, abzieht, ergeben sich 1125 Jahre
der christlichen Zeitrechnung; folglich sind die Begebenheiten und Revolutionen in diesem Lande auf sechs und
ein halbes Jahrhundert eingeschränkt; welches die älteste Epoche ist, welche die Geschichte desselben begreift.
Hieraus kann man abnehmen, daß alles daselbst sich in
einem verwirrten Chaos befunden, indem man weder
von dem Zustande dieses Landes noch von den Begebenheiten seiner Einwohner während des langen Zeitraums
von mehr als viertausend Jahren nicht die allergeringste
Nachricht hat. Auch in Ansehung der vier erstern von
diesen dreyzehn Incas zeigen sich mehr die Muthmas-
sungen und Meynungen der Geschichtschreiber, als eine
wahrhafte auf die Quipos gegründete Geschichte. Daher sind die Nachrichten von diesem Lande äußerst sparsam und geringe, indem gar keine, auch nicht einmal
unvollständige oder verwirrte, woraus man auf die ältesten Zeiten schließen könnte, vorhanden sind.

Die gänzliche Umbildung und Erneuerung der alten Welt durch die allgemeine Sündfluth war gleichsam eine zweyte Schöpfung. Es wird selten eine Nation zu finden seyn, bey welcher sich nicht einige Begriffe davon erhalten hätten, obgleich bey vielen die Wahrheit mit Fabeln untermischt ist; selbst barbarische Völker haben einige dunkle Vorstellungen davon. In Betracht der Indianer giebt es Schriftsteller, welche behaupten, daß zur Zeit der Eroberung einige Nachrichten von diesem merkwürdigen Vorfalle bey ihnen gefunden worden, obgleich dunkel und entstellt. Gegenwärtig findet sich davon nicht die geringste Spur mehr, woraus dieses erhellte, weder bey den überwundenen oder cultivirten, noch bey denen, die noch in ihrer völligen Freyheit leben. Dieser Mangel der Nachrichten rührt ohne Zweifel von der Gleichgültigkeit her, mit der sie alle Dinge ansehen, wie im Folgenden gezeigt werden soll; und also wissen sie nicht, was Sündfluth ist, und haben auch keine Begriffe von ihren erstaunenswürdigen Wirkungen, die sie auch schlechterdings nicht zu begreifen fähig sind, wenn man sich auch noch so sehr bemühte, sie ihnen zu erklären. Man darf sich hierüber im geringsten nicht verwundern; denn man findet bey ihnen weiter keine andern Einsichten, als die das thierische Leben betreffen, und allenfalls das Andenken der Incas, ihrer ehemaligen Beherrscher, über deren Zeiten ihre ältesten Nachrichten nicht hinaufgehen.

Eine der vorzüglichsten Beschäftigungen der Geschichtschreiber und Alterthumsforscher ist die Bemühung gewesen, so deutliche Spuren und Beweise der Sundfluth zu entdecken, die man mit den in folgenden Zeiten vorgefallenen Revolutionen nicht verwechseln könnte. Bey angestellten Beobachtungen und Nachsuchen hat man deren unzählige gefunden, indem man auf den höchsten Bergen und in ihren härtesten innern Theilen See-

fische

fische angetroffen hat, die in den dichtesten Felsen einge=
schlossen und versteinert sind, einige darunter noch in sol=
chem Zustande, daß die Rückengräte und der Kopf voll=
kommen erhalten sind; von den übrigen Theilen des Kör=
pers und den Schuppen zeigen sich Eindrücke noch mit
eben dem Glanze, als wenn das Thier lebte. Eben so
findet man versteinerte Muscheln von verschiedenen Gat=
tungen, und von solchen, die nur im Meere erzeugt wer=
den, die verschieden sind von den Landschnecken und den
Muscheln, die in einigen Flüssen anzutreffen sind. Auch
findet man Seegewächse, weisse und rothe Korallen und
alle Gattungen von Pflanzen, welche auf dem Grunde
des Meers wachsen, welche im Innersten der Steine
eingeschlossen sind, und einen unwiderleglichen Beweis
abgeben, daß sie vom Wasser daselbst sind zurückgelas=
sen worden.

Die Berge des hohen Landes in Peru übertref=
fen, wie im zweyten Abschnitte gesagt worden, an Hö=
he alle andre, die man in den übrigen Welttheilen kennt.
Die Untersuchungen, welche man auf diesen letztern an=
gestellt hat, hat man auf jenen anzustellen keine Gele=
genheit noch Veranlassung gehabt, indem, da sie von
Leuten von Einsichten und Kenntnissen wenig besucht
werden, der Zweifel war, ob man auf denselben eben
die Denkmäler als auf den übrigen finden würde. Die
Strecke derselben, die durchs Königreich Quito streicht,
wurde untersucht, als die Messung der Grade des Me=
ribians zur Bestimmung der Figur und Größe der Erd=
kugel unternommen wurde. Allein obgleich bey dieser
Gelegenheit die Berge dieser Gegenden besucht wurden,
fanden sich doch keine Spuren oder Beweise, daraus
man hätte abnehmen können, daß das Wasser
auf dieselben je gekommen wäre. Da die Strecke, die
man damals durchsuchte, neunzig Meilen in der Länge
betrug, indem sie oberhalb der Linie nordwärds anfieng,

und

und bis südwärts jenseits der Stadt Cuenca reichte, glaubte man, daß in dem ganzen übrigen hohen Landstriche, der sich durch Peru erstreckt, es eben so beschaffen wäre; welcher Umstand, wenn er bestätigt wäre, eine besondere Merkwürdigkeit dieses Landes ausmachen würde, in Vergleichung mit dem, was man in andern Ländern in Ansehung desselben findet, und zwar um so auffallender, je weitläuftiger diese Anhöhen sind, welche von dem Isthmus von Panama bis zur magellanischen Meerenge in einem Raume von sechzig Graden von Norden nach Süden, welcher beynahe den sechsten Theil des Umfangs der Erdkugel ausmachet, sich erstrecken.

Im Königreiche Chile, in den um la Concepcion gelegenen Gegenden hat man Minen von Muscheln in einigen etwas hohen Bergen angetroffen: allein ihre Höhe wird kaum den siebenten Theil von der betragen, welche das hohe Land in Peru hat, so, daß man daher nicht schliessen kann, daß sie, so wie in jenen, also auch in diesem anzutreffen wären. Ausserdem sind die Muscheln, die man in Chile findet, nicht versteinert, noch so dicht, daß sie mit den Felsensteinen eine Masse ausmachen, sondern einzeln in Bänken oder ganzen Schichten derselben, die rund umher mit Erde umgeben sind, von der Beschaffenheit, wie sie in den dortigen Gegenden sich findet.

Dieser Zweifel ist izt gänzlich durch die Versteinerungen gehoben, die es in dem hohen Lande von Peru giebt, in den Bergen, die sich nahe bey Guancavelica erheben, selbst auf demjenigen, in welchem die Quecksilbergrube sich befindet, wo sie in großer Menge und von mancherley Gattungen angetroffen werden. Dieses Beyspiel beweist, daß es dergleichen noch in vielen andern Gegenden dieser weitläuftigen und hochliegenden Länder geben müsse.

In den Felsen, welche auf jenen Gebürgen zum Vorschein kommen, wenn anhaltende Regengüsse die Erde, die sie bedeckte, abgespült haben, sieht man ganze versteinerte Muscheln eingeschlossen, welche so fest damit vereinigt sind, daß das Stück, welches ehedem Muschel war, durch die Farbe, die Structur und die Beschaffenheit der Masse sich so wohl von dem Steine, der sie umgiebt und einschließt, als auch von dem, der die innere Höhlung derselben zwischen den beyden Schalen ausfüllt, gänzlich unterscheidet. Daher, wenn man sie entzwey bricht, erkennt man die Muschel und den Stein, jedes besonders und sehr deutlich, so daß man sich beym Anblicke derselben nicht irren, noch eines mit dem andern verwechseln kann. Diese Muscheln gehören großentheils zu der Gattung der Zweyschaligen. In Ansehung ihrer Größe läßt sich nichts gewisses bestimmen; man findet kleine von ungefähr einem Zolle, andere noch kleiner, und große, die bis vier Zoll in ihrer größten Länge haben, und bis drey und einen halben Zoll breit sind. Andre sind von mittelmäßiger Größe. Die ganz kleinen haben gemeiniglich convexe Schalen, die einander in allem vollkommen gleich sind. Die von andern Größen sind von der Gattung, die man insgemein Conchas de Peregrino nennt; an diesen ist die eine Schale convex, die andre aber platt. Alle sind gestreift, und die Streifen sind gerade, so daß die von beyden Schalen vollkommen an einander passen.

An diesen Muscheln läßt sich erkennen, daß sie durch die schnelle und heftige Bewegung des Wassers, und das Anstoßen einer gegen die andre, etwas gelitten haben; denn man findet einige, deren beyde Schalen nicht mehr genau auf einanderpassen, und ob sie gleich zu und geschlossen sind, steht doch eine Schale über die andre heraus; man kann hieraus abnehmen, daß die Nerve oder die Sehne, welche sie in ihrer Articulation oder

Charniere

Charniere verband, losgegangen ist, und veranlaßt hat, daß sie ihre völlige Gleiche verloren haben. Es wäre auch nicht ganz unnatürlich, daß, da der Druck, welchen die Materie, als sie verhärtet und versteinert ward, auf sie machte, nicht überall gleich war, und weil das Thier darin schon tod war, die eine Schale nothwendig über die andere, so weit es die Entspannung des Nerven zuließ, heraustreten mußte.

Daraus, daß die beyden Schalen ganz gleich und geschlossen sind, kann man schließen, daß das Thier noch lebte, als die Materie, die sie umgab, sich verhärtete; denn natürlicherweise, wenn das Thier stirbt, verliert der Nerve seine Kraft, und die Muschel öffnet sich, und daher sind sie, wie deutlich scheint, aus dem Abgrunde des Meers auf diese hohen Gebürge geführt worden, und haben so lange gelebt, als die versteinernde Materie flüßig blieb; sobald aber diese anfieng, sich zu verhärten, und ihnen die zu ihrem Unterhalte nothwendige Feuchtigkeit fehlte, starben die Thiere, und die Muscheln konnten sich nicht öffnen, weil der Druck der Materie, die sie rundherum umgab, und sich zu versteinern anfieng, ihnen nicht verstattete von einander sich zu entfernen.

Die versteinernde Materie, in welche die Muscheln eingeschlossen sind, ist sich nicht durchgängig gleich. Man findet einige von einer schwarzen Farbe, einem sehr feinen Korne, und einer darnach verhältnißmäßigen Schwere und Härte. Andere haben eine dunkle Aschfarbe, sind nicht so hart und schwer, als die ersten. Noch andere befinden sich in einem weißlichen, porösen Steine. Diese Verschiedenheit rührt von der Verschiedenheit der Steinmassen, oder der Felsenberge her, in deren Innerm sie sich befinden. Es giebt einige in so harten Felsensteinen, die den Kieselsteinen nichts nachgeben, und die es viele Mühe kostet ganz herauszubringen; wenn man sie aber heraus hat, sieht man deutlich, daß

der

der Stein und die Muschel sich doch nicht so vollkommen vereinigt haben: denn wenn man mit einem eisernen Hammer oder Schlegel stark und oft drauf schlägt, sondern sie sich von einander ab, und die Muschel bleibt mit ihren Streifen ganz vom Stein getrennt, und diese Streifen sieht man in ihrer ganzen Tiefe in den Stein eingedrückt.

Außer den angeführten Gattungen von Muscheln finden sich noch ziemlich viele von diesen verschiedene. Dergleichen sind die Einschaligen, deren Streifen alle aus einem Punkte auslaufen, der sich eben nicht völlig im Mittelpunkte des Umfangs befindet, und drey oder vier Krümmungen machen, die einander entgegengesetzt sind, bis sie an den Rand kommen, und die Gestalt eines etlichemal wiederholten S haben. Die Größe ist verschieden; die größten haben fünf Zoll im Durchmesser, da wo sie in einer beynahe eyförmigen Figur am breitesten sind. Ihre Dicke beträgt ungefähr eine Linie, und unterscheidet sich, so wie bey den übrigen, von dem Stein, in welchem sie eingeschlossen sind. Man bemerkt auch bey ihnen eben den Umstand, wie bey den vorigen, daß, wenn der Stein zerbrochen wird, die Muschel sich absondert, und die Streifen ganz bleiben, als wenn sie mit dem Steine nie verbunden gewesen wären, noch eine Masse mit demselben ausgemacht hätten.

Wenn man sich die hohe Lage vorstellt, welche diese Gegenden in Betracht des Meeres haben, und den Umstand, daß man diese Muscheln in dem Innersten der Felsensteine findet, welche das Innerste dieser Berge ausmachen, so muß man nothwendig schließen, daß sie nicht von Steine waren, als das Wasser sie daselbst absetzte und zurückließ, und daß sie ihre Härte erst nachher erhalten haben, indem die Materie damals so flüßig war, daß die verschiedenen Muscheln, die man darinnen antrifft, ohne Hinderniß in dieselbe eindringen konnten,

II Theil.   F   welches

welches außerdem würde unmöglich gewesen seyn. Da nun diese Materie, die itzt so sehr hart, schwer und dicht ist, damals flüßig war, scheint es, daß die andern, die weniger hart und dicht sind, ebenfalls flüßig gewesen seyn müssen; und hieraus folgt nothwendig der Schluß, daß eben dieser ganze höchste Landstrich sich in eben den Umständen muß befunden haben.

Es entsteht hier eine besondere Schwierigkeit in Ansehung der Flüßigkeit dieser Materie unmittelbar nach der Sündfluth, daß sie nämlich in diesem Zustande sich nicht würde in der Höhe haben erhalten können, ohne mit den übrigen Gegenden, welche niedriger waren, gleich zu stehen. Hierauf läßt sich antworten, daß man annehmen muß, daß die innersten Stellen dieser großen Kettengebürge diejenigen Veränderungen nicht erfahren haben, welche in den der Oberfläche am nächsten befindlichen Theilen vorgiengen, und daß, indem ihnen diejenigen, welche nicht aufgelöst und flüßig geworden waren, zum Grunde dienten, sie also sich erhielten und die flüßig gewordenen mit sich vereinigten, und deswegen nicht dahin liefen, wo sie eine Gleichheit der Fläche erhalten konnten. Hierzu kömmt noch, daß diese Gegenden, ehe sie in tiefe und breite Quebradas abgesondert wurden, beynahe völlig eben waren, wo also diejenigen, die itzt Berge sind, sich ohne merkliche Ungleichheit leicht erhalten konnten. Dieß ist die natürlichste und wahrscheinlichste Art, wie man sich dieß vorstellen muß: denn bloß allein auf diese Weise kann man begreifen, wie die Seemuscheln in diese Felsenmassen haben können eingeschlossen werden, und wie die Materie, so weit sie flüßig geworden war, stehen bleiben und diese so hocherhabnen Höhen in einer Strecke von so vielen hundert Meilen, als das hohe Land von Peru beträgt, hat hervorbringen können.

Es ist sehr natürlich, daß, so wie die Muscheln im Innern der Berge und ihren Bänken zurückblieben, auch

auch viele an den äussern Theilen ihrer Oberfläche sich
anhiengen: allein da sie weniger angewachsen und fest
geworden waren, so waren sie die ersten, die ihren er=
sten Mittelpunkt (nämlich das Meer) wieder suchten; und
dieß ist die Ursache, daß man auf der Erde keine einzelnen oder zerstreueten, und die nicht versteinert wären, an=
trifft. Die Abnahme, welche die Berge, ungeachtet der
Festigkeit und Härte der Materie, die sie enthalten, lei=
den, ist an einigen dieser versteinerten Conchylien, welche man in den Flüssen, die von den Bergen herabströ=
men, findet, sehr deutlich zu bemerken. Diese sind vom
Steine abgesondert, in welchem sie enthalten waren, und
einige so vollkommen in Ansehung ihrer Streifen, daß
ihnen nicht das Geringste fehlt; an einigen andern befand sich noch ein klein Stückchen von dem Steine, von
dem sie von außen umgeben gewesen waren, zum Be=
weise, daß sie von demselben wieder abgesondert worden.
Alles das, was durch den Regen, die Sonnenhitze, den
Frost und den Schnee von diesen Bergen abgesondert
und losgerissen wird, so daß ihre inneren Steinmassen
abgebröckelt und die darinnen eingeschlossenen Muscheln
abgerissen werden, ist eine Abnahme oder Verringerung
ihres ersten ursprünglichen Zustandes; und nach dem
Verhältnisse als die Muscheln eingeschlossen waren, war
es um so viel leichter, daß sie vom Wasser losgerissen
und mit fortgeführt wurden, ohne eine Spur, daß sie
daselbst gewesen wären, hinter sich zurückzulassen; es
müßte denn die Bewandtniß haben, wie man bey la
Conception in Chile bemerkt, wo sie unter der Erde
liegen, mit einer dicken Bank oder Schicht davon be=
deckt, wovon es sich nicht leicht bestimmen läßt, wie stark
diese in den zunächst auf die Sündfluth folgenden Zeiten gewesen seyn kann. Ein anderer Beweis, der nicht
weniger überzeugend ist, daß die Gewässer auf dieser un=
geheuern Anhöhe gestanden haben, und daß die äussere

Mate=

Materie der Erde aufgelöst und flüßig geworden, zeigt sich sehr deutlich in den Concretionen von verschiedenen Steinen, die man in ansehnlichen Steinbrüchen, so wie auf Bergen, antrifft. Diese bestehen in einer sehr großen Menge von kleinen Guijos oder Kieselsteinen, die vermittelst einer andern versteinernden Materie zusammen vereinigt sind, und eine so harte Masse ausmachen, als die Natur der sie verbindenden Materie hervorbringen kann. So wie bey Abnehmung der äußern Decke oder Lage, welche die Berge bedeckt, man beträchtliche Brüche von Steinen antrifft, so kommen auch diese Concretionen zum Vorschein, welche sehr groß sind: denn man bemerkt oft, daß das Stück, welches man sehen kann, sich auf eine Viertelmeile weit und öfters noch weiter erstreckt. Der Stein oder die Guijos, welche diese zusammengewachsene Masse ausmachen, sind, wie bemerkt worden, sehr klein, von der Größe einer Haselnuß, öfters noch kleiner; sie haben mancherley Gestalten: einige sind platt, andere oval, auch mehr rund als länglich. Die Masse, welche sie aneinander bindet, ist weißlich, aschenfarbig, körnig, aber sehr hart und schwer.

Diese Guixos oder Kieselsteine verhalten sich an und für sich wie die Seemuscheln vor der Sündfluth, und ihre Zusammenwachsung entstand aus den Folgen derselben; denn die Materie, die sie mit einander vereinigte, mußte nothwendig flüßig seyn, damit sie die Zwischenräume zwischen denselben, wenn sie auf einem Haufen lagen, ausfüllen konnte: denn im Gegentheil würde die vollkommne Concretion nur an den auswendigen Theilen geschehen seyn, und inwendig würden sie bloß durch den auswendigen Zusammendruck an einander seyn gepreßt worden. Dieses wird noch durch den Umstand bestätigt, daß der Grund in den dortigen Meeren nahe an den Küsten, anstatt aus Sand oder Schlamm

zu

zu bestehen, mehrentheils aus dieser Art von Kieselsteinen besteht, welches man in einer Strecke von mehrern Meilen bemerken kann, so daß anstatt des anderwärts zu findenden Sandes man hier bloß dergleichen kiesigen Boden ohne Beymischung von Sande antrifft. Die heftigen Bewegungen des Wassers während der Sündfluth führten mit eben der Gewalt, als sie die Muscheln auf diese großen Höhen brachten, auch ohne Zweifel die Kieselsteine hinauf, und die vorher von einander abgesonderten Körper, davon einige dem Elemente des Wassers eigen waren, andere der Erde zugehörten, wurden alsdenn mit einander vermischt und vereinigt. Nachdem sie dahin gebracht und in eine damals flüßige Materie eingehüllt worden waren, vereinigten sie sich mit ihr, und wurden derselben einverleibt. Diejenigen, welche eine Materie fanden, die die Eigenschaft hatte zu versteinern, machten zusammen eine Concretion, die andern hingegen blieben lose und einzeln: daher findet man auch ganze Bänke, wo diese Kieselsteine nicht in eine Masse zusammen vereinigt sind, sondern einzeln und mit verschiedenen Erdarten untermischt angetroffen werden. Da aber die von dieser Gattung weit mehr ausgesetzt sind, von dem Wasser fortgerissen zu werden, so erhalten sie sich nicht so lange, als die von der erstern Art, sobald sie die auswendige Rinde, die sie einschloß, verloren haben; denn dieses ist die Eigenschaft der aus der Erde geholten Versteinerungen, daß die äussersten Spitzen des Felsensteins von dem übrigen abgehen, so wie die Erde von denselben losgerieben wird.

In diesen Concretionen bemerkt man, so wie bey den Muscheln, zwo verschiedene Materien, die sich mit einander vereinigt oder incorporirt haben. Hieraus muß man nothwendig einsehen können, daß die eine eher als die andre vorhanden war; und daß diejenige, welche diese Vereinigung bewirkte, flüßig war, als die andere;

welche

welche sich mit ihr vereinigte, in dieselbe hineinkam; dieses konnte zu keiner andern Zeit geschehen, als damals, da das Wasser in allen Theilen dieser Erdkugel eine so große Veränderung und Revolution hervorbrachte.

Man trifft in den Felsensteinen, welche versteinerte Muscheln enthalten, auch andere Körper an, welche offenbar Hölzer sind, wie die Beschaffenheit der Fasern und die Oeffnungen, wodurch sich die Rinde von den übrigen holzigen Theilen unterscheidet, zu erkennen geben. Dieser Umstand vermehrt das Sonderbare hieben, da auf diesen hohen Gegenden weder große noch kleine Bäume wachsen, obgleich in einiger Entfernung davon, in den weniger rauhen Gegenden *Casis, Especias* und *Quinuales*, von welchen im Vorhergehenden gehandelt worden, einige gefunden werden. Man entdeckt also in einem und demselben Felsensteine die Spuren von See = und Landproducten, die älter sind als die Sündfluth. Man kann daraus nicht vermuthen, ob daselbst die Erde damals an größern Gewächsen fruchtbarer gewesen sey, als nachher; allein so viel läßt sich annehmen, daß, damit dieses, ohne die Ordnung der Natur zu überschreiten, geschehen konnte, das Klima damals nothwendig milder und sanfter seyn mußte, und daß deswegen diese Weltgegend bey weitem nicht so hoch als itzt seyn konnte, indem aus einer höhern Lage eine größere Verdünnung der Luft, und aus dieser Kälte und Frost entstehen müssen.

Aus dieser höhern Lage, welche jene Weltgegenden, mit andern verglichen, haben, zieht man die Folge, daß, ob man sie gleich in Rücksicht auf ihre Entdeckung durch die Europäer die neue Welt nennt, sie doch in der That vielmehr die alte oder älteste Welt sind. Diese Gegenden waren die ersten, die nach der Sündfluth aus dem Wasser wieder hervorkamen; und obgleich diese höchsten Stellen der Erdkugel vielleicht nur einige

Augen=

Augenblicke eher, als die andern, welche nicht so hoch waren, zum Vorschein kamen, ist dieses doch genug, ihnen hierinnen diesen Vorzug einzuräumen.

Man entdeckt zuweilen zufälligerweise Dinge, welche den Verstand in Verlegenheit setzen, und von denen es schwer ist, eine richtige und alle Zweifel und Schwierigkeiten vollkommen hebende Erklärung zu geben. Dieser Fall zeigt sich bey gewissen Pyramiden, welche man in der Ebene von Paucara sieht, die dem Anscheine nach ein Werk der Natur sind, obgleich auf der andern Seite die daran zu bemerkenden Umstände mit dieser Meynung nicht übereinzukommen scheinen. Der Flecken Paucara ist einer von denen, welche zu der Doctrina oder Kirchspiele von Acobamba in der unter der Statthalterschaft von Guancavelica stehenden Provinz Angaraez gehören. Das Klima ist eines der kältesten, in welchem keine Landfrüchte zur Reife kommen. Daselbst theilen sich die großen Kettengebirge, und lassen einen ziemlich breiten Raum zu einer Ebene frey, welche einige Abhänge in Form von Hügeln hat. Auf dieser Ebene siehet man an vielen Stellen einzelne Steine in Gestalt von Pyramiden stehen, welche rund, vollkommen behauen, und jede aus einem einzigen Stücke sind. In Ansehung der Höhe findet sich einige Verschiedenheit, indem etliche zehn, oder nur acht Varas hoch, andere noch kleiner sind. An ihrer äußern Oberfläche sind sie glatt und gleich, und endigen sich oben in eine Spitze; einige wenige sind oben abgekürzt, welches dem von der Länge der Zeit verursachten Verfalle zuzuschreiben ist. Die Zahl derselben läßt sich nicht bestimmen; sie stehen überall herum auf diesen Hügeln; es finden sich in der Nähe keine andern Steine von irgend einer andern Gestalt. Sie sind alle von einer weißlichen Farbe, und man bemerkt an ihnen keine Spalten oder Risse. Einige Leute haben sie für Kunstwerke der Indianer gehalten,

ten, indem es ihnen seltsam schien, sie für Werke der Natur anzunehmen. In der That scheint es schwer zu begreifen, was das für Formen seyn könnten, deren sich die Natur bedient haben sollte, auf dieser weitläuftigen Ebene so bewundernswürdige, in einer so vollkommenen Figur gebildete Werke zu hinterlassen, und daß sie in diese Gegenden die Modelle zu den Werken hingestellt haben sollte, welche die Kunst bey den Werken nachahmen sollte, die die Aegypter, um sich dadurch zu verewigen, in folgenden Zeiten errichteten.

Die große Anzahl derselben, die man daselbst findet, veranlaßt zu glauben, daß es bloß Werke der Natur sind. Der dabey zu bemerkende Umstand, daß sie alle aus einem Stücke sind, desgleichen ihre Höhe und Größe und die Härte des Steins giebt Anlaß, über die, welche die Aegypter errichtet hatten, Betrachtungen zu machen, von denen diese Idee in der Folge der Zeit konnte angenommen worden seyn; wenn man sie aber für Werke der Menschen annimmt, muß man glauben, daß das Modell dazu von eben daher entlehnt worden, woher es die Aegypter genommen haben. In diesem Falle öffnet sich ein Weg, mit einer Wahrscheinlichkeit mehr über den Ursprung der Indianer Muthmaßungen anzunehmen, desgleichen die Art und Weise, wie diese Länder sind bevölkert worden, zu erklären, worüber man so viel nachgedacht hat, ohne jedoch eine völlig befriedigende Entscheidung hierüber geben zu können.

Im Königreiche Quito sieht man die Guacas, die zu Grabmälern dienten, wo die Indianer ihre Todten begruben; obgleich diese nicht vollkommen die Gestalt von Pyramiden haben, sind sie doch jenen in so weit ähnlich, als es in Ansehung der Erde, welches die Masse war, woraus sie gemacht sind, und der abhängigen Form, welche nöthig war, damit sie sich erhalten konnten, möglich war. In der Provinz Guancavelica und in den

weiter

weiter von dahin gelegenen Ländern sieht man diese Guacas nicht, indem jedes Land seine eignen Sitten und Gebräuche hat, ob man gleich in allen bemüht war, das Andenken der Verstorbenen durch Denkmäler zu erhalten. Man hat überdem eine Tradition, daß in der Ebene von Paucara die vornehmsten Curacas und Caziquen dieser Gegenden begraben worden. Es wäre daher nicht unmöglich, daß von ihnen die Pyramiden errichtet worden, eben so, wie man sie in dem Königreiche Quito antrifft. Sie führten daher diese Guacas auf, welche keine geringern Werke waren, in Betracht der Menge Erde, die sie enthielten, und künstliche Berge in Form eines Zuckerhuts von ansehnlicher Höhe vorstellten. Dieses hindert nicht, daß nicht auch in den übrigen Provinzen von Peru die Guacas gewöhnlich gewesen, so wie in dem niedrigen Lande, wo sie gemein sind, und wo man auch diese Benennung überall antrifft.

Bey den ungeheuern Steinen der Festung Cuzco ist der Zweifel entstanden, ob es möglich gewesen, sie bis an die Stellen hinzuschaffen, wo sie stehen; und man hat daher Anlaß genommen, zu vermuthen, daß die Indianer die Kunst, sie zu gießen, verstanden haben, so wie man glaubt, daß sie die Alten gehabt hätten. Wenn man annimmt, daß sie diese Geschicklichkeit besessen haben, so lassen sich die Schwierigkeiten, die sich in Ansehung der Aufführung der Pyramiden darstellen, leicht heben, für die sonst, was man auch für ein Mittel wählt, sich keine Auflösung findet; und wenn man den Indianern diese Kunst zugesteht, wird es leicht seyn, den Ursprung derselben von daher abzuleiten, woher ihn die Aegypter hatten, indem es eben dieselben Kunstwerke sind, und eben dieselben dabey zu überwindenden Schwierigkeiten sich zeigen.

Siebenzehnter Abschnitt.

Von den eingebornen Indianern in Süd- und Nordamerica, und von ihren Sitten und Gebräuchen.

Unter den Gegenständen, welche die Wißbegierde der Menschen besonders reizen, ist einer der vorzüglichsten die Kenntniß der Einwohner verschiedener Länder, ihrer Sitten, Gebräuche und Neigungen. Dieses rührt insbesondere daher, daß, da sie alle einen gemeinschaftlichen Ursprung haben, sich doch unter ihnen eine so außerordentliche Verschiedenheit bemerken läßt, daß es beym ersten Anblicke sehr schwer scheint, die Evidenz dieses Grundsatzes, mit den so sehr unterschiedenen Eigenschaften, die man an vielen derselben wahrnimmt, zu vereinigen. Diese Verschiedenheit ist bey einigen so merklich, daß sie fast in allem von einander abweichen. Sie zeigt sich in der Farbe, in den Gesichtszügen, dem Baue des Körpers, noch weit mehr aber in ihren Sitten, ihren Gebräuchen, und in ihrer Lebensart. Diejenigen, welche am weitesten von einander abweichen, sind die, welche sich durch drey Farben von einander unterscheiden, nämlich die Weißen, Schwarzen und Rothen. Eine jede von diesen Arten hat wieder so viele Eintheilungen und Unterabtheilungen, als es Welttheile, Staaten und Provinzen giebt. Zwischen der weißen und schwarzen Farbe findet sich der größte Abstand, der von der Natur dieser einander entgegengesetzten Farben, die sich wie Tag und Nacht gegen einander verhalten, herrührt. Die rothe Farbe steht zwischen diesen beyden in der Mitten, und diese ist die Farbe der Indianer; und ob sie gleich keinen besondern

Vor-

Vorzug darinnen suchen, nennen sich doch die in den nördlichern Gegenden rothe Menschen, um sich von den beyden andern Gattungen dadurch zu unterscheiden. Es hat verschiedene Gelehrte gegeben, welche den Grund der Verschiedenheit der Farben unterm Menschengeschlechte haben angeben wollen; allein weit entfernt, die Sache getroffen zu haben, hat sichs gezeigt, daß alles, was darüber gesagt worden, und ihr System selbst, durch diejenigen Gründe, die sie zur Bestätigung desselben angeführt haben, widerlegt worden ist. Außer dem, daß der Grund, alles aus der Wärme oder Kälte des Klima zu erklären, sehr schwach ist, hat man niemals eine hinlängliche und befriedigende Erklärung angeben können von der Verschiedenheit des Baues des Körpers, und der Unähnlichkeit der Gesichtszüge, worinnen eine eben so große Verschiedenheit und Mannichfaltigkeit als in den Farben wahrgenommen wird.

Die Indianer haben alle die Farbe, die ins Rothe fällt, welche dadurch, daß sie durch die Sonne und den Wind, denen sie so viel ausgesetzt sind, verbrannt und ausgetrocknet werden, noch dunkler wird. Allein es ist hierbey zu bemerken, daß weder die Kälte des Klima, noch die Hitze desselben, hierinnen eine merkliche Veränderung hervorbringt. Und daher kann man die Indianer aus dem hohen Landstriche in Peru mit denen aus dem niedrigen Lande, und unter diesen wieder die aus den sogenannten Valles mit denen aus den dortigen noch wärmern Gegenden sehr leicht verwechseln. Eben diese Bewandtniß hat es mit denen in den südlichen Gegenden vom vierzigsten Grade an nach Süden zu, und denen vom vierzigsten Grade nördlicher Breite an weiter nach Norden hin, welche von denen, die näher an der Linie oder unter derselben wohnen, nicht verschieden sind. Daher wenn sich mehrere aus verschiedenen Landstrichen beysammen befinden, ist es nicht leicht

leicht zu bestimmen, welcher aus dieser oder jener Gegend ist; denn da die Wirkungen der Sonne, der Luft und der Kälte auf der ihnen eignen Farbe hervorgebracht werden, so sind sie alle mit einander von einer dunkelrothen Farbe, welche, wie wir bereits gesagt haben, bey ihnen allen allgemein ist. Bey den verschiedenen Geschlechtern der Indianer sind die Verschiedenheiten weniger als bey andern zu bemerken: zum Beyspiel unter den Negern haben einige dicke aufgeworfene Lippen, eine platte Nase und tief im Fleische liegende Augen, die man insgemein Getudos nennt, und statt der Haare Wolle. Andere, deren Farbe völlig eben so schwarz, als der vorigen ihre ist, und deren Gesichtszüge, besonders in Ansehung des Mundes, der Nase und der Augen, den Weißen ähnlich sind, haben schlichte, aber dicke Haare; es giebt auch einige, die roth sind, und noch andre, die eine hellere Farbe haben, und die beynahe der Farbe der Mulatten gleicht. Bey den Indianern bemerkt man den Unterschied in der Farbe wenig, ob sie gleich in den Gesichtszügen ziemlich verschieden sind, wobey sich die ihrer Race eigenthümlichen sehr merklich auszeichnen; dergleichen sind eine sehr kleine, und bis an die Extremitäten, oder mitten zwischen den Augenbrauen mit Haaren bewachsne Stirne, kleine Augen, eine dünne, kleine und nach der Oberlippe zu krummgebogene Nase, ein durchaus breites Gesicht, große Ohren, schwarze, gerade und dicke Haare, wohlgemachte Schenkel, kleine Füße, und dabey sind sie untersetzt und robust; überdem haben sie keine Bärte; bloß, wenn sie alt werden, wachsen ihnen einige Barthaare, aber niemals an den Backen. Ob sich nun gleich bey diesem Körperbau einige Abweichungen unter ihnen finden, behalten sie doch stets das Ansehen ihrer Race, und lassen sich mit den Mulatten, die sich ihnen in Ansehung der Farbe etwas nähern, niemals verwechseln.

Wenn

Wenn man einen Indianer, aus welcher Gegend es sey, gesehen hat, kann man sagen, daß man sie, in Ansehung der Farbe, und des Baues des Körpers, alle gesehen hat. Allein eine andere Bewandtniß hat es mit ihnen, in Betracht der Leibesgröße, die nach den verschiedenen Gegenden und Ländern verschieden ist.

Die im hohen Landstriche von Peru sind von mittler Statur: die im niedrigen Lande sind etwas größer, wiewohl der Unterschied gering ist. Hierinnen unterscheiden sich die aus den südlichen Gegenden vom sechs und dreyßigsten Grade südlicher Breite an, desgleichen die aus den Kayen in Florida, und die in Nordamerica vom dreyßigsten Grade nördlicher Breite an, und so weit man die am Mißißipi, in Canada', und in den Gegenden von Neuspanien hat kennen lernen, welche von hoher Statur, wohlgebildet und robust sind. Diesen Unterschied kann man weder der Kälte noch der Hitze zuschreiben, indem in Peru die eine sowohl, als die andere, in gleichem Grade als in den Ländern unter einer höhern oder geringern Breite herrscht. Nicht viel weniger als in Ansehung der Farbe zeigt sich dieses in dem, was die Gebräuche, die Sitten, den Charakter, das Genie, die Neigungen und andere Eigenschaften betrifft, worinnen man in einigen Stücken eine so große Uebereinstimmung antrifft, als wenn die von einander entferntesten Länder nur ein einziges wären. Alle indianische Nationen finden einen großen Geschmack daran, sich den ganzen Leib roth zu mahlen, und suchen dazu die Erdarten, welche diese Farbe geben, sorgfältig auf. Die Quecksilbergrube zu Guancavelica hatte ehedem bey den Einwohnern von Peru keinen andern Gebrauch, als daß sie sich des daraus geholten Zinnobers zu dieser Absicht bedienten. Die Indianer in Luisiana, in Canada' und in den äußersten Gegenden nach Norden haben eine außerordentliche

Neigung, sich roth zu mahlen, und es ist keine bessere Waare für sie als Zinnober. Es wird sonderbar scheinen, daß, da sie von Natur roth sind, sie sich dieser Farbe so sehr bedienen; allein sie thun hierinnen nichts mehr, als was unter den cultivirtesten Nationen in Europa geschieht, die von weißer Farbe sind, und sich so mancherley Mittel bedienen, um sich eine noch mehr hervorstechende Weiße zu geben. Die civilisirten Indianer in Peru mahlen sich jetzt nicht mehr roth: allein sie thaten es vor der Eroberung; so wie es auch unter denen in ihrer Freyheit lebenden Nationen noch immer geschieht. Bey denen in Nordamerica ist diese Gewohnheit allgemein, und sie brauchen hierzu, außer der rothen Farbe, welche die vornehmste ist, noch Weiß, Schwarz, Blau und auch Grün.

Die Gewohnheit, sich zu mahlen, ist bey den Indianern von Luisiana, und denen, die die weitläuftigen Gegenden nach Norden zu bewohnen, eben das, was bey cultivirten Völkern die Kleidung und ein Anzug, um sich mit Anstand sehen zu lassen, zu seyn pflegt. Sie nennen dieses Mactacher, und hierzu wenden sie ihre Talente und Geschicklichkeit an, indem sie sich mit der größten Mühsamkeit und Feinheit anmahlen. Man kann hierbey ihre große Gedulb sehen, indem dieß die einzige Sache ist, wozu sie nicht träge, sondern immer bereit und aufgelegt sind. Sie brauchen zu dieser Operation fünf bis sechs Stunden, womit der ganze Morgen vergeht; und die coquetteste und eigensinnigste Dame sitzt nicht so lange vor ihrem Spiegel, sich zu putzen, als sie thun. Sie tragen die Farben mit einer solchen Kunst auf, zu welcher viel Geschicklichkeit erfordert wird. Um die Augenwimmern über den Augenliedern ziehen sie zwey Linien mit Farbe herum, die nicht dicker als ein Faden sind. Eben dieses thun sie an den Lippen, an den Nasenlöchern und über den Augenbraunen;

auf

auf gleiche Art ziehen sie solche Linien um die Ohren, und beobachten eben die Krümmungen, die diese machen. Das übrige Gesicht theilen sie in verschiedene Figuren ab, wobey das Rothe die Hauptfarbe ist, und die übrigen nur zur Erhöhung oder Absetzung dienen. Auch ein Theil des Halses wird mit diesen Zierrathen geputzt, und insgemein mahlen sie ziemlich dicke Streifen mit Zinnober auf die Backen. Um die Figuren, welche sie machen wollen, zu erfinden, und um die Linien so fein und vollkommen zu ziehen, brauchen sie so viel Zeit, als vorhin gesagt worden. Und da diese Figuren, wenn sie fertig sind, nicht allezeit mit ihren Vorstellungen, die sie sich machen, übereinkommen, löschen sie sie wieder aus, und machen andere an deren Stelle, die nach ihrem Urtheile besser aussehen. Ihre Eitelkeit und Selbstzufriedenheit, die sie hierbey äußern, ist so groß, daß, nachdem sie sich so gemahlt haben, sie den Spiegel nicht aus den Händen legen, und nicht aufhören können, sich darinnen zu beschauen, und sich über ihre Figur, die sie darinnen machen, zu freuen. Der übrige Theil des Leibes und der Kopf bleibt in seinem natürlichen Zustande. Sie tragen auch keine Kleider, sondern gehen insgemein ganz nackend, und haben bloß eine Art von Schurz vor sich, den man Tapa-Rabo nennt.

Die Krieger unter den Indianern, die ihre tapfersten und angesehensten Anführer sind, unterscheiden sich von den übrigen dadurch, daß sie den Leib mit eingestochnen und gemahlten Figuren ausputzen, indem sie die Farben in viele Ritze und Stiche, die sie sich in die Haut machen, in dieselbe hineinbringen, welches man piquetrar nennt. Nach dem Verhältnisse ihrer Heldenthaten haben sie mehr oder weniger von diesen Figuren am Leibe. Einige mahlen nur die Arme, andere auch noch die Schenkel; bey andern sind auch noch die Lenden gemahlt; und bey andern gehet diese Mahlerey
von

von der Mitte des Leibes an, bis oben hinauf; diese letztern sind die vornehmsten Kriegshelden. Auf diese Art, so wie ihre Thaten und ihr kriegerischer Ruhm zunehmen, breiten sich auch diese eingestochnen und gemahlten Zierrathen weiter aus.

Diese Krieger tragen auch Federbüsche, die sie wie Büsche von Reiherfedern auf den Kopf stecken; sie haben auch dergleichen an den Armen und Schenkeln, über den Knöcheln, so wie Armbänder. Diese sind ebenfalls ein Unterscheidungszeichen der Krieger, und ein Beweis der Tapferkeit; daher auch die, welche keine Krieger sind, sie nicht tragen dürfen.

Der Hang zum Müßiggange und zur Faulheit ist bey den Indianern in Luisiana eben so groß, als bey denen in Peru und den südlichen Gegenden von America, sowohl bey den civilisirten, als bey den Wilden oder Heiden. Die einzigen Beschäftigungen, womit sich diejenigen, welche in ihrer Freyheit leben, abgeben, bestehen in Jagen und Fischen. Auf eben die Art leben auch die an Paraguay gränzenden Nationen, in den Pampas von Buenos Ayres. Die Weiber besorgen die geringe Aussaat von Maiz und einigen Arten von Kürbissen; sie mahlen das Mehl davon, um es nach ihrer Weise zuzubereiten; sie verfertigen die ihnen gewöhnlichen Getränke, und müssen auch zugleich die Kinder warten und ziehen, um welche sich die Väter im geringsten nicht bekümmern. Die gesitteten Indianerinnen in ganz Südamerica bedienen sich des sogenannten Urcu, welches einen Hügel oder Erhabenheit bedeutet; sie ziehen ihre Haare von der Mitte des Kopfs herunter über die Stirne, und schneiden sie rund herum ab von den Ohren an bis über die Augen, und bedecken damit die Stirne und die Augenbraunen.

Eben dieses thun auch die Indianerinnen in Nordamerica; beyde binden die übrigen Haare hinten am

Kopfe

Kopfe zusammen in einen kleinen Zopf; alle gleichen einander hierinnen so vollkommen, als wenn eine die andere zum Muster genommen hätte. Aus dieser Gleichförmigkeit läßt sich schließen, daß diese Mode von der allerersten Race herrührt, welche sich hernach durch diese unermeßlichen Länder verbreitet hat.

Diese Uebereinstimmung findet sich nicht bey den Indianern: die im hohen Lande von Peru tragen die Haare lang und herunterhängend, ohne sie zusammenzubinden, und halten dieses für eine Art von Galanterie; im niedrigen Lande giebt es viele, welche die Haare abschneiden, welches sie wegen der Hitze und zur Nachahmung der Weißen thun. Die Indianer in Luisiana reissen sich die Haare mit der Wurzel von der Mitte des Obertheils des Kopfs nach vorne zu aus, um sich eine große Stirne zu machen, die bey ihnen von Natur sehr klein ist; die übrigen Haare schneiden sie sich ganz kurz ab. Dieses thun sie, damit ihre Feinde im Kriege sie da nicht anfassen, noch ihnen, wenn sie in ihre Gewalt gerathen, die Haut vom Kopfe abziehen können, da es bey ihnen gewöhnlich ist, daß die Sieger die Haut vom Kopfe, nebst dem Haarschopfe der Ueberwundenen, zum Triumphe mit sich nehmen. Die Art, wie sie sie ihnen abziehen, ist grausam. Wenn es Europäer sind, die lange Haare zu tragen pflegen, fassen sie sie bey denselben an, schneiden ihnen von der Stirne an, rings um den Kopf herum, die Haut ab, stecken die Finger zwischen dieselbe und den Knochen, und reißen auf einmal mit aller Gewalt die Haut mit den daran befindlichen Haaren vom Kopfe ab. So unmenschlich und schmerzlich diese Operation auch ist, so überleben sie doch einige, die sie ausgestanden haben. Wenn die Ueberwundenen keine Haare haben, wobey man sie anfassen könnte, ist die Operation noch weit schwerer.

Diese Nation ist durchgängig unmenschlich und grausam; man bemerkt dieses an den Indianern in Peru, sie mögen civilisirt seyn oder noch in Freyheit leben, eben so, wie an denen in Luisiana. Der einzige Unterschied besteht bloß darinnen, daß, da die Einen civilisirt und einer Regierung und Gesetzen unterworfen sind, sie ihre Neigung zur Grausamkeit an Menschen nicht äußern können; hingegen an Thieren sieht man sie Dinge thun, die keinen Zweifel daran übrig lassen.

Ihr Vergnügen bey Stiergefechten besteht darinnen, daß ihrer sechs oder acht mit Lanzen, die vorne breite Spitzen haben, auf den Stier losgehen, und sie ihm auf einmal, ein jeder wo er kann, aus allen Kräften in den Leib stoßen, wodurch das Thier sogleich ohne weitere Umstände auf den Boden niederfallen muß; hierauf laufen sie hinzu, schneiden ihm das Maul und den Schwanz ab, und Stücken aus den Lenden heraus, und essen sie auf, noch ehe der Stier todt ist. Man findet sie zu allen möglichen Arten von Grausamkeit bereit und aufgelegt; welches man aus der Freude, wodurch sie ihren Wohlgefallen daran bezeugen, abnehmen kann. Hieraus kann man schließen, daß, wenn sie so, wie die in Luisiana, Florida und in den südlichern Theilen von America, in ihrer völligen Freyheit lebten, sie mit den Menschen eben so umgehen würden. Das Merkwürdigste bey diesen Fällen ist, daß sie ihre Grausamkeiten mit kaltem Blute ausüben, ohne Zorn zu äußern, auch ohne Veranlassung dazu zu haben, eben so, als wenn sie eine von aller Grausamkeit entfernte und ganz gleichgültige Handlung verrichteten.

Die Besonderheit, daß sie weder Bärte noch Haare an irgend einem Theile des Leibes haben, ist bey der ganzen Race von den nördlichsten Gegenden an bis in die südlichsten durchgängig allgemein, und dadurch unterscheiden sie sich von andern Menschen.

Sie haben eine dicke Haut und harte zähe Fleisch=
muskeln, welche weit weniger empfindlich sind, als bey
den Einwohnern anderer Welttheile. Von vielen Bey=
spielen, welche man zur Bestätigung hiervon anführen
könnte, wollen wir einen Fall, der bey einer Operation des
Steinschnitts bemerkt worden, erzählen. Bey einem In=
dianer, an dem diese Operation, welche gewöhnlich drey bis
fünf Minuten zu dauern pflegt, verrichtet wurde, währte es
sieben und zwanzig Minuten, ehe der Stein konnte her=
ausgebracht werden, während welcher Zeit viel an ihm
handthiert wurde, weil der Stein fest saß, und wenn
man ihn fassen wollte, von der Zange entschlüpfte; der
Operateur mußte sie also verschiedenemale hineinbrin=
gen und wieder herausziehen. Während dieser ganzen
Zeit bemerkte man nicht im geringsten die heftigen Be=
zeugungen der Empfindlichkeit, welche der Schmerz ge=
wöhnlich hervorbringt, sondern nur von Zeit zu Zeit ein
ganz schwaches Klagen, als wenn man von einer geringen
Beschwerde leidet. Nach wiederholten Versuchen und Be=
mühungen kam endlich der Stein heraus, und zwey Tage
nachher rief der Kranke, daß man ihm zu essen geben möch=
te, und ehe noch acht Tage vorbey waren, verließ er das
Bette, ohne Schmerzen zu fühlen, obgleich die Wunde
noch nicht völlig geschlossen war. Eben dieses bemerkt
man an ihnen bey Beinbrüchen, Wunden, und andern
dergleichen Zufällen, daß sie leicht geheilt werden, und
daß sie nicht so viel Empfindung des Schmerzens als
andere Menschen blicken lassen. Wenn man die Hirn=
schädel, die in alten Gräbern gefunden werden, unter=
sucht, findet man, daß sie weit stärker als gewöhnlich,
und sechs bis sieben Linien dick sind. Eben dieses be=
findet man an ihrer Haut, sowohl bey chirurgischen
Operationen, als an den todten Körpern, die in den
Gräbern angetroffen werden.

Man kann hieraus schließen, daß die Organisation bey ihnen weit gröber, und viel auszustehen geschickter, und deswegen weniger empfindlich ist. Dieses erhellet auch aus der Standhaftigkeit, mit der sie alle Beschwerlichkeiten und Rauhigkeiten der Witterung aushalten können.

Die, welche die hohen Gegenden von Peru bewohnen, und Viehhirten sind, wohnen auf den rauhesten Punas, wo die Kälte und der Schnee fast beständig anhalten. Und da sie wenige oder geringe Kleider auf dem Leibe haben, gewöhnen sie sich ohne Mühe an diese unfreundlichen und rauhen Gegenden, und empfinden auch nicht die Wirkungen davon, die sie bey Personen von einem zarten Körperbau hervorbringen. Die Gewohnheit kann zwar sehr viel hiezu beytragen, dennoch würde sie ihnen nicht allein helfen können, wenn nicht die Beschaffenheit der Schweißlöcher und die Dicke der Haut dazu mit beytrüge. Die aus den nördlichen Gegenden, welche diesen vollkommen ähnlich sind, können die größte Kälte des Winters aushalten, und lassen sich dadurch nicht abhalten, auf die Jagd zu gehen, wobey sie keine Kleider, die sie bedeckten, tragen. Ob sie gleich eine wollene Decke, die aber nicht um den ganzen Leib herumgeht, oder statt deren ein Fell von Thieren über die Schultern werfen, scheint es doch, daß sie dieses mehr, sich zu putzen, als sich zu verwahren thun. Denn sie tragen diese auch bey der stärksten Hitze im Sommer, wenn alle übrige Einwohner, Weiße sowohl als Schwarze, nicht einmal die dünnsten und leichtesten leinenen oder seidnen Kleider auf dem Leibe leiden können. Und wenn sie auf die Jagd gehen, pflegen sie dieselben nicht um sich zu nehmen, um desto leichter und freyer zu seyn, und keine Hindernisse an sich zu haben, durch die dichten Wälder durchzubringen, die voller Gesträuche und Dornbüsche sind; indem sie dafür halten,

daß

daß diese auf der bloßen Haut abgleiten, an Kleidern aber hängen bleiben.

Sie gehen zu allen Zeiten mit bloßem Kopfe, und setzen niemals etwas auf, welches sie gegen die heftige Wirkung der Sonnenstralen schützen, oder gegen die Kälte verwahren könnte. Man bemerkt auch nicht, daß sie dabey von den dadurch verursachten Beschwerlichkeiten leiden, eben so wenig als von den heftigen Wirkungen der Sonne während des Sommers in Luisiana, welche Leute von andern Racen auf der Stelle tödten würden. Die Angewohnheit von Jugend auf trägt ohne Zweifel viel hierzu bey, welche bey einer starken Leibesbeschaffenheit, und bey Leuten, welche von Natur wenig empfindlich sind, desto mehr ausrichten kann.

Im südlichen America unterscheiden sich die Indianer in Ansehung der neuen Kleidertrachten, indem sie hierinnen nicht einerley Mode befolgen. Die im Königreiche Quito behalten diejenige bey, welche zu den Zeiten ihrer Könige bey ihnen gebräuchlich war. In den Gegenden, die man Valles (Thäler) nennt, und im hohen Landstriche von Peru, kleiden sie sich zum Theil nach spanischer Mode, und tragen anstatt der Hüte sehr schwere und dicke Monteras oder Mützen von Tuch, die ihnen nicht beschwerlich sind, wenn sie gleich in die heißen Gegenden gehen, die sie aber auch in den kältesten nicht vermissen, wenn sie dergleichen nicht haben; sie werden auch nicht von allen durchgängig getragen. Sie gehen stets mit bloßen Füßen, aufs höchste tragen sie Alpargates von Ochsenhaut, die, wenn sie naß werden, einen sehr üblen Geruch von sich geben; diese ziehen sie niemals von den Füßen, weder beym Schlafen, noch um sie zu trocknen, und behalten sie so lange an, bis sie zerreißen; welcher Umstand einer von den Beweisen ihrer Unreinlichkeit ist, und woraus man sieht, wie wenig Ekel sie gegen die schmuzigsten Dinge haben.

Die Neigung zur Trunkenheit ist bey diesem Volke allgemein, und daher ziehen sie die stärksten Getränke allen übrigen vor. Die Indianer in Peru bedienten sich hierzu bis vor wenig Jahren der Chicha, als zum Vortheile der Besitzer der Landgüter in dem niedrigen Lande von Peru, woselbst, besonders in den Thälern von Ica, Pisco und Nasca, Wein wächst, der Branntwein eingeführt worden ist, wodurch sie sich ganz offenbar zu Grunde richten. Eine gleiche Neigung dazu bemerkt man an den vielen Nationen, welche in Nordamerica wohnen, von la Florida und dem Misisipi an, bis zu den rauhesten Gegenden in Norden, denen auf der einen Seite die Engländer aus ihren Colonien, und auf der andern die Franzosen aus Luisiana und Canada, dieses Getränke angewöhnt haben, welches ein Mittel ist, wodurch sie ausgerottet werden, wie man denn schon bemerkt hat, daß jede dieser Nationen zusehends abgenommen hat.

Der große Hang zum Müßiggange und zur Faulheit veranlaßt sie, bis zur größten Ausschweifung berauschende Getränke zu trinken. Die rasende Begierde, die sie darnach haben, ist so groß, daß sie alles deswegen wagen, und keine Gefahren, die sich ihnen entgegensetzen, scheuen, um diese zügellose Leidenschaft zu befriedigen. In Luisiana hat man mehr als einmal gesehen, daß der vertrauteste, und dem Anscheine nach vernünftigste Indianer seinen Herrn, den er auf der Jagd, oder auf der Reise begleitete, treuloser Weise ermordet hat, bloß um ihm eine Branntweinflasche, die er bey ihm bemerkt hatte, zu rauben, und um den Streich auszuführen, den Augenblick, da er schlief, abgewartet, den Branntwein ausgetrunken, und die leere Flasche wenige Schritte weit von dem todten Körper hat liegen lassen.

Im

Im hohen Lande von Peru findet man sie öfters früh Morgens todt auf den Straßen liegen, wenn sie durch die Folgen der Trunkenheit den Gebrauch ihrer Sinne verloren, und auf der Straße eingeschlafen, und bey der heftigen Kälte erfroren waren. Sie werden weder durch diese traurigen und häufigen Beyspiele abgeschreckt, noch durch beständige Ermahnungen und Warnungen dahin gebracht, sich mäßig zu halten, oder doch wenigstens einige Vorsicht, nicht in diese Gefahr zu gerathen, zu beobachten. In Quito war die Gewohnheit, daß die Weiber nicht tranken, sondern ihren Männern bloß Gesellschaft leisteten, um, wenn sie so sehr betrunken waren, daß sie sich nicht selbst helfen konnten, ihnen fortzuhelfen.

In Peru trinken die Weiber eben so wie die Männer, berauschen sich mit ihnen, und können daher einander keinen Beystand leisten. Allein was in Ansehung dieser Ausschweifungen im Trunke besonders ist, ist, daß die Mütter ihre Kinder von der Brust an zum Trinken nöthigen, und ihnen von ihren starken Getränken, die sie selbst trinken, geben, und sie auf diese Art, ehe sie noch zu Verstande kommen, schon zur Trunkenheit gewöhnen.

In Ansehung dieses Lasters bemerkt man bey allen durchgängig, daß, wenn sie einmal zu trinken anfangen, sie weder Ziel noch Maas halten, und so lange fortfahren zu trinken, bis sie gänzlich niederfallen, und ihres Verstandes und des Gebrauchs ihrer Sinne völlig beraubt sind. Wenn man sie auch gleich auseinander bringt, so widersetzen sie sich nicht allein auf das äußerste, sondern kehren, von der Wut dieser Leidenschaft hingerissen, sogleich wieder zum Trinken zurück. Hierinnen sind die Einwohner aller Gegenden, so wie in andern Gewohnheiten, ächte und wahre Brüder, und die größten Entfernungen der von einander entlegensten

Länder verursachen hierinnen keinen Unterschied. In
Guancavelica, wo so viele Indianer zu den Arbeiten
in den Bergwerken zusammenkommen, zu Potosi und
in andern großen Bergwerken bemerkt man die Gewalt
dieser Ausschweifung weit mehr, als an andern Orten.
Es ist daselbst die Gewohnheit, Sonntags denen, die
keine Mitayos oder Dienstverpflichtete sind, ihren Wo=
chenlohn auszuzahlen, und den Mitayos die Hälfte
auf Abschlag zu geben, weil ihnen der Rest zur Zeit,
wenn ihre Mita oder Dienstzeit zu Ende geht, nachbe=
zahlt wird. Diese Auszahlung geschieht ohngefähr um
vier oder fünf Uhr durch die Mineros, und beträgt zu
Guancavelica ungefähr 10000 Pesos; hiervon wer=
den ohngefähr viertausend den übrigen Abend und fol=
gende Nacht in Branntwein vertrunken. Daher kömmt
es, daß den ganzen Montag hindurch bis zur Nacht
wenig gearbeitet wird, weil die Indianer nicht arbeiten
können; deswegen bleibt ihnen auch kein Geld zu ihren
Ausgaben die Woche hindurch übrig, und sie bezahlen
den folgenden Sonntag die wenigen Lebensmittel, die
sie die Woche über nöthig haben. Es hat einen In=
dianer gegeben, der in diesen wenigen Stunden für sie=
ben Pesos Branntwein getrunken hat, welches so viel
ist, als in zwölf oder dreyzehn Flaschen geht, und dieses
hat ihm weiter keinen Schaden gethan, als daß er be=
trunken worden; woraus man schließen kann, wie viel
sie vertragen können.

Die Chicha berauscht sie, wenn sie in großer Men=
ge davon trinken; allein sie verursacht die schädlichen
Folgen nicht, die man aus dem Branntweine entstehen
sieht, dessen Gebrauch, in Rücksicht auf die Erhaltung
dieser Leute, eben so strenge, als wenn es Gift wäre,
müßte verboten werden: denn jemehr sich diese India=
ner verringern, desto beträchtlicher muß nothwendig der
Verfall dieser Reiche werden, da sie es sind, welche alle

schwere

schwere Arbeiten bey den Bergwerken, beym Ackerbau, bey Wartung der Heerden, und andern dergleichen Beschäftigungen zu verrichten pflegen.

Wenn die Trunkenheit unter den Indianern, wegen Abnahme ihres Geschlechts, und der aus dem Abgange desselben für die Erhaltung dieser Reiche entstehenden Nachtheile, sehr schädlich ist, ist sie es nicht weniger wegen der traurigen Vorfälle, die zwischen ihnen selbst daraus entstehen; denn es ist sehr gewöhnlich, daß dadurch Lärmen und Zänkereyen entstehen, die einen traurigen Ausgang haben, doch, weil ihnen gewöhnlich keine Waffen oder Gewehre erlaubt werden, nicht von der gefährlichsten Art sind. Indessen wird doch Blut dabey vergossen, indem sie mit Steinen oder mit Stöcken, und zuweilen mit Messern einander verletzen oder verwunden; so daß man am Sonntage, welcher mit der größten Andacht und Ehrfurcht gefeyert werden sollte, die Flecken voll Leute sieht, die ihrer Sinnen beraubt da liegen, einige mit blutigen Gesichtern oder mit Löchern im Kopfe, andre am Leibe verwundet, und mit allen übrigen Umständen der Trunkenheit, bis sie endlich auf den Straßen niederfallen, und durch den Schlaf sich von den schrecklichen Folgen des Rausches erholen wollen.

Die Mordthaten, welche die Indianer in Nordamerica an Weißen oder Schwarzen, oder an andern Nationen ihres Geschlechts, wenn sie schon mit ihnen in Frieden stehen, ausüben, haben keinen andern Ursprung als aus der Trunkenheit, in welchem Zustande sie leicht in Wut gerathen, und ohne etwas zu achten oder zu fürchten aufgelegt sind, das größte Unglück zu stiften. Selbst diejenigen, die ihnen die starken Getränke liefern, müssen sich vor den Ausbrüchen ihrer Wut sehr vorsehen, indem diese Getränke gewissermaßen die Veranlassung der zwischen den verschiedenen Nationen ent-

stehen=

stehenden Kriege sind. Denn da es bey ihnen eine
Regel ist, daß die Beleidigung durch eine derselben ähn=
liche Strafe geahndet werden muß, so ist bloß der Kopf
dessen, der einen andern getödtet hat, das einzige Ver=
söhnungsmittel, die Rache der beleidigten Nation zu
befriedigen; wenn dieses nicht geschehen kann, oder man
sich weigert, diese Genugthuung zu geben, so wird die=
selbe die Veranlassung der Feindseligkeiten, und es wird
eine vollkommene Rache durch gänzliche Ausrottung,
wenn es möglich ist, der ganzen Nation, zu der der Be=
leidiger gehört, genommen. Bey dem Handel und Wan=
del, den diese Nationen den Europäern mit sich verstat=
ten, ist der vornehmste Artikel Branntwein, an den sie
so sehr gewöhnt sind, daß sie ohne denselben nichts von
den andern Waaren haben wollen; eben deswegen muß
unter den Geschenken, die sie annehmen, allezeit dieses
Getränke seyn, das, so wie es die Gemüther zu einem
Freundschaftsbündnisse bewegen kann, sie auch zum Zor=
ne reizt, so, daß sie in ihrer blinden Wut die unmensch=
lichsten Grausamkeiten begehen. Sie schätzen densel=
ben so hoch, daß sie ihn mit dem ersten Nahrungsmittel
vergleichen, und ihn die Milch ihrer Freunde nennen.
Eine gleiche Bewandtniß hat es mit den wilden Natio=
nen im Königreiche Chile und allen den übrigen in den
südlichen Gegenden von Peru, die mit den Spaniern
einen Handel treiben; ihre unmäßige Leidenschaft gegen
starke Getränke geht so weit, daß sie keine Freundschaft
kennen, wenn sie nicht damit bewirthet werden; und
da man ihnen hierinnen willfahren muß, sucht man we=
nigstens die Menge desselben zu verringern.

Achtzehnter Abschnitt.

Fernere Nachrichten von dem Charakter und Sitten der Indianer, nebst einer Vergleichung derselben unter einander.

Die Indianer sind nicht so sehr wegen ihrer Tapferkeit furchtbar, als vielmehr wegen ihrer Treulosigkeit und Verschlagenheit, mit der sie ihre Verrätherenen ausüben. Wenn sie durch Ueberraschung und Ueberfall die Oberhand behalten, sind sie auf das äusserste grausam und unmenschlich, kennen kein Mitleid noch Erbarmen, begehen die größten Grausamkeiten mit kaltem Blute, und vergnügen sich am Morden. Wenn sie überwunden werden, sind sie die feigsten und kleinmüthigsten Geschöpfe, die man nur sehen kann. Im ersten Falle finden sie den größten Wohlgefallen, das Blut der Unglücklichen, die sie hinterlistiger Weise überfallen haben, zu vergießen; im zwenten hingegen suchen sie sich unschuldig zu machen, erniedrigen sich bis zur Verachtung, entschuldigen ihr unüberlegtes Verfahren und ihre Verwegenheit, und durch ihr Flehen und Bitten geben sie die sichersten Beweise ihrer Feigherzigkeit und Niederträchtigkeit. Alles dieses sind Eigenschaften, welche mit der Feigherzigkeit und Treulosigkeit verbunden sind, welche ihren eigenthümlichen Charakter ausmachen. Was die Geschichtschreiber der Eroberung von America von ihren großen Thaten erzählen, muß man entweder in einem figürlichen Sinne annehmen, oder der Charakter dieser Leute ist jetzt nicht mehr derselbe, der er ehedem war. Allein außer Zweifel ist es doch, daß die Nationen in den nördlichen Gegenden noch immer ihre alte Freyheit, die sie stets gehabt haben, erhalten, ohne von einer auswärtigen Macht unterjocht worden zu seyn, und daß sie in ihrer ganzen Lebensart noch nach ihrer alten Regierungsform und Gewohnheiten leben, ohne irgend eine Veranlassung ihren Charakter zu verändern; und bey diesen bemerkt man eben dasselbe, als wie an denen in Peru und in ganz Südamerica, sowohl bey den unterworfenen, als bey denen, die es niemals gewesen sind.

Bey denen in Unterwürfigkeit in Peru lebenden kann man auch, wenn man wollte, diese Eigenschaften nicht dem Umstande zuschreiben, daß sie einen andern Herrn bekommen haben, und von einer fremden Nation beherrscht werden, noch der Unterwürfigkeit, in der sie leben, noch den übrigen aus allem diesem entstehenden Ursachen; denn, so wie sie ihre Sprache, Gebräuche, Neigungen und Gewohnheiten nicht geändert haben, ist es nicht natürlich, daß sie ihren Charakter geändert haben sollten, um so viel weniger, da man nicht bemerkt, daß sie während den seit der Eroberung her verflossenen Jahren etwas von den Sitten der sie beherrschenden Nation angenommen hätten. Außerdem ist die Unterwürfigkeit, in der sie sich befinden, bey weitem nicht so beschaffen, wie man sie sich gemeiniglich vorzustellen pflegt; denn sie leben in ihren Flecken und Dörfern, und werden von ihren Curacas und Caciquen regiert, eben so, als sie es waren, ehe sie unter die Herrschaft der Spanier kamen. Was hierbey besonders merkwürdig ist, ist die völlige Aehnlichkeit, die man hierinnen zwischen den unterwürfigen Indianern und denen, die es nie gewesen sind, sowohl in diesen, als in den am weitesten von ihnen entlegenen Gegenden, bemerken kann.

Man wird kein Beyspiel finden, daß ein einzelner Indianer, oder eine Anzahl derselben, einem einzelnen Menschen, oder einer ihnen gleichen Anzahl Europäer oder

oder afrikanischer Neger die Spitze geboten, oder dieselben, wenn sie ihnen auch an Anzahl überlegen waren, Stand gehalten hätten. Indessen sind sie doch, ihrer wenigen Herzhaftigkeit ungeachtet, furchtbar, und es geschieht ziemlich oft, daß eine geringe Anzahl einen zahlreichen Haufen regulirter Truppen in die Flucht schlägt: allein dieses geschieht nur alsdenn, wenn sie sie in waldigen Gegenden, wo sie sich zwischen den Bäumen und Gebüschen verstecken können, unvermuthet überfallen. Auf diese Art greifen sie einen Haufen an, und schießen auf denselben da, wo sie gewiß sind, zu treffen; in dem Augenblicke aber ziehen sie sich zurück, ohne bemerkt zu werden, und ohne eine Spur des Weges, den sie genommen haben, hinter sich zu lassen; dieses ist schon genug, den angegriffenen Haufen in Unordnung zu bringen, indem er weder die Anzahl der ihn angreifenden Feinde, noch den ihm gelegten Hinterhalt wissen kann. Auf diese Art wiederholen sie ihren Angriff von verschiedenen Seiten, und indem sie sicher schießen können, geht kein einziger Schuß verloren. Da diejenigen, auf welche geschossen wird, niemand sehen, gegen den sie sich vertheidigen können, gerathen sie gleich bey der ersten Unordnung in Bestürzung und Furcht, und ihre Unternehmung wird vereitelt. In dieser Art Krieg zu führen sind sie außerordentlich geschickt, verschmitzt und verschlagen; sie können so lange und so geduldig in einem Hinterhalte lauren, daß, um ihren vorhabenden Streich nicht zu verfehlen, sie sich die Vortheile zu verschaffen wissen, die sie sich ausgedacht haben, und führen ihn mit aller der Sicherheit aus, die nöthig ist, ihren Endzweck zu erreichen. Sie verbergen sich hinter den Stämmen der Bäume, und in dem Buschwerke; und wenn ihnen diese Bequemlichkeit zu einem Hinterhalte fehlt, legen sie sich platt auf die Erde nieder, und schmiegen sich so fest auf den Boden an, daß es unmöglich ist, sie zu bemerken.

In

In dem Lande der Natchees in Luisiana, wo die Franzosen eine der vornehmsten Colonien hatten, faßten sie den Anschlag, alle Einwohner in einer Nacht meuchelmörderischer Weise zu ermorden, und führten dieses Vorhaben, ungeachtet der guten Freundschaft und der Vertraulichkeit, die sie mit ihnen unterhielten, auch wirklich aus. Sie beobachteten hierbey eine so große Heimlichkeit und Verschwiegenheit, daß man nicht eher, als nachdem der Streich vollführt war, Nachricht von ihrem Vorhaben erhielt. Nur ein einziger durch die Finsterniß der Nacht begünstigter hatte das Glück, zu entkommen, welcher allein übrig blieb, um ein Zeugniß der Grausamkeiten, die sie an den übrigen verübten, abzulegen.

Einem besondern Mitleiden einiger Indianerinnen, war es zuzuschreiben, daß nicht alle übrige Einwohner dieses Landes das grausame Schicksal erfuhren, das ihnen bestimmt war. Die Indianerinnen waren Bewahrerinnen dieses Geheimnisses; und die Verschwörung war von der Nation der Natchees angezettelt worden, indem sie alle übrigen dieser Gegenden, selbst die allerentlegensten, zusammenberufen hatten, damit eine jede von ihnen die ihr zunächst gelegnen Wohnplätze der Franzosen an einem bestimmten Tage überfallen, und keinen Menschen am Leben lassen sollte. Dieser Tag wurde vermittelst eines Bündels kleiner Stäbchen angezeigt, das sie einer jeden Nation austheilten, mit der Verabredung, daß an jedem Tage, der von dem angerechnet, an welchem diese Stäbchen ausgetheilt worden, verfließen würde, ein Stäbchen herausgezogen und weggeworfen werden sollte, und der Tag, an dem nur noch eines übrig wäre, sollte zu dem bey stiller Nacht zu unternehmenden allgemeinen Ueberfalle bestimmt seyn. Nachdem diese Bündel ausgetheilt waren, wurde das für die Natchees einer Indianerinn anver-

vertraut; diese entweder für sich allein, oder auf den
Rath anderer ihres Geschlechts, hatte mit den Franzosen, die auf eine so grausame Art sollten ausgerottet
werden, Mitleiden, und zog an einem Tage drey oder
vier Stäbchen auf einmal aus dem Bündel; hierdurch
wurde die für ihre Nation bestimmte Zeit abgekürzt, so
daß, da in den folgenden Tagen die Stäbchen alle waren, das Blutbad unternommen wurde, indessen die andern Nationen, noch drey oder vier Stäbchen herauszu-
ziehen hatten, und daher nicht in ihren Gegenden zu
gleicher Zeit den Angriff thun konnten. Hierdurch
wurde die allgemeine Zusammenverschwörung entdeckt,
und man konnte Maasregeln zur Vertheidigung nehmen, und die weitere Ausbreitung verhindern, ohne welchen Umstand die Ausführung des ganzen Vorhabens
unvermeidlich gewesen seyn würde.

Auf eben diese Art zerstörten die Indianer aus der
Provinz Macas im Königreiche Quito die reiche
Stadt Logroño, die Colonie Guamboya, nebst ihrer Hauptstadt Sevilla del Oro, welche sehr bevölkert waren, so, daß jetzt das Andenken der Stellen, wo
sie gestanden, und der Oerter, wo die große Menge Gold,
die ihr den Namen gegeben haben, gefunden wurde,
untergangen ist; ebenfalls wurde durch die Araucos
und Tucapeles *) die Stadt La Imperial im Königreiche Chile mit ihrem ganzen Bezirke zerstört; ferner
die Flecken und Dörfer der Mißionen de los Chunchos
in der Statthalterschaft von Tarma; desgleichen die
von Dariel im Königreiche Tierra-firme und verschiedene andere, welche dieses Unglück zu unterschied-
nen Zeiten erfahren haben.

Sie beobachteten einerley Methode in Ansehung der
Zusammenberufungen und die größte Verschwiegenheit,
ohne

*) Zwey Völkerschaften der Moluches. Falkner Patag.
S. 121.

ohne daß irgend einer der Zusammenberufnen etwas verräth; auch wählen sie einerley Zeit zu Ausführung ihres Streichs, und gleichen einander alle in der Art der Grausamkeiten, die sie ausüben, indem sie mit kaltem Blute, ohne zu irgend einer Erbitterung Anlaß zu haben, die Mannspersonen von jedem Alter ermorden, und die Frauenzimmer als Beute zu einem Beweis ihres verrätherischen Sieges mit sich hinwegführen, und sich ihrer bedienen.

Hier ist nicht die Rede von den Unmenschlichkeiten, die sie bey solchen Gelegenheiten begehen, noch von dem Geheimnisse, das sie dabey beobachten, als von einer ausserordentlichen Sache, indem dergleichen bey ähnlichen Vorfällen unter allen Völkern gewöhnlich ist. Das Besondere hieben ist, daß die Indianer hierinnen so vollkommen übereinstimmen, daß, ungeachtet der Entfernung, worinnen sie von einander sind, dennoch in der Art, und in den Grausamkeiten, womit sie dergleichen Unternehmungen ausführen, keine Verschiedenheit zu bemerken ist.

Man kann dieses nicht daher ableiten, daß sie in Unterdrückung lebten; denn die Nationen, welche die ungeheuren Landstriche von Luisiana und Florida an nach Norden bewohnen, sind nie unterjocht oder ihrer Freyheit beraubt worden, um ihnen dieses zuschreiben zu können; und ob sie gleich einen sehr eingeschränkten Verstand haben, und zu allen Geschäften, welche Ueberlegung erfordern, gänzlich ungeschickt sind, sind dennoch die Indianer in Luisiana, in Chile, in Quito und in Tarma, so wie alle übrigen, zu solchen Unternehmungen, wo es auf Unmenschlichkeit, Treulosigkeit und Plündern der bey solchen Gelegenheiten zu machenden Beute ankömmt, sehr geschickt und erfahren, als wenn sie alle in einer Schule unterrichtet worden, und sind

so

so pünktlich in Beobachtung der Verschwiegenheit, daß sie um keiner Ursache willen dieselbe brechen.

Diese Völker zählen die Tage nicht, theilen sie auch nicht nach Wochen ab, sondern ein Tag ist bey ihnen wie der andre; sie kennen nur die Mondswechslungen, weil ihnen diese in die Augen fallen, und sie ihr Gedächtniß mit dergleichen Rechnungen nicht zu beschweren Lust haben. Wenn sie daher eine Verabredung mit einer andern Nation nehmen wollen, schicken sie einen Abgeordneten an dieselbe mit einem Bündel von so vielen Stäbchen, als Tage verfließen sollen, von demjenigen an, da sie die Unternehmung beschließen, bis zu dem, an welchem sie ausgeführt werden soll, welches bey ihnen eben so viel gilt, als in so viel Tagen.

Es ist zu bemerken, daß sie aus einer Beleidigung eines einzelnen unter ihnen, oder einer ganzen Nation, eine gemeinschaftliche Sache machen. In diesem Falle hält sie kein Bündniß einer wechselseitigen Freundschaft mit der Nation, die sie angreifen wollen, zurück, noch Erkenntlichkeit für die von derselben erhaltenen Wohlthaten: denn alle diese Betrachtungen, und zugleich alle Treue und Ehrlichkeit, setzen sie gänzlich aus den Augen. Man kann sich dadurch überzeugen, mit wie weniger Sicherheit man sich auf ihr Wort verlassen kann; daher ist man gezwungen, stets mistrauisch und auf seiner Hut gegen sie zu seyn: denn in ihrer Freundschaft findet man keine Sicherheit, von ihren unvermutheten Anfällen und Empörungen frey zu bleiben.

Sie fallen mit Entschlossenheit und Wildheit einen einzelnen Menschen, den sie wehrlos finden, an, um ihm seine Kleider zu nehmen, und sie anzuziehen. Wenn sie ein von andern Wohnungen etwas entferntes Haus antreffen, gehen sie sehr listig und geschwind zu Werke, indem sie in aller Stille über die Mauer steigen, oder sich heimlich und ungesehen hineinschleichen. Das erste, was sie

sie alsdenn sogleich vornehmen, ist, die Leute im Schlafe zu ermorden; wenn sie sich hierdurch Sicherheit verschafft haben, rauben sie alles, was sie antreffen. Wenn sie aber einige Anstalt zum Widerstande merken, ziehen sie sich eben so stille wieder zurück, und verstecken sich wieder in einem Hinterhalte, bis sie eine bequemere Gelegenheit finden. Bey den Indianern in Nordamerica bemerkt man, daß, wenn sie vom Trunke erhitzt sind, und man sie unter regelmäßige Truppen nimmt, wie in den Kriegen zwischen den Franzosen und Engländern geschahe, sie muthig bleiben, so lange das Feuer des hitzigen Getränkes bey ihnen wirkt, und sie sich gut unterstützt sehen; allein sobald einer von diesen beyden Umständen wegfällt, laufen sie sogleich auseinander, und stellen sich nach ihrer Art wieder in einen Hinterhalt. Hierauf zielt eine Redensart bey den civilisirten **peruanischen Indianern**, die einige Worte gebrochen Spanisch reden können; wenn sie einen Aufruhr anstiften wollen, trinken sie zuvor wacker, und nennen dieses *animó*, mit dem Accent auf der letzten Sylbe, welches so viel bedeutet, als sich Muth machen. Man ist bey ihnen plötzlichen Empörungen und Aufrühren ausgesetzt, indem sich viele zusammenrottiren, und mit vieler Kühnheit und Geschrey mit Steinen werfen und einen Angriff thun; sobald aber nur wenige Leute sich ihnen widersetzen, kehren sie den Rücken und begeben sich auf die Flucht, und laufen ohne alle Ueberlegung nach verschiedenen Seiten zu aus einander, damit man nicht merken soll, daß sie an dem Tumulte Antheil gehabt haben.

Wegen ihrer Treulosigkeit, und ihres Hangs, so leicht sich zu empören, und wegen des Wohlgefallens, den sie an allem finden, was Unheil anrichten kann, ist eine der weisesten und vorsichtigsten Verordnungen für die Regierung des spanischen America, daß den unter=
würfigen

würfigen und subordinirten Indianern kein Gewehr verstattet, ihnen auch die Art, sich dessen zu bedienen, nicht bekannt gemacht wird, sondern daß man sie in Unterwürfigkeit erhält, und sie antreibt, die ihnen zukommenden Arbeiten zu verrichten, dergleichen die Mitas zu den Arbeiten in den Bergwerken und auf den Landgütern sind. Denn wenn man hierauf nicht sorgfältig sähe, würde man vor ihnen nicht sicher seyn, noch sie im Gehorsam erhalten können, wie die verschiedenen Aufstände und Empörungen beweisen, die aus sehr geringen Ursachen in den Provinzen entstehen, und die, wenn sie weiter um sich griffen, sehr furchtbar seyn würden. Die Franzosen und Engländer in Norbamerica haben hierinnen sich verschieden betragen. Sie brachten ihnen Schießgewehr, und lehrten sie den Gebrauch desselben, damit sie mehr jagen möchten, wodurch der Handel mit Pelzwerk desto beträchtlicher würde. Zugleich haben sie auch die Maxime, bey vorfallenden Gelegenheiten ihre Truppen durch sie zu vermehren, und sich ihrer wechselsweise gegen einander zu bedienen. Allein die Folge hiervon ist gewesen, daß sie diese Nationen gegen sich selbst in Verfassung gesetzt und gewaffnet haben. Denn wenn sie ihnen nicht alles, was sie verlangen, gewähren, richten sie ihre Waffen selbst gegen diejenigen, die sie damit versehen haben. Sie thun Streifereyen, üben Gewaltthätigkeiten in ihren Colonien aus, und zwingen sie durch Geschenke und Gratificationen ihre Freundschaft zu gewinnen zu suchen, auf die sie doch nicht rechnen dürfen. Denn bey vorfallender Gelegenheit sind sie auf der Seite desjenigen, der ihnen sogleich am meisten giebt, und vergessen die vorher erhaltenen Contributionen und Gutthaten. Daher ist es in diesen Gegenden eine Maxime, sie bey Gutem zu erhalten, und ihnen auch nicht den entferntesten Anlaß zu Klagen zu geben, und wenn sie diese führen, so ungegründet

gründet sie auch seyn mögen, sie durch Geschenke zu be=
sänftigen und wieder zu gewinnen zu suchen.

Diese Völker haben die Eigenschaft, sehr wenig zu
schlafen, und die Nächte mehrentheils wachend zuzu=
bringen. Ihre Freudensbezeugungen und Lustbarkei=
ten, die mit der Trunkenheit unzertrennlich verbunden
sind, dauren sowohl bey Tage als bey Nacht fort.
Wenn sie müde werden, legen sie sich ohne Unterschied
unter einander nieder und schlafen, und sobald sie auf=
wachen, fahren sie wieder fort zu schwärmen und zu trin=
ken. Dieß thun sie zu allen Zeiten, und daher, wenn
die ganze Welt ruht und schläft, streifen sie von einem
Orte zum andern herum, ohne eine bestimmte Absicht,
und ohne daß sie dadurch gehindert würden, hernach
ihre ihnen auferlegten Arbeiten zu verrichten. Die in
Freyheit lebenden Indianer in Chile, in den Pampas
von Buenos Ayres, und in den übrigen waldigen Ge=
genden, desgleichen die in Nordamerica von Florida
und weiter hin, haben eben diese Gewohnheit, ungeach=
tet sie sich in der Nothwendigkeit befinden, ihren Lebens=
unterhalt sich durch die Jagd oder durch Fischen ver=
schaffen zu müssen.

Aus dem bisher Erzählten wird man einsehen, daß
das Leben dieser Leute dem Leben, das die Thiere führen,
sehr ähnlich ist, indem sie keine gewisse Zeiteintheilung
kennen; auch gleichen sie ihnen darinnen, daß sie so we=
nig schlafen, und die Nächte größtentheils wachend zu=
bringen. Eben dieses bemerkt man in ihrer Art aus=
zuruhen, oder sich zu setzen, wenn sie nicht beschäftigt
sind. Die in den warmen Ländern wohnen, legen sich
ausgestreckt in ihre Hamacs oder Hangematten, die sie
sich selbst verfertigen; die übrigen legen sich auf die Er=
de unter einander nieder, ohne allen Unterschied des Ge=
schlechts und des Standes; man kann sich leicht die

dar=

daraus entstehenden einem thierischen Leben eignen Folgen vorstellen.

Mit der Ungeschliffenheit und Barbarey, die ihnen eigen sind, ist der Mangel aller Begriffe verbunden. Es ist schon vorhin gesagt worden, daß sie weder die Tage zählen, noch die Wochen unterscheiden können. Der Mond, wenn sie denselben sehen, zeigt ihnen einen Zeitraum an, ohne sich im übrigen darum zu bekümmern, wie viel Tage er enthält. Die Kälte im Winter, und die Wärme im Sommer, oder die Abwechslungen von Schnee und Eis, dienen ihnen ein Jahr zu bestimmen: allein sie beschweren ihr Gedächtniß nicht damit, die Anzahl der während desselben vorgegangnen Mondeswechsel, noch weniger die kleineren Abmessungen der Zeit zu behalten. Sie haben kaum einen Begriff von dem, was ein Jahr ist, und wenn man einige der Cultivirtesten in Peru, welche sehr alt zu seyn scheinen, um ihr Alter befragt, wird man keine andere Nachricht von ihnen herausbringen können, als daß sie die Gouverneurs oder Caziquen nennen, die sie gekannt haben; und auch selbst diese Nachrichten, die sie geben, sind unvollkommen. Zuweilen fügt es sich auch, daß sie sich der ältesten, hingegen anderer hernach folgenden nicht erinnern können, weil manchmal ganz besondre Vorfälle ihnen dieselben im Gedächtnisse erhalten. Eben so ist es mit denen beschaffen, die noch in ihrer ursprünglichen Freyheit leben, an welchen man nicht wahrnimmt, daß sie sich darum bekümmern, vergangne Dinge zu behalten, noch ihre Begriffe mit auf die Folge zu richten. Ihre ganze Einbildungskraft beschäftigt sich bloß allein mit dem Gegenwärtigen, und auch von diesem nur damit, was sie gerade vor sich haben. Dieses würde nicht so auffallend seyn, wenn man nicht bemerkte, daß es bey denen, welche einige Cultur erhalten, und bey denen, welchen sie mangelt, hierinnen völlig einerley ist. Die

Unterwürfigen in Peru, die beständig mit den Spaniern umgehen, die ihre Pfarrer haben, die ihnen fast täglich predigen und sie unterrichten, und welche mit allen Arten von Leuten gesellschaftlichen Umgang haben, sind in diesem Stücke eben so gleichgültig und dumm, als die, welche in ihrer natürlichen Barbarey unter den wilden Thieren beständig gelebt haben. Dieses wird noch merklicher, wenn man dagegen die Neger aus Africa, die sie Bozales nennen, ansieht, weil diese mit wenigerm Unterrichte, und fast ohne alle Anweisung, wenn sie einige Jahre dort gewesen sind, so viel Kenntniß erlangen, daß sie die Tage und Jahre zählen können, und ganz andre Einsichten bekommen als die Indianer. Daher kömmt es auch, daß, ob sie gleich Sklaven sind, sie doch höher als jene geschätzt werden, die man als ganz unfähig, und ohne alle Zeichen der Vernunft, mit Verachtung ansieht.

Die Indianer in Peru unterhielten zu den Zeiten der Incas, ihrer ehemaligen Beherrscher, das Andenken merkwürdiger Thaten und Begebenheiten, und hatten, wie ihre Geschichtschreiber erzählen, eine gewisse politische Verfassung. Diese Cultur hatten sie vorzüglich der Sorgfalt dieser Souveraine und der von ihnen eingeführten Regierungsform zu verdanken, indem diese sie nöthigten, nach vernünftigen Vorschriften zu leben. Dieser Umstand giebt Anlaß zu vermuthen, daß diese Gesetzgeber von einem weit cultivirtern und verfeinertern Stamme als die übrigen gemeinen Indianer gewesen sind, von welchem man aber keine mehr übrig findet.

Sie leben insgemein sehr lange, ob es gleich wegen der eben angeführten Ursachen sehr schwer ist, die Zahl ihrer Jahre genau anzugeben. Allein man hat zwey Kennzeichen, woran man ihr hohes Alter erkennen kann; nämlich die grauen Haare und den Bart: jene fangen nicht eher an, sich zu zeigen, als wenn sie sieben=

zig Jahr alt, oder nahe dabey sind; der letztere kömmt, wenn sie sechzig überschritten haben, und zwar jederzeit nur sehr geringe und schwach. Wenn man daher sieht, daß sie ganz grau auf dem Kopfe geworden sind, und auch die wenigen einzelnen Barthaare es gleichfalls sind, hält man dafür, daß sie ein Jahrhundert überschritten haben. Als einer, dessen hohes Alter an dem erwähnten Kennzeichen zu bemerken war, gefragt wurde, wie alt er wäre, antwortete er, daß er über zwanzig Jahre alt wäre. Da man ihn auf eine andre Art ausforschte, sagte er, daß, als er noch ein Kind gewesen wäre, hätte sein Machu ihm vieles von den Begebenheiten der Incas, welche er noch gesehen hätte, erzählt. Dieser Nachricht zufolge mußten beyder Lebensjahre zusammen wenigstens 232 Jahre ausmachen; der Machu war sein Großvater; und der, von welchem die Rede ist, war im Jahre 1764 über 120 Jahre alt: denn außerdem daß alle Haare auf dem Kopfe und im Barte ganz weiß waren, gieng er für Alter ganz krumm, doch ohne einige Zeichen von Schwäche oder Krankheit, die vom Alter hätten herrühren können. Dieses lange Leben, mit einer beständigen Gesundheit verbunden, rührt von dem Mangel an Gegenständen her, die ihre Einbildungskraft beschäftigen könnten, von der ganz thierischen Lebensart, die sie führen, desgleichen daß sie in ihrem Herzen nichts verlangen noch fürchten, und von der weniger zarten und viel mehr groben und starken Organisation des Körpers, wodurch sie sich von andern Menschen unterscheiden. Wenn diese Völker, welche die Franzosen Wilde nennen, sich nicht durch ihre stets unter ihnen daurenden Kriege, die mehrentheils aus Rachbegierde entstehen, einander aufrieben, und nicht den starken Getränken und der Trunkenheit so ganz äußerst ergeben wären, würden sie eine Race Menschen seyn, die die Vortheile der Freyheit und Unabhän-

H 4 gigkeit

gigkeit vollkommen genießen könnten, und würden der Gefahr, so zeitig umzukommen, weniger ausgesetzt seyn.

Einige Nationen der **Indianer** in **Peru** haben im Gebrauche, sich die Ohren rund herum an dem äussern Krospel zu durchschneiden, um sie dadurch grösser zu machen, welches bey ihnen für eine Schönheit oder Artigkeit gehalten wird: eben diese Gewohnheit herrscht auch in den Gegenden am **Marañon** bey denen Indianern, die man deswegen **Orejones** nennt. Andere haben die Gewohnheit, sich Löcher durch die Krospel der Nase, in die Lippen und am Kinne zu stechen, um ganz dünne Stäbchen ohngefähr einer Viertelvare lang hineinzustecken, die den Stacheln der Stachelschweine gleichen. Eben dieses thun alle Nationen in **Nordamerica**, und gleichen einander hierinnen vollkommen, so daß kein Zweifel ist, daß dieser Gebrauch bey ihnen von den Zeiten der ersten Bevölkerer dieses Welttheils her beybehalten worden, und also undenklich alt ist. Das Besondre bey diesem Umstande ist, daß, da diese Völker, welche die neue Welt bewohnen, in so großen Entfernungen von einander diese so vollkommne Uebereinstimmung behalten haben, man dergleichen Aehnlichkeit bey den Völkern der alten Welt nicht antrifft; man kann hieraus den Schluß ziehen, daß von den ersten Menschen an, die sich in diese Länder verbreitet, die Sitten und Gebräuche ohne alle Veränderung, und so, wie sie zur Zeit der Bevölkerung beschaffen waren, bis jetzt geblieben sind.

Bey den Indianern in **Nordamerica** findet man die Gewohnheit eingeführt, daß sie eine andere Frau nehmen, wenn die, die sie bis dahin gehabt haben, alt wird. Sie wird deswegen nicht aus dem Hause gestossen, sondern sie gehört noch zu der Familie, sorgt für die kleinen Aussaaten, mählt den Maiz, und bereitet Essen und Trinken nach ihrer Art, so daß sie gleichsam eine

Magd

Magd wird, die die übrigen bedienet. Die junge Frau begleitet ihren Mann auf die Jagd und zum Fischen, und trägt das erlegte Wildpret nach Hause. Eine jede von ihnen sorgt für ihre eignen Kinder, bis sie aufwachsen und ihre Aeltern verlassen. Wenn sie auf die Jagd gehen, werden ihre Wohnplätze, oder Rancherias, der Sorgfalt der abgedankten Weiber, damit sie ausruhen können, überlassen, indem sie dieselben nicht stark genug halten, die Beschwerlichkeiten, die mit diesen Uebungen verbunden sind, ertragen zu können.

Die civilisirten Indianer in Peru haben die Freyheit nicht, eben dieses zu thun, denn es wird ihnen nicht zugelassen, und sie werden wegen einer jeden Ausschweifung von dieser Art bestraft. Allein sie haben eine andre Gewohnheit, die fast eben dahinaus läuft, daß sie ihre Weiber vertauschen, eine andere noch ledige nehmen, und die, die sie haben, verlassen, wobey sie keine Scham noch Zurückhaltung sehen lassen. Es ist dieses eine Sache, welche den Pfarrern und Corregidoren, auch selbst den Herren, denen sie dienen, viel Sorge macht, obgleich mit wenigem Erfolge: denn sie haben kein Gefühl von Ehre, und die Ermahnungen und Erinnerungen machen keinen großen Eindruck bey ihnen. Man kann hieraus abnehmen, daß, wenn sie in ihrer Freyheit wie die andern lebten, sie es eben so wie diese machen würden. Die verlassenen Indianerinnen bezeugen keine Empfindlichkeit hierüber, und bequemen sich ohne Widerstand zu einer Sache, die sie durch die Gewohnheit, die bey ihnen statt eines Gesetzes gilt, zugelassen sehen.

In Ansehung der Beschaffenheit und Einrichtung ihrer Wohnhäuser sieht man, daß die Nothwendigkeit mit Beystande der Natur ihnen die Regeln ihrer einfachen Bauart an die Hand gegeben hat, um sich zu den Zeiten, wenn es nöthig ist, gegen die rauhe Witterung

rung zu schützen. Man sieht daher, daß diese Nationen ungeachtet ihrer Rohigkeit und Mangel der Cultur beysammen leben, und Wohnplätze nach ihrer Art haben, wo sie wohnen und ihren vornehmsten Aufenthalt haben. Die Häuser oder vielmehr Hütten der Indianer sind rund, und ohngefähr mannshoch. Die Wand steht gerade, die sie mit einem Dache, welches die Form einer Pyramide hat, oben, einschließen und bedecken. Inwendig machen sie rundherum eine kleine Erhöhung, worauf sie die Häute der Thiere, die sie auf der Jagd erlegt haben, ausbreiten, und sich darauf niederlegen. In der Mitte steht ein Feuerheerd; das ganze Gebäude hat keine andere Oeffnung, als die Thüre, die sehr schmahl und nur eben hoch genug ist, daß sie hineinkommen können. Durch dieselbe, und die Aeste, und das Laub, woraus das Dach besteht, geht der Rauch heraus. Einige dieser Hütten sind aus Lehm und Steinen, andre aus Holz gebauet; an den letztern verschmieren sie die Fugen und Oeffnungen mit Lehm. Inwendig an der Wand machen sie einige länglich viereckige Nichen oder Löcher, ungefähr einen Fuß oder eine halbe Vara hoch, und eine Viertelvara breit, so wie man sie in den Palästen der Incas in Peru sieht. Diese dienen ihre wenigen Geräthschaften und andere Dinge, die sie gebrauchen, hineinzulegen. Eine jede Familie hat ihr eignes Haus oder Hütte von eben derselben Form und Einrichtung, nur daß einige größer als die andern sind.

In jedem Flecken oder Dorfe ist eine gemeinschaftliche Hütte, in welcher rund herum Erhöhungen laufen. Diese ist weit größer als die Privathütten, ist viereckig, oder in Gestalt eines länglichen Vierecks. In dieser versammlen sie sich, und halten ihre Berathschlagungen, worinnen sie die Zeit, wenn sie auf die Jagd oder den Fischfang ausgehen wollen, verabreden; wer von ihnen

in

in jedem Haufen mitgehen soll; über die Oerter, wohin sie sich vertheilen, und die Zeit, wie lange sie ausbleiben wollen, um sich hernach wieder zu versammlen. Hier bereden sie sich auch wegen der Streifereyen gegen die fremden Colonisten, und was sie dabey unternehmen wollen; welches alles für sie wichtige und interessante Gegenstände sind. Hier versammlen sie sich auch zu ihren Trinkgelagen, und um ihre Feyerlichkeiten mit Tanzen zu begehen. Ueber derselben haben sie ihren Kornboden, wo sie den Malz und die Kürbisse, die sie eingeerntet haben, verwahren. In diesen Flecken legen sie keine Straßen oder Plätze an, sondern die Häuser oder Hütten stehen ohne alle Ordnung; gewöhnlich legen sie sie an den Ufern der Flüsse an. Auch die civilisirten Indianer in Peru beobachten noch immer dieselbe Form und Einrichtung in ihren Hütten; und in jedem Flecken haben sie gleichfalls eine gemeinschaftliche, um sich darinnen zu versammlen, und über ihre besondern Angelegenheiten sich zu berathschlagen, die verschieden sind von derer ihren, die unterwürfig sind. Denn diese müssen sich zu den Cofradias und Mayordomias halten, welches Einrichtungen sind, die, wenn sie in gehörigen Gränzen bleiben, und nicht so weit getrieben werden, als der Misbrauch hiervon gehen kann, sehr gut und nützlich sind, sie unterwürfig und gehorsam zu erhalten, indem sie dadurch Materien bekommen, über die sie handeln können, und die weit entfernt von denen sind, welche ihr Hang zum Bösen ihnen eingeben kann.

Die Richter und Pfarrer sind indessen sehr aufmerksam auf diese Versammlungen, und suchen zu verhindern, daß nichts darinnen vorgeht, was zu Empörungen Anlaß geben, oder sonst schlimme Folgen hervorbringen kann; daher haben sie immer einige Vertraute darunter, die ihnen von allem, was vorgeht, Nachricht geben;

ben; und wenn eine Vermuthung da ist, daß sie die ihnen erlaubten Gränzen überschreiten, gehen sie hin, und bringen sie auseinander; sie bestrafen die Urheber, die andern üble Begriffe beybringen, auf eine gemäßigte Art, und diese Vorsorge ist hinlänglich ihr Vorhaben zu vereiteln.

Allein, wenn man Ursache hat, ein wichtiger Unternehmen zu argwohnen, so sucht man ihnen durch wirksamere Anstalten und förmliche Strafen Einhalt zu thun, und sie zum Gehorsam zu bringen.

Es ist nicht möglich, diese Nation seit den vielen Jahren, daß sie in Unterwürfigkeit leben, von ihren alten Gebräuchen und Sitten abzubringen; und wenn man darauf bestehen wollte, würden weit größere Nachtheile daraus entstehen. Denn wenn man ihnen ihre Zusammenkünfte an einem öffentlichen Orte verbieten wollte, würden sie sie an abgelegnen Oertern und in der Nacht halten, und man würde nicht erfahren können, was sie dabey abgehandelt hätten.

Es ist schon gesagt und bewiesen worden, daß die Arbeiten, die die Indianer in den Bergwerken in Peru verrichten, ihrem Leben nicht schädlich sind. Daß man deswegen hat Mitas anordnen müssen, und daß sie in der That sehr ungern dahin gehen, rührt von dem ihnen angebornen Widerwillen gegen alle Arten von Arbeiten her. Denn wenn man sie ihrem eignen Willen überließe, würden sie weiter nichts thun, als ihren kleinen Feldbau treiben, so wie die thun, die noch in ihrer Freyheit leben.

Die Mitas, oder Dienste bey den Landgütern und bey der Hütung der Heerden, tragen eben so wenig zu ihrer Ausrottung bey, wenn alles dabey gehörig und ordentlich zugeht. Es würde auch so bey den Mitas in den Manufakturen und Fabriken seyn, wenn man dabey weniger Strenge und Härte bewiese, und wenn man

mehr

mehr Rücksicht auf die Einrichtung und Bestimmung der Tagewerke und des Tagelohns nähme, welches ihnen bezahlt werden sollte, und welches hinlänglich zu ihrem Unterhalte seyn müßte. Allein die Herren, welche nur auf ihren eignen Vortheil sehen, und nicht auf das Wohl der Arbeiter, behandlen sie mit vieler Unmenschlichkeit, und daher entsteht die Abnahme derer, die dahin kommen. Das einzige Mittel würde seyn, sie schlechterdings davon zu befreyen, und die Herren zu nöthigen, freye Leute zu gebrauchen, deren es daselbst eine Menge unter den Mestizen und andern Casten oder Geschlechtern giebt, die weder Amt noch Arbeit haben. Es müßte auch verboten werden, sie auf beständig einzuschließen, welches nur auf Befehl der Obrigkeit geschehen müßte; es müßte ihnen auch keine Leibesstrafe können angethan werden, wie nach dem Gutdünken derer, die sie unter ihrer Aufsicht haben, nur zu oft geschieht; mit einem Worte, es müßte alles auf den Fuß eingerichtet werden, wie in den Fabriken und Manufakturen in Europa. Gewisse mäßige Züchtigungen sind bey den Indianern unumgänglich nöthig: denn ohne diese würde man sie nie dahin bringen können, das, was ihnen auferlegt wird, zu thun, da der Hang zum Müßiggange und zu Ausschweifungen bey ihnen zu sehr die Oberhand hat. Allein den Herren, in deren Diensten sie sind, müßte nicht verstattet seyn, sie selbst zu bestrafen, weil sie darinnen zu weit gehen, und sie, anstatt sie zu züchtigen, mishandeln; sondern dieß müßte bloß der Obrigkeit vorbehalten seyn. Hierdurch würden sie gemäßigter werden, und würden mehr Eindruck bey ihnen machen, weil sie alsdenn nicht erbittert werden, noch glauben würden, daß Gewalt und nicht Gerechtigkeit ihre Strafe veranlaßt hätte. Man hat schon hinlängliche Erfahrungen, wodurch man überzeugt wird, daß es nicht nöthig ist, wie der große Haufe und Leute von des-

potischen

potischen Gesinnungen glauben, daß ein jeder die Leute in seinen Diensten, welche doch die Werkzeuge sind, wodurch sie zu Reichthümern gelangen, ohne alle Einschränkung zu strafen die Freyheit haben müsse. Die Trägheit und Neigung zu Ausschweifungen, die ihren eigenthümlichen Charakter ausmachen, verursachen zwar, daß man beständig mit ihnen zanken muß, um sie dahin zu bringen, selbst die Arbeiten zu thun, die zu ihrem eignen Vortheil gereichen, dergleichen die Bestellung ihres gemeinschaftlichen Ackerbaues, und die Beschäftigungen sind, wodurch sie sich ihre Kleidung verschaffen müssen. Bey ihnen wirkt keine Vernunft, und Zureden kann sie nicht bewegen; ihr unüberwindlicher Hang zum Müßiggange verachtet beydes, und daher ist es nöthig, sie durch Züchtigungen anzutreiben, und sie zu den Mitas zu gebrauchen, wo sie aus Nothwendigkeit arbeiten müssen. Allein auch hierbey wird die Arbeit, die sie während eines ganzen Tages verrichten, kaum mit der zu vergleichen seyn, welche ein mittelmäßiger Arbeiter aufs höchste in halb so viel Zeit vollendet. Dieses rührt nicht daher, daß es ihnen an Kräften fehlte, sondern liegt in ihrer natürlichen Neigung, die sie zu allen Verrichtungen träge und im Arbeiten langsam macht. Jagen und Fischen sind die einzigen Beschäftigungen derer, die noch in ihrem ursprünglichen Zustande leben; welche sie treiben, theils weil die Nothwendigkeit sie zwingt, auf diese Art sich ihren Unterhalt zu verschaffen, theils weil dies Beschäftigungen sind, wozu sie nicht viel Nachdenken brauchen, und nicht gezwungen sind, sich länger dabey aufzuhalten, als sie Lust haben. Sie bringen auch nicht alle ihre Zeit damit zu: denn sie heben das Fleisch einige Tage auf, und so lange dieses dauert, bemühen sie sich mit nichts, und bringen dieselben in Unthätigkeit und mit Müßiggehen zu.

Die

Die bezwungenen Indianer, die in Unterwürfigkeit leben, bestellen gemeinschaftlich ihr Feld; wozu sich alle aus dem Kirchspiele, Männer, Weiber und Kinder, vereinigen, welche Gesellschaft sie ebenfalls Chaco nennen. Die Arbeit, welche sechs bis acht Leute in einem Tage ganz gemächlich vollenden können, wird von sechzig bis siebenzig Personen unter ihnen von allen Altern und Geschlechtern verrichtet. Sie nehmen einen Vorrath von Getränke, ihre kleinen Trommeln und Pfeifen mit aufs Feld, und bey der Musik dieser Instrumente arbeiten, trinken, essen und ruhen sie wechselsweise, und die ganze Arbeit besteht darinnen, daß sie sich einen oder zwey Tage lustig gemacht haben. Eben so machen sie es bey ihrer Ernte, so daß der größte Theil der eingeernteten Früchte in diesen Tagen verzehrt wird; wenn ihnen der Reiz des Trinkens und Tanzens hierbey fehlte, würde sich niemand dazu einfinden.

Diejenigen, welche den Charakter, die Neigungen, die Denkungsart, und den natürlichen Hang der Indianer nicht aus eigner Erfahrung kennen, glauben, daß es eine Tyranney ist, daß man sie zu Arbeiten nöthigt, in die Bergwerke schickt, und sie zu andern Verrichtungen antreibt: allein die Sache verhält sich in der That nicht so; denn jede Nation und jede Race von Menschen hat ihre eignen Gesetze, wornach sie regiert werden muß, die mit Einsichten gemacht sind, und den Endzweck haben, sie so, wie es das allgemeine Wohl der Gesellschaft erfordert, in Ordnung und in Gehorsam zu erhalten. Die Gesetze für die Indianer müssen von den Gesetzen aller übrigen Völker eben so sehr verschieden seyn, als es ihre Neigungen und Eigenschaften sind. Der unmäßige Gebrauch des Branntweins richtet in einem Jahre mehr Indianer hin, als die Bergwerke in funfzig Jahren, wenn man auch die außerordentlichen Zufälle beym Einstürzen derselben mit dazu rechnet.

Die

Die Fabriken und Manufakturen reiben sehr viele auf, weil sie in denselben so unmenschlich behandelt werden, und wogegen die öfters angestellten Untersuchungen wenig vermocht haben, da man nach so vielen Jahren keine Aenderung hierinnen gemacht sieht. Diese beyden Beschwerden müßten in Rücksicht auf die Menschheit sowohl, als auch auf eignen Vortheil abgestellt werden, um für die Erhaltung und Vermehrung einer Race von Menschen zu sorgen, von der, ihrer bösen Eigenschaften, Laster und Faulheit ungeachtet, doch die Erhaltung und der Wohlstand dieser Reiche abhängt.

Diese Völker glauben von sich selbst, daß sie weit klüger und geschickter als die Europäer sind; hierinnen stimmen die, welche die weitläuftigen Gegenden von Nordamerica bewohnen, mit den civilisirten sowohl, als wilden in Peru vollkommen überein; alle wähnen, daß es keine so kluge oder verständige Nation außer ihnen giebt. Diese Einbildung entsteht aus Bosheit und Eigenliebe eben sowohl als aus ihren eingeschränkten Fähigkeiten; und wenn sie sehen, daß man einen von ihren verrätherischen Anschlägen vereitelt hat, sagen sie, die Spanier oder Viracochas wollten schon so klug seyn als sie selbst. Die Indianer in Luisiana und in allen dortigen Gegenden halten sich für überzeugt, daß die Europäer ihnen am Verstande nie gleich kommen können, weil ihre Absicht beständig dahin geht, ohne bemerkt zu werden, andre zu betrügen, ohne selbst jemals betrogen zu werden. Sie sind also sehr empfindlich, und verzeihen niemals die Beleidigung, wenn man das, was man ihnen versprochen hat, nicht hält. Allein sie kennen keine Treue und Glauben, und brechen ihr Wort bey den dringendsten Vorfällen, und entschuldigen sich hernach mit allerhand erdachten Ausflüchten. Man bewirbt sich um Frieden mit ihnen, um sich vor ihren Streifereyen und Ueberfällen zu sichern; sie bewerben sich

sich nie darum; sie sind furchtbar wegen der Kühnheit
und List, mit der sie andre überfallen; sie sind despo=
tisch, und keiner erkennt sich dem andern unterworfen;
damit sie keine Räubereyen und Morde begehen sollen,
gewinnt man sie durch Geschenke, sie hingegen machen
nie Geschenke; hieraus ziehen sie nun den Schluß für
sich, daß sie geschickter, klüger und listiger sind, als die=
jenigen, die sich um Frieden bey ihnen bewerben, die sie
fürchten, und die sie durch Geschenke zu gewinnen su=
chen. Lügen und Betrug sind ihnen so angeboren, als
die Neigung zum Trunke; sie schämen sich auch im ge=
ringsten nicht, wenn ihre Betrügereyen entdeckt werden,
und suchen sich gegen die Beschuldigung zu vertheidigen,
wenn sie auch gleich ihren Endzweck nicht erreichen kön=
nen. Auf so falschen Grundsätzen und einem so schwa=
chen Grunde beruhet die Einbildung, die diese Indianer
sich von ihren Vorzügen und ihrer Ueberlegenheit
machen.

Wenn die in Freyheit lebenden mit europäischen
Nationen Unterhandlungen pflegen, halten sie Reden,
die nach ihrer Meynung sehr prächtig und erhaben sind,
allein ohne allen Zusammenhang und ohne Ordnung;
sie reden in lauter Figuren und Gleichnissen, die meh=
rentheils von der Sonne, ihrem Lichte, ihrer Wärme
und ihrem Laufe hergenommen sind, und diese begleiten
sie mit sehr expressiven Bewegungen und Geberden.
Sie sind in ihren Reden sehr weitschweifig, wiederho=
len eine Sache vielmal, und würden einen ganzen Tag
fort reden, ohne mehr zu sagen, als was sie gleich vom
Anfange gesagt haben, wenn man sich nicht bemühte,
sie zu unterbrechen. Sie überdenken das, was sie sa=
gen wollen, sehr lange, und am Ende bringen sie doch
nichts mehr hervor, als was ihnen am geschicktesten
scheint, andere zu bewegen, ihnen das, was sie verlangen,
zu geben. In dieser nach ihrer Meynung so erhabnen

II Theil.   J   Beredt=

Beredtsamkeit suchen sie ihre Wissenschaft und die Geschicklichkeit, worinnen sie alle Europäer, mit denen sie zu thun haben, zu übertreffen glauben, indem sie sich einbilden, daß sie durch ihre große und mächtige Beredtsamkeit sie vermögen, ihnen das, was sie verlangen, zu gewähren. Die unterwürfigen Indianer sind in ihren Reden ebenfalls weitschweifig, ermüdend und äußerst beschwerlichfallend; es ist kein Aufhören bey ihnen, so daß sie den andern hierinnen vollkommen gleichen; und wenn ihre Sprache nicht verschieden wäre, so würde man glauben, einen peruanischen Indianer in Nordamerica, und eben so wieder umgekehrt, reden zu hören.

Neunzehnter Abschnitt.

Von der Religion der Indianer; ihren Begräbnissen; ihrer Abnahme; und von den Casten oder Geschlechtern der Mestizen.

Die Indianer in Südamerica, welche unter der Herrschaft der Incas standen, erwiesen der Sonne eine Verehrung, der sie verschiedene Tempel erbaueten, wovon noch jetzt die Ueberbleibsel vorhanden sind. Von denen, welche nicht unter dieser Herrschaft gestanden haben, und die bis zu gegenwärtigen Zeiten wild, ohne Unterwürfigkeit, und ohne alle Spuren von Cultur sind, weiß man nicht; daß sie die Sonne, oder irgend ein anderes bestimmtes Wesen verehren. Sie sind von Natur abergläubig, und nach den verschiednen Gelegenheiten, die sich ihnen zufälliger Weise darbieten, pflegen sie den verächtlichsten Gegenständen, die ihnen vorkommen, eine Ehrerbietung zu bezeugen, ob sie gleich nicht so weit gehen,

gehen, ihnen eine förmliche Verehrung oder Anbetung zu erweisen. Eben dieses bemerkt man bey den verschiedenen indianischen Völkerschaften in Nordamerica, welche die dortigen weitschichtigen Landstriche bewohnen. Verschiedene Franzosen haben zehn bis zwölf Jahre unter ihnen gelebt, um ihre Sprache zu erlernen; den Nachrichten, die sie uns gegeben haben, zufolge, finden sich unter ihnen nicht die geringsten Spuren von Religionsgebräuchen, oder etwas, das nur einigermaßen einer Religion ähnlich wäre; sie versichern, daß sie keine Begriffe bey ihnen entdeckt haben, woraus man schließen könnte, daß sie einige Kenntniß von einem höchsten Wesen oder Vorstellungen hätten, daß sie von einem Schöpfer, der alles erschaffen, abhiengen; daß für sie alle Zeiten und Tage ohne Unterschied und gleich wären; daß man kein Gebet, Opfer, noch irgend eine Art von Anbetung antrifft, und da sie, wie vorher bemerkt worden, abergläubig sind, ohne jedoch die verschiedenen Vorfälle einem höchsten Willen zuzuschreiben, läßt sich schließen, daß sie keinem andern Gesetze, als ihrem eignen Willen unterworfen sind, und daß sie auch nicht einmal die Gesetze der Natur auf eine gehörige Weise erkennen oder beobachten.

Diese freye Lebensart ohne Vorschriften und Gesetze gegen die Gewalt der Leidenschaften, und ohne Zügel, die Triebe des Lasters zu zähmen, hat vielen Europäern, die in diesen Ländern sich niedergelassen haben, großen Nachtheil gebracht; denn durch diese bösen Beyspiele verführt, haben sie sich eben einer solchen Lebensart ergeben, nicht allein in Ansehung der Religion, sondern auch in Betracht der Sitten. Sie leben einzeln auf dem Lande mit ihren Sklaven oder Gesinde, und denken gar nicht daran, dem Schöpfer, dem wir unser Daseyn, und alles, was wir haben, schuldig sind, den schuldigen

Tribut zu entrichten, welchen wir ihm aus Dankbarkeit und Pflicht darzubringen schuldig sind.

Die cultivirten Indianer in Peru erkannten schon zu den Zeiten der Incas ein höchstes Wesen, von dem alles herkömmt; und obgleich ihre Tempel der Sonne geheiligt waren, und sie diese verehrten, hatten sie dennoch auch einige Begriffe, daß es noch ein höheres und mächtigeres Wesen gebe, welches nicht nöthig hätte, beständig im Laufe zu seyn, um allen Dingen das Daseyn und Leben zu geben. Sie brachten der Sonne ihre Opfer und Gaben, als einer Gottheit, die sich den Sinnen vorzüglich zeigte, und schrieben ihr die Wohlthaten zu, die die Erde von ihrer Wärme und ihrem Lichte erhält; und dieß war eine Lehre, die ihnen ihre Beherrscher mitgetheilt hatten, welche aber andre weniger cultivirte indianische Nationen nie erhalten haben.

Die unterwürfigen Indianer in Peru haben gewisse ihnen allein bekannte Oerter, gemeiniglich oben auf den Bergen, welche sie Mochaderos nennen. Man giebt insgemein vor, daß sie daselbst zusammenkommen und Abgötterey treiben; und man sagt daher, daß sie den Teufel anrufen, und öftere und lange Unterredungen mit ihm haben. An diesen Orten sieht man kleine Haufen von zusammengetragnen und aufeinander gelegten Steinen, welche die Indianer an den Wegen, wo man gehet, aufrichten, indem jeder von denen, welche zusammen kommen, einen Stein in der Hand hat, und ihn auf seinen Haufen legt, und durch diese Art von Aberglauben gleichsam ein Opfer darbringen. In alten Zeiten thaten eben dieses die Heiden ihrem Gott Mercurius zu Ehren, der gemeiniglich an den Kreuzwegen stand. Das Wort Mochadero kann vielleicht von Muchar, welches küssen bedeutet, herkommen.

Alle Nationen der Erde haben die Gewohnheit gehabt, die Leichname der Verstorbenen zu ehren; und hierinnen

innen haben ihnen auch die Indianer nachgeahmt, wie man in den Huacas oder Guacas sieht, wo sie dieselben begruben; woraus man auch zugleich noch dieses sehen kann, daß sie hierzu gewisse bestimmte Oerter hatten. In Luisiana findet man dergleichen, die denen im Königreiche Quito und in Peru vollkommen ähnlich sind. Zwey derselben stehen ungefähr hundert Meilen oberhalb Neuorleans auf dem Wege, wo man aus dem Lande der Opeluzas ins Land der Natchitochas geht, in einer Pflanzung oder Wohnung, die man nach Richard, einem Einwohner der Punta Cortada, benennet. Die Gestalt, die einem ovalen Bogen oder Himmel gleicht, die Größe und die Lage auf einer Ebne, nahe bey den zum Gute gehörigen Hütten, lassen keinen Zweifel übrig, daß es nicht Grabmäler eben so wie jene seyn sollten, an denen man deutlich sehen kann, daß sie sehr vornehmen Indianern errichtet worden; denn um sie aufzuführen, waren viele Menschen nöthig, die Erde aufzugraben, und sie dahin zu bringen, wo ziemlich ansehnliche Berge davon aufgeworfen wurden. Es ist auch etwas besonders, sie hier an diesem Orte zu finden, da bey den indianischen Nationen dieser Gegenden nicht die Gewohnheit war, ihre Todten auf diese Weise zu begraben, und, um ihr Gedächtniß der Nachwelt aufzubehalten, dergleichen Denkmäler aufzuführen.

Was sie in solchen Fällen zu thun pflegen, besteht darinnen, daß sie eine Art von Himmel oder Decke mit zusammengesetztem Rohr machen, und den todten Körper darunter legen.

Diese Art von Gräbern machen sie an einer der äußern Seiten des Wohnplatzes, und geben ihnen eine Höhe von ungefähr zwey Varas von der Erde an; sie sind nicht viel länger als der Leichnam. Diese Tumba steht auf hölzernen Pfeilern, und ist ungefähr eine Vara breit, von dem äußersten Ende der Pfeiler an noch

einmal so hoch. Zu dem Todten legen sie einige Eß=
waaren, als, Aehren von Maiz, und die verschiedenen
daraus zusammengesetzten Speisen. Von außen hän=
gen sie an den Pfeiler, der in der Mitte der Länge der
Tumba steht, zum Kopfe einige Dinge, deren sich der
Verstorbene bey seinem Leben bediente; vornehmlich
aber auch Büschel von Haaren, die nicht geflochten oder
zusammengebunden sind, und die ohne Zweifel von den
beym Tode des Mannes noch lebenden Weibern, zur
Bezeugung ihres Schmerzens über den Verlust, den sie
durch ihn erlitten haben, dahin gehangen werden. Man
bemerkt, daß einer von diesen Haarbüscheln ein ganzer
unten abgeschnittner Haarschopf ist; die andern sind bloß
dünne Haarlocken. Der dickste scheint von seiner letz=
ten Frau aufgehangen zu seyn, und die übrigen von den
andern Weibern, die er abgedankt hatte; und man sieht
daher nicht mehr als zwey oder drey von diesen dünnern
Haarlocken. Anfänglich müssen die todten Körper ei=
nen sehr üblen Gestank, der durch die Zwischenräume
des Rohres durchbringt, verbreiten, wenn sie nicht, um
ihn zu mäßigen, sie mit Fichten= oder Cypressenharz ein=
balsamiren. Man weiß nicht zuverläßig, was sie mit
den Knochen anfangen, die, nachdem die übrigen Theile
verweset sind, zurückbleiben; es ist aber wahrscheinlich,
daß sie sie verbrennen, um sie nicht auf der Erde herum
liegen zu lassen.

Man sieht hieraus, daß sie die seit den entferntesten
Zeiten bey allen Völkern übliche Gewohnheit beobach=
ten, welche den todten Körpern ihrer Aeltern oder Ver=
wandten eine gewisse Ehrerbietung erwiesen, um zu ver=
wehren, damit sie weder von den Thieren oder von der
Erde verzehrt werden möchten, und sie nicht begruben,
wie man bey verschiedenen der ältesten Völker bemerkt.
Die Aegyptier bewahrten sie gegen die Verwesung durch
Specereyen und Harze, und umwickelten sie mit einer

Menge

Menge von Binden, und alsbenn setzten sie sie in die zu ihrer Erhaltung eingerichteten Gräber. Daraus, daß sie Speisen neben sie setzen, kann man abnehmen, man mag die Absicht erklären wie man will, daß sie glauben, daß der Geist mit dem Körper nicht untergehe, und daß sie einige Begriffe von der Unsterblichkeit der Seele haben; denn sonst würde die Gewohnheit, ihnen dergleichen Sachen mitzugeben, gar keinen Endzweck haben. Auf was für Art sie sich dieses vorstellen, läßt sich nicht leicht bestimmen, indem sie in ihren Erklärungen hierüber sehr eingeschränkt und verwirrt sind.

In einigen Gegenden des hohen Landstrichs in Peru, besonders in den bewohnten Oertern, die in den Thälern de las Capillas und in den zunächst daran gränzenden liegen, findet man eine andre Art von Begräbnißörtern, die von denen in Luisiana ganz verschieden sind. Diese befinden sich in den Häusern oder Hütten selbst, und eine jede derselben hatte ihr eignes Begräbniß gleichsam als ein Pantheon. Hiezu bestimmten sie eines von den Gemächern oder Abtheilungen, dessen Größe nach dem Willen oder Absichten des Herrn verschieden, doch mehrentheils vier bis sechs Varas ins Gevierte war. In einer Ecke befand sich in der Erde das Begräbniß, welches drey Varas lang, zwey breit und anderthalb bis zwey Varas tief, und von ovaler Form war. Die Wände dieser Begräbnisse, die noch vorhanden sind, waren von Steinen und Lehm gemauert; die Decke darüber machten sie aus unbehauenen Stämmen von Bäumen, die statt der Balken dienten, und darüber legten sie noch Rohr und Erde, so daß ein fester und gleicher Boden daraus entstand, der dem Grabmale zum Deckel diente. Dieses Gemach scheint zu keinem andern Gebrauche bestimmt gewesen zu seyn. Die Thüre, wodurch man hineingeht, ist nur drey Viertel hoch, und zwey Drittel einer Vara breit, so daß wegen dieser

Enge und Niedrigkeit sehr beschwerlich hinein und heraus zu kommen ist; und obgleich die Thüren in ihren Häusern oder Hütten durchgängig klein sind, sind sie doch eine Vara hoch, und eine halbe bis drey Drittel einer Vara breit. Im Innern derselben sieht man verschiedene Nichen oder Arten von Wandschränken, die denen vollkommen ähnlich sind, deren wir bey den Hütten der Indianer in Luisiana gedacht haben, und die auch in Peru durchgängig gewöhnlich sind: allein in den Gemächern, die zu den Gräbern bestimmt sind, und wo sie nicht nöthig seyn würden, pflegen sich keine zu befinden.

Die Anzahl der Schädel, die man in diesen Gräbern antrifft, ist sehr beträchtlich, und beläuft sich in einem jeden derselben auf ungefähr dreyßig bis vierzig; einige sind von Erwachsenen, andere von jungen Personen; auch trifft man hier die übrigen Gerippe an. Aus dieser Menge von Schädeln kann man das Alter dieser Flecken und Dörfer wahrscheinlich vermuthen: denn jedes verheirathete Paar hatte seine eigne Hütte, und in jeder derselben war ein Begräbniß. Wenn man annimmt, daß jede Familie aus sechs Personen bestand, und von diesen in jedem Zeitraume von fünfund zwanzig Jahren vier starben, kommen 250 Jahr heraus, und so alt würden diese Flecken vor der Zeit der Eroberung von America gewesen seyn.

Wie bekannt ist, haben dreyzehn Incas, bis auf den letzten Huascar, unter welchem ihr Reich ein Ende nahm, in Peru regiert. Wenn man diesen letztern wegläßt, so kommen von den 250 Jahren auf jeden der übrigen zwölfe, eins ins andre gerechnet, ein und zwanzig Jahre der Regierung für einen Jeden heraus, welches eine etwas kurze Zeit ist; allein man muß annehmen, daß diese Indianer, die diese Flecken bewohnten, nicht sogleich unter dem ersten Inca civilisirt worden, und daß

daß ihre Begräbnisse und Wohnplätze erst ihre förmliche Gestalt und Einrichtung bekommen haben, nachdem sie von ihnen Gesetze und Unterricht erhalten hatten.

In den Gräbern findet man auch ihre gewöhnlichen Kleidungsstücke, welche weiß, von Baumwolle, und eben so, wie sie sie jetzt verfertigen, gewebt und mit einigen Zierrathen von verschiedenen Farben versehen waren; allein sie sind so von der Länge der Zeit verzehrt, daß, sobald man sie anrührt, sie wie Zunder zerfallen. Man trifft auch Wolle von den Alpacas an, und da man nichts von den Knochen und Gerippen dieser Thiere hier wahrnimmt, vermuthet man, daß man einige Felle derselben zu den todten Körpern legte, welches wahrscheinlich diejenigen waren, auf welchen sie bey ihrem Leben geschlafen hatten. Aus allen diesen Umständen läßt sich die Uebereinstimmung oder Verschiedenheit in Ansehung dessen, was diese durch die dortigen verschiedenen Länder verbreiteten Indianer in Ansehung einiger Gebräuche beobachteten, angeben.

Es ist eine in dortigen Gegenden sehr allgemeine Meynung, daß einige indianische Nationen, welche mehr Entschlossenheit oder Herzhaftigkeit als die übrigen hatten, da sie diese Länder von einem fremden Volke unterjocht sahen, um dem harten Schicksale, sich ihnen zu unterwerfen, als keine Hoffnung zur Rettung ihnen übrig war, zu entgehen, den verzweifelten Entschluß gefaßt haben, sich mit ihren Familien lebendig zu begraben. Wenn dieses wirklich geschehen wäre, und die Indianer dieser Thäler sich durch eine solche Entschlossenheit ausgezeichnet hätten, widerspricht dieses doch nicht der Gewohnheit, ihre Begräbnisse in ihren Häusern zu haben, wie man es an denen noch vorhandenen sieht, und wie die Festigkeit ihrer Bauart deutlich beweiset; überdem sind sie zu keinem andern Gebrauche bestimmt gewesen, und es ist kein einziger bewohnter Ort

Ort in dortigen Gegenden, wo man sie nicht angetroffen hätte. Vielleicht konnte der Umstand, daß sie diese Oerter, wohin sie sich begraben konnten, so nahe bey der Hand hatten, sie diesen barbarischen Entschluß zu fassen bewegen. In diesem Falle mußten in jedem Flecken oder Dorfe einige zurückbleiben, die diese unterirdische Begräbnißstellen zumachten, und die Erde darauf warfen, um den Boden in diesen Hütten wieder so gleich und eben zu machen, wie man sie jetzt antrifft.

Die nördlichen Indianer bedienen sich des Calumo' oder Calumet, welches eine Tabakspfeife ist, daran das Rohr ungefähr eine Vara lang ist, und aus einer und derselben Pfeife rauchen alle, die sich in der Gesellschaft befinden. Diese Pfeife dient bey ihnen zu einer Art von Höflichkeitsbezeugung, ungefähr wie unter den Europäern die Gesundheiten beym Weintrinken. Tabak wird hier sehr mäßig gebraucht. Unter den Indianern in Peru, vornehmlich im hohen Landstriche, hat man noch nicht bemerkt, daß er eingeführt ist; im niedrigen Lande nur in wenigen Gegenden und nicht durchgängig.

Es ist indessen merkwürdig, daß, da dieses Kraut ein diesen Gegenden eigenthümliches Product ist, der Gebrauch desselben unter den Eingebornen weder allgemein, noch sehr häufig zu bemerken, und hingegen in Europa so gemein und so nothwendig geworden ist, daß er jetzt wegen der großen Consumtion einen der reichsten und sichersten Zweige der Einkünfte der Fürsten ausmacht. Die Indianer pflegen denselben nur bloß zu rauchen: allein in Europa wird er geraucht, geschnupft und gekauet, welches alles macht, daß er, wie jedem bekannt ist, so theuer geworden.

Die Indianer in Nordamerica rauchen den Tabak aus den gedachten langen Pfeifen; diese sind mit Zierrathen von verschiedenen Farben geputzt, und mit vielerley

ley Federn behangen; eben diese Mode herrscht auch
bey den Morgenländern, welche, den Personen, die sie
besuchen, eine Ehre zu erweisen, ihnen eine Pfeife Ta=
bak und Coffee, oder andere Getränke vorsetzen. Auf
diese Art stimmen mehrere Nationen in weit von einan=
der entfernten Welttheilen in ihren Gebräuchen mit ein=
ander überein, ohne jemals einige Gemeinschaft mit ein=
ander gehabt zu haben. Dieses läßt den Schluß ma=
chen, daß sowohl der Gebrauch als die Art desselben zu
einer und derselben Zeit entstanden sind. Die Pfeifen=
köpfe, wo der Tabak hineingethan wird, gleichen auch
denen in Europa gewöhnlichen nicht, sondern unterschei=
den sich davon sowohl in Ansehung ihrer Figur, so wie
die Pfeifen auch in Betracht des Rohres davon verschie=
den sind.

Man kann nicht annehmen, daß die Europäer den
Gebrauch des Rauchtabaks aus America erhalten ha=
ben: denn da er in den Morgenländern sehr alt ist,
mußte er ganz natürlicher Weise von da aus bekannt
werden, seitdem mit diesen Gegenden von dem mittel=
ländischen Meere aus Handel getrieben wurde, welchen
die Venetianer vorher, ehe die Portugiesen im Jahre
1487 den Weg um das Vorgebirge der guten Hoff=
nung entdeckten, schon führten. Allein seit der Entde=
ckung von America ist außer allen Zweifel der Gebrauch
desselben so allgemein geworden, wie man ihn jetzt be=
merkt, und auch von der Zeit an hat man angefangen,
sich desselben auf so mancherley Weise zu bedienen.

So ist diese Mode und der Gebrauch der Chocola=
te aus dem Occident nach dem Orient übergegangen, und
die Bedürfnisse des Lebens sind dadurch so sehr verviel=
fältigt worden.

Es ist eine bekannte Wahrheit, daß die Anzahl der
Indianer in allen Gegenden von America sehr beträcht=
lich abnimmt, es sey nun, daß dieses von den fürchterli=
chen

chen Verheerungen herrührt, welche die Blattern unter ihnen anrichten, oder von dem Gebrauch der starken Getränke und ihrer unaufhaltbaren Unmäßigkeit, oder auch von dem Verdrusse, sich fremden Nationen unterworfen zu sehen, oder endlich von andern weniger in die Augen fallenden Ursachen, obgleich die angeführten schon hinlänglich seyn können.

Auf den Inseln Cuba, Santo Domingo, Jamaica, und den übrigen dortigen Gegenden hat es hierinnen eben die Bewandtniß, als mit dem Golde und Silber, in Ansehung dessen man zweifeln kann, ob dergleichen vor der Entdeckung derselben dort vorhanden gewesen, oder wenigstens, in Betracht der geringen Spuren davon, ob es in großem Ueberflusse gefunden worden. Auf der Insel de la Puna, welche an der Mündung des Flusses Guayaquil liegt, eben so, wie auf allen Inseln an der Küste von Panama', sind die Indianer ausgegangen. Ein Gleiches bemerkt man an den verschiedenen Flecken und Dörfern, die am Ende des niedrigen Landes von Peru, da man in das hohe hinaufzusteigen anfängt, in den Thälern de las Capillas, el Tabara, Luna Guana, und verschiedenen andern Gegenden gestanden haben. Die noch vorhandenen Ueberbleibsel von so vielen, die zu den Zeiten des Heidenthums gewesen sind, geben deutlich zu erkennen, wie sehr bevölkert sie von Indianern gewesen sind; denn fast jede Viertel = oder halbe Meile trifft man eines an mit den Häusern und nach allen Richtungen laufenden Strassen, und wo nichts als die Dächer fehlen, und die jetzt ganz öde und unbewohnt sind. Die an die europäischen Colonien in Luisiana gränzenden indianischen Nationen, so wie auch die in den Gegenden der englischen Colonien, haben sich, wie man offenbar sieht, so beträchtlich verringert, daß eine jede derselben jetzt aus ungefähr zwölf bis funfzehn Familien besteht, da sie hingegen

gegen zu der Zeit, als die Europäer sich daselbst niederließen, sehr zahlreich waren. Man sieht sehr merklich, daß sie in einer Zeit von wenigen Jahren immer mehr und mehr abnehmen, und kann daraus schließen, daß sie in kurzer Zeit eben so, wie die vorhin daselbst befindlich gewesenen, gänzlich ausgehen werden. In dem hohen Landstriche von Peru nehmen sie nicht so beträchtlich ab, ob man gleich sieht, daß ihrer immer weniger werden, insbesondre in den Hauptdörfern des Partido oder Districts, wo die Curacas ihren Sitz hatten.

So wie die Race der Indianer in diesen Ländern untergeht, so vermehren sich hingegen die Europäer und die Casten oder Geschlechter, welche von den Afrikanern abstammen. Indessen erhalten sich die Neger in der ersten Generation in Betracht der großen Menge der daselbst eingeführten nicht genug, welches ohne Zweifel eben so, wie bey den Indianern, von dem Zwange herrührt, der ihnen durch die vielen Arbeiten auferlegt wird, und der der müßigen und freyen Lebensart, der sie in ihrem Lande gewohnt waren, gerade entgegen ist. Es scheint gewissermaßen, daß die vornehmste Bemühung und das Hauptgeschäffte der Menschen darauf gerichtet ist, die Einwohner der beyden Theile der alten Welt zur Bevölkerung der neuen überzuführen, so wie sie dagegen die Producte dieser letztern, insbesondre Silber und Gold, aus derselben herausholen. Wenn man daher erwägt, wie sehr diese Länder in den nächsten drey Jahrhunderten nach ihrer Entdeckung und Eroberung sich verändert haben, kann man sicher annehmen, daß nach Verlauf eben so vieler folgenden sehr wenig Ueberbleibsel von civilisirten Indianern übrig seyn werden, und daß diese Länder durch die Vermischung der europäischen, afrikanischen und indianischen Geschlechter von einer gänzlich gemischten Race werden bevölkert werden, die von allen etwas hat, ohne doch einer der

ursprüng=

ursprünglichen vollkommen zu gleichen. Dieser Welttheil, der in der That für die Völker, die ihn nicht kannten, eine neue Welt war, wird es auch durch seine Bevölkerer in Rücksicht auf die übrigen Welttheile werden.

Die Einwohner der Städte und Dörfer in Peru bestehen mehrentheils aus Mestizen, welche von Weißen und Indianern erzeugt werden, und woraus verschiedene Abstufungen anderer Racen entstehen. In dem niedrigen Lande von Peru ist die Race der Zambos, welche aus der Vermischung der Indianer mit Negern entsteht, ziemlich zahlreich; im hohen Lande giebt es wenige von derselben, weil das Klima wegen seiner großen Kälte nicht verstattet, daß viele schwarze Sklaven dahin kommen können. Die Mestizen werden gemeiniglich von Indianerinnen und weißen Mannspersonen außer der Ehe erzeugt, oder auch von Mestizos; allein diejenigen, welche von Indianern mit weißen Frauenzimmern erzeugt werden, sind sehr selten. Denn so wie die erstere Gattung vor diesen ein schätzbares Vorrecht des Standes genießt, so ist die zwote verächtlich und schimpflich, und dieser Unterschied zeigt sich bey beyden auf eine merkliche Art: denn die von Weißen und Indianerinnen Erzeugten sind von Erlegung irgend eines Tributs befreyt; dahingegen die, welche von Indianern und weißen Weibspersonen abstammen, in dem Stande ihrer Väter verbleiben. Diese Befreyung begünstigt die Fortpflanzung der vermischten Geschlechter, und ist eine der Ursachen, daß die Racen der sogenannten Mixtos (Vermischten) immer mehr und mehr zunehmen, und hingegen das Geschlecht der ursprünglichen und ungemischten Indianer stets abnimmt; denn es geschieht sehr selten, und wird für verächtlich und der Ehe nachtheilig gehalten, wenn sich Mestizinnen mit

Indiа-

Indianern, oder Mestizen mit Indianerinnen in Verbindungen einlassen.

Gleiche Bewandtniß hat es auch mit der Race der Zambos, obgleich die Befreyung von Abgaben der erstern Generation seltner gegeben wird; ungeachtet diese Race in Ansehung der Gesichtsfarbe den Mulatten gleicht, ist es doch nicht sehr gewöhnlich, daß sie den Abgaben unterworfen sind, und in der zweyten Generation sind sie jederzeit davon befreyet, weil sie sich alsdann auch nicht mit den Indianern vermischen. Die Folge hiervon ist, daß die Geschlechter, welche von Indianerinnen abstammen, sehr zahlreich sind, so wie dagegen die reinen unvermischten Indianer immer mehr und mehr abnehmen, welche doch in Rücksicht auf alle Arten von Arbeiten in diesen Königreichen so wichtig und unentbehrlich sind, daß man alle nur ersinnliche Mittel anwenden müßte, sie wenigstens zu erhalten, wenn es auch nicht möglich wäre, den Anwachs derselben zu befördern. Dieß ist auch einer der vornehmsten politischen Grundsätze der Regierung gewesen; allein die Erfahrung hat gezeigt, daß die in dieser Absicht getroffnen Anstalten nicht hinlänglich sind, und daß es nöthig wäre, Verordnungen zu geben, daß die Arbeiten beym Landbaue, in den Bergwerken, in den Manufakturen und Fabriken, desgleichen alle Handwerke, ohne Unterschied von weißen Leuten, so wie von Indianern verrichtet und getrieben würden, wobey keine Ausnahme noch Vorzug gelten dürfte. Hierdurch würde diese so heilsame Einrichtung eingeführt werden, und wenn man es so weit gebracht hätte, würde das Geschlecht der Indianer nicht mehr so merklich abnehmen. Nur allein in den Ländern, welche den Spaniern gehören, betrachten die Weißen diese Arten von Arbeiten und Beschäftigungen mit Verachtung, dahingegen in den Colonien anderer Nationen, und in den englischen Pflanzungen

von

von Nordamerica die Europäer ohne irgend einen Unterschied diese Arbeiten eben so, wie in Europa, verrichten; und eben hierdurch sind sie so bevölkert, die Länder angebauet, und in Ansehung ihrer Producte so einträglich und reich geworden.

Es würde auch nicht schwer seyn, dieses zu bewirken, wenn die Regierung, die zu Erreichung dieses Endzwecks nöthigen und dienlichen Verordnungen gäbe, und über die Beobachtung derselben sorgfältig wachte. Ohne daß die zur Regierung und Verwaltung dieser Provinzen gegebenen weisen und gerechten Gesetze hierdurch einige Veränderung litten, würde man außerdem noch den Vortheil erreichen, daß die Menge von Landstreichern und müßigen Leuten, von welchen diese Länder wimmeln, ausgerottet, und auf irgend einige Art nützlich zu werden genöthigt würde. Diese weisen Anstalten würden nicht wenig zur Beförderung und Unterstützung des Bergbaues beytragen: denn es würden sich alsdenn mehrere finden, die sich mit allen dabey nöthigen Arbeiten und Handthierungen beschäftigten, und welche sich in ordentlichen Familien niederließen. Dieß ist eine Maxime, welche andere Nationen beobachtet haben, ihre Colonien zu bevölkern, und sie so reich und blühend, als sie jetzt sind, zu machen.

Zwanzigster Abschnitt.

Nachrichten von den Alterthümern der Indianer, und den noch davon vorhandenen Ueberbleibseln.

Die Denkmäler der Indianer in Peru aus den Zeiten vor ihrer Eroberung, erhalten sich in ihren Städten und Flecken, den Gebäuden und deren Mauern, in den Guacas oder Begräbnissen, desgleichen auch in denjenigen Dingen, die zu ihrem Gebrauche dienten, als den verschiedenen Geräthschaften, wie zum Exempel, den kleinen Instrumenten, womit sie ihre Arbeiten verfertigten, und in den verschiedenen Arten von Götzenbildern, die bey ihnen als Anhängsel oder Amulete gebräuchlich waren; da man hingegen bey denen, welche noch in Freyheit leben, sowohl in diesen Gegenden als auch in Nordamerica, keine Spuren bemerkt, daß sie Figuren von Menschen oder Thieren zu irgend einem Gebrauche oder Absicht verfertigt haben. Diese alten Denkmäler von denen, welche unter der Herrschaft der Incas gestanden haben, geben einen großen Begriff von diesen Völkern, und von dem Grade der Civilisation, welchen sie erreicht hatten. Sie unterscheiden sich von denen, die es nicht waren, durch einen Grad von Cultur, bey welchem sie sich zwar nicht von den dieser Race eigenthümlichen Neigungen entfernten, woran man aber doch deutlich den Abstand bemerken kann, der sich zwischen dem der Barbaren, Trägheit und dem Müßiggange überlassenen Menschen, und demjenigen findet, der unter den Gesetzen eines aufgeklärten Beherrschers lebt, und durch dessen Unterricht vernünftig wird und Kenntnisse erhält.

II Theil.   K   Die

Die civilisirten Indianer in Peru hatten regelmäßig gebaute Wohnörter, noch ehe sie von den Incas unterjocht wurden, und hatten sie nach der bey ihnen gewöhnlichen Art von Bequemlichkeit eingerichtet; sie kannten also diese Art von Vorzügen, in Rücksicht anderer Nationen von eben dieser Race, die noch jetzt ohne dergleichen Ordnung und Regelmäßigkeit sich behelfen, und sich bloß auf das, was unumgänglich nothwendig und unentbehrlich ist, einschränken. Diese größere Regelmäßigkeit und Genauigkeit widerspricht nicht demjenigen, was im vorigen Abschnitte von ihren Eigenschaften und Neigungen, besonders von ihrem Hange zur Faulheit ist angemerkt worden: denn der natürliche Charakter von einerley Gattung von Menschen kann doch verschieden seyn, in Ansehung der größern oder geringern Vollkommenheit, die sie den Dingen, die zum nothwendigsten Gebrauche gehören, zu geben pflegen; eben so, wie man unter den unvernünftigen Thieren einige sieht, die mit mehrerm Instincte oder Richtigkeit, nach unserer Art zu urtheilen, ihre Nester bauen, ihre Lager sich bereiten, und die Oerter wählen, wo sie ihren Aufenthalt und Zuflucht nehmen.

In Peru haben sich ziemlich viele Ueberbleibsel von den Palästen der Incas erhalten, die weit regelmäßiger und dauerhafter als die Gebäude der rohen uncultivirten Indianer sind, oder besser zu sagen, als die, welche die Nationen, ehe sie von den Incas überwunden wurden, verfertigten. Man bemerkt dabey, daß unter den Dingen, worinnen sie weiter gekommen waren, als sie nach ordentlichen Regeln arbeiteten, auch dieses war, daß sie ihre Gebäude mit einer gewissen Art von Pracht aufführten. Man kann daher die Wohnungen der Indianer in drey Classen eintheilen. Die ersten waren diejenigen, welche in den ältesten Zeiten die Nothdurft zu bauen lehrte, die in Hütten von einer runden

den Gestalt bestanden, so wie die, welche in den vorher=
gehenden Abschnitten beschrieben worden, und wie man
sie noch gewöhnlich unter den gemeinen Indianern, und
auf den Punas, so wie auch bey den wilden uncultivir=
ten Indianern in Nordamerica antrifft. Die zweyte
Classe ist die, welche man in den alten Flecken und Dör=
fern in Peru sieht; und endlich die dritte Gattung,
welche nach den von den Incas angegebenen Regeln
und Einrichtungen gebauet worden. Alle haben eine
gewisse Art von Aehnlichkeit mit einander in Ansehung
einiger Theile derselben, ob sie gleich in der Figur des
ganzen Gebäudes, in der Höhe und in den innern Ein=
theilungen und Einrichtungen von einander verschieden
sind. Die von der erstern Art bedürfen keiner Be=
schreibung weiter, als die vorhin gegeben worden. Sie
sind nach der allgemeinen Methode gebauet, die alle
Nationen in allen Theilen der Welt, welche sich noch in
ihrer ersten Rohigkeit befinden, zu beobachten pflegen.

Die Ueberbleibsel und Spuren von alten bewohn=
ten Oertern sind in Peru sehr gemein, und finden sich
in allen Provinzen dieses Landes, woraus man sich die
große Anzahl derselben vor der Eroberung vorstellen
kann. Unter den verschiedenen Gegenden, welche die=
ses beweisen, sind, wie es scheint, die Thäler de las Ca=
pillas, oder wie sie eigentlich heißen, Guanquina,
Guanca=Conachi und Topara, am bewohntesten
und volkreichsten gewesen. In der Strecke von der
Gegend, die jetzt Capillas heißt, bis nach Topara,
welche vier bis fünf Meilen beträgt, und zwar auf dem
Wege nach dem Gebirge, sieht man auf beyden Seiten
Spuren von funfzig bis zwanzig bewohnten Oertern,
die ehedem daselbst gestanden haben. Wenn man auf
der entgegengesetzten Seite, welche nach der See zu liegt,
in eben dieser Richtung und Weite gehet, steht in diesen
Gegenden heut zu Tage kein einziger bewohnter Ort

mehr,

mehr, sondern nur hier und da eine Hütte oder Rancho, welche von Mulatten oder Mestizen bewohnt werden, und die von Rohr gebauet, und von einander entfernt sind.

Die bewohnten Oerter standen gemeiniglich an den Abhängen der Berge, zwischen welchen diese Thäler liegen. Obgleich diese letztern sehr weitläuftig sind, baueten sie doch nicht daselbst ihre Wohnplätze, sondern wählten vielmehr die hohen Oerter, welche eine weite Aussicht hatten: und vielleicht thaten sie es in dieser Rücksicht; vielleicht auch deswegen, damit, wenn sie von andern, mit denen sie Krieg führten, angegriffen würden, sie sie desto leichter zurückschlagen könnten, und nicht der Gefahr, überfallen zu werden, ausgesetzt seyn möchten. Sie hatten auch ohne Zweifel die Absicht hierbey, ihre Wohnplätze freyer und luftiger zu machen, und sie von den Dünsten, welche aus den Ebnen, welche die Flüße durchströmen, aufsteigen, zu befreyen. Dieses waren die Gegenden, wo sie ihre Feldfrüchte bauten, weswegen sie weniger gesund als die andern waren, die hoch lagen.

Diese bewohnten Oerter waren von verschiedener Größe. Gewöhnlich bemerkt man, daß einige dreyhundert, andere bis auf sechshundert Schritte lang waren, und dieses waren die größten, welche nach der Richtung der Thäler erbauet waren. Ihre Breite betrug ungefähr achtzig bis hundert Schritte. Diesen Raum nahmen die Häuser oder Hütten ein. In einer Entfernung davon und ganz einzeln nach der hohen Seite des Berges zu sieht man, zwar nicht bey allen, doch bey den größten, die Rudera von den Festungen, welche wahrscheinlich von den Incas erst nach der Zeit angelegt worden, nachdem sie diese Nationen sich unterwürfig gemacht hatten, sowohl weil sie so hoch liegen, als auch wegen ihrer Bauart, welche denen, die auf Befehl dieser

Beherr=

Beherrscher gebauet worden, vollkommen ähnlich ist.
Sie bestehen aus drey Mauren mit ihren Esplanaden,
die stufenweise eine über der andern stehen, nach derjenigen Höhe, welche das Terrain des Berges von unten nach oben zu hat. Diese Mauern richten sich nach
den Ungleichheiten der Außenseite des Berges, und unten ist eine jede, wie man noch erkennen kann, mit einem
Graben umgeben gewesen.

Welches die eigentliche innre Einrichtung der Häuser
ist, läßt sich jetzt, da sie durch die Länge der Zeit so sehr verfallen sind, nicht so ganz genau mehr erkennen. Indessen sieht man doch noch deutlich, daß sie aus drey bis
vier bewohnbaren Zimmern oder Abtheilungen bestanden. Eine derselben war zu den in den Boden gegrabenen Grabstellen bestimmt, in welchen sie ihre Todten
beysetzten. Die Thüren zum Eingange sind klein und
enge, ungefähr eine Vara oder etwas drüber hoch, und
zwey Drittel einer Vara breit; und dieses war die einzige
Oeffnung, wodurch Luft und Licht hineinkommen konnte, da sie keine Fenster hatten. Inwendig in den Gemächern oder Abtheilungen hatten sie in der Dicke der
Wand einige Nischen oder Vertiefungen angebracht,
welche zwey Drittel einer Vara breit, eine hoch und ein
Viertel tief waren. Gemeiniglich machten sie zwo nebeneinander, die anderthalb oder zwey Varas von einander entfernt waren. Diese Gewohnheit war bey allen indianischen Nationen durchgängig gemein. Denn
in den Wohnungen der Indianer in Luisiana und in
ganz Nordamerica trifft man sie an, und zwar ohne
Verschiedenheit in der Größe, und eben so, daß zwey
auf einer Seite sind, damit sie eben sowohl zur Auszierung des Zimmers, als auch zur Bequemlichkeit dienen
sollen, die wenigen Dinge und Geräthschaften, die sie zu
ihrem Gebrauche haben, hinein zu legen.

K 3 Die

Die Wände sind von Erde oder Lehm über Hürden oder Flechten; allein sie machten diese nicht so, wie sie in Europa gewöhnlich sind. Die ihrigen liefen längst der ganzen Wand hin, und wenn diese außerordentlich lang waren, machten sie sie in zwey oder drey Abtheilungen oder Stücken. Die Tapiales, oder Hürden, sind nicht von gleicher Höhe, sondern in Ansehung derselben sehr verschieden. Ein pflegt drey Fuß hoch zu seyn, und die gleich darüber oder darunter befindliche zwey oder auch nur einen Fuß hoch. Eben so wenig sind sie in ihrer ganzen Länge gleich hoch; an der einen Seite ist sie zwey Fuß oder etwas drüber, und gleich fängt sie an niedriger zu werden, bis sie zuletzt am Ende in einander gehen. Allein diese Ungleichheit wird durch die unmittelbar darüber oder darunter befindliche ersetzt. Die höchsten von diesen Wänden, welche aus vier bis fünf Tapiales bestehen, sind nicht höher als zwey oder drittehalb Varas. Da die Häuser jetzt keine Dächer mehr haben, kann man nicht bestimmen, wie hoch sie im Ganzen gewesen sind. Allein nach den Thüren zu schließen, und nach der allgemeinen Beobachtung, daß keines von den vielen noch vorhandenen größer als das andre ist, kann man annehmen, daß dieses ihre gewöhnliche Höhe ist. Ueber den Mauern erhob sich das Dach, welches nach der Form eines Vierecks oder auch länglichen Vierecks der Häuser, wahrscheinlich verhältnißmäßig, eingerichtet gewesen ist. Die Dicke der Wände beträgt etwas weniger als eine halbe Vara. Indessen ist doch merkwürdig, daß sie sich bey keiner größern Stärke und ohne Dach, so lange Zeit her, als sie seit ihrer Aufbauung gestanden haben, doch noch in dem gegenwärtigen Zustande haben erhalten können.

Diese Gebäude, welche hier von Lehm gebaut waren, wurden in andern Gegenden von Adoves oder unge-

ungebrannten und an der Sonne getrockneten Ziegeln, in andern von rohen Steinen, mit Lehm verbunden, anderwärts von Holz, und in noch andern Gegenden von Schilfrohr gebauet, nach Beschaffenheit der Materialien, die sie bey der Hand hatten, und in Rücksicht auf die Himmelsgegenden, unter welchen jede Nation wohnte.

Eben diese Art von Häusern siehet man auch in dem hohen Landstriche von Peru, wo ordentliche Städte und Dörfer standen. Indessen gab es doch auch hier andere weit einfachere und runde, so wie man sie in entvölkerten Gegenden noch antrifft. Auch in diesen finden sich die in die Erde gegrabnen Grabstellen, allein etwas vollkommner als die in den Thälern sind; denn sie überzogen sie inwendig mit einer so harten und glänzenden Masse, daß sie sehr glatt und gegen alle Feuchtigkeit undurchdringlich, und dadurch für alle das Gewürme und Ungeziefer, die in diesen Gegenden so häufig sind, verwahrt wurden. Man kann sich hieraus vorstellen, wie mühsam sie für die Erhaltung ihrer Leichen besorgt waren.

Unter den großen Gebäuden, in welchen sich die Pracht und der Reichthum der Beherrscher von Peru am deutlichsten zeigt, ist eines der vornehmsten das im Thale von Pachacamac, ein Name, der bey ihnen den höchsten, unsichtbaren, und unbekannten Gott, oder den Schöpfer, bedeutet. Dieses steht bey dem Flecken Lurin, der fünf Meilen von Lima liegt. Gegenwärtig sieht man nur noch die Ruinen davon, und einige Stücken, welche noch stehen. Es hat drey Abtheilungen, nämlich einen Palast, eine Festung, und einen Tempel oder Bethaus (Adoratorio). In allen entdeckt man, so weit es die damalige Rohigkeit verstattete, ein prächtiges und großes Ansehen, woraus

K 4 man

man die Denkungsart der Beherrscher, die sie erbauen ließen, erkennen kann.

Nach der See zu, wo sich das Thal von Pacha=camac endigt, stehen in einer hohen sandigen Gegend die Ueberbleibsel des Palasts, wovon die Mauern von außen noch eine Höhe von vier bis fünf Varas haben; inwendig sind sie nicht so hoch. Man entdeckt darin= nen verschiedene Wohnungen, und wenn er nicht mit ei= ner Einfassung rund herum umgeben wäre, mit der die Mauern der innern Abtheilungen verbunden sind, und keine Straßen haben, würde man, da er mehr als eine halbe Meile im Umfange hat, glauben können, daß es vielmehr eine Stadt als ein Palast wäre. Allein aus den vorhandenen Ruinen sieht man deutlich, daß dieser weitläuftige Raum nichts mehr als nur ein Gebäude einschloß.

Man kann sich von den innern Eintheilungen keinen rechten Begriff machen, weil jetzt alles in großen Hau= fen von Ardoves oder getrockneten Ziegeln über einan= der liegt; diese hatte man aus den Wänden herausge= brochen, in der Absicht, Gräber zu entdecken, und die der Sage nach darinnen verborgenen Schätze heraus= zuholen, welches Unternehmen durch verschiedene Nach= richten von einigen daselbst gefundenen beträchtlichen Reichthümern begünstigt wurde.

Ohngefähr sechshundert Schritte von diesem Pala= ste weiter nach dem Meere zu steht auf einem dem vo= rigen gleichen Sandberge die Festung, die gleichfalls von an der Sonne getrockneten Ziegeln erbauet ist, und drey Mauren hat, die noch breiter als die am Palaste sind, und stufenweise über einander sich erheben, so daß die innere immer über die äußere empor ragt. Jede Mauer hat eine ziemlich breite Esplanade, ist auch hin= länglich hoch, und noch höher als die am Palaste. Der Umfang beträgt eine Viertelmeile, und nimmt den

Gipfel

Gipfel des Bergs, nebst einem Theil des Abhangs rund herum ein. Man kann noch die Gemächer, die darinnen gewesen sind, desgleichen die darinnen befindlichen Nischen in den Wänden, deutlich erkennen. Es scheint, daß dieses die Oerter für die Leibwachen gewesen sind, auf eben die Art, wie in den steinernen Festungen, welche die Incas in andern Gegenden angelegt hatten.

Eine Meile von der Festung, mitten auf dem Abhange eines ziemlich hohen Berges südlich vom Thale, steht der Tempel Pachacamac, dessen äußere Wände fast noch in ihrer ganzen Höhe vorhanden sind. Allein inwendig ist er sehr verfallen und zerstört, weil man ebenfalls daselbst Grabstätte gesucht hat. Von außen bemerkt man eben die Größe als in den andern Gebäuden, denen er auch an Festigkeit und Dauerhaftigkeit gleich kömmt. Wegen seiner Höhe ragt er über die übrigen Gebäude empor, und man kann von demselben die Ebenen dieser Landschaft sehr bequem übersehen.

Hiebey zeigen sich verschiedene Dinge, die angemerkt zu werden verdienen: nämlich die Adoves, aus welchen diese Gebäude verfertigt sind; die Höhe der Stellen, wo sie stehen, die Größe und der Umfang dieser Gebäude, und die Schwierigkeiten, die bey Aufführung derselben zu überwinden waren.

Die Adoves sind in der Größe von den gewöhnlichen verschieden; denn sie sind zwey Drittel einer Vara lang, eine halbe Vara breit, und eine Viertheilvara dicke. Die Erde woraus sie sie machten, mußten sie aus dem Thale herauf holen: denn auf den Bergen, wo die Gebäude stehen, ist nichts als Sand, und sie sind völlig dürre. Sie bestehen aus Erde und Sand; allein ohne gebrannt zu seyn, sind sie dennoch so hart als Steine. Sie halten sich, ohne Risse zu bekommen, sind auch nicht durch die Länge der Zeit aufgelöset worden, ob sie gleich von ihren Stellen abgerissen in Haufen da liegen, und der Nässe der Garuas (rieselnden Regen) ausgesetzt sind. Dieses giebt Anlaß zu glauben, daß sie eine besondere Methode hatten, ihnen die Festigkeit zu geben, daß sie so harte wurden, ohne zu springen oder Risse zu bekommen. Dieses Geheimniß weiß man jetzt nicht mehr: denn diejenigen, welche gegenwärtig gemacht werden, haben diese Festigkeit und Härte nicht, ob sie gleich kleiner sind.

Es ist merkwürdig, daß sie das Thal von Pachacamac, welches sie in der Nähe hatten, und welches wegen des durch dasselbe strömenden Flusses gleiches Namens sehr fruchtbar und annehmlich ist, verließen, und den Palast und den Tempel oder Bethaus in der dürren sandigen Gegend und auf den Bergen aufführten, wo die Augen durch keinen anmuthigen Anblick ergötzt werden. Es scheint aber wohl der Grund hiervon der zu seyn, daß sie ihnen eine so vortheilhafte Lage geben wollten, um gegen alle Ueberfälle gesichert zu seyn, und sie also mehr auf die Sicherheit ihrer Beherrscher, als auf Bequemlichkeit und Vergnügen hiebey ihr Augenmerk richteten. Es kömmt noch hinzu, daß diese Gegenden luftiger und den Krankheiten weniger ausgesetzt sind; denn im Thale ist die Luft, wegen seiner niedrigen Lage, und wegen der feuchten Dünste des Flusses, nicht so rein und gesund, als auf den Höhen, wo die gewöhnlichen Winde stets wehen.

In Ansehung der Größe, die sie diesen Gebäuden gaben, war es unmöglich, weiter zu gehen, wie der weitläuftige Umfang beweist, den die Dicke der äußern Mauern einnimmt, mit denen nichts von allem dem, was man aus dem Alterthume kennt, verglichen werden kann, besonders bey prächtigen Palästen und andern öffentlichen Gebäuden; denn hier übertrifft die Dicke der Mauern noch bey weitem die, welche man in neuern

Zeiten

Zeiten den Mauern bey Festungswerken zu geben pflegt. Die genaue Gleichheit und Ebenheit, mit denen sie gemacht sind, scheint die Absicht zu erkennen zu geben, sie so zu machen, daß sie bis auf die spätesten Zeiten dauern, und dem gewöhnlichen Verfalle widerstehen sollten. Sie würden sich auch gewiß noch viele Jahrhunderte erhalten haben, wenn man nicht aus Begierde, die Reichthümer aufzusuchen, die, wie man glaubte, daselbst vergraben seyn sollten, sie zu zerstören sich bemüht hätte. Auf diese Weise sind sie weit eher zerstört worden, als ihre Erbauer vermuthen konnten, und das Andenken derselben hat sich nur in den noch stehenden Stücken Mauern erhalten, die in ihren Verhältnissen Ungeheuer sind, woraus man aber abnehmen kann, wie diese Paläste und Gebäude in ihren innern Theilen und Einrichtungen ehemals müssen beschaffen gewesen seyn.

Da sie so sehr groß und weitläuftig waren, wurden unzählige Adoves zum Bau derselben erfordert, welche aus dem Thale, welches etwas weiter, als eine halbe Meile davon entfernt ist, hinauf gebracht werden mußten, und wobey noch die weit größere Schwierigkeit zu überwinden war, sie auf den Anhöhen so hoch über einander zu legen. Außer der Beschwerlichkeit, sie hinaufzuschaffen, war es noch unumgänglich nöthig, das zu der Bereitung der Materialien erforderliche und für die zahlreiche Menge Menschen, die bey dem Bau beschäftigt waren, nöthige Wasser hinauf zu bringen, weil in der Nähe keines zu haben war, und man auch keine Spuren findet, daß sie Brunnen angelegt hätten; welche Erfindung ihnen unbekannt gewesen zu seyn scheint, indem auch in ihren Flecken und Dörfern keine Merkmale davon anzutreffen sind. Allein sie würden auch außerdem wegen der Beschaffenheit der Oerter von keinem Gebrauche gewesen seyn, und es ist daher zu vermuthen, daß sie das Wasser aus dem Flusse, der ihnen am nächsten

sten war, holten. Diese Unbequemlichkeit dauerte auch hernach in folgenden Zeiten fort, wegen der großen Menge Wasser, welche diejenigen, die in diesen Gebäuden wohnten, natürlicherweise brauchen mußten; denn nach dem Umfange derselben zu schließen, mußte die Anzahl der Bewohner derselben so groß seyn, daß sie eine Stadt oder großen Flecken ausmachen konnten, und eben deswegen wurde eine sehr große Anzahl Indianer erfordert, welche nur allein beschäftigt waren, das nöthige Wasser herbenzuschaffen. Wenn man hierzu die nöthige Anzahl derer, die zu den übrigen Bedürfnissen und Diensten erfordert wurden, hinzurechnet, wird man sich hieraus die erstaunende Menge Menschen vorstellen können, die vor der Eroberung dieser Länder in denselben wohnten, da bey ihrer angebornen Langsamkeit, und bey der Nothwendigkeit, daß fast alles von den Indianern auf dem Rücken getragen werden mußte, sie doch deren genug hatten, diese großen Gebäude aufzuführen, und die dabey sich zeigenden Schwierigkeiten zu überwinden, die, wie es scheint, oft noch mit Vorsatz vermehrt wurden, um sie noch bewundernswürdiger zu machen.

In diesen Ruinen und beym Umreissen derselben findet man eine Menge von Menschenknochen und Schädeln, an welchen letztern noch die Haare sind, Stücken von den Gefäßen, die damals gebräuchlich waren, und darunter auch große Netze, die zerrissen, und zum Theil vermodert sind, welche, so wie man sehen kann, zum Fischen dienten, und welche aus Pita gemacht sind. Diese Dinge sind das einzige, was von so vielen andern merkwürdigen und einigen Werth habenden Stücken noch übrig ist, die diejenigen, welche sichs zur Beschäftigung gemacht haben, diese Gebäude niederzureißen und zu zerstören, noch übrig gelassen haben. Die Begierde nach Schätzen und Reichthümern hat auch noch jetzt nicht

nicht völlig nachgelassen, indem sich noch immer von Zeit zu Zeit einige finden, welche sich damit beschäftigen, diese Zerstörungen fortzusetzen.

Den Traditionen und Nachrichten aus jenen Zeiten zu Folge, waren dieser Palast, der Tempel und die Festung die beträchtlichsten Werke in ihrer Art, die man in diesen Gegenden antrifft. Dieses giebt auch ihr weitläuftiger Umfang, und die Dauerhaftigkeit und Festigkeit der Bauart zu erkennen, wobey sie ihre Macht und Vermögen, und ihre Bemühung große Unternehmungen auszuführen, an den Tag legen wollten. Ob sie gleich wenig Geschmack dabey zeigten, erhoben sie sich dennoch über die eingeschränkten Kenntnisse, die man insgemein bey den Indianern findet, deren Begriffe gewöhnlicherweise sich nur bloß auf die unumgänglichen Bedürfnisse des Lebens einschränken, und sich nie bis zum Luxus oder zur Pracht erheben.

Man weiß nicht mit Zuverläßigkeit, wer der Urheber dieser merkwürdigen Gebäude gewesen ist; insgemein schreibt man sie den Incas zu, und es giebt einige Gründe, die dieses zu bestätigen scheinen. Allein dagegen läßt sich einwenden, daß zu der Zeit, da sie dieses Thal eroberten, die Verehrung des Gottes Pachacamac daselbst schon eingeführt, und sein Tempel erbauet war, ob man gleich auch wieder annehmen könnte, daß er von den Incas vergrößert und verschönert worden sey, die, den Geschichtschreibern ihrer Regierung zufolge, denselben dennoch gekannt, und im Innern als eine der vornehmsten Gottheiten verehrt haben; weil er aber nicht sichtbar war, hielten sie dafür, daß ihm keine solche öffentliche Verehrung, als sie der Sonne und dem Monde erwiesen, zukäme. Der Beherrscher, welcher in diesen und den andern benachbarten Thälern regierte, und Cuismancu hieß, hielt den Pachacamac für den ersten und vornehmsten der Götter, und erkannte ihn für

den

den Urheber und Erhalter aller Dinge; und zu dessen
Verehrung war der Tempel in diesem Thale erbauet,
den man also vielleicht dem Cuismancu oder seinen
Vorgängern zuschreiben müßte. Allein da die Größe
der Gebäude, und die Methode und Ordnung, nach de=
nen sie angelegt sind, und ihre Bauart, bloß allein die
Baumaterialien ausgenommen, vollkommen mit denen
übereinkommen, welche auf Befehl der Incas erbauet
worden sind, hat man doch mehr Grund zu vermuthen,
daß auch dieser Tempel, von dessen Ueberbleibseln hier
die Rede ist, ein Werk der Incas ist, wenigstens in so=
fern er von ihnen erweitert und wiederhergestellet
worden.

Es ist nöthig, sich hier an das wieder zu erinnern,
was im Vorigen in Ansehung dessen ist angemerkt wor=
den, was die Geschichtschreiber von der Geschicklichkeit,
den Einsichten und den Fähigkeiten der alten Indianer
melden, und was man davon in ihren Denkmälern noch
antrifft, in Vergleichung mit den Werken der Neuern.
Jene hatten, allen vorhandenen Nachrichten zufolge, ei=
ne Religion; sie kannten den Götzendienst, hatten got=
tesdienstliche Ceremonien, und verrichteten Opfer. Die
jetzigen Indianer sind hierinnen in einem hohen Gra=
de so gänzlich gleichgültig, daß man nicht die geringste
Spur bey ihnen antrifft, woraus man schließen könnte,
daß sie etwas davon wüßten, oder daß sie irgend eine
Art von innerer Verehrung eines höchsten Wesens be=
obachteten. Es giebt noch gegenwärtig sehr viele weit
verbreitete Nationen in Peru, die noch nie unterjocht
worden sind; und bey allen diesen bemerkt man nichts
als ein bloßes thierisches Leben, ohne irgend eine Spur,
wodurch sie sich von den Thieren unterschieden. Hin=
gegen wenn man mit ihnen von einer Verehrung eines
geistigen Wesens spricht, bezeugen sie sich äußerst unver=
nünftig,

nünftig, und halten sie für etwas überflüßiges, und für eine Sache, die keinen Endzweck und Nutzen hat.

Was man aus allem diesem mit der größten Wahrscheinlichkeit folgern kann, und was schon verschiedene angenommen haben, ist, daß die Race der Indianer ein Volk war, welches durch die außerordentlichen Fügungen der Vorsehung aus andern Gegenden eben auf die Art dahin gekommen ist, wie sie diejenigen, welche dieß Land und die mitten im Meere liegenden bewohnten Inseln zuerst bevölkert haben, dahin geführt hat; und daß diese eine Kenntniß von abgöttischer Verehrung der Sonne mitbrachten, und dieselbe einführten; und da diese sich von dem Aeußerlichen und Sichtbaren nicht entfernte, fand sie bey den Einwohnern um so viel mehr Beyfall, da sie zu allen Arten von dergleichen äußerlichen Handlungen geneigt sind; und von hier breitete sie sich auch um so viel leichter aus, da alle ihre Feste stets mit Trunkenheit und Tanzen, woran sie den meisten Gefallen haben, begleitet gewesen sind, und da dieser Gottesdienst sie nicht nöthigte, sich zu innerlichen Bezeugungen der Verehrung zu bequemen, welche sie mit der größten Gleichgültigkeit betrachten. Eben diese Incas veranlaßten sie, große Gebäude aufzuführen, und da die Anzahl der Einwohner sehr groß war, beschäftigten sie die müßige und überflüßige Menge derselben mit Erbauung derer, die man jetzt sieht; und diese Maxime befolgten die Incas, damit sie nicht durch Müßiggang zu Unruhen und Empörungen veranlaßt würden.

Auf diese Art hatten, ungeachtet dessen, was die Geschichtschreiber melden, die Incas an den Gebäuden zu Pachacamac und verschiedenen andern, die noch vorhanden sind, gewissermaßen Antheil, und daher sind sie denen zu Cuzco, und im Königreiche Quito, und in andern Gegenden, so weit sich ihre Herrschaft erstreckte, so vollkommen ähnlich; und eben deswegen sind die innern

nern Einrichtungen und Abtheilungen, so viel man noch davon erkennen kann, die Corps de Gardes, die Art, mit ungebrannten Ziegeln die Mauern aufzuführen, und alle übrige Umstände vollkommen eben dieselben, wie an jenen. Außerdem konnte der Herr oder Beherrscher von Pachacamac und von Rimac keinen so ungeheuer großen Palast bewohnen, der nur für die Incas und ihr ganzes Gefolge sich schickte; denn man hat keine Nachrichten, daß andere Regenten oder große Herren in den dortigen Gegenden einen so zahlreichen Hofstaat, und ein so großes Gefolge gehabt, daß sie zu ihrer Einquartierung ein Gebäude von so ungeheurer Größe nöthig gehabt hätten.

Ein dem bisher beschriebenen etwas ähnlicher Palast steht zu Herbay, am südlichen Ufer des Flusses Cañete, drey und zwanzig und eine halbe Meile von Pachacamac; er ist ziemlich groß, obgleich nicht so groß wie jener; ist vierhundert Schritte lang, und verhältnißmäßig breit. Er steht an der Krümmung, die der Fluß macht, und ist von Bäumen mit den andern von gleicher Höhe erbauet. Die Wände stehen noch so hoch, wie sie ehedem gewesen sind. Inwendig ist er aus eben den Bewegungsgründen als jener zerstört und eingerissen.

Auch stehen von den Mauern, die an den Wegen standen, noch einige Stücken an dem, der von Cuzco nach Lima gieng. An verschiedenen Stellen dieser großen Strecke trifft man einige an, die sich wohl erhalten haben, ohne daß die Länge der Zeit ihnen einige Beschädigung zugefügt hätte: denn die Stellen, welche ruinirt sind, hat man eingerissen, um die ungebrannten Ziegel zu neuern Gebäuden zu brauchen.

Bey den Indianern muß man nothwendig die Verrichtungen, wozu Verstand erfodert wird, von denen unterscheiden, die nur in Handarbeiten oder im Fleiße beste-

bestehen, oder, um mich anders auszudrucken, wo nicht die Ueberlegung, sondern bloß die Sinne beschäftigt sind. In Ansehung der erstern sind sie gänzlich verwahrlost, dumm, ohne Einsicht und ohne Vermögen etwas zu begreifen. Daher kömmt es, daß nichts von dem, was man ihnen von Vernunft oder Gründen vorsagt, den geringsten Eindruck bey ihnen macht. Sie können schlechterdings die Folgen von unrechten Handlungen nicht einsehen, und daher handeln sie ohne alle Ueberlegung, und denken an nichts weiter, als nur an das Gegenwärtige. Eben so geht es mit ihnen in Ansehung der Gegenstände der Religion: sie hören alles, was man ihnen sagt, ruhig und gelassen an; allein es macht keinen Eindruck bey ihnen, und verursacht in ihren Gemüthern auch keine Verwunderung, so daß sie mit gleicher Gemüthsverfassung das, was man ihnen von der wahren Religion sagt, eben so als das von einer jeden andern anhören: denn keine ist im Stande ihren Willen zu ändern, oder findet durch Ueberzeugung einen Eingang bey ihnen; man kann ihnen eben so wenig Begriffe von einem zu hoffenden künftigen Leben beybringen. Wenn man von ihnen verlangt, daß sie etwas zugeben sollen, thun sie es ohne Schwierigkeit; und wenn man ihnen zuredet, eben dieses zu leugnen, so bequemen sie sich dazu ohne Widerspruch. Wenn man ihnen zum Beyspiele sagt, daß der Teufel böse ist, antworten sie, daß er ihnen zwar nichts gethan habe, aber daß er es wohl seyn könnte; und wenn man auf eben diese Art ihnen von irgend einem Heiligen sagt, daß er gut ist, antworten sie eben wieder so, daß er es wohl seyn wird. Und wenn man ihnen wieder das Gegentheil sagt, stimmen sie eben so wieder bey. Man sieht hieraus, daß keines von beyden einen Eindruck auf ihre Gemüther macht.

II Theil.   L   Sie

Sie verlangen nichts, und hoffen nichts weiter in dieser Welt, als was sie eben auf einen Tag nöthig haben, und darunter vorzüglich die Befriedigung ihrer Leidenschaft zum Trunke. Alle Begriffe, die sie vielleicht von einer andern Welt haben können, sind sehr schwach und geringe, und nach diesen glauben sie keine Verdienste nöthig zu haben, um in dieselbe zu gelangen. Sie geben auch auf keine Weise zu erkennen, was sie davon denken, und stellen sich vor, daß in dieser Welt so, wie in der andern, alle Classen der Menschen vollkommen gleich sind, und alle einerley Schicksal haben. Aus diesen wenigen Spuren ist es nicht möglich zu erforschen, was diejenigen, welche civilisirt sind, und nach der gemeinen Meynung seit den ältesten Zeiten des Heidenthums einen Götzendienst haben, für Absichten dabey hegen können. Man sieht sie weder opfern noch Gaben darbringen, noch andre Handlungen verrichten, woraus man etwas dergleichen erkennen könnte; und man ist in völliger Ungewißheit, von was für Art der ihnen zugeschriebene Götzendienst ist.

Die in die Augen fallenden Dinge und äußeren Beschäftigungen ziehen ihre ganze Sorge und Aufmerksamkeit auf sich, und in einigen Arbeiten sind fleißig und geschickt. Allein dieses ist nichts außerordentliches, und kein Beweis größerer Einsichten des Verstandes. Denn man sieht, daß auch die Thiere die zu ihrer Bequemlichkeit nöthigen Dinge mit so vieler Feinheit verfertigen, daß die Menschen sich bemühen, sie nachzuahmen, und dennoch darinnen nie den Grad der Vollkommenheit erreichen, den jene ihnen zu geben wissen. Die Gewebe der Spinnen zeigen die größte Geschicklichkeit und Kunst; eben so die Cocons der Insecten, die Häuser der Biber, die im Wasser angelegt sind, und nie von demselben durchdrungen werden, die unendliche und unnachahmliche Mannichfaltigkeit der Vogelnester, und viele andre

Dinge,

Dinge, welche der Instinct lehrt, und die Nothdurft veranlaßt. Daher sieht man an den Arbeiten der Indianer, so groß sie auch scheinen mögen, nichts überdachtes, woraus zu erkennen wäre, daß der Verstand dabey beschäftigt gewesen sey; sie unterscheiden sich nur dadurch, daß sie bald größer, bald kleiner sind, aber ohne Abwechselung, und ohne einige Fortschritte zur Verbesserung daran gewahr zu werden; daher wenn man eine gesehen hat, hat man sie alle gesehen. Die Indianer in Nordamerica verfertigen einige Malereyen auf Leder, welches sie wie das sämische Leder zubereiten: allein darinnen bilden sie nur die Figuren ab, die ihnen eben vorkommen. Sie arbeiten daran mit einer Langsamkeit und Gedult, die ihres gleichen nicht hat; und sie bessern so lange daran, weil sie nach dem Augenmaas ändern müssen, was sie zufolge unrichtiger Vorstellungen versehen hatten; woraus man sieht, daß sie bloß sinnlich handeln.

Ein und zwanzigster Abschnitt.

Von einigen Arbeiten und Werken der Indianer zu ihren unumgänglichen Bedürfnissen; desgleichen von einigen kleinen Figuren in Form von Idolen oder Amuleten.

Die Nothwendigkeit ist die erste Lehrerinn der Menschen in Dingen gewesen, welche zum unentbehrlichen Gebrauche gehören; durch Uebung und Fleiß sind sie weiter zu denen fortgegangen, welche zum Vergnügen oder zur Bequemlichkeit dienen, und hierinnen haben es folglich die arbeitsamsten Nationen weiter als die übrigen gebracht. In den Arbeiten der Indianer trifft man wenig Mannichfaltigkeit an; indessen bemerkt man doch, daß sie einige zur Bequemlichkeit, oder zur Zierrath gemacht haben. Hierinnen haben sich die verschiedenen Nationen nach dem Grade der Cultur und Verfeinerung, den sie erreicht hatten, von einander unterschieden. In einer Sache sind sie einander völlig gleich gekommen, und durchgängig gleich geschickt gewesen, nämlich in Verfertigung ihrer Waffen. Alle bedienten sich des Bogens und der Pfeile, und diese verfertigten sie alle ohne einen merklichen Unterschied auf einerley Art, und ahmten hierinnen den alten Nationen, die Asien und die übrigen Welttheile bewohnten, vollkommen nach. Da sie hierinnen völlig mit einander übereinstimmen, schließt man, daß sie alle einen und denselben Ursprung gehabt haben, und daß dieses die ersten Waffen, deren sie sich bedient haben, gewesen, obgleich in folgenden Zeiten andere nach und nach eingeführt worden sind. Unter den civilisirten Indianern in Peru hat sich kein Andenken hiervon erhalten, und ob es sich gleich unter den Nationen in Nordamerica nicht gänzlich verloren hat, bedienen sie sich doch derselben sehr selten, indem sie sich zum Schießgewehr gewöhnt haben, dessen Gebrauch die europäischen Nationen, die Franzosen und Engländer, wie im Vorigen erwähnt worden, bey ihnen eingeführt haben. Sie unterrichten zwar die jungen Leute im Schießen mit Bogen und Pfeilen, und sind hierinnen sehr geschickt: allein sobald sie größer werden, legen sie sie wieder weg, und bedienen sich des Schießgewehrs. Die Nationen, welche weiter nach Norden von den Europäern entfernet sind, und keinen Umgang mit ihnen haben, besgleichen diejenigen, welche in beyden Theilen von America noch in ihrer Freyheit leben, kennen keine andre Waffen als Bogen und Pfeile, und bedienen sich derselben zum Jagen und Fischen, und im Kriege mit vieler Geschicklich-

keit-

keit. Sie machen die Bogen aus einem sehr dichten und biegsamen Holze; die Sehne besteht aus Sehnen oder Flechsen von Thieren; die Pfeile sind von einer andern Art eines sehr festen und schweren Holzes; die Spitzen härten sie entweder im Feuer, oder sie befestigen vorne Stücke von sehr harten Steinen daran, womit sie verwunden können. Sie bedienen sich auch der Lanzen, die etwas länger als zwey Varas, nicht sehr dick, und von eben dem Holze als wie die Pfeile gemacht sind; diese werfen sie sehr leicht und geschickt mit der Hand. Die civilisirten Indianer in Peru kennen gegenwärtig keine andern Waffen als Steine, welche sie gleichfalls mit der Hand und ohne Schleuder werfen, und damit sehr sicher und gewiß treffen können. Diese Nation ist jetzt sehr verschieden von dem, was sie ehedem in Ansehung der Geschicklichkeit war, mit der sie sich die zu ihren Bedürfnissen nöthigen Dinge zu den Zeiten, als sie noch unter der Herrschaft ihrer eignen Regenten standen, verfertigten.

Unter den verschiedenen Alterthümern trifft man Aexte von Kupfer an. Sie haben auf der einen Seite eine Schneide, und auf der andern eine Spitze; in der Mitte ist das Loch, wo sie am Stiele befestigt wurden, welcher nicht länger als nöthig war, um sich derselben mit einer Hand zu bedienen. So wie man sieht, dienten sie zu gleicher Zeit so wohl zu einem Unterscheidungszeichen oder Insigne der Souverainität, als auch zu Waffen, deren sich die Könige bedienten. Eines Theils vertraten sie die Stelle der Zepter, welche die höchste Würde und Gewalt anzeigen; andern Theils waren sie ein Zeichen der Ausübung der Gerechtigkeit. Nach der Anzahl derselben, die man findet, zu schließen, ist es wahrscheinlich, daß außer den Souverains auch die übrigen Häupter sie führten, welchen jene einen Theil ihrer Gewalt zu Regierung der Völker übertrugen.

Diejenigen, welche Kriegsbefehlshaberstellen bekleideten, und die Prinzen vom königlichen Geblüte hatten welche, die sich durch verschiedne Zeichen, welche die Gewalt und Verrichtung eines jeden zu erkennen gaben, unterschieden.

Eben so findet man andere dergleichen Stücke in Gestalt von Sternen, deren Durchmesser von den äussersten Spitzen an fünf bis sechs Zoll beträgt. Es giebt deren von zweyerley Materie, und von viererley verschiedenen Formen. Die erste Art ist von Kupfer, und im Durchmesser so groß, als eben gesagt worden. In der Mitte befindet sich ein Loch von anderthalb Zollen im Durchmesser, um den Griff oder Stiel hineinzubringen. In ihrem Umfange sind sie in sechs gleiche Theile abgetheilt; fünf davon machen den Stern aus, und der sechste die Schärfe oder Schneide. Die Spitzen sind rund, und laufen sehr scharf zu.

Die zweyte Gattung gleicht in Ansehung der Form und Größe der vorhergehenden, und unterscheidet sich bloß dadurch, daß keine Art daran ist, sondern aus sechs gleichen und runden Spitzen in Form eines Sterns besteht.

Die dritte Gattung unterscheidet sich von der vorigen dadurch, daß die sechs Spitzen, welche den Stern ausmachen, nicht rund sind, sondern in Form von Blättern, welche auf beyden Seiten und oben Schärfen haben, und so breit sind als der Stern, der da, wo der Stiel angesetzt wird, einen Zoll oder wenig drüber hält, und nach den Spitzen zu abnimmt, welche nicht spitzig, sondern etwas zirkelförmig zulaufen.

Die vierte Gattung ist wie die zweyte, nur mit dem Unterschiede, daß sie von einem sehr harten und dunkelfarbigen Steine gemacht sind. Es ist dabey sehr bemerkenswürdig, daß, da sie keine Instrumente von Eisen oder Stahl hatten, welche Metalle ihnen unbekannt

kannt waren, sie ihnen die Vollkommenheit geben, und in der Mitte das Loch, welches vollkommen zirkelrund ist, hineinbringen konnten, welches sie auf keine andere Art, als durch langes und geduldiges Aneinanderreiben bewerkstelligen konnten.

Die erste von diesen vier Gattungen diente, wie man aus den Umständen ersehen kann, zum Unterscheidungszeichen der Würde ihrer obersten Beherrscher, und die übrigen für die Befehlshaber; sie dienten auch als Waffen im Kriege, wo sie in alten Zeiten nebst den Keulen gemein waren; und ihre Figur und Größe geben zu erkennen, daß sie zu nichts anderm, als zu Angriffswaffen gegen ihre Feinde gebraucht wurden. Man sieht, daß sie den Gebrauch derselben eben so, wie den von Pfeilen und Bogen, von alten Zeiten her gehabt, und sie daher erhalten haben, woher sie andre Völker hatten, die ihre Keulen mit Spitzen besetzten.

Die Indianer in Nordamerica bedienen sich einer Art von Handbärten, die den beschriebenen kupfernen gleichen, und eine Schärfe und Spitze haben. Die Franzosen nennen sie *Casse-tète*, und sie und die Engländer versehen sie mit dergleichen Aexten, die sich von jenen dadurch unterscheiden, daß sie von Eisen oder Stahl sind. Allein es ist sehr wahrscheinlich, daß ihre Figur von denen in ältern Zeiten entlehnt ist, welches auch daraus erhellet, daß dieses keine Waffen sind, deren man sich in Europa bedient: denn auch die, welche man auf den Schiffen gebraucht, sind dennoch in etwas davon verschieden. Man kann hieraus abnehmen, daß sie sowohl bey den Indianern in Südamerica, als bey denen in Nordamerica im Gebrauche gewesen sind; so daß man in den meisten Dingen eine vollkommne Uebereinstimmung wahrnehmen kann, und weder die weiten Entfernungen der Länder noch die Länge der Zeit, seitdem sie sich von ihrem Hauptstamme abgesondert und verbreitet haben, einige Veränderungen, auch nicht einmal in den unwesentlichsten Dingen haben hervorbringen können.

Man findet auch metallene Platten oder Klingen, die fünf bis sechs Zoll lang, etwas mehr als einen Zoll breit, und zwo Linien dick sind. An dem einen schmalen Ende ist eine etwas zirkelrunde Schärfe oder Schneide, am andern ist der Kopf ungefähr so, wie an einem eisernen Meissel; man sieht daraus, daß es ein Werkzeug zum Schneiden gewesen ist, so wie das, dessen sich die Zimmerleute bedienen. Auch trifft man eine andre Art von Aexten an, von eben der Materie als die vorhergehenden. Sie gleicht in ihrer Größe und zirkelförmigen Gestalt den Schneide= oder Hackemessern, deren sich die Turroneros (eine Art von Zuckerbeckern in Spanien) bedienen, nur mit dem Unterschiede, daß der Griff, um desto stärker zu seyn, von eben dem Metalle als die Klinge gemacht ist.

Diese Indianer kannten gewissermaßen die Mischung der Metalle; dieses zeigt sich in den Farben der bisher beschriebenen Stücke. Einige sind roth, und haben beynahe die natürliche Farbe des Kupfers; andre sind gelb wie Meßing, und zwischen diesen Farben findet sich noch eine Abwechslung, indem einige Stücken dem Meßing näher kommen, als die andern: allein an allen bemerkt man, daß, obgleich sie mit keinem Harze oder Firnisse überzogen sind, dennoch kein Rost oder Grünspan sich daran gesetzt hat. Man kann hieraus schließen, daß die Vermischung oder Versetzung, die sie dabey vornahmen, so beschaffen war, daß die Eigenschaft des Kupfers dadurch gänzlich verändert ward. Das Allersonderbarste hiebey ist, daß, da die Indianer so viele Jahrhunderte hindurch ihre Sitten und Gebräuche, und die Art und Weise, die gewöhnlichen und unter ihnen gemeinen Dinge zu verfertigen, beybehalten

haben,

haben, sie dagegen dennoch in der kurzen Zeit, die seit der Eroberung verflossen ist, das Andenken der künstlichern und sinnreichern Dinge vergessen haben. Sie kennen also gegenwärtig weder das Schmelzen und die Vermischung der Metalle, die Kunst zu gießen, die Verfertigung der alten Trinkgefäße, wovon im Folgenden geredet werden wird, noch die Art, die harten Steine mit den Instrumenten von weichem Metalle zu bearbeiten, noch auch die Verfertigung der in vorigen Zeiten bey ihnen gewöhnlichen Waffen. Alles dieses haben sie so sehr vergessen, daß die civilisirten Indianer nie im Stande seyn würden, einen Pfeil zu verfertigen, die Spitze von Feuersteinen daran zu setzen, und ihn, damit er gerade gienge, mit Federn zu versehen, viel weniger einen Bogen in der gehörigen Form zu machen, und eben das, was für die, welche noch in ihrer ursprünglichen Barbarey und Rohigkeit leben, ein Spielwerk ist, den Nachkommen derer, die ehedem geschickter waren, ganz unmöglich wird, wovon man keinen andern Grund, als bloß den Mangel der Uebung angeben kann.

Nicht nur bey den Sternen und bey den Aexten brachten sie einige Veränderungen an, so, daß einige von röthlicher Farbe, andre gelb waren; sondern sie thaten eben dieses bey den Werkzeugen zu ihren Arbeiten. Man kann hieraus vermuthen, daß sie diese Mischungen vornahmen, theils um dem Kupfer eine Härte zu geben, theils die Farben zu verändern, und ihnen ein schöneres Ansehen zu geben.

Sie bedienten sich auch der Zangen, die sie aus eben dem Metalle, als die andern Arbeiten, verfertigten; es ist auch kein Zweifel, daß sie sie von mancherley Größe gemacht haben. Die gewöhnlichen sind klein, anderthalb Zoll lang, und einen halben breit; sie waren dünne, und bestanden aus einem metallnen Plättchen, welches in der Mitte seiner Länge zusammengebogen, unten an den Enden eine Schneide hatte, und ziemlich elastisch war. Diese dienten ihnen, die Haare aus dem Gesichte auszurupfen, die, wenn sie alt wurden, hervorzuwachsen pflegten. Denn da sie von Natur unbärtig sind, hielten sie es vielleicht für unanständig, diese einzelnen Haare, welche das Alter hervorbrachte, stehen und wachsen zu lassen; eben so, wie im Gegentheile bey den morgenländischen Nationen, und insbesondere bey den Muhammedanern, es ungewöhnlich ist, den Bart abzuschneiden, oder bey den Europäern heute zu Tage ihn wachsen zu lassen, ausgenommen bey einigen nördlichen Nationen, die ihre alte Mode beybehalten haben: allein die civilisirten Indianer zu jetzigen Zeiten thun es nicht mehr.

Unter den verschiedenen Ueberbleibseln von Alterthümern trifft man kein Instrument an, welches wie ein Hammer oder Keule zum Schlagen oder Klopfen hätte dienen können: allein sie hatten vielleicht dergleichen von Stein, welche durch die Zeit zu Grunde gegangen sind; indessen ist es doch merkwürdig, daß dergleichen in den Huacas oder Guacas, ihren Begräbnissen, niemals gefunden werden.

So wie sie die Metalle zu schmelzen und zu den angeführten Arbeiten zu brauchen pflegten, eben so verfertigten sie auch gewisse kleine Figuren daraus; einige davon waren maßiv, andere hohlgegossen, außerordentlich dünne und klein, und die zum Anhängen, wie es scheint, gebraucht wurden. Sie verfertigten sie aber nicht allein aus Metall, sondern auch aus Silber, Gold, Steinen, und gebranntem Thon. Sie stellten diejenigen Indianer vor, welche sie Opas nennen, und die monströs und verstandlos sind. Man findet nicht, daß sie andre, die nicht so häßlich und ungestalt gewesen wären, verfertigt haben. Diese Gattung von gebrechlichen

chen Leuten von beyden Geschlechtern, wird sehr häufig unter ihnen angetroffen, und es scheint, daß mit ihrer Ungestaltheit auch der Mangel des Verstandes verbunden ist: denn man findet bey ihnen niemals eine dieser beyden Eigenschaften ohne die andre. Sie sehen im Gesichte, Kopfe und Halse äußerst häßlich und fürchterlich aus; am Halse haben sie Geschwülste oder Kröpfe, die fast so groß als der Kopf selbst sind. Die Indianer schreiben ihnen besondere Eigenschaften zu, unter andern halten sie sie für Wahrsager, und fragen sie bey verschiedenen Vorfällen um Rath. Sie erweisen ihnen eine Art von Verehrung, und sehen sie als Leute an, die vor andern Menschen viel besonderes voraus haben; daher bildeten sie ihre Gestalt in Modellen ab, wie Anhängsel oder Amulete (*Dixes*), die man für Götzenbilder hält, ob man gleich nicht weiß, daß sie sie verehrt oder angebetet hätten, oder daß sie in alten Zeiten für etwas göttliches wären gehalten worden. Unter denen, die noch jetzt in ihrer Freyheit leben, findet sich auch nichts von dergleichen Götzendienst: denn wenn es dergleichen gegeben hätte, würden sie sie noch jetzt beybehalten und ihnen einige Verehrung erzeigen. Man kann hieraus schließen, daß die ehemals cultivirten Indianer diesen Gebrauch mit den Gesetzen angenommen haben, die ihnen die Incas, oder die ersten Menschen, die aus andern Gegenden gekommen waren, sie zu unterjochen, aufgelegt hatten.

Die Opfer, die sie der Sonne in ihren Tempeln brachten, waren Bezeugungen der Dankbarkeit für die Wohlthaten, die sie ihnen vermittelst ihrer Wärme erwies, und für das Licht, mit welchem sie ihnen leuchtete. Denn ob sie gleich den unsichtbaren Gott Pachacamac kannten, begnügten sie sich, ihn in ihrem Innern zu verehren; und indem sie sich durch das Sichtbare einnehmen ließen, erzeigten sie dem glänzenden Gestirne, ne, wegen der in die Augen fallenden Wirkungen, diejenige Ehre, welche dem Schöpfer, der sie regiert, zukam; allein man findet unter den Figuren, die sie verfertigten, niemals eine, die die Sonne vorstellte, noch jemals andre, als die eben angeführt worden, und wovon die Absicht, die sie dabey hatten, nicht leicht einzusehen ist.

Man bemerkt bey diesen Nationen eine besondere Neigung und Wohlgefallen an äußerst häßlichen Figuren und Gestalten; zu dieser Gattung gehören die Masken oder Larven von Holz, um sich zu verstellen; ob sie gleich nichts monströses an sich haben, sind sie doch so häßlich, daß ihnen die in Europa bey allen den seltsamen Ideen, die man dabey gehabt hat, nicht gleich kommen. Wenn sie sich verlarven wollen, so haben sie die seltsamsten und lächerlichsten Einfälle, die man sich nur denken kann. Es ist daher nicht befremdend, daß sie bey ihren Dixes oder Idolen die Opas abbildeten, welche die ungestaltesten und gräßlichsten unter allen Menschen, so sehr als man sich nur vorstellen kann, sind.

Es behaupten einige, daß sie diese Figuren von den Gestalten entlehnt hätten, unter welchen ihnen der Teufel erschienen wäre, um sie in ihren Irrthümern, Lastern und Aberglauben zu erhalten und zu bestärken. Allein wegen der Zweifel, die in Ansehung der Art und der Umstände dieser Erscheinungen entstehen können, muß man diese Meynung nothwendig verwerfen. Das Wahrscheinlichste bey dieser Sache ist wohl, die große Achtung und Hochschätzung, die sie diesen Figuren und allen vorzüglich häßlichen und ungestalten Personen erweisen, ihrer Unwissenheit zuzuschreiben. Noch gegenwärtig, wenn sie etwas verloren, oder ihre Heerden sich verirrt haben, wenden sie sich an die Opas, und verlangen von ihnen zu erfahren, wo sie hingekommen sind; sie zeigen bey diesem Unverstande die Einfalt, daß sie

glauben,

glauben, daß verrückte Personen mehr natürliche Fähigkeiten besitzen, als die den völligen Gebrauch ihres Verstandes haben. In dergleichen Dingen bleibt ihre Einsicht und ihr Verstand in einem Zustande der Kindheit, wenn sie auch älter werden: denn eben so wie die Kinder vergnügen sie sich mit diesen kleinen Figuren, ohne jedoch, daß ihre Hochschätzung derselben weiter als blosse Belustigung geht, und die Hoffnungen zur Erfüllung ihrer Wünsche zeigen sie in ihrer Stupidität. Ein gewisser Gelehrter vom ersten Range in Europa sagt, da er von den Indianern redet, daß es eine der sonderbarsten Sachen auf der Welt wäre, daß es eine große und weitverbreitete Nation gäbe, die beständig im Stande der Kindheit verbliebe, wenn sie auch achtzig Jahre alt würden: denn ihre Handlungen in jedem Alter ihres Lebens wären so beschaffen, als wenn sie eben erst acht oder neun Jahr alt wären.

In den Gräbern findet man auch einige Gefäße von gebrannter Erde, welche mit den alten ägyptischen, griechischen und römischen viel Aehnlichkeit haben, welche man unter den Alterthümern antrifft. Sie sind eine und eine Viertel-Vara, auch wohl noch drüber groß. Der Bauch des Gefäßes ist mehr lang als dick, und läuft unten spitzig zu; der Hals ist lang und gerade, die Mündung weit, und gleicht fast einem Trichter. Bey einigen ist die Mündung nicht so weit, hat aber dieselbe Gestalt; und die Erde oder der Thon, daraus sie gemacht sind, ist sehr wohl gebrannt. Diese Gefäße, deren man genug findet, zeigen, daß die Methode und Form, sie zu machen, von den ersten Bevölkerern dahin gebracht worden, und mit den Völkern selbst einerley Ursprung gehabt haben.

Diejenigen, welche die Indianer heut zu Tage zu ihrem Gebrauche verfertigen, sind nicht nach dieser Form gemacht, und man kann sie daher sehr leicht von einander

der unterscheiden; sie verfertigten auch noch andere kleinere Gefäße, und darunter einige, welche die Gestalt einer liegenden Llacma vorstellen, und mitten am Bauche ein Loch haben. Diese kann man ebenfalls nicht für Idolen halten, sondern sie gaben ihnen diese Figur zur Veränderung, so wie man sieht, daß es auch andre Nationen eben so machen. Ferner machten sie noch andre, die den Jarras Catalanas, oder Catalonischen Trinkgefäßen mit zwey Henkeln, gleichen. Man bemerkt auch, daß sie in Ansehung der Erde oder des Thons eine Veränderung machten: denn man findet einige von schwarzer Farbe, obgleich die großen Gefäße insgemein weiß sind.

Die jetzigen Indianer haben ohne Zweifel den Gebrauch der Wagen seit den ältesten Zeiten her gehabt. Diejenigen, deren sie sich bedienen, haben keine Zunge; sie bestehen aus zwey platten Kürbiß= oder Calabazas=Schalen, die mit einigen Faden an einen hölzernen Stock befestigt sind, nebst einem andern Faden an der Mitte desselben, um sie aufzuheben und zu halten; die Gewichte sind Steine, nach ihrer Art eingetheilt, die aber in keinen Verhältnissen mit den spanischen Gewichten stehen. Diese brauchen sie, wenn sie die Coca, Baumwolle und Wolle verkaufen, welches die Waaren sind, deren sie am meisten bedürfen; alles übrige wird nach dem Augenmaße verkauft. Unter den Ueberbleibseln von Alterthümern finden sich auch kleine Wagen, woran die Schalen, die nicht platt, sondern wie ein umgekehrter Kegel aussehen, von Silber sind, so wie auch der Balken, woran sie hängen. Ihrer Größe nach zu urtheilen, dienten diese nur goldne und silberne Sachen zu wägen, denn zu andern größern Dingen sind sie zu klein. An den civilisirten Indianern merkt man nicht, daß sie es so weit gebracht haben; es scheint auch nicht, daß sie es nöthig haben: denn bey ihrem

Tausch=

Tauschhandel thun sie alles nach dem Augenmaße ab: Die Indianer in Nordamerica, in Canada, und Luisiana haben bey dem Handel mit allen Gattungen von den Fellen und Pelzen der Thiere, die sie auf der Jagd erlegen, eine gewisse Taxe oder Tarif, welchen ihnen die Engländer und Franzosen vorgeschrieben haben, und dadurch ist festgesetzt, wie viel von den unter ihnen gangbaren Waaren für jede Haut, nach Beschaffenheit derselben, ihnen gegeben werden muß. Eben so wird es mit den südlichen Indianern im Königreiche Chile und mit den Nationen in Paraguay, welche an die civilisirten Nationen gränzen, gehalten. Man ersieht hieraus, daß der Gebrauch der Gewichte wahrscheinlich von den Incas unter denen Nationen, die sie sich unterwürfig gemacht hatten, ist eingeführt worden. Man findet keine Maße bey ihnen: allein es ist wahrscheinlich, daß sie dergleichen gehabt haben; und wenn man die Beschaffenheit der jetzigen erwägt, sind es vielleicht einige von den irbenen Gefäßen gewesen, die sie verfertigten: denn diejenigen, deren sie sich jetzt zu Kornfrüchten und flüßigen Sachen bedienen, sind kleine Töpfe von gebrannter Erde, von eben der Gattung als die, worinnen sie ihre Speisen zubereiten.

Alle diese Dinge, welche man bey den Indianern zu bemerken findet, zusammengenommen, welche mit denen, die den Menschen in andern Gegenden gemein waren, übereinkommen, machen es glaublich, daß diejenigen, welche in diese Länder kamen, und sie bevölkerten und anbauten, in keiner geringen Anzahl gekommen sind: denn um eine solche Menge von verschiedenen Anstalten zu erhalten, wurde nothwendig ein ganzes Volk erfordert, sie zu beobachten. Die alten Perser, Griechen und verschiedene morgenländische Nationen wählten besondere Figuren, um ihren Muth anzufeuern, und den Feinden ein Schrecken einzujagen; sie bekleideten

oder

oder bemalten sich mit Häuten von Schlangen, Löwen, Tigern und andern wilden Thieren, und bedeckten sich das Gesicht mit Masken, welche sie verstellten und ihnen ein fürchterliches Ansehen gaben. Eben dieses haben die Indianer gethan, und es beobachten es auch noch die in Freyheit lebenden Nationen derselben. Die Gewohnheit, sich mit den Federn der Vögel zu putzen, die sie als Federbüsche auf dem Kopfe trugen, oder an den Armen und Beinen als Arm = und Beinbänder hatten, der Gebrauch der Köcher und Pfeile, womit sie schossen, die Lanzen oder Wurfspieße, die sie warfen, und alle übrige angeführte Umstände, lassen keinen Zweifel übrig, daß die ersten Geschlechter alle einen gemeinschaftlichen Ursprung gehabt haben. Die Gewohnheit, Felle oder Häute von Thieren, die mit Malereyen geziert waren, über die Schultern zu werfen, und sich damit zu bedecken, ist ebenfalls allgemein; und wenn man daher alle Umstände bey den Indianern und bey den alten Völkern sorgfältig betrachtet, und mit einander vergleicht, wird man sie unter einander eben so gleichförmig und mit einander übereinstimmend finden, als der heutigen Indianer ihre davon abweichen und verschieden sind.

In Ansehung der gewebten Zeuge findet man in den Gräbern die Decken (Mantas), die sie sich machten, um sich damit zu bedecken, und welche von Baumwolle waren; insgemein waren sie weiß; einige hatten rothe und blaue Streifen, die sie mit Achote, verschiedenen Kräutern und einer Art von wilden wachsenden Wurzeln, die sie Chaucha nennen, und im hohen Lande von Peru wächst, und blau färbt, machten. Noch jetzt bedienen sich die Indianerinnen derselben. Sie machten auch schwarze, welche den Weibspersonen zu Lliclas dienten, welches eine Art von fast viereckiger Decke ist, womit sie sich den Rücken bedecken, sie über die Achseln hängen, und auf der Brust mit einer großen

Nadel,

Nadel, die bey ihnen Ticpr heißt, befestigen. Man findet dergleichen sehr oft in ihren Gräbern; sie sind von Silber: allein die gemeinen Indianerinnen pflegen sie von Holze oder von einer Art von Dornen zu machen, die sehr lang sind, und auf dem Felde wachsen. So viel man sieht, ist die Farbe der Kleider der Indianer weiß, der Indianerinnen ihre aber schwarz, worinnen sie sich von den Indianern in Quito unterscheiden, die sich ebenfalls der schwarzen Farbe bedienen.

Außer den erwähnten Stücken finden sich keine andre in den Gräbern, und selbst von diesen haben sich wenige erhalten. Denn die von Gold oder Silber werden eingeschmolzen, wie es auch in Ansehung der von Kupfer oder von vermischtem Metalle verfertigten zu geschehen pflegt, indem sich die Goldschmiede derselben bedienen, um Compositionen daraus zu verfertigen. Außer diesem findet man dergleichen Dinge nicht mehr so häufig in den Gräbern als in vorigen Zeiten, indem es seit der Eroberung eine gewöhnliche und allgemeine Beschäftigung gewesen ist, an den Stellen, wo man vermuthet, daß Gold und Silber in verschiedenen Formen und Figuren vergraben wäre, nachzugraben, um dasselbe zu gewinnen, welches auch sogleich ohne Rücksicht, daß es Ueberbleibsel des Alterthums wären, eingeschmolzen wurde. Eben diese Begierde hat den Ruin so vieler Gebäude verursacht, die, nach der Festigkeit und Dauerhaftigkeit, mit der sie gebauet waren, zu urtheilen, bey den gewöhnlichen Zufällen, die die Zeit verursachen konnte, mehrere Jahrhunderte sich hätten müssen erhalten können.

Zwey und zwanzigster Abschnitt.

Von der Sprache der Indianer. Vermuthung, wie America wahrscheinlicherweise ist bevölkert worden.

Es ist eine von den Gelehrten, welche die Quichua'-Sprache vollkommen verstehen, fest angenommene Meynung, daß diese gewissermaßen von der hebräischen abstammt, indem sie viel Aehnlichkeit mit derselben in den Wörtern finden, welche in der heiligen Schrift noch von ihr vorhanden sind. Und da sie in der Aussprache und dem Tone mit einander übereinkommen, finden sich viele, bey welchen diese Gleichheit vollkommen zutrifft. Es kömmt nur darauf an, ob die Bedeutung, die sie im Hebräischen haben, vollkommen mit der in der andern Sprache übereinstimmt. Denn diejenigen Wörter in der Bibel, welche man auch in der Quichua'-Sprache antrifft, sind insgemein solche, bey deren Erklärung die Ausleger nicht einig sind, oder deren deutlichen Sinn sie nicht haben herausbringen können; denn es würde doch nicht so ganz befremdend seyn, daß sie in der Aussprache einander zwar glichen, dennoch aber eine verschiedene Bedeutung hätten.

Um dieses gehörig und vollkommen entscheiden zu können, würde nöthig seyn, daß diejenigen, welche die Quichua'-Sprache verstehen, die sie von Kindheit an reden, und deren sie so vollkommen mächtig sind, daß sie ihnen eben so natürlich als den Indianern ist, auch in gleicher Vollkommenheit die alte hebräische Sprache besäßen: alsdenn würden sie im Stande seyn, eine genaue Vergleichung zwischen beyden anzustellen; und

dann

dann würde man durch die Aehnlichkeit der Wörter, Ausdrücke und Benennungen der Dinge die Gleichheit, die sich zwischen beyden findet, vollkommen einsehen, und zuweilen würden einige bis jetzt noch dunkle Wörter im Hebräischen leicht können erklärt werden.

In der Quichua' befindet sich unter andern ein Wort, welches, wie man bemerkt hat, das erste ist, welches die kleinen Kinder bey allen Nationen, wenn sie zu reden anfangen wollen, aussprechen, und, außer bey den Indianern, in andern Sprachen nicht gewöhnlich ist. Dieß ist das Wort Apa, welches das Stammwort des Zeitworts Apani, Apanqui ist, welches bringen oder holen bedeutet, und wovon der Imperativus Apamui ist. Wenn man auf die Kinder, wenn sie es aussprechen, Achtung giebt, wird man finden, daß sie es thun, indem sie etwas anzeigen wollen, das man ihnen holen oder geben soll. Insgemein achtet man nicht darauf, und versteht es nicht, weil man die Beziehung, worauf es geht, nicht begreift. Allein bey den Indianern, welche es verstehen, weil es bey ihnen gewöhnlich ist, bemühet man sich ihnen zu geben, was sie damit anzeigen wollen. Apachiy ist der Imperativus von einem Zeitworte, welches schicken oder senden bedeutet, und Apariy von nehmen; um also bitten, schicken und nehmen auszudrücken, fangen sie die dieses anzeigenden Zeitwörter mit den beyden Sylben Apa an. Das Wort Mama, welches in allen Sprachen ebenfalls eines der ersten ist, bedeutet eigentlich Mutter bey ihnen; und obgleich die kleinen Kinder bey andern Nationen ebenfalls damit anfangen, diesen Namen in ihrer natürlichen Sprache auszudrücken, wird er doch hernach bey den meisten verändert, und nur die Indianer behalten dieses Wort in seinem eigentlichen Sinne und Gebrauche bey. Man bemerkt hierbey, daß viele andre Wörter, die, ehe man reden gelernt hat, ausgesprochen werden,

werden, die ersten sind, mit welchen die Benennungen oder Ausdrücke in der gebildeten Sprache anfangen, ohne die Bedeutung in der gewöhnlichen Sprache zu verändern. Hieraus folgt, daß, wenn die Sprache der Indianer sich nicht am meisten der natürlichen Sprache nähert, sie doch der ersten Aussprache und dem Lallen der Kinder am ähnlichsten ist.

Diese Sprache ist in Ansehung der Wörter sehr arm, zu gleicher Zeit aber sehr reich an Ausdrücken und Bedeutungen; welches daher kömmt, weil oft ein Wort, nachdem der Accent der Aussprache verändert wird, vielerley Dinge bedeutet. Viele Ausdrücke und Bedeutungen bestehen bloß in der Wiederholung der vorhergehenden Sylbe, und ein Accent am Ende, oder ein Buchstabe mehr, bestimmt oft die verschiedene Bedeutung, die man anzeigen will. Zum Beyspiel Acacau bedeutet es brennt mich, sowohl wenn die Rede von der Sonne, vom Feuer, als von heißen Speisen oder Getränken ist; Alalau, mich friert; Ananau', mich schmerzt, oder es thut mir weh: diese drey Redensarten also zeigen drey verschiedene Empfindungen, der Wärme, der Kälte und des Schmerzens, an; sobald man aber das Ende derselben ändert, verändern sie ihre ganze Bedeutung, als Alau-ni huay, bedaure mich, oder habe Mitleiden mit mir; Anallau, wie schön, wie süß; und auf eben diese Art geht es mit vielen andern. Man hat diese Sprache in eine Grammatik gebracht, und ein hinlängliches Wörterbuch darüber verfertigt; es ist auch über ihren Ursprung und ihre Zierlichkeit so ausführlich, als es der Gegenstand erfordert, geschrieben worden.

Sie ist ebenfalls sehr sanft und zärtlich, und man kann zweifeln, ob es eine Sprache giebt, die ihr an schmeichelhaften Ausdrücken und Liebkosungen gleich kömmt. Es finden sich in derselben weder langschweifige Perioden, ben, noch prächtig klingende Phrasen. Bey ihrer Eingeschränktheit ist sie zierlich, deutlich und angenehm, und hat nichts aus andern gewöhnlichen Sprachen angenommen, wozu sie auch nie Veranlassung gehabt hat. Dieser Umstände wegen kann man annehmen, daß sie eine der ursprünglichen Sprachen ist, da sie auch, wie gesagt worden, mit der hebräischen einige Wörter gemein hat; woraus sich schließen läßt, daß sie dieselben gleich bey ihrem Ursprunge angenommen habe, und daß das Volk, von welchem die ersten Bevölkerer ausgegangen sind, wenn es auch nicht gänzlich Hebräer waren, dennoch eine andre an sie gränzende Nation gewesen seyn muß, und daher in ihre eigenthümliche Sprache, die sie beybehalten, Verschiedenes aus der Sprache ihrer nächsten Nachbarn aufgenommen hat. Dieses zu beweisen, lassen sich noch einige andre Merkmale angeben, die man in den Neigungen und Sitten der Indianer bemerkt, die der Hebräer ihren ziemlich gleich kommen. Dergleichen ist der Hang zum Lügen und Betrügen, welchem Laster sie so sehr ergeben sind, daß man sich auf das, was sie sagen, nicht verlassen darf, indem sie eine Sache eben so leicht versichern, als hernach wieder leugnen. Der Betrug ist bey ihnen so gewöhnlich, daß man sehr klug und vorsichtig seyn muß, wenn man nicht von ihnen will hintergangen seyn, und wenn man sie ertappt, fehlt es ihnen nicht an Ausflüchten und Entschuldigungen. Sie sind sehr einschmeichelnd, können sich äußerst unschuldig stellen, und sind im höchsten Grade ceremoniös. Alles dieses sind Eigenschaften, die man auch bey den Hebräern oder Juden antrifft; und bey beyden sind sie so natürlich und angeerbt, daß es nicht scheint, daß sie sie geflissentlich angenommen hätten. Aus diesen Umständen muß man das folgern, was im Vorigen von dem Alterthum der Sprache ist gesagt worden. Denn anfänglich, ehe die Wissenschaften aufgekommen waren, mußten nothwendig die damals üblichen Sprachen von der Beschaffenheit der Indianer ihrer seyn, welche eingeschränkt, ausdrucksvoll und zierlich ist, wo die Verschiedenheit der Accente, die sie auf eben dieselben Sylben legten, den Abgang der Worte in den verschiedenen Beziehungen und Zusammenstellungen derselben ersetzt; und daher, ob sie gleich in einer Rücksicht kurz und eingeschränkt ist, ist sie doch in einer andern reich und ausdrucksvoll, und zugleich sanft und zärtlich, indem sie durch die Accente oder Töne die Affecten, die sie ausdrücken wollen, anzeigen. Die Quichua'=Sprache ist die allgemeine in ganz Peru; außer derselben aber haben die verschiedenen Nationen der Indianer ihre besondern Sprachen, unter denen sich eine große Verschiedenheit findet, eben so, wie in allen andern Weltgegenden. Allein man findet kaum eine, die nicht einige jener ähnliche, oder völlig mit derselben übereinkommende Wörter hätte; insgemein zeigt sich die Verschiedenheit in der Aussprache und dem unterschiedenen Tone. Die Sprachen der Indianer in Nordamerica sind zwar gänzlich von dieser unterschieden, und werden weit härter und aus der Gurgel ausgesprochen; indessen haben sie doch viele Wörter aus der Quichua'= Sprache. Es ist hiebey auffallend, daß, da diese Nationen so weit von einander entfernt sind, sie doch noch so viele Kennzeichen behalten haben, daß sie alle von einer Race sind, und sämmtlich von den ersten Bevölkerern, die nach America gekommen sind, abstammen. Dieses bestätigt auch, was im Vorigen von ihren Gebräuchen und Sitten ist gesagt worden, und daß sie von ihrem ersten Ursprunge an alles, was sie mitgebracht, in seiner eigenthümlichen und ersten Verfassung gelassen haben, worunter auch ihre Sprache gehört.

Die Eigenschaften, welche von der Quichua'= Sprache angeführt werden, sind denen ähnlich, welche man

man an der hebräischen bemerkt, welche reich an Ausdrücken, zierlich, angenehm und kurz ist. Wenn diese Uebereinstimmung auch nicht die Meynung unterstützt, daß jene aus dieser entstanden ist, giebt sie doch einige Merkmale an die Hand, daß sie ihr sehr ähnlich ist, und daß sie die meiste Analogie mit derjenigen hat, welche man für die erste Sprache hält.

Die Quichua'-Sprache ist im ganzen hohen Lande allgemein, und diejenige, welche die Einwohner vorzüglich und am besten sprechen. Die spanische ist auch gebräuchlich: allein sie wird fehlerhaft gesprochen, insbesondre in Ansehung des Accents, welchen Fehler sie von dem der andern eignen angenommen hat. Die Frauenzimmer drücken sich am leichtesten in der Quichua'-Sprache aus; hierzu trägt vieles bey, daß sie sich mehrentheils von indianischen Bedienten von beyden Geschlechtern und von Mestizen bedienen lassen, so wie sie im niedern Landstriche sich der Schwarzen und der Leute von den verschiedenen davon abstammenden Casten oder Geschlechtern bedienen. Indessen ist die Quichua'-Sprache doch nicht im ganzen hohen Lande einerley; im Königreiche Quito und in dieser ganzen Gegend ist sie von der in Peru gebräuchlichen verschieden, und weicht sowohl in den Benennungen der Dinge, als auch in der Bedeutung ziemlich von derselben ab: Allein die wahre Quichua ist die in Peru übliche, und daher auch die allgemeine, vermittelst welcher man auch in den andern Sprachen verstanden wird, wenigstens in Ansehung der gewöhnlichen Gegenstände und unumgänglichen Bedürfnisse, indem die vornehmsten Wörter und Zeitwörter fast einerley und nur in der Aussprache verschieden sind.

Es ist jederzeit mit großen Schwierigkeiten verbunden gewesen, die Art und Weise zu bestimmen, wie die ersten Bevölkerer nach der allgemeinen Sündfluth nach

America gekommen sind. Man hat sich sehr bemühet, einen Zusammenhang der Länder in den kältesten Gegenden des Nordens ausfündig zu machen, wodurch sie dahin hätten kommen können, oder auch der östlichen Küsten von Asien, welche den westlichen und nördlichsten von America am nächsten liegen. Nach einem andern System hat man einen Uebergang in dem Zusammenhange der Länder vom Cap de Borado'r in Africa, und den canarischen Inseln bis zu den Inseln Barlovento, in einem Striche durch den Ocean von achthundert Meilen gefunden, und angenommen, daß diese weitläuftigen Länder in dem ganzen Raume, der America von Africa absondert, verschwunden und in Meer verwandelt worden, so, daß man dabey voraussetzt, daß die Indianer, nach einer, von der verschiedenen Meynung, vermöge welcher sie Asiater, oder nach noch einer andern, die sie zu Africanern macht, vorher Europäer gewesen wären. So viel ist gewiß, daß sie aus einem dieser Länder nothwendig gekommen sind; aber bey der Art, wie, zeigen sich sehr große, und dem Verstande unüberwindlich scheinende Schwierigkeiten, wenn man nicht annimmt, daß sie auf einer längern oder kürzern Fahrt übergeschifft sind; und da es eine offenbare Thatsache ist, daß sie hinüber gekommen sind, müssen nothwendigerweise die Schwierigkeiten, die man sich jetzt dabey vorstellet, zu der Zeit, da dieß geschahe, nicht vorhanden gewesen seyn.

Wir nehmen es als einen ausgemachten Grundsatz an, daß die verschiedenen Gattungen der Geschöpfe der Erde, welche zu einer neuen Bevölkerung und Anbauung derselben aufbewahrt wurden, durch Gottes Veranstaltung in der Arche vor der Sündfluth sind bewahrt worden; daß sie auf den Gewässern herumgetrieben, bis diese abgenommen hatten, und die Erde wieder zum Vorschein gekommen war, auf der sie sich niederließ. Man
weiß

weiß gleichfalls, daß, nachdem die Erde hinlänglich wieder bevölkert worden, die Menschen auf den thörichten Einfall geriethen, den babylonischen Thurm aufzubauen, in der Absicht, sich zu retten, wenn die Erde von neuem vom Wasser sollte überschwemmt werden. Es war natürlicher, ehe sie diesen Entschluß hätten fassen können, da sie die Arche, worinnen Noah mit seiner Familie war erhalten worden, vor Augen hatten, andere ähnliche zu diesem Endzwecke zu bauen, wenn sie auch nicht so groß und geräumig gewesen wären. Und wenn man auch diesen Bewegungsgrund eines solchen Einfalls bey Seite setzt, gab das Andenken der Arche zu der Zeit der Sündfluth, und in den darauf folgenden Jahrhunderten den Menschen die erste Idee von Fahrzeugen zur Schifffahrt, die nicht allein räumlich genug waren, Menschen zu führen, oder wenigstens sich über dem Wasser schwimmend zu erhalten, sondern auch Thiere von allen Gattungen aufzunehmen. Man darf nur annehmen, daß es in jenen erstern Zeiten eine ihrer Beschäftigungen gewesen, sich dergleichen nach dem Muster der Arche zu verfertigen, und auf den Flüssen und Meeren herum zu schiffen, und zu untersuchen, ob es mehr solche Länder gäbe, als die, welche zuerst bevölkert worden, und zu erforschen, was sie enthielten. Hiezu konnten sie sich kein bequemeres Muster wählen, als die Arche selbst, welche ihnen alle nöthige Einsichten darbot, das Holz zusammenzufügen, und die Gestalt zu finden, welche nöthig war, sie schwimmend zu erhalten, und die verschiedenen Abtheilungen, welche erfordert wurden, darinnen zu machen. Auf diese Art ist, ohne sich vom Natürlichen zu entfernen, und den Kenntnissen zufolge, welche jene erstaunenswürdige Begebenheit ihnen an die Hand gab, die Bevölkerung von America sehr leicht, ohne daß man nöthig hat, seine Zuflucht zu den kalten unbewohnbaren Klimaten der beeisten Zone zu nehmen, oder zu glauben, daß der Ocean zuvor nichts anders als ein in Meer verwandeltes Land gewesen wäre, nachdem es jenen erstern Bevölkerern einen Weg zum Uebergange gegeben hätte; auch darf man nicht annehmen, daß sie sich in den östlichsten oder nördlichsten Küsten von Asien eingeschifft, um in die nördlichsten oder westlichsten Gegenden von America hinüber zu kommen.

In den auf diese Art verfertigten Schiffen jener ersten Völker konnten Thiere entweder mit Absicht oder zufälligerweise mitgenommen werden, eben so wie, nachdem die Spanier dahin gekommen waren, die daselbst noch nicht befindlichen Gattungen dahingebracht worden, und sich so ansehnlich, wie man noch sieht, vermehrt haben; in allem diesem findet sich nichts der Vernunft widersprechendes.

Es ist viel wahrscheinlicher, daß die Menschen gleich in jenen ersten Zeiten Schiffe erbauet, und darauf gefahren sind, als daß sie es damals nicht, sondern erst viele Jahrhunderte nachher sollten gethan haben. Denn da sie das beste Muster vor sich hatten, konnten sie sehen, was ein Fahrzeug aushalten könne, und daß die heftigsten Stöße der stürmischen Wellen nicht im Stande wären, es zu zertrümmern. Zu gleicher Zeit wußten sie, daß man verschiedene Stücke Holz so zusammensetzen könnte, daß das Wasser durch die Fugen nicht eindränge; und endlich hatten sie damals ein besseres Muster vor sich, als sie nach Verlauf vieler Jahrhunderte haben konnten; und ungeachtet dieses so lange her ist, daß das Andenken davon sich verloren hat, bauete man Schiffe und zahlreiche Flotten, und durchschiffte die Meere: ein Unternehmen, das in allen Zeiten gewöhnlich war, wie die ältesten Nachrichten bestätigen.

Auf diese Art konnten in jenen erstern Jahrhunderten nach der Sündfluth America eben sowohl, als die Menge der vom festen Lande entfernten Inseln, deren
sich

sich so viele in den Meeren befinden, gar leicht bevölkert werden; von diesen letztern sind auch bis jetzt viele noch nicht bekannt, wie aus den öftern Entdeckungen derselben, besonders in der südlichen Halbkugel, deutlich erhellet.

Die Ueberfahrt nach America von den östlichen Gegenden aus ist wahrscheinlich, weil zu allen Zeiten die Winde sehr günstig und bequem sind, indem ein jedes Fahrzeug, welches sich denselben von den südlichen Küsten von Europa, oder von Africa aus überläßt, nothwendig nach America zwischen den Wendekreisen in einer größern oder geringern Entfernung von der Linie kommen muß, und weder Compaß noch Kenntniß der Sterne, seinen Lauf darnach zu richten, nöthig hat, weil von den canarischen Inseln an, und weiterhin, die Winde, welche man Brisas nennt, aus Osten wehen. Da nun die beyden Theile von America den ganzen Strich der Erdkugel von den nördlichsten Gegenden an, bis zu denen, zu welchen die Entdeckungen gereicht haben, bis zum fünf und funfzigsten Grade in der südlichen Halbkugel einnehmen, mußte dasjenige Schiff, welches sich diesen Winden überließ, nothwendigerweise auf diese Gegenden stoßen. In den Zeiten, da die Erde anfieng von neuem bevölkert zu werden, war es ganz natürlich, daß die Menschen sich auf derselben auszubreiten und zu zerstreuen suchten, und von Lande zu Lande, eben so wie zu Schiffe, weiter giengen; hiebey ahmten sie, wie gesagt, dasjenige Schiff nach, welches alle Gattungen von lebenden Geschöpfen erhalten hatte, und ließen sich von den Winden und von den Strömen im Meere führen, eben so wie die Arche der Willkühr dieses Elements war überlassen gewesen, bis sie sich auf dem Lande niederließ. Denn obgleich die Arche durch die Hand Gottes, der sie veranstaltet hatte, geleitet wurde, hatten doch die Menschen, welche das, was sie sehen, nach-

nachzuahmen geneigt sind, schon genug an diesem Beyspiele, um sich nicht abhalten zu lassen, das zu unternehmen, wozu sie die Neugierde und die Absicht, die ganze Erde, um sich zu Herren derselben zu machen, einzunehmen, antrieb. Nachdem die Zeiten, da diese Reisen unternommen worden, verflossen waren, und als ihre Zeitgenossen sahen, daß keiner von denen, die weggeschifft waren, wieder kam, und man auch keine Nachricht hatte, wo sie hingekommen wären, ist es sehr natürlich, daß sie wegen des Erfolgs furchtsam wurden, und sich nicht entschlossen, neue Versuche zu unternehmen; eben so, wie man nicht Muth genug gehabt haben würde, dem Colo'n nachzuschiffen, wenn er von seiner ersten Reise nicht wieder zurückgekommen wäre, oder wenn man keine Nachricht erhalten hätte, daß er so glücklich gewesen wäre, neue Länder entdeckt zu haben. Bey dieser Muthlosigkeit hörte wahrscheinlich nicht allein die Begierde, sich in Gefahr zu begeben, auf, sondern auch die Veranlassung, große Schiffe zu bauen, fiel weg, und so gieng vielleicht die Kunst, sie zu bauen, verloren, bis nach Verlauf der Zeit man von neuem wieder dazu sich entschloß. So geschahe dieses durch die Argonauten, die, theils durch die Erbauung kleiner Fahrzeuge, theils einige aus dem Alterthume noch vorhandene Nachrichten ermuntert, und zu gleicher Zeit durch die Kenntniß der Sterne und des Laufs der Gestirne, und durch die schon damals in Griechenland vorhandenen Einsichten in die Astronomie unterstützt, anfiengen Seereisen zu unternehmen, und Schiffe zu erbauen, mit welchen sie mit Sicherheit und mit Kenntnissen zur Richtung ihrer Fahrt, die ganz verschieden von denen waren, welche die ersten Menschen haben konnten, die Meere durchsegelten.

Diejenigen, welche auf die erwähnte Art nach Indien gekommen seyn mochten, konnten aus eben den Ursachen,

sachen, die ihnen zu ihrer Hinreise günstig gewesen waren, nicht wieder zurückkehren, weil ihnen die Winde entgegen waren.

Man muß sich vorstellen, daß sie damals noch nicht vollkommen verstanden, sich der Segel zu bedienen, noch auch gehörige Kenntnisse in der Schifffahrt hatten, einen Weg zu nehmen, um dem Winde entgegen zu schiffen. Daher sahen sie sich genöthigt, in den ersten Ländern, die sie fanden, zu verbleiben, und mußten den Gedanken, daß einige davon hätten dahin zurückkehren können, woher sie gekommen waren, gänzlich aufgeben. Denn man kann annehmen, daß, da sie die Reise unternahmen, sie nicht vermutheten, daß das Land so weit, als sie hernach erfuhren, entfernt wäre, und daß es ihnen unmöglich werden würde, die Rückreise anzutreten.

Als sie daselbst angelangt waren, überdachten sie vielleicht die Länge der Zeit, die sie auf der Reise zugebracht hatten, und die Hindernisse, die sich ihrer Rückkehr entgegensetzten; alles dieses brachte sie zu dem Entschlusse, auf dem erstern Lande zu bleiben, welches natürlicher Weise die Inseln von Barlovento waren. Von da giengen sie wahrscheinlicherweise nach und nach in kleinen Schiffen bis an das feste Land von America, und daselbst machten sie sich zu Bevölkerern und zu Herren eines großen Welttheils, und behielten die Sitten und Gebräuche bey, die sie aus dem Lande, woher sie gekommen waren, mitgebracht hatten. Einige waren roh und wild, andre gelehrig und gesellig. Die erstern waren ohne Zweifel die, welche, so wie man noch jetzt wahrnimmt, in bergigen und waldigen Gegenden, wo sich wilde und schädliche Thiere in Menge aufhielten, wohnten; die andern hingegen waren diejenigen, welche sich in Gegenden niederließen, wo es weder Wälder noch Büsche giebt, dergleichen das niedrige Land in Peru, und die daselbst gelegnen sogenannten Valles

(Thäler) und der hohe Landstrich waren, wo ebenfalls keine Waldungen noch wilde Thiere anzutreffen sind.

Nunmehr ward für diejenigen, welche sich in America niedergelassen hatten, die Communication mit Europa und Africa von der östlichen Seite aus unmöglich. Es fehlte ihnen die Kenntniß, nach verschiedenen Rumben zu segeln, des Compasses, oder an dessen Stelle der Sterne; auch verstanden sie nicht, die Segel so einzurichten, daß die Schiffe fortkommen konnten, auch wenn der Wind nicht günstig war. Denn da sie zwischen den Wendekreisen es nicht möglich machen konnten, war es unumgänglich nothwendig, einen andern Weg zu suchen, wo der Wind nicht so beständig wie daselbst entgegen war; und dieses war für Leute, die sich bloß von dem Winde hatten forttreiben lassen, schlechterdings unerreichbar. Nachdem sie nun einmal daselbst waren, blieben diese Länder für die Bewohner der andern Welttheile eben so unbekannt, als sie vorher, ehe sie bevölkert worden, gewesen waren. Auf der westlichen Seite von America, und der östlichen von Asien, den Räuber-und philippinischen Inseln, zeigen sich eben dieselben Hindernisse, wo man nöthig hat, eine gewisse Höhe zu halten, um weniger widrige Winde zu finden. Daher waren sie von allen Seiten abgeschnitten und gezwungen, da zu bleiben, wo sie sich niedergelassen hatten, und vergaßen endlich mit der Zeit, daß es noch andre Länder außer denen, die sie bewohnten, gäbe.

Die Winde von der Linie an und etwas weiter nordwärts bis dahin, wo das südliche America sich erstreckt, auf der Südsee wehen ununterbrochen zu allen Zeiten, bis in eine Entfernung von achtzig bis hundert Meilen von den Küsten aus Süden gegen Norden; eben dieses thun sie vom May bis im November in

dem

dem Striche von der Linie an bis an die Küsten von
Panama'; in diesem letztern Striche kommen sie vom
December an bis in den May von Norden nach Süden, und pflegen so bis zum dritten Grade der Südbreite
zu wehen: diese nennt man Brisas. Eben dieses bemerkt man an den übrigen Küsten, welche sich herumwen-
den und Nordamerica ausmachen, und zuweilen von der
einen, zuweilen von der andern Seite stets mit denselben
fortlaufen. Daher ist es bey langen Ueberfahrten öfters nöthig, mit den Schiffen gegen den Wind zu segeln, und diejenigen Winde zu suchen, die den Gegenden, woher sie wehen, am wenigsten entgegen sind; und
dieses zu bewerkstelligen, wird Schifffahrtskunde und
Kenntniß der Meere unumgänglich erfordert. Alles
dieses fehlte jenen erstern Bevölkerern von America,
und folglich war es ihnen gänzlich unmöglich, daß sie
auf irgend einer Seite hätten wieder heraus kommen
können; denn wenn sie es auch versucht hätten, würden
sie die Winde sogleich an die nämlichen Küsten, von denen sie ausgelaufen waren, wieder zurückgetrieben haben, woferne nicht durch eine besondere göttliche Fü-
gung die Winde die ihnen gegebene gewöhnliche
Richtung verändert hätten. Daher, so wie es ganz
natürlich ist, daß ein jedes Schiff, welches sich von den
südlichen und westlichen Küsten von Europa, oder den
westlichen von Africa, ein wenig entfernte, auf die Inseln von Barlovento kommen würde, so übernatürlich
würde es seyn, daß Schiffe, welche von diesen letztern
aus sich dem Stoß der Winde überlassen wollten, nach
Africa oder Europa kommen könnten. Auch dieser
Umstand nöthigt, die Geheimnisse der göttlichen Vorsehung zu bewundern, welche die Arche auf den hohen
Cordilleras in America, die, als die höchsten auf der
Erde, am ersten sich wieder aus dem Wasser erhoben,
hätte können sich setzen lassen; allein sie fügte es nicht

so,

so, denn hierzu hätte nothwendig ein zweytes Wunder müssen verrichtet werden, wodurch bewirkt worden wäre, daß die Winde, welche nach der gewöhnlichen Ordnung in dem Raume der heissen Zone, und in den großen Meeren aus Osten nach Westen wehen, und in den übrigen Gegenden der Erdkugel ohne eine gewisse Beständigkeit nach den Jahrszeiten abwechseln, ihre Richtung verändert, und die entgegengesetzte von Westen nach Osten erhalten hätten: denn dieß wäre eben so viel gewesen, als einen Theil der Natur in der ihr angewiesenen Ordnung zu unterbrechen. Daher ward der Arche eine Stelle, sich niederzulassen, in dem ungeheuern festen Lande angewiesen, welches die drey übrigen Welttheile begreift: denn von diesen aus sollten Menschen und Thiere, ohne die natürliche Ordnung der Dinge zu stören, sich in denjenigen Welttheil verbreiten, der von den übrigen gänzlich abgesondert war.

Christoph Colo'n unternahm die Entdeckung von America zufolge der Nachrichten und Journale, die er von einem Piloten, den er in seinem Hause auf der Insel Madera aufgenommen, erhalten hatte, und woraus er sahe, daß in jenen Gegenden Land läge. Dieser Pilote war durch Winde dahin verschlagen worden. Ob man gleich nicht mit Gewißheit weiß, wie er diese Reise gethan hat, ist doch wahrscheinlich, daß, da er damals von den azorischen Inseln nach den Küsten von Portugall und Spanien schiffte, ihn auf einer dieser Reisen die Nordwinde verfolgten, und ihn in eine geringere Breite trieben, wo die Ostwinde beständig wehen, und daß, da er einmal in ihren Strich gekommen war, sie ihn fortflößen, so daß ihm kein Mittel übrig war, wieder dahin seinen Lauf zu nehmen, woher er ausgelaufen war, bis er endlich dahin kam, wo er zuerst Land entdeckte. Das Beyspiel dieses Seefahrers und des Colo'n, der ihm folgte, die in neuern Zeiten lebten, öffnen

einen

einen Weg, um einzusehen, daß ein Zufall, der sich zu
einer Zeit zutrug, wo man die Schifffahrtskunst ver=
stand, das lehrt, was in solchen Zeiten wahrscheinlicher=
weise geschehen konnte, da man sie noch nicht kannte.
So wie diese beyden Schifffahrer mit kleinen Schiffen
giengen, so hatten die, welche in den ältesten Zeiten nach
America kamen, wahrscheinlich Fahrzeuge von eben
dieser Art, oder vielleicht noch größere, ob sie gleich we=
niger Kenntnisse von der Schifffahrt hatten, und keine
von den Methoden kannten, auf Umwegen nach eben
den Gegenden zu schiffen.

Größtentheils die Zufälle, die Meeresströme, einige
Kenntniß von Astronomie, und die Regeln der Schiff=
fahrtskunst, lehrten diese beyden berühmten Schifffah=
rer einen Weg ausfündig machen, nach Europa zurück=
zukehren, indem sie durch die Canäle oder Engen, wel=
che die Inseln Barlovento machen, heraussegelten, und
eine Höhe hielten, nun andere Winde zu suchen, die von
denen verschieden waren, womit sie dahin gekommen wa=
ren. Denn sie wußten schon, daß vom acht und zwan=
zigsten bis dreyßigsten Grad nach Norden andre Win=
de als von eben dieser Breite an nach der Linie zu
herrschten; dieses konnten sie wissen, weil sie nach Ma=
dera und den Terceras, welche zwischen dem 32 und
40 Grade liegen, zu schiffen pflegten, und dabey die Er=
fahrung hatten, daß daselbst zu einigen Zeiten die Win=
de aus Norden, Nordwest und Westen weheten, zu an=
dern Zeiten zwar aus der entgegengesetzten Gegend ka=
men, allein nicht beständig und ohne Veränderung blie=
ben, wie in der Nähe der Wendekreise in der heissen
Zone geschieht. Sie verstanden überdem, die Hö=
hen nach den Sternen zu nehmen, und kannten alle die=
jenigen Regeln, welche nöthig sind, den Lauf der Schif=
fe dahin zu richten, wohin sie wollten. Bey diesen Ein=
sichten und Kenntnissen war es nicht schwer, den Weg
von da aus wieder zurück ausfündig zu machen, indem

II Theil. N sie

ſie diejenige Höhe hielten, wo ſie die Erfahrung gelehrt hatte, daß ſie die Winde finden würden, die ſie nach den Azoren, oder nach Europa zurückbrächten. Wenn der Erſtere von dieſen beyden nicht wieder zurückgekommen wäre, würde der andere keine Nachrichten erhalten haben, dieſe Reiſe darnach zu unternehmen. Und wenn dieſer letztere, nebſt ſeinen Gefährten, dort geblieben wäre, würde man in der Meynung von der Verwegenheit dieſer Unternehmung, wofür man ſie anfänglich, als er ſie antrug, hielt, beſtätigt worden ſeyn: denn man würde die Länder, die er aufzuſuchen vorgegeben hatte, für fabelhaft gehalten, und geglaubt haben, daß er auf der See umgekommen wäre. Es iſt wahrſcheinlich, daß dieſes der nämliche Fall, in Anſehung der Leute, die zuerſt dahin geſchifft waren, und derer, die der Zufall dahin getrieben hatte, geweſen iſt. Und die Folge hievon war, daß ganz America und ein Theil der groſſen Menge von Inſeln, die auf dem Meere liegen, auf dieſe Art bevölkert worden; denn wenn man unter der großen Anzahl von Inſeln einige unbewohnte gefunden hat, rührt dieſes wohl daher, daß eben der Zufall, der Leute auf diejenigen, die bevölkert ſind, führte, ſie von denen entfernte, die noch unbewohnt ſind, und wo keine Spuren ſich finden, daß ſie es geweſen wären.

Schiffe und die Schifffahrt ſind ſo alt, daß man keine Spur von dem erſten Anfange finden kann, wenn man ihn nicht in der Arche ſucht. Bey allen Völkern, und in allen Zeiten trifft man Schiffe und Schifffahrten an; einige bedienen ſich der Schiffe auf großen Strömen und auf kleinen Flüſſen, theils von einem Ufer zum andern überzuſetzen, theils längſt dem Strome derſelben, theils auch demſelben entgegen zu ſchiffen; andre bedienen ſich derſelben, auf Landſeen zu fahren, und darinnen zu fiſchen; andre wagen ſich damit weit entfernt von den Küſten ins Meer; und auf dieſe Art hat jedes Volk nach Beſchaffenheit der Gegenden, wo es ſich nie-

bergedergelassen hat und wohnt, seine Schifffahrt. Man bemerkt aber durchgängig, daß die Indianer die Ufer der Flüsse, Landseen und Meere vorzüglich zu ihren Wohnplätzen gewählt haben, weil sie die beste Bequemlichkeit zum Fischfange daselbst finden, wovon sie vornehmlich leben. Sie haben sich von jeher verschiedener Fahrzeuge von unterschiedener Form und Größe bedient, und haben sich mit dem Elemente des Wassers so vertraut gemacht, daß sie Amphibien zu seyn scheinen, indem sie sich ohne Furcht in schwachen Canots wagen, wohin kein Mensch ohne Ueberlegung sich wagen würde; sie sind nicht allein von Kindheit an geschickte Schwimmer, sondern auch im Wasser so lebhaft und munter wie Fische. Sie verfertigen ihre Fahrzeuge aus Stämmen von Bäumen von verschiedener Größe, aus Baumrinden, aus Blättern, aus Fellen von Seewölfen, und aus verschiedenen andern Materialien. Auf diesen wagen sie sich ins Meer, ohne Furcht vor den Wellen, und ohne Mistrauen in die Schwäche des Fahrzeugs, und fahren so weit als sie wollen, ohne sich durch die Wellen abhalten zu lassen. Auf einem bloßen runden Stücke Holze fahren sie auf den Fischfang aus, und beobachten das Gleichgewicht so geschickt, daß, obgleich das Stücke Holz sich herumdreht und herumgeworfen wird, sie dennoch nicht fallen, und man nicht merkt, daß sie sich mit dem Leibe bewegen. Im Fischen sind sie eben so behend, als sie bereit sind, ins Meer zu gehen. Wenn ihr Fahrzeug sich umkehrt, werden sie gar nicht dadurch außer Fassung gebracht, und schwimmend und im Wasser richten sie es wieder auf, und setzen sich wieder hinein. Man hat bemerkt, daß es eine allgemeine Regel ist, daß, je barbarischer, roher und uncultivirter die Menschen sind, desto kühner und geschickter sie im Wasser, und am besten desselben gewohnt sind.

Die Inseln Juan Fernandez in der Südsee liegen hundert Meilen von der Küste von Valparayso, welche

welche die nächste ist. Die See in diesem Zwischenraume ist, weil die Südwinde heftig und ununterbrochen daselbst wehen, unruhig und stürmisch, daher die Schiffe auf der Ueberfahrt von daher viel Mühe haben und leiden. Im Jahre 1738 oder 1739 befand sich ein Seefahrer dieser Meere, mit Namen Don Pedro Le Gu, daselbst, der wegen des Fischfangs, der dort sehr reichlich war, dahin sich begeben hatte. Er hatte die Mannschaft seines Schiffes in Canots, die er zu diesem Endzwecke mitgebracht hatte, damit beschäftigt. Jedes derselben hatte er mit drey bis vier Indianern besetzt, und hatte sie längst der Küste dieser Insel vertheilt, damit, wenn sie den Tag über gefischt hatten, sie des Nachts in den Hafen zurückkämen, wo die Fische eingesalzen und zubereitet wurden. An einem Tage ward ein Canot vermißt; allein er glaubte, daß es nach der Insel Fuera gegangen wäre, welche zwanzig Meilen ostwärts vom Lande liegt. Als er aber nach Verlauf einiger Tage dasselbe nicht wieder kommen sahe, ergab er sich darein, und glaubte, daß es verloren wäre. Als sein Fischfang zu Ende war, gieng er mit seinem Schiffe nach Valparayso, allein er erstaunte äußerst, als er die Indianer und das Canot daselbst antraf; diese, welche keine andere Veranlassung hatten, als den Verdruß, auf dieser öden Insel zu seyn, hatten den Entschluß gefaßt, nach dem festen Lande sich zu begeben, und zwar bloß mit den Rudern, die sie hatten; ohne weitern Vorrath von Wasser und Lebensmitteln, als den sie auf denselben Tag erhalten hatten, wagten sie diese Reise zu unternehmen, und sich den Gefahren kühn auszusetzen, ohne sich an das stürmische Meer zu kehren, welches, wie sie wohl wußten, sie unterwegens antreffen würden. Man könnte mehrere Beyspiele von dieser Art anführen, welche beweisen, wie aufgelegt die Indianer und die uncultivirtesten Nationen sind, dergleichen verwegne Unternehmungen zu versuchen.

Es

Es ist wahrscheinlich, daß auf eben die Art, wie heute zu Tage die Indianer und andre barbarische Nationen von einem Orte zum andern auf der See überfahren, auch damals, als dieser Welttheil bevölkert ward, dergleichen Seereisen und Ueberfahrten unternommen worden. Denn es ist nicht schwerer, noch so gefährlich von den canarischen Inseln nach den Inseln von Barlovento zu schiffen, als von Juan Fernandez nach Valparayso.

Die Entfernung der Insel Ferro unter den canarischen Inseln von Martinique beträgt achthundert Meilen, welche bey einer gewöhnlichen Fahrt in dreyzehn Tagen können zurückgelegt werden, wenn man drittehalb Meilen auf eine Stunde rechnet. Diese Reise kann auch, wenn es sich fügt, daß die Brisen etwas stärker als gewöhnlich sind, in noch kürzerer Zeit verrichtet werden; sie ist so leicht und bequem, weil die See gemeiniglich ruhig, helle und ohne Sturm ist, daß die Schiffe sehr schnell segeln, ohne sich kaum zu bewegen zu scheinen, da es hingegen bey der Ueberfahrt von Juan Fernandez nach Valparayso ganz anders beschaffen ist, und jene kann daher in Canots, ohne zu befürchten, daß sie umgeworfen werden, leichter als diese unternommen werden. Weil dieses Meer so ruhig und stille ist, hat es den Zunamen Golfo de las Damas erhalten. Wenn man nun annimmt, daß dieses Meer so sehr ruhig ist, besteht nur noch die dabey entstehende Schwierigkeit darinnen, wovon diejenigen, welche auf großen oder kleinen Fahrzeugen sich befanden, leben konnten: denn da sie sich nicht mit Lebensmitteln versehen hatten, und ihre Fahrt durch den Zufall war veranlaßt worden, muß man nothwendig glauben, daß sie keinen Vorrath von nöthigen Bedürfnissen mit sich genommen hatten. Man muß aber auch erwägen, daß rohe und wilde Völker, die in ihrer Lebensart keine gewisse Ordnung beobachten, zwey oder drey Tage ohne zu essen zuzubringen pflegen, und den Hunger auszuhalten gelernt, und ihre Natur dazu gewöhnt haben, und sich hernach, wenn sie Gelegenheit dazu finden, wieder schadlos halten, welches sie auch selbst, wenn sie sich auf dem Lande befinden, zu thun pflegen. Es scheint aber sehr natürlich und wahrscheinlich, daß ein Fasten von zehn oder eilf Tagen bey ihnen etwa das ist, was bey Nationen, welche ordentlich leben, und etlichemal des Tages zu essen gewohnt sind, ein Fasten von vier oder fünf Tagen seyn würde, dergleichen man oft bey verunglückten Schiffen gesehen hat. Aber auch dieses Fasten war nicht einmal nöthig: denn wenn die ersten Bevölkerer die Reise mit dem ausdrücklichen Vorsatze unternahmen, Länder zu entdecken und einzunehmen, war es nöthig, daß sie einen Vorrath von Lebensmitteln auf einige Tage mit sich nahmen, der eben nicht sehr groß seyn durfte, weil Leute, die nicht viel arbeiten, nicht so viel verzehren als civilisirte, welche schwere Arbeiten verrichten, und eine verhältnißmäßige Nahrung nöthig haben. Wenn man aber annehmen will, daß sie durch den Zufall dahin verschlagen worden, ist dieß wahrscheinlich zu einer Zeit geschehen, als sie auf den Fischfang ausgegangen waren, der damals, so wie noch jetzt, die einzige Veranlassung seyn konnte, in See zu gehen; und die wenigen Fische, die sie gefangen hatten, waren hinreichend für sie, einige Tage davon zu leben. Außerdem giebt es in jenen Meeren einen Ueberfluß von fliegenden Fischen, die in Schaaren oder großen Haufen eine weite Strecke fliegen, um den Dorados, Taburones und andern Fischen, die sie verfolgen, zu entfliehen, und wovon einige während ihres Flugs öfters in die Schiffe herunter zu fallen pflegen. Es giebt auch außerdem noch verschiedene andre Fische; und an einer geringen Portion derer, die sie fangen konnten, hatten sie genug, sich so lange damit zu erhalten, bis sie ans Land kamen; also war in allen Fällen keine Schwierigkeit, daß sie die ersten von jenen Inseln

seln erreichen konnten, wo sie sich wegen des auf ihrer See=
reise ausgestandenen Fastens schadlos halten konnten.

Auch noch jetzt pflegen die Indianer, ob sie gleich civi=
lisirt sind, die Fische, wenn sie eben in den Netzen gefangen
sind, und am Ufer springen, lebendig und roh zu essen; und
dieses ist so gemein bey ihnen, daß sie, indem sie fischen, zu=
gleich ihre Mahlzeit halten. Diese Gewohnheit haben sie
wohl ohne Zweifel von alten Zeiten her beybehalten, und
man kann daraus abnehmen, daß es ihnen bey allen Arten
von Zufällen weit leichter ist, sich zu erhalten, als solchen
Personen, welche nöthig haben, ihre Speisen beym Feuer
zuzurichten. Auf diese Weise genossen, ist der Fisch nahr=
hafter für sie, und erregt weniger Durst, daher sie weniger
zu trinken brauchen, als wenn die Speisen mit Salz, mit
Fettigkeiten, oder andern Ingredienzien, die man den Ge=
schmack zu reizen hinzufügt, zubereitet sind.

Wenn man behaupten will, daß die Menschen in
jenen Zeiten sich von nichts, was Leben hatte, nährten, son=
dern bloß von Kräutern, Wurzeln und Früchten lebten, so
folgt daraus nothwendig, daß die Bevölkerer von Ameri=
ca ausdrücklich in der Absicht ihre Reise unternahmen,
Land zu entdecken: denn alsdenn hatten sie keine andre Ver=
anlassung, sich auf die See zu begeben, indem die Fische zu
ihrer Nahrung zu fangen wegfällt; in diesem Falle aber
mußten sie auch unumgänglich einen auf eine gewisse be=
stimmte Anzahl von Tagen hinreichenden Vorrath von Le=
bensmitteln einschiffen; die längere Dauer der Reise, in
Rücksicht auf den mitgenommenen Vorrath, darf keinen
Zweifel erregen, weil es sich vielleicht zuweilen zutragen
konnte, daß die Nothwendigkeit sie Fische essen lehrte, wozu
sie bis dahin nicht gewöhnt waren. Es ist noch ein anderer

sind, und viele andre Inseln zu bevölkern, mußten die ersten Bewohner derselben nothwendig zur See dahin kommen, weil sich schlechterdings kein Weg denken läßt, wie sie es auf eine andre Weise hätten thun können; und dieses beweist, daß in jenen Zeiten es allgemein war, Reisen von dieser Art zu unternehmen, wobey einige das Glück hatten, eher als andre Land zu finden. Die beyden Theile von America im Ganzen betrachtet, machen, so viel als man bis jetzt weiß, eine Insel aus; und gesetzt dieses wäre nicht so, und daß es in Norden mit Europa, oder mit Asien zusammenhienge, muß dieses in so weit entfernten Gegenden seyn, welche wegen des äußerst kalten Klima, und wegen des Eises und Schnees, wo fast kein Geschöpf leben kann, unbewohnbar und unzugänglich sind. Alle diese Gründe zusammengenommen, scheinen keinen Zweifel übrig zu lassen, daß die erstern Einwohner zu Wasser dahin gekommen sind. Dieses ist auch um so viel natürlicher, wenn man der Analogie hierinnen folgen will. Denn da Gott zum Mittel der Erhaltung der verschiedenen lebenden Geschöpfe die Arche, die ein großes Schiff war, gewählt hatte, welche, der Willkühr des Wassers und der Winde überlassen, ohne Schaden erhalten ward, bis jenes sich gesetzt hatte, scheint es natürlich, daß die Länder, welche ihre Einwohner verloren hatten, durch eben dieses Mittel wieder bevölkert wurden. Er gab also den Menschen ein, dieses zu unternehmen, und zum Modell die Arche, in welcher die Menschen und Thiere auf so wunderbare Art erhalten wurden. Dieses Wunder war eben so, wie die Schöpfung, ein Werk seiner Allmacht, und einer der bewundernswürdigen Beweise, die er der Welt von seiner unendlichen Weisheit und unerforschlichen Anstalten gab, und wodurch seine Barmherzigkeit das wiederherstellte, was der Arm seiner Gerechtigkeit vernichtet hatte.

Einige
Anmerkungen und Verbesserungen
der Nachrichten des Verfassers von den Producten
des südlichen und nordöstlichen America

von

J. G. Schneider.

Verzeichniß der Silberbergwerke im 14 Kapitel.

Zuerst nennt Ulloa die Bergwerke in der Provinz Castro Virreyno. In der Reise, wo Ulloa S. 451 das Corregimiento dieses Namens beschreibt, erwähnt er davon nichts, vermuthlich weil nicht mehr darinne gearbeitet wird; eben dieß gilt von dem Corregimiento Vilcas-Guaman, welches Ulloa S. 450 beschreibt. — Von dem Corregimiento Guanta führt er S. 449 an, daß die dasigen Silberbergwerke sonst sehr ergiebig waren, aber jetzt in großen Verfall gerathen sind. Nur beyläufig wird angemerkt, daß daselbst eine Bleygrube im Gange ist.

Bey Angaraez erwähnt die Reise nichts von einem Bergwerke; das Silbererz Machacado oder Platablanca, weiß Silber, beschreibt Barba also I. Kap. 22: In den Bergadern wird das Silber oftmals weiß und fein gefunden, und gleichsam als Drath oder Fäden in dem Gesteine in einander geflochten, welches die Spanier Metal machacado oder gediegen Silber heißen. Eben diesen Namen geben die Spanier dem Kupfererze, wo das Metall gediegen und gleichsam wie Drath gewunden sich zeigt, wie Barba im 29ten Kapitel anmerkt. Eigentlich bedeutet Machacar im Spanischen zerbrechen, zermalmen. Frezier sagt S. 206: Es giebt einige Stuffen weiß und grau mit röthlichen oder bläulichen Flecken vermischt; dieß nennen die Spanier Platablanca. Die Erzgruben zu Lipes geben meistens dergleichen. Insgemein erkennt man mit dem Auge etliche Silberkörner, ja öfters gar kleine Aeste in den Schichten des Gesteins liegen.

Von Lupanes sagt Ulloa in der Reise S. 452: Man trifft auch in dem Lande viel Silberbergwerke an. Diese sind beständig so ergiebig, daß sie sehr viel zum Reichthume des Königreichs Peru beytragen.

Von Chucuito heißt es S. 476: In allen Bergen dieser Provinz werden Silberadern gefunden, die ehemals sehr ergiebig gewesen, jetzt aber ganz eingegangen sind.

Das Silberbergwerk zu Huantajoya in dem Corregimiento Carangas, ist vermuthlich mit in der allgemeinen Beschreibung der Provinz begriffen, welche Ulloa S. 469 seiner Reise gegeben hat. Es heißt daselbst: In dem Lande findet man viele Silberadern, worinne beständig gearbeitet wird. Eine darunter, welche den Namen Turco führt, ist deswegen berühmt, weil sie Weißgüldenerz in sich enthält, welchen Namen die Bergleute solchem Erze beylegen, woran sich die Silberadern deutlich zeigen, so daß sie in dem Steine, worinnen sie sich befinden, ein artiges ineinander laufendes Gewebe vorstellen. Solches Erz ist ordentlich das reichhaltigste. Andere Bergwerke, die zwar nicht so ergiebig, aber doch besonderer und merkwürdig sind, werden in den Sandwüsten dieses Landes gefunden, welche gegen die Küsten der Südsee zu liegen. Wenn man hier in den Sand hineingräbt, so findet man Stücken Silber, die ganz allein liegen, so, daß man hier sonst keine Ader noch andre Steine antrifft, auser dem wenigen, was an dem Silber hängt, oder damit vermischt ist. Man nennt solche Stücken Papas, weil man sie fast auf eben die Art herausholt, wie man die also genannten Wurzeln ausgräbt. (In der folgenden Stelle schreibt er ihren Ursprung dem Ausbruche des unterirdischen Feuers zu.) Diese silbernen Papas haben völlig das äußerliche Ansehen von geschmolznem Silber; an der Oberfläche hängen die Erdtheilchen, welche wenig oder gar nicht damit vermischt sind; und daraus bestätiget Ulloa ihre Entstehung durch Feuer. Solche geschmolzene Klumpen Silber werden an verschiedenen Orten eines Platzes gefunden, und ordentlich findet man nicht viele an einem Orte beysammen. Barba I. Kap. 29 sagt, daß in der Landschaft Carangas neben dem Silberbergwerke einige Berge liegen, welche voll Kupfer sind, und el Turco heißen. — Das spanische macizo heißt, vest, maßiv.

Larecaxa. In der Reise spricht Ulloa bloß von den dasigen Goldgruben S. 475. Jaraca erwähnt er gar nicht. Von den Bergwerken in der Provinz Caylloma heißt es daselbst S. 460: Sie sind zwar schon vor langen Zeiten entdeckt worden, und man hat sogleich nach der Entdeckung angefangen, darinne zu arbeiten; indessen geben sie doch noch immer sehr gute Ausbeute. In dem vornehmsten Orte gleiches Namens findet man daher eine königliche Kasse, worüber zween Beamte gesetzt sind, welche die Einnahme des Fünften, und die Austheilung des Quecksilbers besorgen müssen.

Von Oruro sagt die Reise S. 468: Es finden sich hier häufige Gold-und Silberadern. Die erstern sind zwar schon zu den Zeiten der Incas entdeckt worden; man hat aber sehr wenig darinne gearbeitet. Die Silberbergwerke sind noch immer, wie sonst, so berufen, daß das ganze Land wegen der Schätze, die man daraus bekommen hat, überall bekannt ist. Jetzt sind sie einigermaßen und zwar nicht wenig in Verfall gerathen, weil viele davon mit Wasser bedeckt worden sind, und aller Fleiß verschiedener Bergwerksverständigen nicht zureichend gewesen ist, das Wasser aus der Teufe abzuleiten. Diejenigen Bergwerke, welche jetzt die meiste Ausbeute geben, befinden sich auf dem Popo, einem Gebirge, welches ohngefähr 12 Meilen von der Stadt abliegt. Barba sagt I. Kap. 28. daß die drey großen Berge St. Christoph, Pie de Gallo, und la Flamenca, in dem Gebiete Panna zusam-

zusammen die Bergwerke ausmachen, welche die Spanier Oruro nennen.

Von den vielen aber vergeblichen Versuchen, welche man gemacht hat, um Silberminen in Tucuman zu entdecken, spricht auch Falkner S. 54. — Das Wort Manto' ist ein Ausdruck der spanischen Bergwerkskunde, welchen Barba I. Kap. 25 also erklärt: Obschon das Wort Gang oder Ader (Veta) ein allgemeines Kunstwort ist, das allen Orten, die Metall in sich haben, gegeben wird, so wird es doch in der eigentlichen Sprache der Bergleute denen Gängen zugeeignet, welche schnurgleich hinabfallen, oder, welches gebräuchlicher ist, von dem Horizont streichen. Und diese Gänge, welche gerade in den Grund streichen ohne einige merkliche Depreßion von dem Horizonte, nennen sie Manto (einen Mantel). Beyde Arten Gänge werden gewöhnlich gefunden, wiewohl gar gemeiniglich die Bergwerke, so gearbeitet werden, diese sind die niederwärts gehen. Die Gänge, welche am seltsamsten unter allen gefunden werden, sind diejenigen, welche Sombreros (Hüte) heißen, oder Hauptgänge; das ist, wenn die Metalle über einem Klumpen beysammen gefunden werden, in was Menge und Weite sie wollen, von dannen die Gänge streichen, entweder niederwärts oder seitwärts. Es werden also nach dieser Erklärung die Mantos des Ulloa schmale Flöze seyn, welche auf der Oberfläche hinstreichen; da hingegen die Minen, welche nach dem Original en vetas entre caxas formales gehen, vermuthlich solche Gänge ausdrückt, welche zwischen ordentlichen Lagern von Gesteine streichen. In der Reise S. 355 ist es durch zwischen Gesteinen und Wänden übersetzt worden. — Barba I. Kap. 22 erklärt das Wort Caxa auf diese Weise: Die Steine, so zwischen den Metallen gemeiniglich gezeigt werden, und die Caxas oder Behältnisse heißen, dienen zur Leitung oder zu Röhren, darinne die unterirdische Wärme einander begegnet — was zwischen den Behältnissen sich vereinbart,

das

das wird eine Ader oder ein Erzgang genennet. Im 13 Kapitel nennet Barba unter dem Gesteine, welches mit dem Metall ausgehauen wird, auch Caxas, welches leere Steine übersetzt ist.

Die Texos von Gold nennet Acosta 4. Kap. 4. Texos oder Barretas, kleine Barren oder Stangen von Gold; Texo heißt im Spanischen der Taxbaum. Diese kommen so, wie die Piñas nicht eher in den Umlauf des Handels, bis sie den Fünften erlegt, und in den königlichen Kassen geschmolzen, und von dem übriggebliebenen Queck-silber gereinigt worden, wornach sich das eigentliche Gewichte und Güte äußert. Es wird also mit dem königlichen Stempel sowohl die Mark als auch die Karate auf der Piña und dem Texon angezeigt. Das Goldwägen geschieht nach Frezier S. 139. mit Castillans. Ein Castillan ist der hundertste Theil eines spanischen Pfundes. Er theilt sich in acht Tomines, daß also sechs Castillans und zwey Tomines eine Unze ausmachen; zu merken, daß nach spanischem Gewichte $6\frac{1}{2}$ pro Cent weniger als nach dem französischen Münzgewichte herauskömmt. Die Güte oder das Schrot des Goldes wird nach Quilates oder Karaten abgenommen, da denn das allerfeinste von 24 Karaten, und nicht höher ist. Die deutlichste Stelle ist bey Frezier S. 205. Die Piña ist eine außerhalb den Erzgruben verbotene Waare, und man ist durch die Gesetze des Königreichs verbunden, sie in die königliche Kasse oder Münze zu liefern, um dem Könige das Fünftheil davon zu bezahlen. Hier schmelzt man dieses Silber zu Klumpen, und schlägt das Wapen der Krone, den Ort, wo es verfertigt, sein Gewicht und Haltung, sammt dem Schrote des Silbers darauf. Man ist allezeit sicher, daß diese also bemerkten Klumpen unverfälscht seyn; mit den Piñas oder Zapfen aber nicht. Denn diejenigen, welche sie verfertigen, thun bisweilen in die Mitte Eisen, Sand oder andre Dinge, damit sie besto schwerer werden. — Was Cobo sey, erhellet aus Frezier S. 141.

S. 141. Die Goldgewerken sind privilegirt, so daß man sie Schulden halber nicht angreifen darf; und dem Könige wird vom Golde nur der zwanzigste Theil bezahlt, welcher den Namen Covo von einer Privatperson führt, welcher der König von Spanien diese Gnade erwiesen; maßen man vorher wie noch jetzt vom Silber den Fünften erlegen müssen. Der Zehnte findet erst seit 1737 beym Silber statt; und seit 1761 ist auch der Fünfte vom Quecksilber aufgehoben, wie Ulloa im vorigen Kapitel versicherte. Zufolge dieser Abschaffung des Fünften, und einiger darauf folgenden Nachlassungen im Preise, wird das Quecksilber, welches vormals der Zentner noch zu 80 Pesos verkauft ward, nun vom Könige für 60 geliefert. *Campomanes* Educat. popul. II. 132. Eben dieser Schriftsteller schätzt die ganze Ausbeute der amerikanischen Bergwerke auf 30 Millionen Pesos, welche H. Robertson II. S. 597. auf 7,425,000 Sterlinge berechnet, wovon also der königliche Fünfte 1,485,000 Pfund Sterlinge sich belaufen würde, wenn er richtig bezahlt würde. Davon aber müssen die Kosten der Regierung, welche die Hälfte betragen, erst abgezogen werden, um das reine Einkommen des Königs zu bestimmen. — Außer den von Ulloa angeführten Gelegenheiten, welche den Unterschleif mit den Silberzapfen begünstigen, führt Frezier S. 200 noch eine an, nämlich, daß man sich mit den Corregidoren abfindet, und so im geheimen die Zapfen nach dem Hafen von Arica bringt.

Die Aviadores beschreibt Ulloa in der Reise S. 466 also: »Außer dieser Handlung findet man auch noch hier die Aviadores. Gewisse Kaufleute bringen nämlich gemünztes Silber nach Potosi; sie versehen damit diejenigen, welche Bergwerke bauen, zu ihren nöthigen Ausgaben, und nehmen dafür Silberzapfen. Die übrigen Kaufleute, welche Waaren in die Bergstädte bringen, und dieselben gegen Silberzapfen vertauschen, werden also die sogenannten Rescatadores seyn. Bey diesem Handel geht

viel

viel Betrug vor, und deswegen ist dabey eben so grosse Vorsicht nöthig. Man muß daher die Piñas auf und glühend machen; denn wenn das Silber verfälscht ist, so wird es vom Feuer schwarz oder gelb, oder leichter flüßig. Diese Probe dient auch, um die Feuchtigkeit auszuziehen, die sie an den Orten, wo man sie ausdrücklich, um ihr Gewichte zu vermehren, hingesetzt hat, in sich gesogen haben." Man kann, wie Frezier S. 206 versichert, ihr Gewicht um ein Drittheil vermehren, wenn man sie ganz glühend im Wasser abkühlt. — Die Wäsche (Lavas) wird hernach erklärt werden.

Was die Zwangdienste der Indianer anbelangt, welche Mitas heißen, so setzt Frezier S. 189 ihre Dauer auf ein ganzes Jahr, wenn er sagt: "Auf königlichen Befehl müssen die benachbarten Kirchspiele jährlich eine gewisse Anzahl Indianer nach Potosi senden, um in den Bergwerken zu arbeiten. Man nennet es Mita. Die Corregidors schicken sie recht am Frohnleichnams-Feste fort. Die meisten nehmen Weib und Kinder mit, die aber gewiß mit weinenden Augen und sehr ungerne daran gehen. Dem ungeachtet giebt es unter ihnen viele, welche, wenn das Jahr ihrer Schuldigkeit um ist, ihre Wohnungen vergessen, und zu Potosi zu bleiben gewohnen." Bayer erzählt S. 191. daß im Monat Julius alle Cazifen der Provinz von Chucuito mit ihren Indianern auf dem großen Markte erscheinen müssen, welche das Jahr die Ordnung trifft, nach Potosi zu gehen, um allda in den Silberminen zu arbeiten, weil zur nämlichen Zeit alle in Gegenwart des Gouverneurs die Musterung paßiren müssen, um alsdann mit ihren Capitänen von dannen ihre Reise nach Potosi fortzusetzen.

Nach den königlichen Verordnungen, welche Herr Robertson II. S. 430 anführt, darf in Peru die Zahl derer, welche zu diesen Diensten genommen werden, nirgends den siebenten Theil der Einwohner eines Bezirks übersteigen. In Neuspanien, wo die Indianer zahlreicher sind,

II. Theil.   O   werden

werden von Hunderten jedesmal vier zum Dienste ausgehoben, welcher daselbst Tanda heißt. Jede Mita bleibt sechs Monate bey der Arbeit, und erhält einen täglichen bestimmten Lohn, den Ulloa angiebt, und Robertson auf zwey Schilling Sterling rechnet. Kein Indianer, der über dreyßig englische Meilen weit von einer Mine wohnt, ist unter der zum Baue derselben gebrauchten Mita oder Abtheilung mit begriffen. Auch werden die Einwohner des flachen Landes nicht gezwungen, aus jenem warmen Klima auf die kalten hohen Erzgebirge zu ziehen, noch dadurch dem unvermeidlichen Tode ausgesetzt. In Neuspanien wird hingegen niemand zum Dienen in einer größern Entfernung als 24 Meilen weit von seiner Wohnung ausgehoben. Die Ursache dieser Ungleichheit, welche für die Peruaner sehr drückend ist, läßt sich nicht angeben. Doch weit mehr leiden sie von der gänzlichen Uebertretung des königlichen Gesetzes. Denn oft werden sie genöthiget, in Bergwerken zu arbeiten, die 150 und sogar 200 Seemeilen weit von ihren Wohnungen abliegen. Ja um den Minen, welche in einsamen und unfruchtbaren Gegenden weit entfernt liegen, Arbeiter zu verschaffen, haben die Könige von Spanien in manchen Fällen von der Beobachtung ihrer eignen Gesetze dispensirt, und den Unterkönigen erlaubt, die Einwohner weiter abgelegener Provinzen mit Gewalt nach diesen Minen zu ziehen. Escalona Gazophylacium Peruv. I. cap. 16. Man hat diese Gedrückung dadurch lindern wollen, daß den Unterkönigen befohlen ward, sie möchten die Indianer im Guten dahin zu vermögen suchen, daß sie sich in irgend einer den Bergwerken nähern Gegend niederließen.

Gegen die Meynung des Ulloa, daß die Arbeit in den Bergwerken den Indianern nicht schädlich an ihrer Gesundheit sey, führt Robertson II. S. 576. die schriftlichen Zeugnisse zweyer spanischen Schriftsteller an, welche versichern, daß allenthalben, wo Bergwerke gebauet werden, die Zahl der Indianer abnehme, da hingegen in den

Pro-

Provinzen von Campeachy, wo es keine Minen giebt, die Zahl der Indianer seit der Eroberung um mehr als ein Drittheil zugenommen hat. Ja sogar versichert Juan Gonzalez de Alzevedo im Jahre 1609, daß um die Bergwerke in Peru herum die Indianer auf die Hälfte, und an einigen Orten auf ein Drittheil der Zahl, welche man daselbst im Jahre 1581 gefunden hatte, herabgeschmolzen seyn.

Noch eine andere Anmerkung des Frezier S. 353. bestätiget einen Theil der Nachricht des Ulloa. Es heißt: „Es ist nicht zu verwundern, daß die Indianer mit den ihnen bekannten Gold- und Silberadern so geheim thun, weil sie die Mühe haben, das Erz zu graben, und nichts davon genießen. Sie sind aber auch allein darzu geschickt, die Neger hingegen untauglich, weil sie alle darinne umkommen. Gedachte landeseingeborne Indianer sind stark vom Leibe, und unsäglich mehr zur Arbeit abgehärtet, als die Spanier. Zudem halten die Letztern die Arbeit einem Weißen für schimpflich. Ein Mensch mit weißem Gesichte zu seyn, ist eine Ehre, welche die Europäer von aller Arbeit der Hände freyspricht. Hingegen dürfen sie sich nicht schämen, Krämer abzugeben, und mit ihrem Bündel auf der Straße herum zu laufen." Man sieht hieraus deutlich, daß der alte spartanische Geist, wenigstens in Ansehung der Faulheit zur Arbeit, doppelt und dreyfach auf den Spaniern ruht, und sie auch nach Amerika begleitet hat.

Der Ausdruck und Name des Silbererzes Paco soll im Folgenden erklärt werden, so wie auch der andere, wenn es heißt: los cuerpos disparan. Um den Grund der Klagen und der Vorwürfe, welche Ulloa den spanischen Arbeitern in den amerikanischen Bergwerken über die ungeschickte Behandlung der Erze, und den dadurch verursachten großen Verlust des Quecksilbers macht, einzusehen, muß man das Verfahren, wie es im Folgenden soll beschrieben werden, erwägen. Die unglaublich großen

Fehler, welche beym amerikanischen Bergbau begangen werden, hat schon ehemals Alonso Barba sattsam entdeckt und aufgeklärt; aber es ist vermuthlich seit seiner Zeit so geblieben, wie es war, obgleich hier und da einige seiner Vorschläge und Verbesserungen mögen eine Zeit lang befolgt und nachgeahmt worden seyn, bis ein neuer Entrepeneur wieder mit der alten Methode anfieng. Ohne Zweifel meynt auch Ulloa den Alonso Barba am Ende des Kapitels; denn dieser hat den spanischen Bergleuten genug Regeln gegeben und gewiesen, wie sie das Quecksilber nach Beschaffenheit der Erze entweder gar nicht, oder mit geringem Verluste beym Zugutmachen anwenden sollen. Auch Herr Bowles giebt die Möglichkeit zu, daß die Spanier mit der Zeit einen gänzlichen Mangel an Quecksilber leiden können, und die Silbergruben in Peru in Gefahr stehen, einmal völlig einzugehen; denn schon seit einigen Jahren muß die Grube zu Almaden, welche sonst nur allein die Bergwerke in Mexico mit Quecksilber versahe, auch eine große Menge davon nach Peru schicken, wo die Ausbeute der Mine zu Guancavelica nicht mehr zureicht. Bowles Introduction à l'histoire naturelle de l' Espagne S. 48.

Nun will ich die Nachrichten und Beschreibungen von dem Silberbergwerke von Potosi nachholen, und damit die Beschreibung von der dasigen Gruben- und Hüttenarbeit verbinden, welche den übrigen Bergwerken zum Muster gedient hat, und von verschiedenen Schriftstellern noch am allervollständigsten erklärt worden ist.

Zuerst will ich die Beschreibung des Joseph de Acosta hersetzen, aus dem vierten Buche im 6ten und folgenden Kapiteln, welche die meisten nachfolgenden Schriftsteller nachgeschrieben, und verschiedentlich verstümmelt oder verunstaltet haben. So ist z. E. die Nachricht, welche Brückmann in seine Magnalia T. II. p. 1097 aus dem Hugo von Linschotten eingerückt hat, äußerst fehlerhaft, obgleich alles aus dem Acosta genommen ist. Das berühmte

rühmte Gebirge Potosi in der Provinz Charcas im Königreiche Peru ist von der Aequinoctiallinie nach Süden zu 21⅔ Grade entfernt, so daß es innerhalb der Wendekreise am äußersten Ende des heißen Erdgürtels liegt. Dem ungeachtet ist es sehr kalt, und noch mehr als Altcastilien und Flandern, da es doch nach der Höhe des Pols billig gemäßiget oder warm seyn sollte. Die Kälte rührt von der großen Höhe, und von den kalten Winden, welche das Gebirge von allen Seiten bestreichen, vorzüglich dem kalten und ungestümen Tomahavi, welcher in den Monaten May, Junius, Julius und August hier herrscht. Das Land ist trocken, kalt, unangenehm und völlig unfruchtbar, bringt weder Kraut noch Frucht hervor, und ist also von Natur unbewohnbar. Aber der Reiz des Silbers und die Begierde der Menschen nach diesem Metalle, hat eine solche Menge von Menschen hieher gezogen, daß nicht leicht ein volkreicherer Ort im ganzen Reiche anzutreffen ist. Alle Bedürfnisse und Bequemlichkeiten des Lebens findet man daselbst im Ueberflusse, denn von allen Seiten führt man die Waaren herbey. Das Gebirge hat eine dunkelrothe Farbe, und sieht artig aus, weil es nach Art eines Pavillon oder Zuckerhutes gebildet, sehr jähe ist, und über alle herumliegende Berge herrscht. Der Weg hinauf ist sehr beschwerlich, doch kann man ihn ganz zu Pferde machen. Oben läuft der Berg in eine runde Spitze aus; unten an der Neigung hat er eine Meile im Umfange; von der Spitze bis an den Fuß sind 1624 Barac, welche den vierten Theil einer spanischen Meile betragen. Unten am Abhange ist ein Hügel, worinne in alten Zeiten einige Gruben von loosem Erze waren, welches sich gleichsam in Beuteln, nicht aber in ordentlichen Gängen zeigte; sie waren sehr reich, obgleich an der Zahl wenig; man nennet diesen Hügel Huaynapotosi, oder den jungen Potosi. (Den großen Berg aber nennen die Indianer Hatunpotosi, den Vater Potosi; so sagt G. de Vega, welcher das 24 und 25ste Kapitel des achten Buchs

Buchs sonst fast wörtlich vom Acosta entlehnt hat.) Bey diesem Hügel fangen die Wohnungen der Spanier und Indianer an, welche sich hier niedergelassen haben, um an der Arbeit und an den Schätzen von Potosi Theil zu nehmen. Der ganze Flecken wird ohngefähr zwey Meilen im Umfange haben; daselbst ist der größte Zusammenlauf und Handel von ganz Peru. Die Minen in diesem Gebirge sind von den Incas nicht bearbeitet worden, wohl aber die von Porco, sechs Meilen weit von Potosi. Vermuthlich wußten sie von diesen Gruben nichts; denn die andre Ursache, welche man anführt, ist eine Fabel. Erst zwölf Jahre nach der Ankunft der Spanier entdeckte man dieß Bergwerk auf folgende Art. (Alles dieß giebt G. de la Vega zu, und dennoch erzählt er so viel von der Art, wie die Indianer ehemals das Silbererz von Potosi zu schmelzen suchten. Er setzt ebenfalls das Jahr 1545, und gleichwohl sagt er: quatorze ans après que les Espagnols eurent conquis ce pais.) Ein Indianer Namens Gualpa von Chumbibilca in Cuzco-gebürtig, verfolgte einige Gemsen (venados, überhaupt Wild). Diese liefen gerade nach dem Berge zu, welcher damals überall mit den Bäumen Chinua genannt, und anderm Gebüsche bewachsen war. Der Indianer setzte ihnen nach, und da er an einen etwas steilen und rauhen Weg kam, der auf den Berg führte, so hielt er sich an einen Ast an, und riß durch seine Schwere den Baum aus, dessen Wurzel just auf der Ader stand, welche hernach die Reiche (Rica) hieß. An der Wurzel und in der Höhle, welche sie zurückließ, bemerkte er als ein Bergwerksverständiger ein reichhaltiges Erz, und in der Erde über der Ader fand er Stücken Erz, welche sich von der Ader losgerissen hatten, aber durch Sonne und Wasser ganz unkenntlich geworden waren. Diese nahm er mit nach Porco, um sie im Feuer zu probiren; und als er ihre Güte bemerkte, gieng er hin, und grub heimlich auf dem Berge nach, ohne einen Menschen etwas davon merken zu lassen. Dieß

daurete

aurete so lange, bis ein Indianer aus dem Thale Xau-a, Namens Guanca, bemerkte, daß das Erz, welches Gualpa ausschmolz, ganz verschieden von dem zu Porco war, ferner daß dieser daraus größere Stangen erhielt als er, und sich überhaupt in bessern Umständen befand als ehemals. Er drang so lange mit Bitten in ihn, bis ihn dieser mit auf den Berg nahm, nachdem er beynahe zwey Monate den Schatz allein genossen hatte. Hier sagte er ihm, er möchte nun eine andre Ader für sich nehmen, welche er ebenfalls entdeckt hätte. Diese Ader lag neben der Reichen, und heißt jetzo die Ader des Diego Centeno; sie war eben so reichhaltig als jene, nur war das Erz etwas härter zu bearbeiten. Nach diesem Vergleiche giengen sie zu Hause. Nach der Hand fand Guanca viele Schwierigkeiten bey der Behandlung des Erzes, weil es sehr hart war; und da ihn Gualpa nicht wollte an seiner Ader Theil nehmen lassen, so entzweyeten sie sich, und die Folge davon war, daß Guanca seinem Herrn Villaroel, einem Spanier, der in Porco wohnte, den ganzen Handel entdeckte. (Zarate Découverte du Perou VI. Kap. 4. nennt die Stadt Plata, und so findet man daselbst mehrere Abweichungen, welche nichts in der Hauptsache ausmachen.) Dieser Villaroel gieng zuvor hin, und versicherte sich erst von der Wahrheit des Berichts; hierauf ließ er den Guanca ins Register eintragen, und bestach mit ihm den Gang, welcher Centeno heißt. Bey Bergwerken nennt man dieß bestechen (estacarse), wenn sich jemand diejenige Anzahl Varas abzeichnet, welche das Gesetz denen zugesteht, welche eine Mine entdecken oder bearbeiten wollen. Dadurch werden sie Besitzer von der Grube, wenn sie zuvor der Obrigkeit Anzeige gethan haben, und von der Ausbeute dem Könige den Fünften bezahlen. Kurz, den 21sten April 1545 ward in dem Bergamte zu Porco zuerst die Mine von Potosi angezeigt und in die Register getragen. Wenige Tage darauf entdeckte man die andre Ader, welche zwar sehr reiches, aber auch

unge-

ungemein hartes Erz gab. Sie heißt das Zinnbergwerk (Mina de l' Estaño). Den 31 August im nämlichen Jahre ward die Ader Mendieta in die Register eingetragen; und diefes sind die vier hauptsächlichsten Adern von Potosi. Von der Reichen sagt man, daß das Gestein eines Spießes hoch, wie Felsenstücke aus der Erde hervorgeragt, und 300 Fuß in der Länge und 13 in die Breite betragen habe. Man will sagen, daß diese Geschiebe von der Wasserfluth entblößt worden seyn, und wegen ihrer Härte allein der Macht und Stärke des Wassers widerstanden haben. Das Erz war so reichhaltig, daß es die Hälfte Silber gab; dieß dauerte bis man 50 bis 60 Klaftern in die Tiefe kam, wo man den Abfall merkte. Dieß ist der Inhalt des sechsten Kapitels des Acosta, welchen Ulloa ganz in seine Reise S. 465 übergetragen hat; die Verschiedenheit des Namens Guaka und Gualpa, welche er bemerkt, ist bloß Verschiedenheit der Schreibart. Die allgemeine peruanische Sprache hat kein G, deswegen braucht sie -ɤ statt dessen, welches die Spanier in ihrer Sprache durch G ausdrücken, wie in Huaca, Guaca. Der Name Guaka statt Gualpa ist wahrscheinlich bloß durch einen Druckfehler entstanden. Ferner sagt Ulloa, daß die zuerst entdeckte Grube Descubridora heiße. — Im folgenden 7ten Kapitel fährt Acosta so fort: Man ersieht aus den königlichen Rechnungsbüchern, welche auf dem Bergamte liegen, was auch sonst glaubwürdige Männer bezeugen, daß zu der Zeit, als Polo Gouverneur war, also ziemlich lange nach der Entdeckung, alle Sonnabende 150,000 bis 200,000 Pfund den Fünften bezahlt haben, welcher also 30 bis 40,000 Pfund betrug, und im ganzen Jahre anderthalb Millionen, oder etwas weniger. Hierbey ist noch zu merken, daß in dieser Rechnung nur dasjenige Silber begriffen ist, welches den Fünften bezahlte und das Zeichen der Mark erhielt. In Peru aber weiß jedermann, daß von langer Zeit her der Gebrauch gewesen, daß man das Silber, welches

ches sie gangbar nannten, nicht quintirte noch markte;
und diejenigen, welche diese Minen kennen, versichern, daß
zu der Zeit eine große Menge Silber, die in Potosi gewonnen ward, nicht quintirt worden ist, sonderlich das
Silber, was unter den Indianern und Spaniern gangbar war, so wie es auch noch zu meiner Zeit geschah.
Daher ist glaublich, daß der dritte Theil von den Reichthümern in Potosi, ja vielleicht gar die Hälfte, nicht ist angegeben und verzollet worden. — Das Bergwerk zu Potosi hat, obgleich einige Gruben über 200 Klaftern tief
sind, niemals vom Wasser gelitten; dahingegen zu Porco
dieses Hinderniß verursacht hat, daß man die Arbeit daselbst ganz aufgegeben hat. Kurz, seine katholische Majestät hat heutiges Tages ein Jahr in das andre eine Million nur allein von dem Fünften aus den Gruben zu Potosi, ohne das Einkommen vom Queckilber und andre königliche Rechte mitzurechnen. Einige erfahrne Leute haben berechnet, was man an Fünften an die Kas-
se zu Potosi bezahlt hat, obgleich die ersten Bücher nicht
mit der Ordnung und Deutlichkeit gemacht sind, als
jetzo zu geschehen pflegt, da man noch das Gewichte nach
der römischen Wage bestimmte: aber durch die vom Vicekönig Don Francisco de Toledo im Jahre 1564 angestellte
Berechnung hat sich gefunden, daß die Quinten bis auf
das gedachte Jahr vom Anfange an 76 Millionen machten; und aus den königlichen Büchern kann man erweisen, daß sie von 1564 bis 1585 inclusive 35 Millionen be-
trugen. So daß also das Silber, was den Fünften bezahlt hat, vom Anfange bis 1585 in allem 111 Millionen
Pesos ensayados beträgt, den Peso zu 13 Realen und einem Quartillo gerechnet. Hierbey wird des Silbers, so
den Fünften nicht bezahlt hat, gar nicht gedacht; deßglei-
chen wird auch nicht mitgerechnet, was den Fünften bey
andern Kassen abgetragen hat, und endlich alles das viele
Silber, welches gangbar war und nichts bezahlt. Diese
Berechnung schickte man zu meiner Zeit dem Vicekönig in

Peru von Potosi zu; und seit der Zeit ist der Reichthum gestiegen, den man durch die Flotten aus Peru erhalten hat; denn auf den beyden Flotten, welche 1587 aus Peru und Mexico kamen, waren 11 Millionen, wovon beynahe die Hälfte dem Könige zugehörte, und wovon zwey Drittel allein von Peru eingekommen waren. — Kap. 8. Das Gebirge von Potosi hat vier Hauptadern, wie schon oben gesagt worden ist; diese befinden sich auf der Morgenseite gegen Sonnenaufgang, auf der Seite nach Westen aber keine. Die Adern streichen von Norden nach Süden, und sind oft 6 Fuß mächtig; die schmalsten haben einen Palmo. Von den Hauptgängen gehn noch verschiedene kleinere wie Aeste von einem Steine ab. (Ulloa sagt in der Reise: Die gedachten vier Hauptadern befinden sich auf der nordlichen Seite des Berges, und streichen von Norden nach Süden mit einer kleinen Neigung gegen Westen. Nach der Meynung der Bergwerksverständigen in diesem Königreiche sind diejenigen Adern, welche einen solchen Strich halten, die reichsten, und man findet in denselben das Silber in dem größten Ueberflusse. Ulloa folgte hier dem Alonso Barba, I. Kap. 25. welcher sagt: Wenn es erlaubt ist, in dieser neuen Welt und einem entgegengesetzten Klima neue Regeln aus der Erfahrung bey den reichen Bergwerken zu Potosi zu machen, so wollte ich die erste Stelle des Reichthums denen Gängen zueignen, welche gegen Mitternacht und Mittag auf der mitternächtlichen Seite des Gebirges streichen, welchen Punkt des Compasses, mit einer gar kleinen Abweichung gegen den Abend, die vier vornehmsten Bergwerke dieses Gebirges beobachten, nämlich Centeno, welches das ehemalige Descubridora war, das reiche, das Zinnoberbergwerk und Mendieta. Die andre Stelle wollte ich den Gängen geben, welche gegen Mitternacht und den Mittag an der Mittagsseite des Gebirges streichen. Ein Punkt, der mit dem Compaß parallel ist, darunter die besten Gänge des Bergwerks Oruro streichen.) Jeder Gang hat verschiedene

schiedene Gruben oder Felder, die zu ihm gehören, und meistens den Namen der Personen, welche sie besitzen, führen. Die größte Grube hat 80 Varas, und größer darf keine nach dem Gesetze seyn; die kleinste 4 Varas; sie gehn alle bereits sehr tief. Auf dem reichen Gange rechnet man 78 Gruben, welche an einigen Stellen 180, an andern gar 200 Klaftern in die Tiefe gehn. Der Gang Centeno hat 14 Gruben, deren etliche 60 auch 80 Klaftern tief sind; und so verhält es sich mit den übrigen. Zum Behuf dieser großen Tiefe hat man Stollen (Socabones) angebracht, oder Löcher, die von der einen Seite des Gebirges bis zu den Adern hingehen. Man muß aber wissen, daß die Gänge zwar von Norden nach Süden streichen, aber sich von der Spitze gegen den Fuß senken, welches nach einiger Meinung 1200 Klaftern beträgt; noch sechsmal so viel rechnet man bis auf den Grund, welcher als der Stamm und Quell von allen Adern am reichsten seyn soll, wie einige versichern. Bis jetzt hat man aber das Gegentheil davon erfahren; denn je tiefer die Ader geht, je ärmer wird das Erz. Um demnach die Mine mit weniger Mühe, Kosten und Gefahr zu bearbeiten, hat man Stollen gemacht, wo man bequem aus- und einfahren kann. Diese sind 8 Schuhe breit und mehr als eine Lachter hoch; werden mit Thüren verschlossen, und dadurch zieht man das Erz heraus. Man bezahlt dem Eigenthümer des Stollen den Fünften von allem gewonnenen Erz. Es sind schon 9 Stollen fertig, und immer werden neue angelegt. An dem Baue des Stollen, welcher del Venino heißt, und zur reichen Ader geht, hat man bereits 29 Jahre gearbeitet; man hat daran im Jahre 1556, also eilf Jahre nach der Entdeckung der Mine, angefangen, bis zum Jahre 1585 am ersten April, wo er fertig geworden ist. Dieser Stollen erreichte die reiche Ader in einer Tiefe von 35 Klaftern; von da an bis auf die Tiefe der Gruben sind noch 135 Klaftern. So tief mußte man hinunterfahren, um in den Gruben zu arbeiten. Der ganze Stollen hält vom Eingange bis zur Ader, welches man den Kreuzweg nennt, 150 Varas, an welchen man die gedachten 29 Jahr gearbeitet hat. — In den Gruben arbeitet man bey Lichte, und die Arbeiter, welche den Tag über gearbeitet haben, werden abgelöst und ruhen die Nacht über aus. Das Gestein ist sehr hart, und wird mit Schlägel und Eisen gewonnen. Das klein gemachte Erz wird hernach auf den Leitern heraufgetragen. Diese Leitern sind von drey Stricken von Ochsenleder, die wie dicke Seile zusammengedreht sind, gemacht, darzwischen mit eingespannten Stecken, wie Sprossen, so daß zu gleicher Zeit einer herauf und der andere heruntersteigen kann. Diese Leitern haben 10 Klaftern in der Länge; wo die eine aufhört, stößt eine andre von der nämlichen Länge daran; und dabey findet man eine Art von Absatz, wo ein Ruheplatz von Holz gebaut ist: denn der Leitern, welche man heransteigen muß, sind sehr viel. Der Mann trägt eine Last von 2 Arroben auf den Schultern in der Manta, welche vorne auf der Brust zugebunden ist. So steigen immer drey und drey auf, und halten sich mit beyden Händen an. Der vorderste trägt ein brennend Licht an dem Daumen gebunden. —(Kap. 9.) Die Ader oder der Gang geht ordentlicherweise zwischen zweyerley Gesteine fort, welches man die Caxa nennt, wovon das eine sehr hart, wie Feuerstein, das andre aber weich und leichter zu brechen ist. Das Erz in der Mitten ist sich nicht alles gleich, denn es giebt darunter armes und sehr reiches. Zu dem letztern gehört das Erz, welches man Cacilla oder Tacana nennt. Das reiche Erz in diesem Gebirge hat die Farbe vom Ambre; ein andres sieht mehr schwärzlich aus, noch andres roth, aschenfarbig, und was dergleichen Abänderungen der Farben mehr sind. Die Bergleute wissen die Reichhaltigkeit sogleich aus den Flecken, Aederchen und andern Kennzeichen zu beurtheilen. Alles gewonnene Erz wird von den peruanischen Kamelschaafen in die Mühlen getragen. Das reiche wird durchs Schmelzen zu gute gemacht, in den Oefen, welche Guayras heißen. Es hält mehr Bley als die andern, und eben dieses erleichtert die Schmelzarbeit; aus eben dieser Absicht schlagen die Indianer beym Schmelzen noch das Erz Soroche zu, welches sehr viel Bley hält. Im Feuer setzen sich unten die Schlacken; das Bley schmelzt mit dem Silber; dieses schwimmt oben auf, und wird zu wiederholten Malen geläutert. Aus dem Quintalerz erhält man durch das Schmelzen 30, 40 bis 50 Pesos Silber. Man hat mir Erze gezeigt, welche 200 auch 250 Pesos auf den Quintal gaben; aber dergleichen Erze sind sehr selten. Das arme Erz giebt gewöhnlich 2, 3, 5, 6 oder nicht viel mehr Pesos auf den Quintal; dies ist meistentheils trocken und ält kein Bley, daher kann es auch nicht durch Feuer zu ute gemacht werden. Es lagen daher zu Potosi große aufen von diesem armen Erze, welches man für den Ausuß von dem reichen ansah und nicht schätzte, bis die ugutemachung mit dem Queckfilber eingeführt ward. enn da erhielt man aus diesen verworfenen Halden (desontes) unermeßliche Reichthümer. Die Verquickung hickt sich eben für dies arme und trockene Erz, und es rzehrt weniger Quecksilber, als das reiche. Heutiges ages wird das meiste Silber zu Potosi, Cacatecas und ben übrigen Bergwerken in Neuspanien durch Quecksilr zu gute gemacht. — In alten Zeiten standen auf der öhe des Potosi, an dem Abgange und auf den Hügeln rum mehr als 6000 Schmelzöfen (Guayras), welche y der Nacht, wenn gefeuert ward, von ferne eine schöne leuchtung machten. Jetzt werden höchstens noch 2000 chmelzöfen zu finden seyn; weil, wie gesagt, alles durch Verquickung verrichtet wird. (Von der alten Schmelzbeit der Indianer giebt Ulloa im 24 Kap. §. 15. und . eine sehr unvollständige Nachricht. Am erstern Orte int er die alten Schmelzöfen Guairas, am zweyten r Cayana, wobey er anmerkt, daß bis jetzt die Oefen, die Silberzapfen fein geschmolzen werden, denselben

Namen

Namen führen. Die Verschiedenheit in der Benennung der Oefen muß wohl daher kommen, daß eines von den Worten spanisch, das andere indianisch ist. Laet (De origine gentium americ. p. 33.) hält Guaira für spanisch. Zarate hingegen sagt I. Kap. 8. ils nomment ces fourneaux Guayras, comme qui diroit le vent; nach ihm also ist es ein indianisch Wort. Etwas umständlicher ist G. de la Vega 8 B. 25 Kap. wo er sagt, daß die Indianer ihr Silbererz aus dem großen Potosi nahmen, aber anfangs nicht wußten, es zu gute zu machen, weil das Silber, anstatt zu schmelzen, im Feuer verflog. Sie fielen hernach darauf, das Silbererz mit Bley zu beschicken und so zu schmelzen. Vom Bleyerz hatten sie in dem kleinen Potosi eine Grube entdeckt. Der Versuch gelang, und sie nannten daher das Bley Gurachec, das flüßig macht. Sie beobachteten dabey eine gewisse Proportion, welche sie durch Erfahrung gelernt hatten. Das beschickte Erz schmolzen sie in tragbaren Oefen aus, aber ohne Gebläse: denn sie fanden, daß auf diese Weise das Silber nicht zum Schmelzen konnte gebracht werden. Sie giengen also bey Nacht auf die Berge und Hügel und suchten solche Stellen aus, wo der Zug des Windes für ihre Absicht bequem schien. (Deswegen kehrten sie die Oeffnung der Oefen nach dem Mittage, von welcher Seite der dort so häufige Südwind kommt. So sagt Zarate I. Kap. 8. den man auch IV. Kap. 4. S. 215. nachsehen kann.) Hier verrichteten sie die erste Schmelzarbeit; zu Hause fuhren sie hernach damit so lange fort, bis das Silber geläutert war. Dabey bedienten sie sich gewisser Blaseröhre von Kupfer. Die Indianer arbeiteten Anfangs allein in den Gruben, und schmolzen auch das Erz aus; aber hernach verrichteten die Spanier die Schmelzarbeit allein. Sie sannen auf neue Hülfsmittel, und machten also große Bälge, womit sie das Feuer in den Oefen unterhalten wollten. Als diese Erfindung nichts half, so ersannen sie Maschinen und Räder mit Segeln, wie Windmühlen, welche

che von Pferden gezogen wurden. Aber auch diese Erfindung glückte ihnen nicht, und sie kamen endlich zu der alten Methode der Indianer zurück, welche sie bis auf die Zeit der Einführung der Verquickung beybehielten. — Noch ist eine andere Stelle beym Acosta IV. Kap. 5., welche über die Schmelzarbeit der Indianer einen Aufschluß giebt. Die Silbergruben, sagt er, finden sich meistens auf Hügeln und rauhen und wüsten Gebirgen, ob man gleich auch einige in der Tiefe und in Ebenen antrifft. Das Silbererz findet man entweder loose (in Geschieben, sueltas minas, loose Minen), oder in ordentlichen Adern oder Gängen. Die Geschiebe bestehn aus Stücken Erz, welche vor sich allein liegen. Gänge nennt man, wenn das Erz in die Länge und Tiefe fortstreicht, wie große Aeste von einem Baume. Gemeiniglich trifft man ihrer mehrere neben einander an. Die Indianer machten das Silber durch das Schmelzen zu gute. Sie brachten das Erz ins Feuer, welches die Schlacken absondert, und das Silber vom Bley, Zinn, Kupfer und dem übrigen Gemische scheidet. Zu dieser Absicht brauchten sie kleine Oefen, welche in Peru Guayras heißen; diese heizten sie mit Holz und Kohlen, und ließen den Wind stark hineinblasen. — Es giebt einiges Erz, welches mit Feuer nicht kann zu gute gemacht werden, sondern blos durch die Verquickung. Dieß sind gemeiniglich die armen Erze, welche die größte Menge ausmachen. Sonderbar ist es, daß es einige Erze giebt, welche mit dem Gebläse nicht können in Fluß gebracht und geschmolzen werden, sondern einen natürlichen Windzug verlangen; dahingegen andre besser mit Gebläse können geschmolzen werden. Es läßt sich das Erz aus den Gruben zu Porco leicht auf die letztere Art schmelzen, dahingegen das Erz aus den Minen zu Potosi nicht anders als mit Beyhülfe eines natürlichen Windzugs kann ausgeschmolzen werden. Es ist schwer einen Grund von dieser Verschiedenheit anzugeben, aber doch ist sie durch lange Erfahrung bestätiget. — Zuletzt will ich noch die Stelle des Frezier S. 207. hersetzen.

hersetzen: Aus solchen Bergadern bekamen die Indianer ihr Silber, weil sie, da bey ihnen das Queckſilber nicht wie bey den Europäern im Brauche war, nur ſolche Gänge bearbeiteten, davon man das Erz ſchmelzen konnte. Weil ſie auch wenig Holz hatten, heizten ſie ihre Schmelzöfen mit dem Icho und dem Kothe der Llamas oder anderer Thiere; und zwar ſetzten ſie dieſelben auf die Berge, damit der Wind das Feuer in ſeiner Kraft unterhalten möchte. Dieß iſt das ganze Geheimniß, wovon die peruaniſchen Geſchichtſchreiber ſo viel Weſens als von einem Wunderwerke machen.

Nun ſind noch die Namen der Erze zu erklären, welche Ulloa und Acoſta anführen. Das erſte heißt Paco. Frezier S. 207 ſagt: Das rothgelbe Paco iſt ſehr weich und mürbe, ſelten aber reich, und man gräbt es nur deswegen, weil es nicht ſonderliche Mühe koſtet. Barba ſagt II. 3 Kap. Pacos, in der allgemeinen Sprache des Landes, heißt ſo viel als eine rothe Farbe; und von ſolcher Farbe, mehr oder weniger, ſind die Steine, welche ſie Metal Paco nennen, wiewohl man in Berenguela de Pacages auch die grünen Kupfererze mit eben dem Namen belegt, welchen ſie auch in dieſen Landen den Metallen von jeder Farbe geben, zum Unterſchiede der Metalle, welche gleich wie Stahl oder Glas glänzen, und der andern, welche Negrillos heißen. — Tacana, ſo ein reiches Erz und gemeiniglich ſchwarz iſt, obgleich auch einiges grün und aſchenfarbig iſt, welches ſie Llipta nennen, gehört zu den Erzen Pacos; ingleichen das Bley (denn alſo nennen ſie das Silbererz), welches vielmal ſchwarz, grau, aſchenfarbig, grün, weiß und gelbbraun iſt, das ſie Suco nennen; und in dieſem letztern Jahre ward in dem Gebirge Potoſi deſſen gefunden von einer glänzenden lebhaften Zimmetfarbe oder gar feinem Mennig, welches in keinem andern Bergwerke nicht geſehen worden. — Die Soroches könnten die vierte Gattung Metall geben; ich bin aber auch der Meynung, daß ſie mit unter den Negrillos

begriffen

begriffen werden, wie auch die Roßicler oder Rothgüldenerz, das reichste Metall, so die Natur in der Gestalt eines Steins hervorgebracht hat; es ist glänzend und brüchig, und wenn dessen Pulver mit etwa einem harten Dinge fein gestoßen wird, so ist es an der Farbe wie ein reines Blut, und gleicht völlig dem Zinnobererze. — Cochico ist von derselben Art, ein sehr reiches gediegenes Erz, aber nicht so brüchig und locker als das Roßicler, hält aber mehr Bley, und läßt sich nicht so leicht zu Pulver stoßen, giebt auch nicht eine so blutrothe Farbe. — Die Soroches sind schwarz oder aschenfarbig, ohne allen Glanz (welches sie todt Bleyerz nennen, Soroches muertos, I. K. 31.) und halten gemeiniglich etwas Silber. Tacana ist ein festes dichtes Silbererz von schwarzer Farbe ohne allen Glanz. Polvorilla ist Tacana, so nicht coagulirt noch Stein ist, aber reich in dem Erz Pacos; bey den Negrillos hingegen nicht so, wegen der Vermischung des Kupfers. Roßicler und Cochico unterscheiden sich durch den Glanz, welcher ihre eigentliche Farbe verbirgt. — Die Negrillos, welche einen Glanz haben, wie polirter Stahl oder ein Spiegel, und deswegen Espejado und Acerado heißen, sind desto reicher, je näher sie dem Roßicler und Cochico gleichen. — Pacos, welches nicht glänzt, gehört eigentlich für das Queckfilber. Tacana kann auch durch Queckfilber fein gemacht werden, weil es aber ein so reiches Erz ist, daß es nicht ganz rein kann ausgezogen werden, sondern ein Theil in den Schlacken bleibt, so ist es besser, es mit Bley zu schmelzen. Das sogenannte Bleyerz, wenn es gar grob ist, läßt sich nicht gut stoßen, und hängt auch nicht fest an dem Queckfilber, daher ist es am besten, es mit dem Tacana zusammenzuschmelzen. Das Machacado wird am besten mit dem Hammer zertheilt; Soroches hat das Feuer nöthig; Roßicler und Cochico müssen wie Tacana geschmolzen werden. Die Negrillos erfordern beydes Feuer und Queckfilber. — S. 146. das Feuer vermehrt in Röstung der Negrillos (schwarzen Erze) den Vitriol dermaßen, daß man nothwendig andre Materialien zu Röstung derselben gebrauchen muß. —— S. 156. Soroches ist ein Erz, welches Bley und Schwefel hält. Das Erz Soroche beschreibt Frezier S. 207. also: Es glänzt wie Marienglas, ist aber gemeiniglich schlecht, und giebt wenig Silber.

Ich übergehe die übrigen Silbererze, deren Namen und Erklärungen man beym Frezier S. 206 —— 208. Bayer. S. 176. beym Barba hin und wieder, und endlich beym Bowles Introduction à l' hist. nat. de l' Espagne S. 59 und S. 326 findet.

Von dem Reichthume und der Ausbeute der Silbergruben zu Potosi giebt Ulloa in seiner Reise S. 467. noch eine Berechnung aus Don Gaspar de Escalona, welcher in seiner peruanischen Schatzkammer S. 193 versichert, man habe bis ins Jahr 1638, wie er gewiß wisse, aus diesem Bergwerke dreyhundert und fünf und neunzig Millionen und 619,000 Pesos Ausbeute bekommen. Nun beträgt die ganze Zeit von der Entdeckung an 93 Jahre; folglich kommen auf jedes Jahr vier Millionen 253,043 Pesos. Jetzt erhält man, setzt Ulloa hinzu, zwar nicht so reiche Ausbeute, wie sonst, indessen ist sie doch ziemlich ansehnlich. Das Verhältniß des Quecksilbers zu dem gewonnenen Silber giebt er nach dem A. Barba an, welcher 1637 sein Buch geschrieben hat. Dieser sagt, seit dem Jahre 1574, in welchem man in den dasigen Bergwerken angefangen hat, das Silbererz vermittelst des Quecksilbers zu schmelzen, bis auf die Zeit, da er sein Buch schrieb, habe man in die königliche Kasse zu Potosi 204,700 und noch mehr Zentner Quecksilber gebracht, ohne die große Menge desjenigen zu rechnen, welches durch Unterschleif eingeführt worden ist. Nun beträgt diese Zeit 63 Jahre, folglich auf jedes Jahr kommen 3249 Zentner. In der deutschen Uebersetzung des Barba, Frankfurt 1726. lautet es ganz anders, als Ulloa

Ulloa sagt. Es heißt dort: Sie begonnen das Quecksilber, welches nach Potosi auf des Königs Rechnung kam, im Jahre 1574 erst aufzuzeichnen. Und von der Zeit an bis 1640 hat man dessen bekommen über 204,600 Zentner, nebst der gar großen Menge, welche außer Ordnung in andre Rechnungen gebracht worden. Wegen dieser großen Abweichung kann diese Stelle nicht zur Entscheidung über das streitige Jahr von der Einführung der Amalgamation gebraucht werden; aber auch das Verhältniß des verbrauchten Quecksilbers zum gewonnenen Silber kann daraus nicht zureichend und gewiß bestimmt werden. Denn die Menge des erforderlichen Quecksilbers hieng in den ersten Zeiten sowohl von dem verschiedenen Gehalte der Erze, als der weniger oder mehr geschickten Behandlung derselben ab. Ulloa sagt selbst a. a. O. „Vor einer gar kurzen Zeit, nach welcher man in der Kunst das Silber zu schmelzen etwas weiter gekommen ist, und nicht mehr so viel Quecksilber darzu braucht, mußte man auf jegliche Mark Silber eine Mark Quecksilber rechnen, vielmal auch noch mehr, wenn die Hüttenarbeiter nicht genugsam geschickt und erfahren waren." Worinne nun eigentlich die Verbesserung der Hüttenarbeit bestanden habe, sagt Ulloa nicht, obgleich dieses ein sehr wichtiger Punkt für den wißbegierigen Leser war.

Zuletzt will ich, bevor der ganze Proceß der Verquickung erklärt wird, zur Erläuterung der kurzen Nachricht des Ulloa von den Pochwerken zu Potosi, welche durch das gesammelte Regenwasser in einem großen See getrieben werden, die Beschreibung des Acosta aus dem 13 Kap. des 4ten Buchs hersetzen, und mit des Frezier seiner vergleichen. Das Erz wird zuvor gemahlen, um das Quecksilber besser aufzunehmen; dieß geschieht auf Pochwerken von verschiedener Art. Einige werden wie die Roßmühlen von Pferden gezogen, andere aber durch das Wasser getrieben, wie Wassermühlen; von beyden Arten findet man eine große Anzahl. Weil man aber zu Potosi ge-

mehrglich kein anderes Waſſer als Regenwaſſer hat, ſo
kann man nur drey Monate im Jahre mit Waſſer mahlen, nämlich im December, Januar und Februar. Man
hat Teiche angelegt, welche im Umkreiſe auf 1700 Varas
haben, und drey Klaftern tief ſind. Es ſind deren ſieben, welche durch die angebrachten Thüren geöffnet, und
die Feyertage zugeſchloſſen werden. Wenn in einem regen-
reichen Jahre die Teiche ſehr anſchwellen, ſo kann man wohl
6 bis 7 Monate daraus mahlen; daher beten die Leute
dort um ein gut Regenjahr nicht zum Brode, wie ſonſt
geſchieht, ſondern zum Silber. Dergleichen Pochwerke
giebt es zu Tarapaja, einem von Potoſi drey oder vier
Meilen entlegenen Thale, welches einen Fluß hat, und ſo
an mehr Orten, nur mit dem Unterſchiede, daß einige 6.
andre 12 bis 14 Pocher haben. Das Erz mahlt man
in Mörſern, worein man immer Tag und Nacht Erz ſchüt-
tet, und das gemahlene herausnimmt, um es zu ſieben.
Am Ufer des Stroms zu Potoſi, ſtehn 48 Pochmühlen
von 8, 10 und 12 Pochern; auf der andern Seite, Ta-
nacahuho genannt, ſtehn noch vier andere. Im Thale
Tarapaja ſind 22 Pochmühlen. Außer dieſen giebt es zu
Potoſi noch 30 Roßmühlen, und andre noch außerhalb
Potoſi. — Dieſe Beſchreibung iſt ſehr unzulänglich, aber
mehr unterrichtend iſt die Nachricht, welche Frezier S.
138 von den Mühlen bey dem Goldbergwerke zu Tdul
giebt, die ebenfalls wegen des Mangels am Waſſer im
Sommer vier Monate unbrauchbar ſind. Dieſe Mühlen,
ſagt er, ſpaniſch trapiches, ſind faſt auf eben die Art gemacht, als in Frankreich und anderwärts die Maſchinen
das Obſt zu mahlen. Sie beſtehen aus einem Troge
oder großen runden Steine, von 5 bis 6 Schuhen im
Durchſchnitte, aus einem zirkelrunden und anderthalb
Schuh tiefen Canal oder Rinne ausgehöhlt. Dieſer Stein
iſt in der Mitten durchlöchert, damit eine Welle durchkann,
an der unten ein wagrechtes Rad iſt, mit halben Schaufeln,
an welche das Waſſer ſchlägt, daß das Rad und der
Stein

Stein herumläuft. Durch dieses Mittel läßt man in dem zirkelrunden Canal einen aufrechtstehenden Mühlstein, so auf die Walze des großen Rades paßt, herumlaufen. Dieser letztere Stein heißt la Volteadora, der Dreher. Sein gewöhnlicher Durchschnitt ist 3 Schuh 4 Zoll, und die Dicke 10 bis 15 Zoll. Mitten durch ihn geht eine Achse in den großen Wellbaum, und indem dieser ihn wagrecht umtreibt, zerdrückt und zermalmt er das aus der Bergader gegrabene Erz, welches man dort Metal nennet. — S. 182 erwähnt er der Mühlen, welche ingenios reales, oder Stampfmühlen heißen, womit man zwölfmal so viel als mit den Tropiches, nämlich 10 Caxons, den Tag über wird mahlen können. Hierbey muß angemerkt werden, daß die Spanier jede Maschine Ingenio nennen, also auch die Zucker- und Pulvermühlen, obgleich die erstern gewöhnlich Tropiches heißen. Daher heißen also die Stampfmühlen Ingenios reales, welche Frezier S. 201 also beschreibt. Sie haben wie unsre Gypsmühlen Stämpfel, und bestehn insgemein in einem Rade von 25 bis 30 Schuhen im Durchschnitte, dessen verlängerte Achse mit stumpfen Dreyecken versehen ist, welche im Herumgehen sich in die Zapfen der eisernen Stämpfel einhaken, und sie zu einer gewissen Höhe aufheben, von der sie bey jeglicher Herumwälzung des Rades auf einmal herabfallen; und weil sie insgemein bey 200 Pfund schwer sind, so ist ihr Fall so heftig und stark, daß sie bloß mit ihrer Schwere das härteste Gestein zerstoßen und zu Staub machen. Folgends siebt man diesen Staub durch eiserne oder kupferne Siebe, das Klärste davon zu bekommen, und das Grobe wieder auf die Mühle zu schütten. Findet sich unter dem Silbererz etwa ein anderes, welches verhindert, daß es nicht zu Staub werden kann, zum Beyspiel Kupfer, so wirft man es in den Schmelzofen, und stampft es nachgehends von neuem. In den kleinen Bergwerken, wo man sich nur der Mühlen mit einem Mühlsteine bedient, mahlt man am öftersten die Erze mit Wasser,

daß

daß ein flüßiger Schlamm daraus wird, den man in ein Behältniß oder Grube laufen läßt. Hingegen wenn man sie trocken mahlt, muß man sie nachher einweichen, und eine lange Zeit tapfer mit den Füßen treten. —— Man hat also nasse und trockne Pochwerke. Die erstern sind die, die gemeiniglich Tropiches heißen, und unter einem herumgetriebenen Mühlsteine das Erz zermalmen. Bayer beschreibt sie, wie alles, was er sahe, obenhin S. 176.

Nun endlich die Art der Verquickung, wie sie Acosta 4 B. 12 K. beschreibt, womit ich hernach die spätern Nachrichten vergleichen werde. Man verbraucht zu Potoß gewöhnlich im Jahre sechs bis siebentausend Quintal Quecksilber zur Bereitung der Erze, ohne die Summe zu rechnen, welche man aus den Hefen zieht, die von der ersten Wäsche übrig geblieben sind. Diesen Grund, den man Lamas nennet, brennt und bereitet man in Oefen, um das zurückgebliebene Quecksilber daraus zu erhalten. In der Gegend von Potoß und Tarapaja sind an 50 solche Oefen. Die Menge der Erze, welche jährlich bereitet werden, beläuft sich nach der von erfahrnen Leuten gemachten Berechnung über 300,000 Quintal, aus deren übriggebliebenen Hefen man noch über 2000 Quintal Quecksilber zieht. Man muß bemerken, daß die Erze von verschiedener Beschaffenheit sind: einige haben viel Silber, und verzehren wenig Quecksilber; andre dargegen geben wenig und verzehren viel; wiederum andere geben viel, und verzehren viel, und so im Gegentheile. Nach der Beschaffenheit des Erzes richtet sich der Gewinn oder Verlust beym Bergbaue. Gewöhnlicherweise verzehrt das ergiebige Erz, woraus man viel Silber bekömmt, auch viel Quecksilber, und so umgekehrt. Das Erz wird zuvor unter den Stempeln in den Ingenios gemahlen; hierauf wird es, wenn es gut zerstoßen ist, durch kupferne oder eiserne Siebe geschlagen, welche in Tag und Nacht, wofern sie gehörig eingerichtet und gestellt sind, 30 Quintal fördern und ein sehr feines Mehl geben. Dieses Mehl bringt

bringt man in die Behältnisse unter einem Hofe (caxones de buytrones), wo man zu 50 Quintal Mehl immer 5 Quintal Salz schüttet, um damit das Mehl zu beitzen, und von den anklebenden Unreinigkeiten zu scheiden, damit das Queckſilber das Silber beſſer faſſen kann. Hierauf drückt man darüber aus einem Tuche von Cannevas das Queckſilber, welches wie ein Thauregen herabläuft, während daß man das Erz immer unter einander rührt, damit es durchaus von dem Queckſilber beträufelt werde. Ehe die Feuerhöfe (buytrones de fuego) erfunden waren, knetete man zu wiederholten Malen das Erz mit dem Queckſilber untereinander in Trögen, und machte daraus große runde Maſſen, welche etliche Tage ſtehen blieben; darauf durchknetete man ſie von neuem ſo lange, bis man ſahe, daß ſich das Queckſilber dem Silber einverleibet hatte, welches manchmal zwanzig und mehr Tage, aufs allerwenigſte aber neun Tage dauerte. Man fand aber, daß das Feuer die Arbeit ſehr verkürze, und die Vereinigung des Queckſilbers mit dem Silber geſchwinder befördere. Daher bauete man Buytrones, worein man große Keſſel (Caxones) ſetzt, und in dieſelben das Erz mit Salz und Queckſilber wirft. Unter dieſe Keſſel macht man ein gelindes Feuer in dazu angelegten gewölbten Heerden, und in fünf oder ſechs Tagen hat ſich das Queckſilber einverleibt. So bald man ſieht, daß das Queckſilber das Seinige gethan, und das Silber ganz mit ſich vereiniget und wie ein Schwamm das Waſſer in ſich geſogen hat, ſo daß das Silber von der Erde, Bley und Kupfer, womit es vermiſcht war, gereiniget iſt, öffnet man die Caxones, nimmt die Maſſe heraus, und ſucht nun daraus das Queckſilber wiederum abzutreiben. Dabey geht man ſo zu Werke. Sie werfen die Maſſe in Tröge mit Waſſer, wo der Schlich durch kleine Mühlen oder Waſſerräder ſtets umgerührt wird, und ſo geht der Schlamm und Unreinigkeiten des Erzes mit dem Waſſer fort, hingegen legt ſich das Queckſilber mit dem Silber wegen ſeiner

P 4 Schwe-

Schwert auf dem Boden des Trogs. Dieſer Satz ſieht wie Sand aus; man nimmt ihn heraus, und waͤſcht ihn noch einmal mit Schuͤſſeln (bateas) in einer Waſſerlache, wo folgends alles Unreine fortgeſpuͤlt wird, obgleich auch immer etwas Silber und Merkurius mit fortgeht, welches man hernach unter dem Namen Relaves ſammlet und zu gute machet. Wenn auf dieſe Weiſe das mit Merkurius vereinigte Queckſilber ſo gereiniget iſt, daß es anfaͤngt zu glaͤnzen, ſo nimmt man die ganze Maſſe, ſchlaͤgt ſie in ein Tuch, und druͤckt es ſtark aus; dadurch laͤuft das Queckſilber heraus, welches ſich dem Silber nicht einverleibet hat; und es bleibt eine Maſſe (pella) uͤbrig, welche, wenn ſie recht ausgedruͤckt worden iſt, fuͤnf Theile Merkurius und den ſechſten Silber haͤlt. Wenn alſo die Pella 60 Pfund wiegt, ſo ſind darinnen 50 Pfund Merkurius und 10 Pfund Silber. Aus den Pellas macht man die Piſtas, in Form eines Zuckerhuts, welche inwendig hohl ſind, und gewoͤhnlich 100 Pfund am Gewichte halten. Um das Queckſilber abzutreiben, bringt man ſie in ein ſtarkes Feuer, bedeckt ſie mit einem irdenen Gefaͤſſe von der Geſtalt der Zuckerformen, welches wie eine ſpitzige Muͤtze ausſieht, legt Kohlen druͤber, und zuͤndet ſie an. Dadurch wird das Queckſilber ausgetrieben, und in einen Dampf verwandelt, der, wenn er an den irdenen Deckel trifft, ſich verdickt und durch eine Roͤhre wie an dem Alembic herabgeht, ſo daß man alles Queckſilber wieder erhaͤlt, und das Silber rein bekommt. Das Silber behaͤlt zwar ſeine Groͤſſe und Geſtalt, aber an Gewichte verlieret es fuͤnf Theile; und ſieht ganz ſchwammig aus. Aus zwey ſolchen Zapfen (piñas) wird eine Stange (barra) Silber gemacht, welche 65 oder 66 Mark haͤlt; dieſe liefert man alsdenn auf die Probe hin, wo ſie zugleich den Fuͤnften abtragen, und das Zeichen ihres Gehalts mit dem koͤniglichen Stempel erhalten. Das Silber, welches auf dieſe Art mit Queckſilber zu gute gemacht worden iſt, iſt ſo fein, daß es niemals unter 2380 an Gehalte hat; es iſt ſo trefflich,

daß

daß es die Goldschmiede, wenn sie es verarbeiten wollen, legiren müssen, eben so auch die Münze, wo es geschlagen und ausgeprägt wird. — Dieß ist die Beschreibung des Acosta, in welcher manches durch folgende Stelle des Frezier 202 erkläret wird; dagegen aber wird man in beyden Nachrichten gewisse Verschiedenheiten bemerken, welche vermuthlich aus der allmähligen Verbesserung des alten Verfahrens herrühren oder nur von einigen Bergwerken gelten. Es heißt also beym Frezier: "Den Schlamm oder Schlich legt man in einen darzu verfertigten Hof (Buiteron) tafelweise, etwa einen Schuh dick, deren jede ein halbes Caxon oder 25 Centner des Erzgesteines schwer ist, so sie Cuerpo (Körper) nennen. Auf jede Tafel wirft man etwa 200 Pfund Meersalz, mehr oder weniger, nach Beschaffenheit des Erzes, stampft es hernach unter einander, und läßt es ein paar Tage zusammen stehn. Folgends gießt man eine gewisse Quantität Quecksilber dazu, und zwar drückt man es aus einem ledernen Beutel mit der Hand tropfenweise heraus, daß das Cuerpo damit überall beträufelt werde. Je nachdem nun das Erz geartet und reich ist, thut man zu jedem 10, 15 bis 20 Pfund; maßen je reicher es ist, je mehr Quecksilber auch hineingehört, um das darinne enthaltene Silber zusammenzuziehn. Man weiß also die eigentliche Dosin des darein zu schüttenden Quecksilbers eher nicht, als nach langwieriger Erfahrung. Eine solche Tafel oder runden Erzkuchen durchstampft ein Indianer alle Tage achtmal, damit sich das Quecksilber recht incorporiren möge. Zu dem Ende schüttet man öfters, wenn das Erz fett ist, Kalch darunter; wiewohl hierinne behutsam zu gehn ist, maßen es sich der Sage nach manchmal so stark erhitzt, daß, so unglaublich es auch scheint, weder Quecksilber noch Silber mehr darinne zu finden ist. Bisweilen streut man auch Bley- oder Zinnerz darauf, die Wirkung des Quecksilbers zu befördern, als welche bey großer Käke langsamer als bey gelindem Wetter von statten geht. Daher kommt es, daß man zu Potosi und Lipes öfters einen Monat oder gar 6 Wochen lang stampfen muß, da sich das Silber hingegen in temperirten Ländern innerhalb 8 oder 10 Tagen an den Merkurius hängt. Dem Quecksilber desto eher zu seiner Wirkung zu verhelfen, macht man an etlichen Orten, als zu Puno und anderwärts, gewölbte Buiterons, legt ein Feuer darunter an, und trocknet also den Erzstaub 24 Stunden lang auf einem Boden von Backsteinen. Wenn man vermuthet, daß das Quecksilber nunmehr alles Silber zusammengerafft habe, so nimmt der Münzwardein aus jedem Cuerpo ein wenig Erde besonders, wäscht es in einer irdenen oder hölzernen Schüssel, und sodann erkennt man an der Farbe des auf dem Boden dieser Schüssel liegenden Quecksilbers, ob es seine Wirkung gethan. Denn wenn es schwärzlich aussieht, so ist das Erz allzusehr erhitzt worden, und man muß ihm mit mehr Salz oder anderm Zusatze helfen. Und da heißt es vom Quecksilber: dispara, es verschwindet. Sieht es aber weiß, so nimmt man einen Tropfen davon, und drückt den Daumen geschwinde darauf. Was nun von Silber darunter ist, bleibt am Finger kleben, das Quecksilber aber läuft in kleinen Tropfen weg. Endlich wenn man merkt, daß das Silber alles beysammen ist, so trägt man die Erzerde in eine mit Leder ausgeschlagene Grube, wohin ein kleines Bächlein fällt, um sie zu waschen, fast auf gleiche Weise, wie ich vom Golde gedachte, nur mit dem Unterschiede, daß weil hier nur ein Schlick oder Schlamm ohne Steine ist, anstatt eines eisernen Hakens, es genug ist, daß ein Indianer ihn mit Füßen durch einander trete, damit dasjenige, was kein haltbares Silbererz ist, allmählig weggespült werde. Aus der ersten Grube fällt es in die zweyte, in der ein andrer Indianer steht, der es gleichfalls umwendet, damit es sich wohl abspüle, und das Silber davon komme. Aus der zweyten fällt es gar in eine dritte Grube, und wird eben so verfahren, damit, was in der ersten und andern nicht auf dem Grunde liegen geblieben, doch in der dritten blei-

ben

den müsse. Nachdem alles gewaschen, und das Wasser helle ist, findet sich unten in diesen runden Gruben der dem Silber einverleibte Merkurius, welches la Pella genennet wird. Diese hängt man in einem Seigesacke von Vicognewolle auf, damit ein Theil des Quecksilbers herauslaufe, bindet, schlägt, und beschwert es mit platten Stücken Holz so viel möglich. Wenn nun alles so viel möglich heraus ist, so schüttet man diesen Erzkuchen in eine Form von Brettern, welche, wenn sie zusammengebunden sind, insgemein eine Pyramide von einem stumpfen Achteck vorstellen, deren Boden eine mit vielen kleinen Löchern versehene Kupferplatte ist. In diese Form stampft man es hinein, daß es fest auf einander kommt; und wenn man etliche Silberzapfen von ungleichem Gewichte machen will, so theilt man die Form nur durch so viel Lagen oder Schichten von Erde ab, daß eine Piña nicht auf die andre kommt. Zu dem Ende wiegt man die Pella, zieht zwey Drittel davon für den darinne steckenden Merkurius ab, und weiß sodann schier ganz genau, wie viel rein Silber herauskommen werde. Folgends nimmt man die Form weg, und setzt den Silberzapfen mit seinem kupfernen Boden auf einen Dreyfuß über ein grosses irdenes Gefäß voll Wasser, stellt ihn unter eine Goldschmiedskapelle von Erde, so man mit glühenden Kohlen überdeckt, und so etliche Stunden stehn läßt, damit der Zapfen recht durchgehitzt und das darinne vorhandene Quecksilber durch den Rauch ausgetrieben werde. Weil dieser Rauch aber keinen Ausgang hat, schwebt er in dem leeren Raume zwischen dem Zapfen und der Kapelle herum, und wenn er auf das unterstehende Wasser fällt, verdickt er sich, und fällt nach einer neuen Verwandlung in Quecksilber zu Boden. Solchergestalt geht davon wenig ab, und man braucht es etlichemal, nur daß man, weil es immer schwächer wird, die Dosen stärker macht. — Weil in dem größten Theile von Peru weder Holz noch Kohlen zu haben, so nimmt man nur das Riedtgras Icho, und

bringt

bringt die Zapfen dadurch in die Hitze, vermittelst eines Ofens, den man zu der Desazogadera, einer das Silber zu trocknen und vom Merkurius zu reinigen verfertigten Maschine, hinstellt, und bringt die Hitze dahinein durch eine Röhre, worinne er sich dann als ein Schwefel ansetzt. Ist der Merkurius verraucht, so bleibt nichts zurück, als sehr leicht aneinanderhängende Goldkörner, die man fast zerreiben kann, und la Piña genennt werden. Vermittelst der königlichen Gesetze ist man verbunden, sie in die königliche Casse oder in die Münze zu liefern, um dem Könige das Fünftel davon zu bezahlen. Hier schmelzt man dieses Silber zu Klumpen, und schlägt das Wapen der Krone, den Ort, das Gewicht nebst dem Schrot des Silbers darauf." — Mit dieser Nachricht stimmt diejenige überein, welche Laet (Descript. americ. p. 465.) von einem Niederländer erhielt, der sich 1600 und hernach bey Potosi aufgehalten hatte, nur daß dieser sagt, man setze zu dem gepochten Erz Eisen und Kupfer, und durchstampfe es so; des Salzes aber gedenkt er gar nicht. Einen großen Theil dessen, was Laet von dem Niederländer gehört zu haben versichert, konnte er beym Acosta schon lesen, den er kurz vorher angeführt hatte. — Bayer S. 176. erwähnt einige Umstände, welche in den vorigen Stellen nicht angeführt sind, und erklärt einige Verrichtungen deutlicher; daher will ich zum Beschlusse auch noch seine Beschreibung hersetzen. Dieser (von den auf den Silbermühlen zermalmten Erzen gemachte) Silbersand wird nachgehends mit dürrem Reißig in einem Backofen gebrannt und hierauf mit der Asche auf einen mit Steinen dick gepflasterten Hof gebracht, wo man ihn mit Wasser wie einen Lehmen anmacht, und in unterschiedliche kleine Beetlein gleich den zarten Beeten eintheilt. Hierauf werden nach etlichen Tagen diese Silberbeetlein mit Salz vermischt, so viel als es vonnöthen ist, mit Wasser wiederum zu Letten gemacht und etliche Tage hindurch von einem Indianer mit den Füßen zusammengetreten. Wenn man glaubt,

daß

daß das Salz den Silbersand wohl durchbissen hat, so wird in das Silberbeetlein so viel Quecksilber, als man für nöthig hält, geschüttet, und wie zuvor mit den Füßen von einem Indianer wohl zusammengetreten; nachmals läßt man das ganze Silberbeetlein ruhig mit dem Quecksilber so viele Tage stehn, als man erachtet, daß es schon alles Silber an sich gezogen habe, da denn solches mit Letten und Sand zusammengefaßt in einen steinern Trog geschüttet, und mit Wasser über abhängig gelegten ledernen Häuten, die in der Mitte eine kleine Tiefung haben, gesäubert wird. Denn das oben von der Rinne in den Trog gelassene Wasser spület über die Häute, die wie ein kleiner Canal gelegt sind, alle Unsauberkeit hinweg; das Quecksilber aber mit dem angezogenen Silber fällt in die gemachten Tiefungen der Häute, und bleibt da liegen, bis das Wasser allen Unrath abgeführt hat. Nach diesem wird alles Quecksilber aus den Tiefungen der Häute in einen ledernen Beutel, der unten spitzig gemacht ist, gesammlet, den man über ein Geschirr aufhängt, damit das Quecksilber, das nach und nach herausschwitzt, in dasselbe tropfe; das Silber aber bleibt wie ein Käse in dem Beutel, welcher Silberkäse nachher mit einem Stempel in die Formen stark hineingedruckt wird, damit er hart werde. Nach Erhärtung des Silberkäses werden die hölzernen Formen abgenommen, die Piña aber wird auf glühende Kohlen gesetzt, und glühend gemacht, damit das wenige Quecksilber, so vielleicht noch in dem Silber stecken könnte, durch das Feuer verzehret, in die Luft getrieben werde, und das Silber vollkommen rein bleibe, welches Silber sie Jungfersilber nennen, weil es nunmehr ohne einigen Zusatz oder Vermischung ist. —

Ich gestehe ganz gerne, daß in allen diesen Nachrichten manche Lücke ist, welche ein Bergverständiger ausgefüllt zu sehn wünschen wird; unterdessen glaube ich doch, daß man im Allgemeinen daraus sich eine Vorstellung von dem spanischen Bergbau in Amerika, und dem Verfahren,

welches

welches man bey Verquickung des Silbers beobachtet, wie auch von der dortigen Bergpolizey machen, und die großen und mancherley Fehler, welche dabey begangen werden, bemerken könne, wenn man vorzüglich die Erinnerungen des A. Barba damit vergleicht, welche er im zweyten Briefe gemacht hat. Nur wünsche ich demjenigen, der diese Vergleichung anstellen will, eine vollständigere Uebersetzung des spanischen Originals, als die ist, welche ich habe brauchen können. Denn außerdem, daß sie oft gar nicht zu verstehen ist, fehlt auch beynahe die größte Hälfte von den praktischen Bemerkungen, welche im dritten und folgenden Büchern folgen sollten. — Damit ich aber dem Leser keine Nachricht vorenthalte, welche einen Aufschluß über das Verfahren der Spanier geben kann, so will ich noch zuletzt aus dem 13ten Kapitel des Acosta die Nachricht übersetzen von der Art, wie man die Silberzapfen fein brennt. Es heißt also: Wenn die Silberzapfen fertig sind, bringt man sie dem Probiermeister, welche vom Könige bestellt werden, um jedem Stücke Silber seinen Gehalt zu bestimmen. Dieser setzet auf jede Silberstange ihre Nummer, denn es werden ihrer viel auf einmal probiert, nimmt von jeder ein Stück, wiegt es genau, und bringt es in einen Test, welcher von der Asche von gebrannten und gemahlnen Knochen gemacht ist. Hierauf setzt er die Teste nach der Reihe in den Ofen, und giebt ihnen sehr starkes Feuer; dadurch schmilzt das Metall ganz, das Bley verraucht, das Kupfer oder Zinn verzehrt sich, und das Silber bleibt ganz rein zurück mit einer Feuerfarbe. Es ist zu verwundern, daß, wenn das Silber so geschmolzen und geläutert worden, kein Tropfen davon herausläuft, wenn man gleich den Test ganz umkehrt. Der Probierer sieht es an der Farbe, und andern Merkmalen, wenn das Silber geläutert ist; darauf nimmt er die Teste wieder aus dem Ofen, wiegt jedes Stück auf das genaueste, und giebt Acht, wie viel es am Gewichte verloren hat. Das feinre Silber ver-

verliert wenig, hingegen das von geringerm Gehalte viel. Hiernach bestimmt er den Gehalt eines jeden Stücks, und merkt ihn sorgfältig auf jeder Silberstange an. Die Gewichte sind so klein, daß man sie schwerlich mit den Fingern fassen kann, daher hebt man sie mit einer kleinen Zange auf. Auch verrichtet man das Wägen bey Lichte, damit die anstoßende Luft die Wagschalen nicht in Unordnung bringe, denn der Gehalt einer Silberstange hängt von einer Kleinigkeit ab. — Von dem Verfahren, welches in Mexico bey der Bearbeitung und Zugutemachung der Silbererze beobachtet wird, findet man die Nachricht des Gemelli Carreri von 1697 übersetzt in den Leipziger Samml. aller Reisebeschr. XII. B. S. 543 f. Der Verfasser führt als eine wichtige Verbesserung des alten Verfahrens bey der Amalgamation an, daß ein Dominicaner zu dem Silbererze außer dem Salze noch Kupferschlacken that, wovon der Haufen des gepochten Erzes sich augenblicklich erhitze. Der Uebersetzer erklärt die Kupferschlacken durch Schwefelkiese.

Das Salz ist neben dem Queckfilber das nothwendigste Ingredienz, welches alle Bergwerke nicht mit der nämlichen Bequemlichkeit erhalten können. Potosi hat in seiner Nachbarschaft die Salzbergwerke zu Jocalla, welche nach dem Zeugnisse des Barba I. 7. einen unglaublichen Ueberfluß von Salz geben, davon täglich in Schmelzung der Erze zum wenigsten 1800 Zentner verbraucht werden. Von den Salzgruben in dem Bezirke von Chilca sagt Ulloa in seiner Reise S. 443 weiter nichts, als daß in dieser Gegend Salpeter gegraben werde, woraus man in Lima Schießpulver verfertiget. Von den Salzgruben auf den Gebirgen von Peru, und der Beschaffenheit des darinnen ausgehauenen Salzes, finde ich keine Nachricht, welche die Stelle des Ulloa erläutern könnte. Einige Salzquellen nennt und beschreibt Barba I. Kap. 7.

Von dem Quecksilberbergwerke zu Guancavelica, über das 15te Kapitel.

Was Ulloa von dem ursprünglichen Namen Werks und dessen Bedeutung sagt, stimmt nicht ganz mit der Nachricht des G. de la Vega überein. Dieser schreibt im 8 B. 25 Kap. Huanca-Villca, und sagt, daß Huanca der Name der Provinz sey, in welcher das Bergwerk liegt, Villca aber heiße so viel als Erhabenheit, Größe. Er meynt, diesen Namen habe man dem Werke wegen der Menge der Ausbeute gegeben. Ulloa hingegen versichert, daß beyde Worte die Namen von zwey Indianischen Nationen seyn. In der That nennt auch Vega 9 B. 3. K. ein Volk Huancavillcas, ohne ihre Wohnungen zu bestimmen; im 6 B. 10 K. beschreibt er die Nationen der Provinz Huanca, und merkt dabey an, daß sie die Spanier ganz unrecht Huancavillca nennen, da die Provinz mit diesem Namen neben Tumpiz auf der Meerküste, Huanca hingegen beynahe 300 Meilen davon mitten im festen Lande gegen der Stadt Humanca (jetzt Guamanga) über liege. Man findet überhaupt in Peru viele Oerter und Nationen, welche den Namen Villca führen, z. E. Villcas-Guamon, und den alten großen, jetzt verfallenen Palast der Incas in der nämlichen Provinz, worinne das Quecksilberbergwerk liegt, welcher Vilcas hieß; woraus man Ursache hat, zu schließen, daß Ulloa eher Recht haben möge als G. de la Vega *).

Die

*) Nach dem Acosta sollte man glauben, daß die Gruben eigentlich den Namen von Palcas geführt haben, bis die Bergstadt Guancabelica erbauet ward. Die Worte heissen: y desta manera descubiertas las minas de Palcas en termino de Gùamanga, fueron diversos a beneficiar el azogue — y a quel assiento de minas, que llaman Guacavelica, se poblo.

Die Art der Entdeckung und übrige Geschichte dieses Bergwerks will ich nun aus dem Acosta 4 B. 11 K. einrücken. Die Incas von Peru und die Indianer haben diese Queckſilbergrube lange Zeit genutzt, ohne das Queckſilber zu kennen. Sie ſuchten nur nach der rothen Farbe, dem Zinnober, welche ſie Llimpi nennen, und welche ſie ſehr ſchätzten und brauchten, um ſich damit zu bemalen, und auch ihren Götzenbildern die Geſichter damit anzuſtreichen, eben ſo, wie man nach dem Plinius in Aethiopien und ſogar in Rom mit dem Jupiter zu thun pflegt. Vorzüglich bemalten ſie ſich damit, wenn ſie in den Krieg giengen, und noch jetzt thun ſie es bey Feyerlichkeiten und Tänzen. Dieß nennen ſie embixarſe. Aus dieſer Urſache haben ſie in den Hügeln von Guancavelica erſtaunlich große und mühſame Gruben gemacht, ſo daß diejenigen Perſonen, welche auf den alten indianiſchen Stollen jetzt niedergehen, ſich verirren und keinen Ausgang finden. Die Spanier kannten im Anfange das hier verborgene Queckſilber ſo wenig als die Indianer, bis im Jahre 1566 und 1567, als Caſtro Gouverneur von Peru war, die Queckſilbergrube auf folgende Art entdeckt ward. Ein verſtändiger Mann aus Portugall, mit Namen Henrique Garces, bekam von ohngefähr ein Stück von dem rothen Erze, welches die Indianer Llimpi nennen, und wie eine Schminke brauchen, und erkannte ſogleich, daß dies das Erz ſey, welches man in Caſtilien Zinnober nennet, und daraus Queckſilber zieht. Er vermuthete alſo, daß man auch in dieſen Minen Queckſilber finden müſſe; gieng hin, machte einen Verſuch, und befand es ſo. Da nun auf dieſe Weiſe die Minen von Palcas an der Gränze von Guadinga entdeckt waren, ſo zogen viele Menſchen dahin, das Queckſilber zu gewinnen, und es nach Mexico zu führen, wo man das Silber mit Queckſilber zugute machte. Durch dieſen Handel haben ſich viele bereichert. — Es giebt ſehr viele und ſehr ergiebige Gruben hier; unter allen aber hat diejenige den Vorzug, welche von Amador

II. Theil. Q

de Cabrera den Namen führt, aber auch die Grube der Heiligen heißt. Diese besteht in einem überaus harten Felsen, welcher durch und durch mit Queckfilber durchzogen, und so groß ist, daß er in der Länge 80 Varas und in der Breite 40 Varas sich erstreckt. Man ist in dieser Grube (quadra) mit der Arbeit 70 Klaftern tief gegangen, und sie ist so geraumig, daß 300 Menschen zugleich darinne arbeiten können. Diese Grube entdeckte ein Indianer, der dem Amador de Cabrera zugehörte, mit Namen Navincopa von Acoria. Dieser Amador ließ die Grube auf seinen Namen ins Register tragen, und gerieth darüber mit dem Fiscus in einen Proceß, welcher sich damit endigte, daß dem Amador die Nutzung der von ihm entdeckten Grube gestattet ward. Hernach verkaufte er sie für 250,000 Ducaten, und da er glaubte, daß er im Handel betrogen worden wäre, fieng er einen Proceß an. Einige glaubten auch, daß die Grube wohl eine Million werth sey. — Zu der Zeit, als Francisco de Toledo Gouverneur in Peru war, kam ein Mann mit Namen Pedro Fernandez de Velasco, welcher in Mexico gewesen, und daselbst die Verquickung des Silbers gesehen hatte, und erbot sich auf die nämliche Art das Silber von Potosi zu gute zu machen. Als der Versuch gelang, so fieng man zu Potosi 1577 an, das Silber zu verquicken, und brauchte darzu das Queckfilber von Guancavelica. Durch dieses mächtige Hülfsmittel erhalten sich die Gruben von Potosi: denn man zog eine unendliche Menge Silber aus den Erzen, welche man unter die Halden geworfen hatte. Die Verquickung hat nämlich den Vorzug vor dem Schmelzen, daß dadurch geringhaltige und trockne Erze besser können zugute gemacht werden. Der König erhält aus diesem Queckfilberbergwerke ohne alle Kosten und Gefahr ohngefähr 400,000 Pesos de minas (vermuthlich einerley mit Pesos ensayados, Probir-Pesos), welche ohngefähr 14 Realen oder etwas weniger ausmachen, ohne was er von dem gewonnenen Silber zu Potosi bekömmt. Ein Jahr

Jahr in das andre werden aus den Gruben zu Guancavelica 8000 Quintal Quecksilber und noch mehr gewonnen. Das Gestein, in welchem das Quecksilber fällt, wird gemahlen, und in verschlossenen Töpfen in das Feuer gesetzt. Da scheidet sich das Quecksilber durch die Stärke des Feuers aus dem Erze, steigt in Gestalt eines Dampfs mit dem Rauche in die Höhe, und wenn es auf einen harten Körper trifft, gerinnet es, oder trifft es keinen harten Körper unterweges an, so steigt es so lange in die Höhe, bis es erkaltet, dadurch gerinnt, und zu Boden fällt. So bald man das Erz ausgebrannt hat, so werden die Töpfe geöffnet, und das leere Erz herausgenommen. Dabey muß die Vorsicht gebraucht werden, daß man zuvor die Töpfe erkalten läßt; denn sonst werden die Menschen, welche der noch übrige Dampf des Quecksilbers beym Eröffnen trifft, gelähmt, und sterben, oder werden auf andre Art gemißhandelt, und verlieren die Zähne. Weil die Feuerung unendlich viel Holz verzehrt, so gerieth ein Bergmann Namens Rodrigo de Torres auf den nützlichen Einfall, mit einer Art von Binsen oder Stroh (paja) zu feuern, welche überall auf dem Gebirge von Peru häufig wächst, und dem Esparto in Spanien gleicht. Man nennet es Icho. Das gewonnene Quecksilber packt man in lederne Säcke, und liefert es so in die königlichen Magazine. Von da wird es auf dem Meere nach Arica geführt, und von dort aus nach Potosi in Recuas oder mit den amerikanischen Kameelschafen (Carneros de la tierra). Der letzte Ausdruck in Recuas, bedeutet wohl so viel, als auf Maulthieren, wovon die Herrn das Recuas, Frezier S. 232. schreibe Requas, heißen, und in verschiedene Piaras, jede von 10 Mauleseln, eingetheilt werden, wovon jede zwey Menschen zur Aufsicht haben. — Die Erzählung des Acosta hat G. de la Vega wiederholt im 8.B. 25 Kap. desgleichen Laet S. 447. und Ulloa in seiner Reise S. 451; nur hat der letztere den Acosta und Laet unrecht angeführt, wenn er sagt: Aus dere)

dere, als Acosta, Laet und Escalona, sind der Meynung, die Queckſilbergrube zu Guancavelica ſey von einem Indianer Namens Navincopa, einem Bedienten des Amador Cabrera, entdeckt worden, und im Jahre 1564 haben Pedro Contreras und Heinrich Garces eine andere Queckſilbergrube zu Paraz gefunden. Dem ſey aber wie ihm wolle, diejenige Queckſilbergrube, welche man zu Guancavelica findet, iſt die einzige, worinne beſtändig gearbeitet worden iſt. — Vermuthlich hatte Ulloa beym Escalona allein geleſen, was er aus dem Acoſta und Laet anführt. — Ich will noch einige andre Bemerkungen von Ulloa nachholen. Die Witterung zu G. iſt ſo ſtrenge, daß weder Getraide noch Früchte hier wachſen. — In dieſer Stadt iſt ein Brunnen, der eine große verſteinernde Kraft hat; die Einwohner bedienen ſich daher des Waſſers daraus bey Erbauung ihrer Häuſer und zu andern Sachen. — Die Queckſilbergruben hier ſind die einzigen, woraus man alles Queckſilber nimmt, deſſen man ſich in Peru zu Schmelzung des Silbers bedient. Ungeachtet nun ſchon ſo viel daraus genommen iſt, und noch immer genommen wird, ſo ſpürt man doch keine Abnahme davon. — Die Könige von Spanien haben ſich dieſe Grube ſeit ihrer Entdeckung beſtändig vorbehalten. Einer von den Oydoren der Audiencia zu Lima hatte die Aufſicht darüber, unter dem Namen eines Oberaufſehers. Dieſe Oydoren wechſelten nach ihrer Ordnung alle 5 Jahre mit einander ab. Aber im Jahre 1735 befand der König Philipp der Fünfte für gut, eine beſondre obrigkeitliche Perſon dahin zu ſenden, die ebenfalls den Namen eines Oberaufſehers über die Grube führte. Dieſer hatte ſich die Art wohl bekannt gemacht, wie man mit ſolchem Metalle in den Bergwerken umzugehen pflegt, und fand ſich aus Spanien hier ein; man glaubt auch, wenn ſeinen Anſtalten nachgelebt wird, daß alsdann die jetzige Grube länger beſtehen und mit wenigern Koſten unterhalten werden könne. Das Queckſilber wird hier den

Berg-

Bergleuten verkauft, und in die königlichen Kassen des ganzen Königreichs geschickt, damit diejenigen, die ihren Aufenthalt in einer großen Entfernung von hier haben, sich desto bequemer damit versehen können. —

Die Nachricht, welche Feuille'e Journal des observations T. I. p. 434 giebt, ist von keiner großen Erheblichkeit, außer in Ansehung des versteinernden Brunnens. Er sagt, der Berg, worinne die große Quecksilbergrube sich befindet, habe 1709 einzustürzen gedrohet. Das Holzwerk, welches ihn an vielen Orten unterstützte, war baß verfault, und der Aufwand, den man bisher nur allein an Holze dabey gehabt, belief sich auf drey Millionen zweyhundert tausend Livres. Man findet in dieser Grube Plätze, Straßen und Kapellen, worinne an den Festtagen Messe gelesen wird. Man macht es darinne durch eine Menge angezündeter Lichter helle. Die feinen Theilchen des Quecksilbers, welche ausdünsten, machen die Luft darinne sehr gefährlich. — G. de la Vega bemerkt bey der Erzählung des Acosta, daß die Indianer zur Schminke nur den feinen Zinnoberstaub, welchen sie in den Gruben fanden, brauchten, und ihn Pchma nannten; die Llimpi des Acosta sey eine gröbere purpurfarbene Erde, welche man aus andern Gruben nehme. — Der Bericht des Frezier S. 242, welcher diese Grube in den Jahren 1712 und 1713 besuchte, lautet also: Guancavelica ist eine kleine Stadt von etwa anderthalbhundert Familien, 60 Meilen von Pisco. Das Bergwerk hat vorne 40 Varas in der Breite, und versteht allein alle Gold- und Silberminen des ganzen Königreichs. Die Einwohner graben das Quecksilber auf eigene Kosten, und sind bey Verlust ihrer Habe, wie auch bey Strafe der Landesverweisung und ewiger Dienstbarkeit zu Baldivia gehalten, alle Ausbeute dem Könige von Spanien zu liefern. Hingegen bezahlt es Se. Majestät in einem gesetzten Preise jetzo 60 Thaler den Centner an dem Orte, und verkauft es in den entlegenen Erzgruben wieder für 80. Wenn eine genüg-

same Quantität herausgegraben, läßt der König den Eingang der Quecksilbergrube verschließen, und kann niemand dessen anders woher als aus den königlichen Magazinen habhaft werden. Das Erdreich, worinne das Quecksilber befindlich, sieht rothgelblicht, wie schlecht gebrannte Ziegelsteine. Man zerstößt es, und thut es in einen irdenen Ofen, dessen Kapelle rund und platt gewölbt, doch etwas spitzig ist. Diesen stellt man auf einen eisernen mit Erde bedeckten Rost, und unterhält beständig ein kleines Feuer darunter von dem Kraut Icho, welches darzu viel tauglicher ist als andere brennbare Materien; daher auch verboten ist, es auf 20 Meilen in der Runde herum abzumähen. Durch diese Erde nun dringt die Wärme hindurch, und erhitzt das zerstoßene Erzgestein dermaßen, daß das Quecksilber flüchtig im Rauch herausgeht. Allein weil die Kapelle ganz genau zugestopft ist, findet es keinen Ausgang, als durch ein kleines Loch, an welches eine Reihe irdener, runder, unten weite und oben enge, und mit dem Halse in einandergesteckte Destillirkolben stößt. Hier schwärmt der Rauch im Zirkel herum, und verdickt sich vermittelst ein wenig Wassers, so in einem jeden Kolben unten auf dem Boden ist, wohin sodann das verdickte und zu einem hübschen Fluß gediehene Quecksilber herabfällt. In den vordersten Kolben sammlet sich dessen weniger als in den letztern; und weil sie so heiß werden, daß sie davon zerspringen würden, so kühlt man sie von außen mit Wasser fleißig ab. — Noch sieht man in dieser Stadt eine besondre Brunnquelle, deren Wasser so leicht und so bald zu Stein wird, daß die meisten Häuser der Stadt davon gebaut sind. Ich habe etliche dergleichen Steine zu Lima, wohin man sie verführet hatte, zu Gesichte bekommen; sie sahen weiß und etwas gelblicht aus, und waren dabey leicht und ziemlich hart. — Hieraus sieht man, daß nach den Zeiten des Acosta, welcher das Quecksilber in irdenen Töpfen per descensum aus dem gestoßenen Erz destilliren sah, wie auch ehemals zu Idria gebräuchlich war, eine große

Ver-

Veränderung in dem Processe vorgenommen worden ist. — Aus der Beschreibung des Frezier scheint zu erhellen, daß man damals das Quecksilber nicht in irdenen oder eisernen Retorten in einem Ofen aus den Erzen brannte, welche Methode bey den meisten Quecksilbergruben in Deutschland üblich ist; vielmehr scheinen die irdenen, runden, mit dem Hals in einander gesteckten Destillirkolben, welche an das kleine Loch im Ofen stoßen, eine Aehnlichkeit mit den in einer langen Reihe in einander gesteckten Aludeln des Almadênschen Ofens zu haben: aber statt einer Rauchkammer dient der mit Wasser gefüllte Boden eines jeden Kolben, wie bey den Vorlagen, welche mit den Retorten des deutschen Ofens verbunden sind. Nun wird wohl seit dem Jahre 1735 das ganze Almadenische Verfahren durch den neuen aus Spanien berufenen Oberaufseher auch in Amerika eingeführt seyn.

Die Gangart besteht, so viel sich aus dem, was Ulloa anführt, urtheilen läßt, aus einer Schieferart. Die Gangart scheint Ulloa Desmonte zu nennen, und der Schiefer heißt Pizarra. Woraus die eigentliche Gebirgsart über Tage bestehe, sagt er nicht. In alten Zeiten fand man in der Grube an vielen Orten den Gang mit gediegenem Quecksilber und Zinnober durchdrungen, und gleichsam bereizt; dieß meynt ohne Zweifel Ulloa, wenn er sagt: en otros tiempos, que la capacidad de aquel gran Pozo se hallaba en mucha parte macizo; und auf eben die Art verstehe ich den Acosta von dem Schachte der Heiligen, welcher nach seinem Ausdrucke aus einem sehr harten Felsen besteht, der ganz und gar mit Quecksilber durchzogen ist (es un peñasco de piedra durissima empapada toda en azogue). Die eine vom Ulloa angeführte Art von Erz läßt sich nicht weiter bestimmen; H. Bowles Introduction à l' histoire naturelle de l'Espagne S. 60. sagt aber im Allgemeinen, daß das Zinnobererz von Almaden in dem nämlichen Sandsteine (grais) mit dem nämlichen Quarz, Spath und Hornstein gefunden

werde,

werde, als die Stücken des Zinnobererzes von Guancave-lica, welche ich von Joseph de Carvajal erhalten habe.

Die Wirkungen und Gefahren der Dünste, welche Ulloa Umpe nennt, hat man auch häufig in den Gruben zu Idria bemerkt. Man sehe Jerbers Beschreibung S. 67. Eben diese mineralischen aufsteigenden Dünste, oder Schwaden, können auch die Wirkung hervorbringen, welche Ulloa den Ausflüssen des Quecksilbers zuschreibt, und die in die Gruben geworfenen Halden schwängern.

Was von den Krankheiten der Arbeiter gesagt wird, schränkt auch H. Jerber S. 12 auf diejenigen Oerter ein, wo das Jungfernquecksilber bricht. Da ist es sehr ungesund für die Arbeiter, so daß sie nur einige Tage wegen des Speichelflusses und Zitterns, das sich bey ihnen einstellt, aushalten können. Auch Herr Bowles stellt S. 42 die Gefahren der Arbeiter in den Gruben zu Almaden als sehr geringe vor.

Ich komme nun wiederum auf die Erfindung der Verquickung des Silbers zurück, um dem Leser einige Erläuterungen mitzutheilen, welche H. Beckmann über die Stelle des Acosta gegeben hat, in seinen Beyträgen zur Geschichte der Erfindungen I. Stück S. 47. Henrique Garces war aus Porto, stand in Peru in spanischen Diensten, und ward nachher Domherr bey der Kathedralkirche zu Mexico. Er veranstaltete, daß kein ungemünztes Silber (vielleicht werden die ungestempelten und nicht probirten Piñas verstanden, welche, wie ich oben angeführt habe, lange Zeit als gangbares Silber verkauft wurden) in Peru circuliren durfte; aber sein größtes Verdienst ist die Entdeckung der Quecksilberwerke. Hierauf erzählt H. Beckmann die Einführung des Verquickens aus dem Acosta, und zieht aus dessen Nachricht die ganz natürliche Folge, daß die Amalgamation lange vor dem Jahre 1577 in Mexico gebräuchlich gewesen sey. Aber seit wenn? darüber hat er keine Nachricht auftreiben können. Robertson in seiner Geschichte von Amerika II. S.

583. giebt das Jahr 1563 für die Entdeckung der Gruben von Guancavelica an, und das Jahr 1574 für die Einführung der Amalgamation. Eine Stelle des Barba I. Kap. 33. welche ich oben angeführt habe, scheint diese Angabe zu bestätigen, aber die Stelle ist sehr zweifelhaft. Hingegen sagt der Abt Raynal Tom. III. p. 207. daß der Handel mit Queckfilber bis zum Jahre 1571 frey gewesen, aber damals für ein Regal erklärt worden sey. Den Grund dieser Aenderung sieht man sogleich in dem neuen Gebrauche des Halbmetalls. Die Beschuldigung des Gobet in Les anciens Minéralogistes de France I. p. 381. als wenn sich Alonso Barba die Erfindung der Amalgamation fälschlich zugeschrieben habe, sucht Herr Bekmann S. 51 von diesem Manne abzulehnen, und giebt dabey eine brauchbare Nachricht von dem metallurgischen Werke des Barba. In der Uebersetzung von Frankfurt 1726, welche ich besitze, sagt er I. Kap. 33. Seite 117. von der Erfindung, das Silber aus dem kleingestoßnen Erze zusammenzubringen, welches eine Erfindung, darzu die Alten schwerlich gelangt sind, und gar wenig im Gebrauche gehabt haben. Man hält gemeiniglich den ersten Gebrauch des Queckfilbers für eine spanische Erfindung aus der Mitte des sechzehnten Jahrhunderts. H. Bowles in seiner Introduction S. 53. schreibt ebenfalls den Spaniern die Erfindung zu, und giebt das Jahr 1566 darzu an, welches wohl von dem Gebrauche der Amalgamation in Mexico zu verstehen seyn wird. Ich will die ganze Stelle, welche dem H. Bekmann nicht beygefallen ist, hersetzen; nur wünschte ich, daß H. Bowles einen Beweis oder einen Zeugen für das gesetzte Datum angegeben hätte. Ohne weitern Beweis ist seine Nachricht in das Buch über Sitten, Temperatur, Alterthümer, Handel, Theater, Finanzen, und die Gerichtshöfe Spaniens, Leipzig 1781 S. 287. übergetragen worden.

On exploite plufieurs mines de la nouvelle Efpagne par la fonte; mais dans les endroits où le bois eſt rare, et dans ceux, où les mines font pauvres, on les exploite en les amalgamant avec le vif-argent. C'eſt aux Efpagnols que l'on doit cette découverte de 1500. Si d'autres Peuples en avoient été les inventeurs, ils s'en glorifieroient beaucoup. Quoiqu'il foit vrai, qu'avant cette époque on exploitoit les mines d'or de Hongrie en les amalgamant avec le mercure, l'uſage des Hongrois n'a rien de commun avec la découverte des Efpagnols, puiſque dans leurs mines d'or le métal ſe manifeſte à la vue, ou, tout au moins, il eſt facile de l'appercevoir avec une loupe. Or comme tout le monde ſavoit, que le vif-argent s'emparoit de l'or et ſe mêloit avec lui, il étoit facile d'imaginer, qu'en appliquant le mercure à l'or que l'on voyoit, il ſeroit aiſé de l'extraire par ce moyen: mais perſonne avant les Efpagnols n'avoit eu l'idée de mêler le vif-argent avec une pierre, qui contînt de l'argent inviſible, diſſout avec le ſoufre et l'arſenic, et mêlé ſouvent avec le cuivre, le plomb et le fer. Les Efpagnols imaginerent donc l'ingénieuſe méthode de moudre la matiere du minéral pauvre, de la reduire en poudre extrêmement fine, d'en former une maſſe d'environ vingt-cinq quintaux, et de la mêler enſuite avec du ſel ou de la couperoſe verte, avec de la chaux ou des cendres, le tout également reduit en poudre très-fine: quoique ces matieres ſoient de nature oppoſée, elles reſteroient dans une éternelle inaction ſans le ſecours d'un diſſolvant; auſſi, après les avoirſuffiſamment mouillées, les Efpagnols y jettent - ils trente livres de mercure en differentes fois, en remuant le tout, à pluſieurs repriſes, pendant deux mois. L'alcali fixe des cendres et de la chaux s'unit à l'acide du ſel & de la couperoſe, et cette action intérieure cauſe une efferveſcence violente, et une chaleur, à l'aide deſquelles le

ſoufre

soufre et l'arsenic diſſolvent et détruiſent abſolument le cuivre et le plomb et le fer; alors les atômes imperceptibles de l'argent ſe détachent de leur priſon ou de leur couche, et dans le même inſtant le vif-argent les reçoit et s'amalgame avec eux, en formant cette pâte qu'on appelle *pigna* au Mexique. Voilà la méthode par laquelle on parvient à retirer une once et demie ou deux onces d'argent par quintal d'un minéral, qui ſuivant le procédé uſité en Europe ne produiroit pas pour les frais. Je ne peux aſſurer poſitivement la quantité de vif-argent qui ſe perd dans cette opération, parce que les Mineurs ne ſont pas d'accord ſur ce point. Ce qu'il y a de plus probable, c'eſt qu'on perd autant d'onces de mercure, qu'on retire d'onces d'argent, et que rendu au Mexique une livre de mercure coûte presqu' autant, qu'une once d'argent. —

Wenn jedermann wußte, daß das Queckſilber ſich mit dem Golde vereinige, ſo war freylich der Verſuch leicht, und fiel natürlicherweiſe den Ungarn bald ein, mit eben dem Queckſilber das gediegene Gold aus dem Geſteine zu ſcheiden; aber woher weiß Hr. Bowles ſo genau, daß damals überall das Gold ſo ſichtbar in dem Geſteine lag? Und wenn damals ſchon jedermann wußte, daß das Queckſilber ſich mit dem Golde verbinde, wird man nicht auch gewußt haben, daß es ſich eben ſo gegen das Silber verhält? und dieſe Erfahrung anfangs auf reichhaltige Silbererze zu nutzen, ſollte dazu wohl ſo eine große Anſtrengung des Geiſtes, ſo ein hoher Grad der Erfindungskraft gehören, als Hr. B. den Spaniern hier zuſchreibt? Doch was braucht es aller der Vernünftelyen, wenn bewieſen werden kann, daß die Alten die Amalgamation zur Scheidung des Goldes und Silbers von erdichten Subſtanzen gekannt und gebraucht haben? Herr Beckmann behauptet dieſes am angeführten Orte S. 45., und ſeine Beweiſe vom Gebrauche des Queckſilbers zur Scheidung des Goldes ſind unverwerflich. Der erſte iſt aus der Stelle des

des Plinius XXXIII. Kap. 6. Argentum vivum exest ac perrumpit vasa permanans tabe dira. — Optime purgat aurum, ceteras ejus sordes exspuens crebro jactatu fictilibus in vasis. — Sed vt ipsum ab auro discedat, in pelles subactas effunditur, per quas sudoris vice defluens, parum relinquit aurum. Ergo et cum aera inaurantur, sublitum bracteis pertinacissime retinet. So führt Hr. B. die Stelle an; ganz aber heißt sie: omnia ei innatant, praeter aurum, id vnum ad se trahit; ideo et optime purgat — fictilibus in vasis, vestibus injectis, so liefet wenigstens Hardnin wahrscheinlich für vitiis abjectis. — Sie ist aber aus dem Vitruv genommen, welcher VII. Kap. 8. viel deutlicher erzählt, wie man das Gold aus den damit gestickten und abgetragenen Kleidern wieder erhalte, wenn man die Kleider zu Asche brennet, diese auslauget, den Satz mit Quecksilber verquicket, und das Amalgama hernach durch Leder drückt. Cumque in veste intextum est aurum, eaque vestis contrita propter vetustatem vsum non habet honestum; panni in fictilibus impositi supra ignem comburuntur. Is cinis conjicitur in aquam, et additur ei argentum vivum; id autem omnes micas auri corripit in se, et cogit secum coire; aqua defusa, cum id in pannum infunditur, et ibi manibus premitur, argentum per panni raritates propter liquorem extralabitur, aurum comprehensione coactum intra purum invenitur. H. Beckmann führt auch diese Stelle als den zweyten Beweis seiner Behauptung an; aber es bleibt immer derselbe erste Beweis, weil Plinius hier weiter nichts gethan hat, als daß er die Stelle des Vitruv ins Kurze zog. Es ist also auch klar, daß die Worte: optime purgat aurum, ceteras eius sordes exspuens, blos auf den Fall des Vitruv, oder auf das verbrannte, gestickte Kleid und den ausgelaugten verquickten Satz gehen. Es bleibt also noch ungewiß, ob die Römer wirklich diese Kenntniß und Erfahrung auf den Bergbau angewendet und das Quecksilber

zur

zur Scheidung des Goldes aus Steinen und Erzen angewendet haben. Denn so klein der Schritt war, den man zu thun hatte, um die Erfahrung im Großen zu nutzen, so weiß man doch sehr wohl, daß oft mehrere Jahrhunderte vergiengen, ehe man von der ersten Erfahrung sich einen Schritt weiter entfernte und vorwärts gieng. — Hr. Beckmann aber ist nicht der erste, welcher die Stelle des Plinius auf den Bergbau der Römer angewendet hat. Ich habe in dem Mercure de France 1777 vom May S. 153. den Auszug von einer jetzt noch ungedruckten Abhandlung des Abt. Ameilhon, Sur l'état de la minéralogie chez les Anciens, worinne es unter andern heißt: Le lavage n'étoit pas le seul moyen que les anciens connussent pour séparer l'or des matieres étrangeres, avec lesquelles il pouvoit être mêlé. Ils savoient que le vif-argent fournit aussi un excellent moyen de purifier ce métal par la proprieté, qu'il a de s'y amalgamer, *ideo et optime purgat, ceteras eius sordes exspuens,* dit *Plin.* Unterdessen, wenn die Römer ihre Erfahrung wirklich im Großen genutzt haben, (welches ich gar nicht läugnen will; denn wir haben der Nachrichten von ihrem Bergbau und ihren metallurgischen Arbeiten zu wenig, und diese sind theils dunkel, theils unvollkommen) so kann allerdings der Gebrauch des Quecksilbers zur Scheidung des Goldes in den ungarischen Goldbergwerken von ihnen herrühren. Eben so vermuthet Hr. Bekmann S. 46, daß der Gebrauch des Quecksilbers am Rheine, wo man das Gold mit dem Sande des Stroms wäscht, weit älter, als die Erfindung der amerikanischen Bergwerke sey. Er beweist wenigstens aus Heberers Reisen, daß 1582 zu Selz der Gebrauch des Quecksilbers bey der Goldwäsche längst gewöhnlich war. — Zum Vergulden haben allerdings die Alten das Amalgama gebraucht, wie die Stelle des Plinius nebst vielen andern beweist; aber zur Belegung der gläsernen Spiegel wohl nicht; wenigstens findet sich davon in den Alten nichts. Ueber das Alter der fer Erfindung sehe man Hrn. Klügels Anmerk. zu Priestleys Geschichte der Optik 2ter Theil S. 570. Zwar sagt Isidor von Sevilien in der von H. Beckmann S. 46. angeführten Stelle, daß sich Queckſilber am besten in gläsernen Gefäßen aufbewahren laſſe: Argentum vivum servatur melius in vitreis vasis, cum caeteras materias perforat. — Sine hoc neque argentum, neque aes inauraci poteſt. Origin. XVI. cap. 18. aber die Nachricht von den gläsernen Flaschen mit dem Queckſilber iſt das einzige, was wir aus der Stelle lernen; das übrige iſt alles aus dem Plinius genommen. Woher beweiſt denn alſo Hr. Beckmann, daß die Alten das Queckſilber auch zur Scheidung des Silbers von Steinen und Erden gebraucht haben? In allen von ihm angeführten Stellen ſteht nur vom Golde; und da Plinius ausdrücklich ſagt: omnia ei innatant praeter aurum; id unum ad se trahit, ideo et optime purgat, ſo wird dadurch das Vorgeben des H. Beckmann nur deſto unwahrſcheinlicher. Ueberhaupt haben alſo die Alten, wie es ſcheint, lange keinen andern Gebrauch vom Queckſilber gemacht, als daß ſie damit das Gold ſchieden, und andere Metalle damit verguldeten. In der Medicin werden ſie es wohl ſehr ſpäte angewendet haben; doch war das ätzende Sublimat ſchon dem Rhaſes und Avicenna bekannt, wie Herr Bergmann zeigt in den Abhandl. der Schwediſchen Akad. 32 Theil S. 84. Vor der Hand bleibt demnach den Spaniern die erſte Anwendung des Queckſilbers zur Scheidung des Silbers eigen.

¹ Die Gegend von Guancavelica giebt dem Liebhaber der Naturgeſchichte reichen Stoff zu manchen andern Bemerkungen: denn in dem ganzen hohen gebirgigen Lande von Peru, wo die Natur in dem Innern der Corbilleras, wie in einer Rüſtkammer, ſo mancherley Erze und einen ſo reichlichen Feuerſtoff verborgen hält, womit ſie aber oft genug den erſchrockenen Indianer in plötzlich herabſtrömenden Feuerfluthen von ihrer Macht überzeugt, hier alſo

giebt

giebt es nirgends so viele warme und versteinernde Quellen als bey Guancavelica. Ulloa hat in dem zehnten Kapitel §. 15—17. die Merkwürdigkeiten dieser Gegenden ziemlich ausführlich beschrieben. Hier also will ich nur noch einige Umstände anführen, welche Ulloa übergangen hat. Frezier spricht zwar an der oben angeführten Stelle ebenfalls von der versteinernden Quelle; aber man sieht aus dem Ausdrucke deutlich, daß er selbst nicht in der Gegend gewesen sey. Gültiger ist also das Zeugniß des Barba I. Kap. 12., wo er sagt, daß man das Wasser nehme, in Formen von beliebiger Größe und Gestalt gieße und einige Tage an die Sonne setze. Daraus werde ein vollkommner Stein, womit man Häuser baut. Alles Vieh, das davon trinkt, sterbe. Noch umständlicher ist Feuille'e Journal des Observ. I. S. 434., welcher den großen Nutzen dieser Quelle zu Gebäuden und andern Geräthschaften zeigt. Es heißt daselbst: Die Quelle geht mitten aus einem viereckigen Becken heraus, ist überaus heiß und versteinert sich nicht weit von seiner Quelle auf den Feldern, wo es sich ausbreitet. Die Farbe dieses versteinerten Wassers ist weiß und fällt ins Gelblichte; seine Oberfläche ist so wie der Spiegelgläser ihre, die aus der Hand des Werkmeisters kommen, und nur auf die Politur warten, um durchsichtig zu werden. Man hat sich dieser Steine bedient, den größten Theil der Häuser zu Guancavelica zu bauen. Es kostet den Arbeitsleuten nicht viel Mühe sie zu hauen. Sie dürfen nur Formen von der Gestalt, die sie ihren Steinen geben wollen, mit diesem Wasser anfüllen, und wenige Tage darnach werden sie ohne Winkelmaaß und Hammer solche Steine finden, wie sie verlangen. Die Bildhauer selbst sind von der langen Arbeit befreyet, die sie anwenden müssen, die Kleidung und Züge ihrer Bildsäulen recht auszuarbeiten. Wenn ihre Form gut gemacht ist, so dürfen sie solche nur voll Wasser aus dieser Quelle gießen, welches nicht unterläßt zu Steine zu werden. Alsdann ziehen sie ihre Bildsäulen

ganz

ganz fertig aus ihren Formen heraus, und es fehlet ihnen nichts mehr, als daß sie solchen eine schöne Politur geben, um sie durchsichtig zu machen. Ich habe unendlich viele solche Bildsäulen gesehn; alle Weihkessel in den meisten Kirchen zu Lima sind von solcher Materie, und von einer solchen Schönheit, daß man die Geschichte, wie sie gemacht worden, nicht glauben würde, wenn man nur nach dem Außenscheine davon urtheilte. Herr Bergmann, welcher diese Stelle auch anführt (Physicalische Erdbeschreibung S. 313.) hat dabey seine Gedanken über die Beschaffenheit dieses heißen Wassers geäußert, welche zuverlässtlicher seyn würden, wenn er die Natur des Absatzes von dieser Quelle eben so genau hätte untersuchen können, wie er mit dem Absatze und Incrustationen der isländischen warmen Quellen gethan hat. S. Uno von Troil Briefe über Island S. 301. f. Er sagt a. a. O. Ueber die Quelle von Guancavelica, die einzige jetzt bekannte in ihrer Art. Das Wasser, welches sich selbst verkleinert, muß eine ansehnliche Menge fremder Materie enthalten; worzu theils Bewegung, theils unterirdische verschlossene Wärme beytragen muß. Je heißer das Wasser ist, desto mehr löset es auf; die Wärme kann auch durch gehörige Einschließung zu einem wunderbaren Grad gebracht werden, ob sie gleich in freyer Luft nicht über 100 angenommen wird. Die Wirkungen von Papins Kessel sind bekannt; aber sie können nicht mit denjenigen verglichen werden, welche die Natur auf gleiche Art ausübt. — Nach allem diesen kann man der Meynung des Ulloa unmöglich beystimmen. Daß das Wasser gerinne und zu Steine werde, ist freylich nur in dem Sinne zu verstehn, daß es nach einem gewissen Grade von Abkühlung die in ihm aufgelösten Theile von erdigter oder steinigter Materie absetze. Nach dem Grade der Hitze des Wassers richtet sich vermuthlich auch die Entfernung des Orts, wo es die eingemischten fremden Materien absetzt. Es kann also wohl seyn, daß das Becken der Quelle nicht höher noch verstopft wird; daß dieses aber auch nicht in einer gewissen Entfernung geschehe, wie Ulloa sagt, das muß von andern Umständen herrühren, welche erst genauer untersucht werden müssen. Denn daß es ehemals nicht so mit dem Becken der Quelle beschaffen war, erhellet aus der Stelle des Acosta III. K. 19. S. 165, wo er sagt, daß das Wasser, indem es sich in Stein verwandelt, dem nachfolgenden Strome den Weg verstopfe, und man dahero genöthiget sey, so wie der Stein an Höhe wächst, den Lauf desselben auf eine andere Seite zu leiten. — Das Wunderbare bey den Bildsäulen und andern Werken, welche man durch den Absatz dieses Wassers verfertiget, fällt ziemlich weg, wenn man dagegen in Ferbers Briefen über Welschland S. 292. die Beschreibung lieset, wie man in Italien durch den Absatz verschiedener warmer Quellen Abdrücke von Münzen, Basreliefs und Brustbilder verfertiget.

Außer den Quecksilbergruben zu Guancavelica giebt es zwar noch mehrere, z. B. in der Provinz Quito auf der südlichen Seite, nicht weit von dem Flecken Azognes im Corregimiento Cuenca; aber ihr Bau ist vom Könige untersagt worden, um den Betrug und Unterschleif zu verhüten, welche sonst mit der Abgabe des Fünften vorgiengen. Diese Absicht hat man zwar erreicht, aber es ist auch gewiß, daß, weil die obgedachten Gruben verboten worden sind, dies zum Theil verursacht hat, daß der Bau der Silberbergwerke in der ganzen Provinz Quito so merklich gefallen ist. Dies ist das Urtheil des Ulloa in seiner Reise S. 340. Vermuthlich schrieb er auch dieses damals, so wie viele andere Nachrichten, denen er im gegenwärtigen Werke widerspricht, nach Hörensagen. Denn hier versichert Ulloa allgemein, daß alle die Oerter, wo man Quecksilber glaubte entdeckt zu haben, bey näherer Untersuchung, als man die Abnahme der Grube von Guancavelica sahe, und die Folgen davon fürchtete, die vorgefaßte Hoffnung getäuscht haben. Es läßt sich aus die-

II Theil. R ser

ſer Stelle ſo wohl als aus mehrern andern, welche ich hin und wieder bemerkt habe, ein Schluß auf die Treue und Glaubwürdigkeit der Reiſebeſchreibung des Ulloa machen, wo er nämlich von Oertern ſpricht, welche er nicht ſelbſt geſehn und unterſucht hat.

Zum Beſchluſſe dieſer Nachrichten, will ich hier die Nachrichten von dem Amerika eigenen und ſeit 1741 durch den Engländer Wood bekannt gewordenen Metalle, Platina genannt, einrücken, welche Ulloa dem Herrn Bowles mitgetheilt, und dieſer in ſeiner Introduction à l' hiſtoire naturelle de l' Eſpagne S. 184. angezeigt hat. „Der berühmte Don Antonio de Ulloa, den ich darüber befragt habe, behauptet, daß die Platina oft mit einigen Golderzen vermiſcht, und ſo genau mit dem Golde vereinigt ſey, daß ſie ihm gleichſam zur Mutter dient, und es viele Mühe und Arbeit koſtet, ſie davon zu ſcheiden. Daher, wenn ſie in zu großer Menge beygemiſcht iſt, muß man die Grube ganz aufgeben, weil ihr Bau nachtheilig iſt, und zu viel Koſten durch das Zermalmen des Erzes und die übrige Bearbeitung verurſacht. Man trifft die Platina allein in dem Königreiche Neugrenada, am häufigſten aber in den Bergwerken von Choco und Barbacoas an; ſonſt aber nirgends, weder in Chili und Peru, noch in Mexico. Ferner findet man in dem angeführten Lande die Platina nicht allein in der Geſtalt eines Geſteins, ſondern auch als Staub und Sandkörner.‟ — Nicht ganz ſo beſtimmt iſt die Nachricht, welche man in der Reiſe des Ulloa findet, die aber in der deutſchen Ueberſetzung verunſtaltet worden iſt. Es heißt daſelbſt S. 336: Manchmal findet man Erze, wo die Platina oder das Geſteine ſo hart iſt, daß man es auf einem ſtählernen Amboſe nicht klein pochen kann, und daher wegwerfen muß. Denn man kann es weder durch Feuer zwingen, noch ſonſt ohne viele Mühe und Arbeit das Metall heraus bekommen. Hier iſt Platina ſehr unrecht durch Geſtein überſetzt, und die ganze Nachricht verſtümmelt worden, welche im Original

nal also lautet, T. I. S. 606: En el Partido de Choco — tal vez se hallan Minerales, donde la Platina, piedra de tanta resistencia, que no es facil romperla ni desmenuzarla con la fuerza del golpe sobre el Yunque de acero, es causa de que se abandonen; porque ni la calcinacion la vence, ni hay arbitrio para extraer el metal que encierra sino a expensas de mucho trabajo y costo. — Bouguer in seiner Reise S. 83 ist weit kürzer, und gedenkt der Platina nur beyläufig, wo er sagt: „Zuweilen nimmt man auch wohl zu einem ganz entgegengesetzten Mittel seine Zuflucht, nämlich zum Quecksilber, wie man denn in Choco hierzu oft genöthiget ist, wo das Erz mit der Platine, einer diesem Lande besonders eignen Gattung Kies, vermengt ist."—Diesen beyden Nachrichten widerspricht Loefling in seiner Reise S. 380. in so weit, daß er sagt, die Platina (welche er Platania nennet) falle zugleich mit Silbererzen in den Bergwerken bey Potosi. Das Metall bestand, so wie er es sahe, aus einem groben unebnen Pulver, oder glich einer feinen Hammerschlacke von weißer Farbe. Diese Gestalt hatte es nach seiner Meynung bekommen, als man die Silberbergart gepocht und ausgewaschen hatte, wodurch die Platina in ein solches feines Pulver ausgeklopft ward. Hierbey muß man eingedenk seyn, daß Loefling dieses in Madrit schrieb, und also das Silberbergwerk zu Potosi nicht selbst gesehen hatte, also auch von der natürlichen Gestalt der Platina nicht sicher urtheilen konnte. Eben so unsicher ist auch die Nachricht, daß die Platina zugleich mit Silbererzen, insonderheit zu Potosi breche.

Sechszehntes Kapitel.

Von den Fossilien und Versteinerungen.

Daß sich bey den alten Indianern in Peru einige dunkle Spuren von der allgemeinen Ueberschwemmung der Erde zu Noa Zeiten erhalten haben, läugnet Acosta I. 25. und zieht die fabelhaften Erzählungen der Indianer von einem Viracocha, welcher nach dem Untergange der Menschen aus dem See Titicaca hervorkam, wo sich die Sonne während der Zeit auf einer Insel verborgen und erhalten hatte, sich zuerst zu Tiaguanaco niederließ, hernach mit seiner Familie nach Cuzko sich begab, und daselbst das Reich der Incas errichtete; alle diese Erzählungen, sage ich, zieht er auf eine besondere und spätere Ueberschwemmung, wie die in Griechenland unter dem Deukalion. Die nämlichen Fabeln, welche ich hier nicht wiederholen will, erzählt G. de la Vega III. 25. Ganz Unrecht hat Acosta nicht, diese Erzählungen unter die Träume zu rechnen; und was Laet (Notae ad H. Grotii Differt. de Origine Gentium American. S. 107.) dargegen erinnert, um die indianischen Fabeln von der allgemeinen Sündfluth zu erklären, ist von keinem Belange. Aber Acosta selbst scheint sich zu widersprechen, wenn er VI. Kap. 19. S. 431. den Indianern in Peru eine Kenntniß von der allgemeinen Sündfluth zugesteht, ohne weiter einen Grund anzugeben. Ich will seine Worte hersetzen, denn sie enthalten auch einige Verschiedenheiten von den obenangeführten Fabeln. El titulo con que conquistaron, y se hizieron señores de toda aquella tierra, fue finger, que despues del diluvio universal, de que todos estos Indios tenian noticia, en estos Ingas se havia recuperado el mundo, saliendo sete dellos della cueva de Pacaritambo, y que por esso les devian tributo y vassalaje todos los demos hombres como a sus progenitores. — Ohne Vorurtheil betrachtet, führen alle Fabeln der Peruaner von der Ueberschwemmung der Sonne, dem Viracocha und dergleichen, ganz natürlich auf das Andenken der Zeiten und Gegenden zurück, welche kurz vor der Eroberung des ersten Inca vorhergegangen sind, und aus welchen sich die Eroberungen mit der allmähligen Cultur in die übrigen Länder von Peru verbreitet haben. Alle

übrige

übrige Kenntniſſe von der ehemaligen Beſchaffenheit und von dem Zuſtande dieſer Länder verlieren ſich in die Ueberſchwemmung, ſo wie die Geſchichte von Griechenland durch die Ueberſchwemmung unter Deukalion begränzt iſt. Alle Muthmaßungen über die Zeit der amerikaniſchen Ueberſchwemmung ſtehen auf einem Grunde, der bey jedem Schritte ſinkt, mit welchem man ſich der genauern Unterſuchung derſelben nähert. Acoſta ſagt ziemlich unbeſtimmt I. Kap. 24: y tengo parami, que el nuevo orbe, è Indias occidentales, no ha muchos millares de años, que las habitan hombres, y que los primeros, que entraron en ellas, mas eran hombres ſaluajes y caçadores, que no gente de republica y polida; d. i. ich für meinen Theil halte dafür, daß es nicht viele Jahrtauſende her ſind, daß Amerika von Menſchen bewohnt wird, und daß die erſten Bewohner, welche ſich daſelbſt niederließen, mehr wilde Menſchen und Jäger, als Leute aus irgend einer politiſchen Verfaſſung waren. — Von dieſer ſeiner Vermuthung bringt Acoſta weiter keinen Beweis bey. Aber Herr von Paw bringt in ſeinen Unterſuchungen Tom. I. p. 102. eine Stelle aus dem Acoſta bey, wo er ſich viel deutlicher und beſtimmter über die Zeit der Ueberſchwemmung, und alſo auch, wie H. P. es erklärt, über die jetzige erſte Bevölkerung von Amerika ausdrücken ſoll. Nachdem H. P. ſeine bekannten Sätze von der Verderbniß des amerikaniſchen Klima und der Schwäche des daſigen Menſchengeſchlechts (H. P. nennt es ſogar abrutiſſement) ausgelegt hat, ſo wagt er ſich an eine Erklärung dieſer großen Verſchiedenheit zwiſchen der alten und neuen Welt, und glaubt dieſe in den ſpätern Zerrüttungen durch Ueberſchwemmungen und Erdbeben gefunden zu haben. Tout cela poſé, il ſera plus facile d'expliquer les cauſes de la difference qu'on a déja remarquée entre notre Hemiſphere & celui de l' Amérique, qui avoit probablement éprouvé des cataſtrophes phyſiques, d'épouvantables tremblemens de terre, et des inon-

dations

dations considérables beaucoup plus tard, que notre horizon. *Acosta,* dans son excellent Ouvrage *de situ novi Orbis,* convient que les plus habiles Naturalistes de son temps rencontroient au nouveau Monde des vestiges d'un déluge plus recent que ceux de Deucalion et d' Ogygés, et que le grand Cataclysme, dont la mémoire s'étoit conservée dans les Livres sacrés des Choëns, ou des Prêtres Egyptiens, qui en avoient apparemment reçû la tradition de la postérité de ceux qui se réfugierent dans les montagnes de la haute Abyssinie, où la terre est plus exhaussée de neuf lieues, que le niveau de la mer à Alexandrie. Als einen Beweis dieser spätern Ueberschwemmung giebt er selbst an, die unendliche Zahl von großen Sümpfen und Seen, die Menge von Volcanen auf dem hohen Gebirge von Mexico und auf der Cordillera, die fast immer daurenden Erdbeben auf den Andes, die Erzadern, welche häufig bloß am Tage liegen, die Menge von Meeresbrut im niedrigen festen Lande, die Zerstörung der großen Thiergeschlechter, und endlich die allgemeine Sage der Amerikaner von Magellans Meerenge an bis an den Lorenzfluß von ihrem ehemaligen Aufenthalte auf dem Gebirge. Um aber wiederum auf das Zeugniß des Acosta zu kommen, so muß ich anmerken, daß Hr. von Paw damit, so wie fast mit allen Zeugnissen, welche er anführt, verfahren hat, nämlich daß er sie verdrehet oder übertreibt. Bekanntlich machen die zwey lateinischen Bücher De situ novi Orbis den ersten Theil seiner spätern Historia moral y natural de las Indias aus; und in dieser letztern Schrift finde ich I Kap. 25. S. 82. folgende Worte: "Die Indianer reden viel von einer Ueberschwemmung; aber es ist schwer zu bestimmen, ob dieselbe von der allgemeinen Sündfluth der h. Schrift, oder von einer besondern Ueberströmung ihres Landes zu verstehen sey. Ueberdieß sagen erfahrne Männer, daß man in diesen Ländern deutliche Spuren von einer großen Ueberschwemmung finde. Ich für meinen Theil, trete

denen

denen bey, welche meynen, daß diese Spuren und Ueberbleibsel nicht von der allgemeinen Sündfluth unter Noa, sondern von einer andern besondern und spätern, wie diejenige, wovon Plato spricht, und jene unter Deukalion, wovon die Dichter erzählen, zu erklären seyn." Für diejenigen, welche Spanisch verstehen, will ich die letzten Worte des Originals hersetzen: yo mas me llego al parecer de los que sienten, que los rastros y señales que ay de diluvio, no son del de Noe, sino de alguno otro particular, como el que cuenta Platon, o el que los Poetas cantan de Deucalion. — Herr von Buffon giebt dem jetzigen festen Lande von Amerika ein viel geringeres Alter, von nicht mehr als sechshundert Jahren, und behauptet, daß die Natur sammt allen organisirten Geschöpfen, ausgenommen den Menschen, welchen er aus andern Ländern nach Amerika bringt, daselbst noch gleichsam in ihrer ersten Jugend, roh, unausgebildet, ohne Kraft und Stärke sey. Es ist hier nicht der Ort, die beyden Hypothesen dieser zwey sinnreichen Gelehrten weiter zu erklären; die Zeit wird vielleicht ihren Werth selbst einmal bestimmen, wenn in einem Lande, das uns jetzt noch so wenig nach seiner physischen Beschaffenheit, wenigstens in den merkwürdigsten hohen Gegenden von Südamerika, bekannt ist, von geschickten Naturforschern mehrere Beobachtungen werden gemacht worden seyn. Bis jetzt kann man wohl ohne den geringsten Verdacht eines Scepticismus die Erzählung der Gazette de France vom 8 Junii von den drey punischen Inscriptionen, welche man auf Felsen bey der Mündung eines Flußes 50 Meilen südwärts von Boston gefunden haben will, und die ein Professor der orientalischen Sprachen zu Cambridge in Amerika an den Herrn Court de Gebelin geschickt hat, der sie auch gewiß mit seiner allgemeinen Sprachkenntniß erklären wird, für eine abentheuerliche Fabel halten. Sie sollen von Carthaginensern gemacht seyn, die in der dortigen damals unbekannten Gegend landeten, und die Ankunft derselben, und die Traktaten, welche sie mit den Einwohnern des Landes machten, zum Gegenstande haben.

Quipos bedeuten die alte peruanische Knotenschrift, auf deren Genauigkeit und den Erklärungen der Personen, welchen die Aufbewahrung und Erläuterung derselben anvertraut war, die ganze Geschichte der peruanischen Könige, der Incas, beruhet, wenn man die Ueberlieferungen abrechnet, welche in dem Angedenken roher Nationen doch nur einzelne, wenig zusammenhängende und abentheuerliche Ideen zurücklassen. Nach dem Acosta 6. Kap. 8. bestanden die Quipos aus Schnüren, woran die verschiedenen Knoten und Farben ganz verschiedene Sachen ausdrückten. Was man nur in Büchern von Geschichten, Gesetzen, Ceremonien und andern Geschäfften anmerken kann, das alles verrichtete man mit den Quipos mit einer erstaunlichen Genauigkeit. Die Aufbewahrung dieser Denkmäler war gewissen Leuten anvertraut, welche Quipocamayo hießen, die von allem Nachricht geben mußten und allgemeinen Glauben fanden. Für jede Art von Geschäfften, für den Krieg, die Regierung, den Tribut, Feyerlichkeiten, Ländereyen und so weiter hatte man verschiedene Quipos, wo an einer jeden Schnure (manoyo) so viel große und kleine Knoten, so viel kleine Fäden, roth, grün, blau, weiß, und von so vielen andern verschiedenen Farben, angebunden waren, daß sie damit, so wie wir mit unsern 24 Buchstaben, durch die mancherley Versetzungen und Stellungen eine unendliche Menge von Worten bilden, und auf eben diese Weise eine unzählige Menge von Dingen andeuten konnten. Noch jetzt, wenn nach zwey oder drey Jahren Untersuchungen wider einen Corregidor angestellt werden, so kommen die Indianer mit ihren Rechnungen, und beweisen, daß er in dem und dem Dorfe so viel Hüner, Bündel Heu und dergleichen erhalten und entweder gar nicht, oder nur zur Hälfte bezahlt habe; dies alles berechnen sie nach der Anzahl von Knoten und Schnüren, welche statt aller mündlichen und schriftlichen Zeugnisse

nisse gelten. Ich habe einen solchen Bündel von Schnüren gesehen, mit welchen eine Indianerinn alle Handlungen ihres Lebens bezeichnet hatte, und mit welchen sie zur Beichte gieng; gewisse kleine Fäden, welche mir etwas verschieden zu seyn schienen, drückten, wie ich erfuhr, gewisse Umstände aus, welche mit in der allgemeinen Beichte angeführt werden mußten. Außer den Quipos haben sie noch dergleichen Schnüren von kleinen Steinen, durch welche sie gewisse Worte bezeichnen, welche sie im Gedächtnisse behalten wollen. Es läßt artig, wenn man einen alten Mann sieht, der mit einem Rade oder Zirkel von solchen kleinen Steinen das Pater Noster, mit einem andern das Ave Maria und das Credo auswendig lernt. Er weiß genau, welcher Stein die Worte empfangen von dem Heiligen Geiste, und welcher gelitten unter Pontius Pilatus anzeige; und wenn er sich verirrt, so sieht er nur auf die Steine, welche im Stande wären, mich so zu verwirren, daß ich alles vergäße, was ich auswendig weiß. Noch eine andre Art von Quipos besteht aus Körnern von Maiz, womit sie die verwickelsten Berechnungen und Repartitionen der zu erlegenden Contributionen sehr geschwind endigen. Außerdem sagt Acosta, daß die Peruaner den Mangel der Schrift auch ebenfalls wie die Mexicaner durch Gemälde oder eine Art von Bilderschrift ersetzten; doch, setzt er hinzu, waren die Gemälde der Peruaner viel ungeschickter und gröber als jene. — Zarate I. Kap. 5. läugnet den Gebrauch der Gemälde bey den Peruánern; aber die Quipos, meynt er, hätten dazu gedient, das Andenken der wichtigsten Handlungen und Vorfälle zu erhalten, und der Nachwelt zu überliefern. Il est surprenant de voir avec combien de facilité ces gens entendent et font entendre aux autres par ce moyen ce qui s'est passé plusieurs siecles avant eux; und dennoch spricht Zarate in der Beschreibung blos von den Knoten, welche die Zahlen der durch verschiedene Farben ausgedrückten Dinge bestimmten. — Garcilaso de la Vega VI. Kap. 8. 9.

fügt

fügt verschiedenes zu der Beschreibung des Acosta, aber gestehtdoch aufrichtig, daß diese Knoten wohl die Zahl von verschiedenen Dingen, aber nicht Worte, vielweniger Gedanken ausdrücken. Die Worte heißen: mais on ne pouvoit pas exprimer par des nœuds le contenu de l'Ambassade, les paroles expresses de la déclaration, et tels autres évenements historiques, parce que ces choses consistoient en des termes articulés de vive voix ou par écrit, et que les nœuds marquoient bien le nombre, mais non pas la parole. Pour suppléer à ce défaut, ils avoient certaines marques par où ils connoissoient les actions mémorables, les Ambassades et les déclarations faites etc. Was für Zeichen dieses waren, sagt er nicht, und ich finde bey ihm auch nirgends, außer beyläufig im 2. Buch 28 Kap. eines solchen Erinnerungsmittels gedacht, dessen sich wohl viele wilde Völker in Nordamerika bedienen. Es führt den Namen Wamp⸗ ⸗, und besteht in einigen ledernen Riemen mit Kammmuscheln von verschiedener Farbe besetzt, welche ihnen ganz leserliche Chroniken und die Urkunden aller öffentlichen Verträge und Unterhandlungen seyn sollen. Man sagt auch, daß einige wenig verschiedene Stäbe für einen indianischen Redner hinreichend seyen, in einem Vortrage von 4 bis 5 Stunden alle in einer Nationalversammlung ausgemachte Puncte in der größten Ordnung vorzutragen. — Frezier sagt S. 94., daß die Indianer in Chili, die Anzahl ihrer Heerden und die Erinnerung ihrer besondern Angelegenheiten zu behalten, sich gewisser Knoten von Wolle bedienen, welche ihnen mit ihren Farben und Falten statt der Zeichen und Buchstaben seyen. Die Wissenschaft dieser Knoten, von ihnen Quipos genannt, sey ein Geheimniß, welches die Väter ihren Söhnen nicht eher offenbaren, als wenn sie sich dem Tode nähern. — Diese Nachricht sowohl als die von Acosta stimmen nicht mit dem Berichte des G. de la Vega überein, aus welchem die Neuern, H. Paw, Recherches II. p. 170. nach ihm der Abt Raynal,

nal, Histoire philoſoph. des Etabliſſemens des Européens dans les deux Indés T. III. p. 158. und zuletzt H. Robertſon, Geſchichte von Amerika II. B. S. 353. den Schluß machen, daß die Quipos eine Erfindung waren, welche das Rechnen erleichtern und berichtigen ſollte. Damit wurden die Einwohner einer jeden Provinz und die darinne zum öffentlichen Gebrauche eingeſammleten verſchiedenen Producte berechnet, und eine Art von Regiſter darüber geführt. Da aber, ſagt Robertſon mit Paw, vermittelſt dieſer Knoten, wie ſehr man ſie auch abwechſeln oder verbinden mochte, kein ſitlicher noch abſtrakter Begriff, keine Wirkung oder Eigenſchaft der Seele ausgedrückt werden konnte, ſo trugen ſie wenig zur Erhaltung des Andenkens alter Begebenheiten und Anſtalten bey. Dadurch fällt alſo alle Glaubwürdigkeit von den umſtändlichen Berichten von den Thaten, Eroberungen, Schlachten und von dem perſönlichen Charakter der peruaniſchen Könige gänzlich weg, wenn ſie auch wirklich auf den Quipos beruheten, da ſie im Gegentheil blos aus den unter den Indianern erhaltenen Sagen genommen ſind, weil die Quipos, welches die Archive geweſen ſeyn ſollen, mit ſo vielen andern Denkmälern der peruaniſchen Erfindſamkeit, zur Zeit der Eroberung und in den vielen bürgerlichen Kriegen zerſtört worden ſind. Robertſon nimmt alſo in der Geſchichte der Incas weiter nichts für zuverläßig an, als einige wenige Thatſachen, die in das Syſtem ihrer Religion und Staatsverfaſſung ſo innig verwebt ſind, daß ihr Andenken nicht erlöſchen könnte, und die Beſchreibung dererjenigen Gebräuche und Anſtalten, die zur Zeit der Eroberung noch fort dauerten, und von den Spaniern ſelbſt unmittelbar konnten beobachtet werden.

Nach den Sagen und Berichten der Indianer beträgt die ganze Dauer der Regierung der 13 Incas vierhundert Jahre; doch ſagt Acoſta VI. Kap. 19., daß ſie nur etwas mehr als dreyhundert Jahre betrage. Ulloa merkt
hier

hier ganz recht an, daß wenn man auch einem jeden Könige 30 Jahre der Regierung, welches das höchste ist, zugestcht, so kommen doch noch nicht 400 Jahre heraus. Im 19. Kap. §. 9. bringt Ulloa durch eine andere Berechnung nach der Anzahl der in den alten Gräbern gefundenen Skelette nur 250 Jahre heraus, welche auf jeden der 12 ersten Incas, mit Ausschluß des 13ten und letzten, 21 Jahre der Regierung betragen. Diesen Zeitraum findet Ulloa daselbst zu kurz, vermuthlich blos deswegen, weil diese Rechnung nicht mit der gemeinen Meynung von der Dauer der peruanischen Monarchie bestehen kann. Aber nach den Beobachtungen des Isaac Newtons wird jetzt als eine allgemeine Regel angenommen, daß die Regierungen im Durchschnitte jede nicht über 20 Jahre währen. Die Dauer der peruanischen Monarchie sollte daher nicht auf mehr als 240 Jahre gerechnet werden; welches mit der Berechnung des Ulloa nach der Anzahl der in den indianischen Gräbern gefundenen Skelette recht gut übereinstimmt, wenn nur sonst die Voraussetzungen des Ulloa ihre Richtigkeit haben. Man sehe noch die Anmerkung des Herrn Robertson Geschichte von Amerika II. B. S. 558. Man mag nun aber die Dauer der Monarchie der Incas so lang und so kurz annehmen, als man nach Maasgabe dieser beyden Berechnungen thun kann, so bleibt es dennoch allemal unbegreiflich, wie die Nationen in Peru in dieser Zeit zu demjenigen Grade der Cultur, den man ganz zuverläßig bestimmen kann, gelangen konnten? Ulloa hebt die Schwierigkeit in gegenwärtigem Werke Kap. 18. §. 14. dadurch, daß er die Incas von irgend einer jetzt unbekannten mehr gebildeten Race von Menschen, als die gemeinen Indianer sind, abstammen läßt. Hingegen nahm er ehemals in der Geschichte der Incas, welche dem vierten Theile der Reise angehängt, in der deutschen Uebersetzung aber ausgelassen ist, S. XII. an, daß vor dem ersten Inca Manco-capac es in den Gegenden um Cuzco herum ein Volk gegeben habe, das seine

Könige

Könige hatte, weniger barbarisch als die übrigen war, und sich noch seine Nachbarn unterwürfig machte, bis endlich aus diesem Königsstamme ein Regent von größern Fähigkeiten entsproß, welcher seine Herrschaft durch besondere Klugheit weiter verbreitete, als seine Vorfahren gethan hatten. Das Andenken der ersten Könige verlor sich endlich ganz und gar, nach der Meynung des Ulloa, weil Manco-capac der Nation einbildete, er sey ein Sohn der Sonne, und also dadurch der Erinnerung den Weg in die Vergangenheit verschloß. Diese Vorstellung des Ulloa ist mit mehrern Widersprüchen verbunden, als die erstere; und wenn der Schluß von Vergötterung der Menschen auf die Originalität desjenigen Volks, in dessen Religion sich dergleichen finden, richtig ist, und die daher für die Geschichte der Ausbildung des Menschengeschlechts von Hr. Meiners (Versuch über die Religionsgeschichte der ältesten Völker S. 28 und S. 40) hergeleitete Regel keine Ausnahme leidet, so muß man allerdings die erstere Meynung des Ulloa als wahrscheinlicher annehmen. Dann aber möchte die Untersuchung über die erste Bevölkerung von Amerika noch wichtiger und schwerer werden, wenn noch eine zweyte Frage zu beantworten übrig bleibt, woher nämlich die Menschenart gekommen sey, welche die rohen und wilden Nationen von Peru umbildete?

Was Ulloa von den gegrabenen Muscheln in Chili sagt, beziehr sich auf folgende Stelle seiner Reisebeschreibung S. 536. In der umliegenden Gegend dieser Bay, und hier noch mehr als an andern Orten, von Talcaguano bis nach Conception und bis zu einer Entfernung von vier bis fünf Meilen von der See, bemerkt man Folgendes als etwas besonderes. In einer Tiefe von einer halben oder ¾ Vara bis auf eine Tiefe von 2 bis 3 Toisen, welche 5 bis 7 Varas betragen, an manchen Orten auch in einer noch größern Tiefe, findet man lauter Muscheln von verschiedenen Gattungen, ohne die geringste Vermischung von Erde, so, daß die kleinen Muscheln die Höhlungen

gen der größern ausfüllen, und sich solchergestalt damit
vereinigen. Aus den größern Muscheln verfertigt man
hier den Kalch. — Dieses würde noch nicht bewunderns-
würdig seyn, wenn es nur auf niedrigen und ebenen Plätzen angetroffen würde. Wir könnten alsdenn glauben,
daß die See einmal diese Plätze überschwemmt hätte ——
allein darüber muß man erstaunen, daß eben solche Muscheln in gleich großer Menge oben auf Bergen von mittelmäßiger Höhe, die wenigstens 50 Toisen hoch über die
Oberfläche der See hinausgehen, gefunden werden. Ich
habe solches auf den höchsten Bergen nicht selbst untersucht, es haben mich aber die Besitzer solcher Gegenden,
welche daselbst Kalchöfen hatten, davon versichert. Allein
auf andern Bergen, die 20 Toisen hoch über der See erhaben waren, habe ich dergleichen wahrgenommen. ——
Ich habe solche Plätze mit aller möglichen Sorgfalt untersucht, und daselbst nicht die geringste Spur von einem
unterirdischen Feuer angetroffen; denn weder außen über
der Erde, noch auch in den Muscheln selbst findet man
zu Kalch verbrannte Dinge. Eben diese Muscheln sind
auch, wie gesagt, nicht mit Erde vermischt; man sieht, auch
weder Steine noch sonst etwas, sondern lauter Muscheln.
Einige sind ganz und andre zerbrochen, wie bey einer solchen
Zusammenpressung nothwendig geschehen muß, wozu noch
die oben aufliegende Last, und die Länge der Zeit kommen. —
Alle solche Muscheln müssen durch die allgemeine Sündfluth hieher gekommen seyn; denn wollte man solches auch
andern Ursachen zuschreiben, wie einige unternommen haben, so streitet die Erfahrung darwider, da man auf den
Ebenen, und auf den Bergen nichts anders als Muscheln
findet; da doch hier in der See verschiedene andere Gattungen gefunden werden, die man in der Bay in großer
Menge sammlet. — Daß es auf den Cordilleras keine
Versteinerungen gebe, hat man zeithero auf das Zeugniß
der französischen Akademisten geglaubt, und Herr von
Buffon hat darauf verschiedene Hypothesen gebaut. Herr
von

von Paw fand dieß sehr natürlich und gegründet, und bewies sogar, daß sich auf den Cordilleras in Peru keine Foßilien finden könnten. Ceux (sagt er, Recherches Tom. I. p. 23.) qui se sont imaginé que l'Amérique n'a jamais été sujette à des inondations, parce qu'on ne trouve pas de coquillages sur la cime des montagnes du Pérou, ignoroient apparemment, qu'on rencontre à la Terre del Fuego, au Chily, aux Antilles, à la Louisiane et à la Caroline des lits, des bancs et des collines entieres de dépouilles marines. Pourquoi les sommets des Cordilieres fourniroient-ils des coquillages, puisqu'on n'en trouve déja plus sur les plus hautes pointes des Alpes, qui sont cependant de plus de six mille cinq cents pieds moins élevées que la tête du mont Chimboraço au Pérou? Andern hingegen kam dieses, daß sich keine Meeresreste auf den Cordilleras finden sollten, desto wunderbarer vor, da daselbst an vielen Stellen Marmor gefunden wird, und Guayaquil auf einem Kreidegrunde liegt. Sie vermutheten daher, daß die Feuerspeyungen dieselben überdeckt oder zerstört haben. Die ganze Behauptung rührt vom Hr. Bouguer her, dessen Stelle ich zu Ende dieser Anmerkung ganz hersetzen will, nicht vom H. von Condamine, welchen Herr Bergmann in seiner Physicalischen Erdbeschreibung I. S. 251. nennt. Sie ist nun aber durch das Zeugniß des Ulloa ganz umgeworfen; doch zweifle ich noch sehr, ob Ulloa die Bemerkungen selbst gemacht habe. Schon Herr von Condamine war nach seiner Rückkunft aus Amerika durch Briefe unterrichtet worden, daß man auf den hohen Bergen in Peru Ammonshörner, und 1761 Pectiniten im Gouvernement Guancavelica unter 13 Gr. 14 M. der B. in ansehnlicher Höhe über dem Meere gefunden habe. Herr Bergmann führt dieses aus den Mémoires de l'Acad. de Paris 1768 und 1752 an; ich habe aber nur die erste Stelle auffinden können, welche daselbst S. 544. in einer Anmerkung des Herrn Montet also lautet; Je dois ob-
server,

server, que M. de la Condamine a fait mettre dans un Journal une lettre écrite du Pérou, dans laquelle on marque, qu'on a trouvé des cornes d' Ammon sur les plus hautes montagnes de cette contrée. Zu diesen Zeugnissen kann ich noch das alte vom Alonso Barba setzen, welches vermuthlich wegen der Seltenheit des Buchs allen denen, welche von den Versteinerungen auf den Cordilleras gesprochen haben, unbekannt geblieben seyn muß. Dieser sagt in seinem Bergbuche I. B. 17 Kap. S. 55. daß auf dem hohen Wege von Potosi nach Oronesta Steine gelesen werden, welche allerhand Gestalten eingedrückt haben, sogar nach dem Leben, daß niemand als der Schöpfer solch ein Meisterstück hervorbringen könne. Er habe etliche Steine bey sich, in welchen allerhand Muscheln zu sehen, große, mittelmäßige und kleine. Etliche stehen aufwärts, andre niederwärts, mit den allerkleinsten Zügen dieser Schalen in großer Vollkommenheit abgebildet. Und dieser Ort, setzt er hinzu, liegt mitten im Lande, und auf den gebirgigen Orten desselben, wo es eine Thorheit wäre, sich einzubilden, daß das Meer jemals dieselben überwältiget, und nur an diesem einen Orte die Muschelschalen gelassen hätte. Es sind auch unter diesen Steinen vollkommene Gleichnisse der Kröten und Zwiefalter, und andre fremde Gestalten, welche, ob ich sie schon von gewissen Zeugen gehört, ich dennoch zu melden, und den Glauben des Lesers damit zu beschweren, Bedenken trage. —— Wenn bey allen den angeführten Spuren von Meeresbrut in dem flachen Lande überall genau die Tiefe des Grundes, in welcher sie sich befinden, angegeben wäre, so würde man endlich aus dergleichen Bemerkungen, wenn sie an mehrern Oertern zugleich gemacht worden, und mit einander verglichen würden, vielleicht ein zuverläßigeres Datum von der großen Ueberschwemmung von Amerika erhalten. In dem Gebirge würde diese Sorgfalt nicht so nöthig seyn, weil die Oberfläche und Rinde des Erdbodens daselbst mehrern gewaltsamen Zerrüttungen

gen, durch Erhöhung und Erniedrigung ausgesetzt ist. — Zuletzt folgt nun die Stelle des Bouguer, welche in seiner Reise S. 88. folgendermaßen lautet: In Peru kann man die Erde inwendig bis zu einer ziemlich großen Tiefe untersuchen, weil da alles mit Graben durchschnitten ist. Man trifft oft einige an, die 200 Klaftern breit, und 60 bis 80 tief sind; ja etliche sind zweymal so groß. Verschiedene von ihnen mögen wohl durch das Erdbeben entstanden seyn; die meisten aber hat der schnelle Schuß des Wassers gemacht, welches während der Ungewitter auf den Gebirgen alles mit sich fortreissen kann, zu andern Zeiten hingegen sich dermaßen verliert, daß man oft trocknen Fußes durchgehen kann. Zuweilen sind die Seiten dieser Graben ganz senkrecht, und wenn man sich die Mühe nimmt, bis zu ihrem Ursprunge hinauf zu steigen, so sieht man, daß sie ebenfalls mit einem scheitelrechten Falle sich anfangen, welches zuweilen aus der Höhe des Erdreichs nicht zu vermuthen war. Oft geht man auf einem grün bewachsenen, nur gar wenig abhängigen Boden, und ehe man es sich versieht, ist man am Rande einer jähen Tiefe. (Ohne Zweifel meynt hier Bouguer die Klüfte, welche Ulloa Quebradas nennt, und Th. I. von S. 211. an weitläufig beschreibt. Er hat es ziemlich wahrscheinlich gemacht, daß die meisten durch den schnellen Schuß des Wassers entstanden sind; ob aber eben dieser Schuß vermocht habe, die senkrechten Schluchten in harte Felsen zu öffnen, oder ob man zu deren Erklärung die Wirkung eines Erdbebens oder einer Erschütterung, dergleichen die ausbrechenden Volcane zu begleiten pflegen, zu Hülfe nehmen müsse, möchte wohl noch nicht völlig entschieden werden können.)

Man darf, fährt Bouguer fort, sich nur einen Ort aussuchen, um in dergleichen große Flußbetten, darinne immer nur wenig Wasser befindlich ist, hinabzusteigen, so kann man alle Eigenschaften der verschiedenen Schichten der Erde untersuchen. Es zeigen sich darinne gar keine

Spuren von den großen Ueberschwemmungen, die in allen andern Weltgegenden so häufige Merkmale hinterlassen haben. Ich habe mir die große Mühe gegeben, um nur etwan eine Muschelschale zu entdecken, aber allezeit vergebens. Vermuthlich sind die peruanischen Gebirge gar zu hoch. Der schwarze Sand, welchen der Magnet an sich zieht, findet sich hier in großer Menge, und man kann wahrnehmen, daß die Schichten, welche man darinne sieht, und bey denen die Mischung der Farben sehr unterschieden ist, keinesweges von einem oftmaligen Anflusse herrühren, sondern vielmehr durch die Ausbreitung des von den Volcanen ausgeworfenen Brennzeuges entstanden sind; fast alles ist daselbst dem Ansehen nach ein Werk des Feuers. Einige dieser Berge bestehen bis zu einer ziemlichen Tiefe aus nichts anders als Schlaken, Bimssteinen und Stücken verbrannter Steine von unterschiedner Größe, und alles dieß liegt zuweilen unter einer Lage gemeiner Erde verdeckt, die Gras und wohl gar Blume trägt. Diesen Stoff findet man in Schichten übereinander, deren Dicke nicht allemal gleich ist, und immer abnimmt, so wie man sich von dem Berge weiter entfernt. Bald sind sie einen Schuh, bald einen halben Zoll dick, und vier bis fünf Meilen weit verliert man sie nicht aus dem Gesichte, außer wenn man öfters in die Nähe eines andern Volcans kömmt, bey welchem man fast eben solche Wirkungen wie bey dem ersten zu entdecken anfängt. Alle diese Anmerkungen machte ich vornehmlich am Fuße des Cotopaxi, welcher völlig die Gestalt eines abgekürzten Kegels bekommen hat, weil sein Gipfel fortgerissen ist. Der untere Theil dieses Volcans ist ganz rund geworden, und hat eine regelmäßige Gestalt von allem dem ausgeworfenen Stoffe bekommen, der nicht mit genugsamer Macht fortgetrieben worden oder zu leicht gewesen ist, als daß er in eine große Bewegung hätte gesetzt werden können. Ich habe oben gesagt, daß die felsichten Pyramiden, die sich oben fast auf allen Bergen befinden, ben, vielleicht nicht anders, als durch die plötzliche Einstürzung der Erde, oder deren unvermerkten Fall zum Vorschein gekommen sind. Aber es ist sehr wahrscheinlich, daß es mit verschiedenen, und vielleicht mit dem Pichincha selbst, ganz anders zugegangen sey. Es ist gar wohl möglich, daß der durchbrannte und schwarze Fels, darinne viele solche Theile, die das mit dem Magnet bestrichene Eisen an sich zieht, enthalten sind, durch die Kraft eines unterirdischen Feuers in die Höhe gehoben worden. Dieß Feuer ist hernach an andern Orten ausgebrochen, und zu ohnmächtig gewesen, den ganzen Fels aufwärts zu treiben. Daß ich wieder auf den Cotopaxi komme, so sieht man am Fuße desselben ganze Schichten ausgebrannter und in sehr kleine Stücke verwandelter Steine, welche fünf bis sechs Mannslängen dicke sind. Die dickste von diesen Lagen ist die oberste, und ich bin versichert, daß sich dieselbe sehr weit erstreckt, und unter dem guten Lande, welches vielleicht seinem Ursprunge nach nichts anders als Asche war, verbirgt. Ich sollte fast glauben, daß man die aus calcinirten Steinen bestehende obere Lage der entsetzlichen Entzündung, deren alle Geschichtschreiber gedenken, und die sich um den Anfang des 1533 Jahrs nach dem Tode des Atahualpa, Königs von Quito, begeben hat, zuschreiben müsse. Wir alle haben daran mit großem Erstaunen andre eben so außerordentliche Spuren wahrgenommen und Steine gesehen, welche über 8 bis 9 Schuhe im Durchmesser hatten, und weiter als 3 Meilen fortgetrieben waren. Viele unter denselben zeigen durch die Striche, auf welchen sie auf der Erde fortgeschleift sind, noch den Volcan an, der sie ausgeworfen hat. Diese große Steine sind gar nicht so wie diejenigen verbrannt, womit der Fuß des Berges bedeckt ist, und sie können nicht anders, als durch die erste Gewalt der Entzündung so weit getrieben seyn. Man wird also, wie es scheint, keine dergleichen Wirkung zu befürchten haben, so lange der Volcan seine jetzige dem Ansehen

nach

nach 5 bis 600 Klaftern breite Mündung behält. — Hierauf beschreibt Bouguer S. 93. die Klumpen von Bimssteinen, die man ohngefähr 7 Meilen südwärts vom Cotopaxi findet. In einem Raume, der mehr als eine Meile ins Gevierte beträgt, und dessen Tiefe man nicht weiß, giebt es ganze Felsen von Bimssteinen, und parallellaufende Lagen Steine, die fünf bis sechs Schuhe dicke sind. Diese Bemerkungen, nebst der Nachricht von den Wirkungen des letzten Ausbruchs des Cotopaxi im Jahre 1742 (von Seite 94 bis 97) verdienen mehr die Aufmerksamkeit der Naturkündigen, als alles, was Ulloa in seiner Reise beyläufig über die feuerspeyenden Berge von Südamerika aufgezeichnet hat. — Zuletzt verdienen noch als natürliche Alterthümer des südlichen Amerika die sogenannten piedras pintadas, gemalten Steine, angeführt zu werden, von welchen Bouguer folgende Nachricht giebt S. 117: Oft traf ich große Stücken Felsen an, die auf der Erde zerstreuet lagen. Diese Felsen waren auswendig schwarz; sie schienen die Wirkung des Feuers empfunden zu haben, und ich sollte fast glauben, daß sie durch die Entzündung einiger Volcane hieher geworfen wären. Ich kann sie nicht besser vergleichen, als mit großen Klumpen Thon, die in der Sonne geborsten, und Ritze bekommen haben, und nachher zu Steine geworden sind. Man findet dergleichen Steine an verschiedenen Orten. Es giebt aber einige um den dritten Theil des Weges von la Plata nach Honda, ohngefähr 3 Meilen unterhalb eines kleinen Dorfes Bacche, die sehr merkwürdig sind. Es sind ihrer zween, und die äußre Seite des größten ist ohngefähr 20 Fuß lang, und 11 hoch. Er ist sehr eben, und hat gar keinen Riß bekommen; man sieht allerhand Zeichen und viele Figuren darein gegraben. Es finden sich in weiter entlegenen höhern und den Cordilleras nähern Gegenden noch mehr solche Steine, worein gleichfalls etwas gegraben ist; allein ich habe sie nicht gesehen, da ich hingegen den andern abgezeichnet habe. Man nennt sie dort zu Lande piedras pintadas. Vielleicht sollen alle diese Figuren und Zeichen eine Inschrift vorstellen, und durch Bilderschrift die Zeit und die Umstände von der Entzündung der Volcane, oder von einer andern Begebenheit, als etwa von einem außerordentlichen Aufschwellen des Flusses, anzeigen. Mir scheinen diese Steine wenigstens ein Werk zu seyn, das mit Fleiß unternommen und mit vieler Geduld vollführt worden ist. Die Figuren sind wenigstens $2\frac{1}{2}$ Zoll tief hineingegraben. Die Eigenschaft, welche alle diese große Stücken Felsen haben, so stark auf den Compaß zu wirken, zeigt, daß darinne einige Eisentheilchen enthalten sind. Diese sind aber sehr versteckt; das Inwendige der Steine ist weiß von Farbe, und besteht überdem aus sehr feinem Griese.

Von den steinernen Pyramiden, welche sich auf der Ebene von Pucara in dem Corregimiento Angaraes befinden, und womit Ulloa die Grabhügel bey Quito vergleicht, kann ich kein älteres Zeugniß anführen, woraus sich genauer bestimmen ließe, ob sie ein Werk der Natur oder von Menschen errichtet seyn. In der Reise des Ulloa S. 347. wird ein Erdhügel 25 bis 30 Toisen hoch, auf der Ebene von Latacungo gegen Norden, beschrieben, der wie ein Zuckerhut rund, und auf allen Seiten so gleich ist, als ob er von Menschenhänden gearbeitet wäre. Unten macht er mit dem Boden mitten auf der Ebene überall einen gleichen Winkel. Sowohl deswegen, sagt Ulloa, als auch, weil die Guacas eine so gemeine Art von Denkmälern gewesen sind, kann man der unter den Einwohnern angenommenen Meynung beypflichten, daß er durch Kunst gebildet worden sey, und daß man die Erde darzu aus dem Thale genommen habe, wodurch nicht weit davon ein kleiner Fluß gegen Norden zu strömt. Außer dieser vernünftigen Muthmaßung hat man aber weiter keinen andern Beweis hierzu. Ohne Zweifel diente dieser kleine Berg, den man jetzt unter dem Namen Panecillo de Callo kennet, anstatt eines Wachthurms, damit man das

Feld mit mehrer Freyheit übersehen, und den Fürsten sogleich in Sicherheit bringen könnte, dessen Palast in der Nachbarschaft war. — Wenn man die steinernen Pyramiden für Denkmäler von verstorbenen vornehmern Indianern ansieht, wie Ulloa darzu scheint geneigt zu seyn, so scheint darwider sowohl ihre Menge, als auch die Sitte des Landes zu streiten. Denn auf dem hohen Lande von Peru findet man sonst lauter auf der Oberfläche des Bodens errichtete hohle Grabhügel von Leim und Steinen, worinne der Leichnam sowohl von Vornehmen als Geringen saß. Die Idee von ägyptischen Pyramiden, als Denkmälern, scheint für die geringe Cultur der Völker in Peru zu erhaben zu seyn. Und endlich so verschwindet auch das Wunderbare in ihrer Gestalt und Lage, wenn man damit die großen und seltsamen Pfeiler auf dem Riesenwege in Irrland, das Stonehenge auf der Salisbury-Plain in England, und andere sonderbare Felsenformen in andern Ländern vergleicht, welche H. Bergmann eben so, wie die Felsengestalten auf den peruanischen Gebirgen, welche Thürmen, Mauern und allerhand Ruinen gleichen, für Denkmäler eines unterirdischen Feuers, oder einer langsamern Zerstörung durch das allmähliche Verwittern der Kalk-, Schiefer- und Sandsteinsberge hält. (Physic. Geographie II. S. 203.)—Ueber die Beschaffenheit der peruanischen Berge hat Hr. Bouguer noch einige Bemerkungen gemacht, welche ich hier anführen will, weil sich daraus vielleicht die Lage und Gestalt jener steinernen Pyramiden begreiflich machen läßt. Zuerst also von der Gegend um Quito S. 46. Diese Stadt liegt an einem von den unter dem Namen Pichincha begriffenen Bergen, welche zu der westlichen Reihe der Cordilleras, die an der Südsee liegt, gehören. Verschiedene dieser Gebirge sind sich darinne gleich, daß ihr Fuß von verschiedenen Hügeln gebildet wird, welche aus Leim oder gemeiner Erde, welche Kräuter hervorbringt, bestehen; und daß sich in der Mitten eine hundert und funfzig bis 200 Klaftern hohe

Pyramide oder Klumpen von Steinen erhebt. Es ist einigermaßen wahrscheinlich, daß ehemals die Erde dieses alles bedeckt habe, und daß der Fels zum Vorscheine gekommen ist, entweder, weil sie allmählig herunter gefallen, oder durch ein Erdbeben plötzlich niedergerissen ist. ——
S. 125. sagt er: Ein besondrer Umstand hat in diesen Ländern öfters meine Aufmerksamkeit erregt; dieser besteht darinne, daß alle Gebirge, welche ich vorbey gieng, und welche am Fuße der Cordilleras und außerhalb denselben liegen, einen ganz andern Ursprung zu haben schienen, als diejenigen, die ich zuvor gesehen hatte. Die mancherley Schichten der Erde, und öfters auch der Felsen, woraus sie bestehen, lagen an verschiedenen Orten nicht so schief als in den andern; sie waren vollkommen wassergleich, und ich beobachtete, daß sie zuweilen in den verschiedenen weit von einander liegenden Bergen übereintrafen. Die meisten von diesen haben 200 bis 300 Klaftern in der Höhe, und sind fast alle ersteiglich. Öfters sind sie so steil als Mauern, und daher kann man ihre wassergleichen Schichten, deren äußerstes Ende sie den Augen darstellen, desto besser sehen. Ihr Anblick ist zwar nicht angenehm, aber doch seltsam und sonderbar. Wenn einer unter denselben von ohngefähr rund, und von den andern ganz abgesondert steht, so ist eine jede seiner Schichten gleichsam ein platter Cylinder, oder ein abgekürzter Kegel von einer sehr geringen Höhe; und die mancherley über einander gehäuften Schichten, die durch ihre Farben und die verschiedene Abdachung ihres Umfangs unterschieden sind, geben dem ganzen Berge die Gestalt eines nach Kunst und mit der größten Regelmäßigkeit aufgeführten Werks. Einer von diesen Bergen, ohngefähr eine Meile von Honda an dem Ufer des Flusses Guali auf dem Wege nach Mariquita, liegt allen Reisenden im Gesichte. Allein wenn ich hier davon eine Abbildung geben sollte, so müßte ich versichert seyn, daß man mir solchen Glauben beymessen werde, als die Nachrichten eines

Mannes natürlicherweise haben sollen, welcher kein eigennütziges Anliegen hat, die Wahrheit zu verändern, und welcher seine ganze Lebenszeit den größten Abscheu vor der Lüge gehabt hat. Man sieht in diesen Ländern, daß die Berge daselbst beständig das Ansehen alter und prächtiger Gebäude, Capellen, runder erhabner Dächer und Schlösser annehmen; zuweilen sind es Festungswerke, die aus langen Cortinen mit Bollwerken bestehen. Wenn man alle diese Gegenstände und die Art und Weise, mit welcher die Schichten übereintreffen, betrachtet, so läßt sich schwerlich zweifeln, daß das Erdreich rund herum niedriger geworden sey. Es scheint, daß diese Berge, die eine festere und stärkere Grundlage gehabt haben, gleichsam als Zeugen oder Denkmäler übrig geblieben sind, welche die vormalige Höhe des Erdreichs anzeigen. Ich kenne die Gegenden an dem Orenok nur aus Beschreibungen; allein ich weiß, daß die dortigen Berge an verschiedenen Orten gleichfalls aus wassergleichen Schichten bestehen, und daß sie oben öfters so eben als ein Altan sind. Man findet, wie ich glaube, nichts dergleichen in Peru, ungeachtet die Natur daselbst mit so unendlicher Verschiedenheit gewirkt hat. Alle Schichten gehen schräge um jede Spitze, und richten sich nach der Abhängigkeit der Berge. — Wenn dieser Theil der Erdfläche, wie es das Ansehen hat, auf beyden Seiten der Reihe Gebirge, welche südwärts von Popayan herkömmt, und zwischen dem Magdalenenflusse und dem Orenok fortläuft, niedriger geworden ist, so wird die Ueberschwemmung der Insel Atlantis, von welcher Plato redet, eine weit größere Wahrscheinlichkeit erhalten.

S. 84. Guijos, Kieselsteine. Vermuthlich meynt Ulloa die nämliche Art von Steinen, welche er in seiner Reise S. 427. beschrieben, und zu einem ähnlichen Beweise angewendet hat. Er sagt daselbst: Die Gegend um Lima ist steinigt und sandigt, das ist, sie besteht aus Feuersteinen, oder einer Art von Kieselsteinen (pedernales ò chinos ños pelados). Diese werden hier so häufig gefunden, daß man überall nichts anders antrifft, so wie man an andern Orten nur Sand, Bruchsteine oder Erde findet. An manchen Orten werden auch die Wege dadurch sehr unbequem und beschwerlich gemacht. Diejenigen Plätze, welche besäet werden, haben ordentlich eine Oberfläche von Erde, die anderthalb bis zwey Schuh tief ist; unter derselben aber ist alles lauter Stein. Aus diesem Umstande, und daher, daß dieses Land ganz und gar an der See liegt, und daß das Seeufer eben solchen Grund hat, kann man muthmaßen, daß das Meer in den alten Zeiten diesen Raum bedeckt, und drey bis vier Meilen, an manchen Orten aber auch mehr, weiter in das Land hinein gegangen ist. Durch dasjenige, was man in einer Bucht auf der nordlichen Seite von Callao, ohngefähr 5 Meilen weit davon, welche den Namen der Marquisenküste führt, antrifft, wird diese Muthmaßung bestätigt. Allem Ansehen nach erstreckte sich hier das Meer noch vor nicht vielen Jahren eine halbe Meile weiter da hinein, wo jetzo festes Land ist, und ohngefähr anderthalb Meilen längst an der Küste hin. Seitdem es aber diese Bucht trocken und voller Steine verlassen hat, so weicht es immer weiter zurück, und macht das trockne Land größer. Die Felsen und Klippen, die weiter hinein auf der Küste befindlich sind, werden zum Theil eben so glatt, und eben so ausgehöhlt und gestaltet befunden, als diejenigen sind, woran das Wasser spült. Dieses ist ein sicheres Kennzeichen, daß das Meer ehemals an dieselben geschlagen habe, und lange Zeit hier geblieben sey, bis es solche Löcher und Höhlen in die Felsen machen, und durch das beständige Anschlagen der Wellen so große Stücken, wie man auf dem Boden liegen sieht, abspülen konnte. Daher scheint es auch ganz natürlich zu seyn, daß von der Gegend, wo jetzt Lima steht, ein Gleiches gelten müsse, und daß das Meer ehemals den ganzen Platz bedeckt habe, der jetzt aus solchen Kieselsteinen besteht, die denjenigen vollkommen ähnlich sind, welche man im Grunde des Meeres findet. — Von dergleichen Kieselsteinen, wie man sie in dem dortigen Meere findet, sollen sich nach Ulloas Berichte in den Bergen von Südamerika große Massen und Geschiebe durch eine weißgraue körnigte Materie zusammengeküttet finden, welche er ebenfalls für Beweise der allgemeinen Sündfluth anführt. Es wäre aber zu wünschen, daß er nicht allein die Lage und Höhe der Berge, worinne man dergleichen Massen antrifft, sondern auch die Natur der Steinart, neben welcher sie sich befinden, genauer bestimmt hätte. Vermuthlich wird auch die ganze Masse aus mehrerley Steinarten bestehen, welche Ulloa unter dem allgemeinen Namen Guijos begreift. Eben so nennet Alonso Barba I. 13. eine Art Steine, dem Sande gleich, welche Gold, Silber, oder einiges anderes Erz hält. Der deutsche Uebersetzer giebt das spanische Guijos durch Schlich.

Von dem versteinerten Holze, welches man auf den peruanischen Bergen antrifft, und von dessen Ursprunge Ulloa allerhand sonderbare Muthmaßungen vorbringt, will ich eine Stelle des Bouguer hersetzen, welche noch überdieß einige gute Bemerkungen von den Steinarten dieser Gebirge enthält. Es heißt daselbst S. 131: Der Marmor ist an den Ufern vieler von diesen Flüssen sehr gemein. Man sieht daselbst auch Felsen von Schieferstein, und ich habe öfters Gelegenheit gehabt, die große Verwandtschaft zwischen diesen beyden Arten von Steinen zu beobachten. Diese Anmerkungen hatte ich schon in den Cordilleras, insonderheit um Arapu und Sula, unterhalb unsrer zu Senagoualap und Sachattian aufgesteckten Zeichen gemacht. Die Marmor- und Schiefersteinfelsen stoßen daselbst oft zusammen, und ich habe einige gesehen, die an einem Ende aus Schieferstein und an dem andern aus vollkommenem Marmor bestunden. So oft ein neuer mit dem Schieferstein eine Verwandtschaft habender Steinsaft darzu kommt, welcher die Blätter desselben

den verbindet, so macht er den ganzen Felsen dichter und
härter; er wird also aus einem Schiefer ein Marmorfels.
Ein anderer Stein, der sich gleichfalls in Blätter zertheilt,
und Schite genennet wird, ist dieser Verwandelung ebenfalls unterworfen. Zuweilen schließen sich nicht nur bloß
die Blätter aneinander, sondern es vereinigen sich auch
ganze Stücke von diesem Steine zufälliger Weise. Wenn
hernach an den ganzen Klumpen der grobe Sand
und die Kieselsteine von einem Flusse getrieben werden,
und derselbe dadurch eine gewisse Rundung bekömmt,
die ihm beynahe die Gestalt eines Cylinders giebt,
so nimmt er völlig die Form des Stammes von einem
Baume an, und zuweilen ist es sogar schwer, ihn davon
zu unterscheiden. Es that mir sehr leid, daß ich einen
von dergleichen Stämmen, welchen ich in einem Graben
zwischen Guanacos und La Plata an dem Fuße eines Berges, Namens Subida del Frayle, fand, nicht mit mir
nehmen konnte. Dies war ein Stück Marmor, welches
20 Zoll in der Länge, und 17 bis 18 im Durchschnitte
hatte. Man erkannte daran gleichsam Holzfäserchen;
auf der Fläche sahe man Knorren von verschiedenen Gestalten, und die auswendige Beschaffenheit des Stammes
war ebenfalls geschickt, jemanden einen irrigen Begriff bey-
zubringen. Auf einer Seite war eine Vertiefung, welche
einen hohlen Winkel machte, und auf der andern wieder
herausgieng. Ich wußte eben so wenig als die übrigen
Personen der Gesellschaft, was ich davon denken sollte.
Ich konnte nicht eher etwas bestimmen, als bis ich meine
Augen auf andere Stücken Schite richtete, welche nahe
dabey waren, und anfiengen, eben ein solches Ansehn zu
bekommen, jedoch so, daß sie einen noch nicht zum Irrthum verleiten konnten; denn sie gaben mir im Gegentheil ein Licht von der Beschaffenheit dieses Stückes Marmor. Man sagt, daß unter verschiedenen Arten Holz sich
der Baum Gayac am leichtesten versteinere. Man versicherte mich, daß ich oberhalb Mompox, in einem Flecken,

Pueblo del Rey genannt, ein Kreuz zu sehen bekommen würde, an welchem der ganze obere Theil des Stammes noch von Holz, der untere aber wirklich aus Feuerstein wäre, und viele Leute erzählten mir, daß sie Feuer daraus geschlagen hätten. Als ich an diesem Ort kam, ward mir eben dieses als eine gewisse Wahrheit gesagt; allein man fügte hinzu, daß das Kreuz vor 6 oder 7 Jahren bey einem ungewöhnlichen Anwachs des Wassers in den Fluß gefallen wäre. — Was den Marmor anbetrifft, von welchem Bouguer redet, so ist es wahrscheinlich, daß er Granit meyne, auf welchem Schiefer aufgesetzt, oder der an seiner Oberfläche ganz in Schiefer übergegangen ist. Diese zwey gehören zu den ältesten, mächtigsten und ansehnlichsten Schichten der Hauptgebirge unsers Welttheils, so weit wir solchen nach der Tiefe kennen, und vermuthlich auch von Amerika. Man sehe darüber des H. v. Born mineralog. Briefe S. 208. Ferbers Beyträge zur Mineralgeschichte von Böhmen S. 32. welcher S. 71. ebenfalls einiger holzähnlichen Blöcke unter dem Namen von Sündfluthbaum in den Bergwerken erwähnt, welche einige für eine faserichte und schwarze Abänderung der grauen Wake, andre aber für versteinertes Holz halten. Hieraus sieht man wenigstens so viel, daß mehr als gewöhnliche Augen dazu gehören, dergleichen Körper nach ihrem Wesen zu bestimmen.

Zu den Denkmälern voriger Zeiten gehören noch die ausgegrabenen ungeheuern Gerippe und Knochen, von welchen sich glaubwürdige Zeugnisse finden. Die Tradition unter den Indianern leitet sie von Riesen ab, welche auf Kähnen von Rohr auf der Küste von Peru bey der Spitze St. Helena landeten und sich in der Nachbarschaft daselbst niederließen. Als Denkmäler dieser Niederlassung sehen sie noch gewisse tiefe Brunnen an, welche die Riesen in dem Felsen daselbst sollen gegraben haben. Man findet diese ungeheuern Knochen in Manta. Eine weitläuftige Nachricht davon steht beym Piedro de Cieza de

Leon Beschreib. von Peru Kap. 52. Acosta I.K. 19. G. de la Vega IX. Kap. 9. Auch in vielen andern Ländern von Amerika außer Peru hat man dergleichen Gerippe und Knochen von außerordentlicher Größe ausgegraben, welche von keinem jetzt daselbst bekannten Thiere oder Menschen herkommen können. Unter den neuesten Nachrichten verdient vorzüglich die von H. Falknern nachgelesen zu werden, Beschr. von Patagonien S. 71 f. Mehrere ältere Zeugnisse findet man gesammlet in Robertsons Geschichte von Amerika I. S. 530. Bergmanns Physical. Geographie I. 134. und endlich in den Recherches philosophiques sur les Americains I. S. 311. Aber Herr von Paw will durchaus behaupten, daß man nirgends ungeheure Menschenknochen ausgegraben habe, und daß dieses auch nicht seyn könne. Vielmehr nimmt er an, daß die vielen außerordentlich großen Gebeine, welche man in Amerika fast überall findet, von mehrern Thierarten herkommen, welche ehemals in diesem Welttheile gelebt hätten, aber durch Ueberschwemmungen und andere natürliche und außerordentliche Revolutionen gänzlich ausgerottet worden wären. Mir deucht, daß es einem Manne von seiner Denkungsart eben so wenig Ueberwindung kosten sollte, eine Menschenart ausgehn zu lassen, als es ihm Mühe macht, mehrere Thierarten durch Ueberschwemmung auszurotten.

Ueber das 17te und 18te Kapitel, von den Indianern in Süd- und Nordamerika, ihren Gebräuchen und Sitten.

Mit der Beschreibung des Ulloa von den charakteristischen Zügen der Amerikaner vergleicht Robertson I. S. 537. diejenige, welche er aus einer Handschrift des Ritter Pinto gezogen hat, wo es heißt: Sie sind alle kupferfarbig, mit einiger Verschiedenheit in den Schattirungen, die sich aber nicht nach ihrer Entfernung vom Aequator, sondern nach der Höhe der Lage des Landes, das sie bewohnen, richtet. Diejenigen, welche in einem hohen Lande wohnen, sind weißer, als die Bewohner der niedrigen Marschländer an der Küste. Ihr Gesicht ist rund, von einer ovalen Gestalt weiter entfernt, als irgend eines andern Volks ihres. Ihre Stirne ist schmal, das Ende ihrer Ohren ferne vom Gesichte, ihre Lippen dick, ihre Nase flach, ihre Augen schwarz oder von einer Kastanienfarbe, klein, aber fähig, Dinge in einer sehr weiten Entfernung zu sehen. Ihr Haar ist allezeit dick und schlank, und gar nicht zum Kräuseln geneigt. Sie haben kein Haar an irgend einem Theile ihres Leibes, außer auf dem Kopfe. Beym ersten Anblicke scheint ein Südamerikaner sanftmüthig und harmlos zu seyn; betrachtet man ihn aber genauer, so entdeckt man in seinem Gesichte etwas wildes, argwöhnisches, düsteres und verdrüßliches. — Das bartlose Gesicht und die glatte Haut des Amerikaners zeigen irgend einen Mangel an Stärke an, der aus einem Gebrechen seiner Leibesconstitution herzurühren scheint. Unterdessen da viele unter den ältern Reisenden und noch neuerlich Carver, (S. 193.) wider dessen Glaubwürdigkeit sich wohl nichts einwenden läßt, bärtige Nationen unter den Amerikanern, und die Instrumente beschreiben, womit sie sich alle Haare am Leibe auszuziehn pflegten, so haben einige Gelehrte schon ehemals geglaubt, daß durch die Länge der Zeit die unterdrückte Natur sich endlich in der Bildung des Körpers nach dem Eigensinne der Nation gerichtet habe, und daß auf diese Art wirklich zuletzt die Amerikaner unbärtig und glatt am Leibe geboren worden seyen. Wider diese Meynung hat zwar H. Paw Recherches I. p. 40. vieles erinnert; demohngeachtet aber hat sie ganz kürzlich H. Blumenbach wiederholt, und durch einige Beyspiele des durch lange Gewohnheit und Kunst unterdrückten natürlichen Bildungstriebes, wie er es nennt, zu unterstützen gesucht. Göttingisches Magazin I B. VI Stück S. 262.

In Ansehung der Farbe der Amerikaner ist es allerdings merkwürdig, und erweckte auch bey den Entdeckern der neuern Welt Verwunderung, daß die Einwohner der Länder von Amerika, welche innerhalb des heißen Erdgürtels liegen, nicht eben die schwarze Leibesfarbe als die in den gegenüberliegenden Ländern der andern Welttheile haben. Man schreibt diese Verschiedenheit der Farbe der durch verschiedene Umstände gehemmten und verminderten Wirkung der Hitze zu, von deren Heftigkeit man im Gegentheile die schwarze Farbe der Negern ableitet. Der Graf Buffon hat in dem Supplément à l'histoire naturelle T. IV. p. 494 eine Bemerkung des Herrn Bruce beygebracht, aus welcher erhellet, daß die Race der Negern in Afrika nur die Küste, das ist, die niedrig gelegenen Gegenden dieses Welttheils bewohnet. In dem Innern von Africa, und selbst unter der Linie, wo das Land hoch liegt und sehr bergigt ist, sind die Einwohner ganz weiß. Die hohen gebirgigen Gegenden sind keiner großen Hitze ausgesetzt, und überdieß regnet es auch zu gewissen Jahreszeiten in einem fort, wodurch die Luft und Erde so abgekühlt wird, daß sich der Himmelsstrich sehr mildert. Aus dieser Bemerkung macht Buffon den Schluß, daß blos die Wärme des Himmelstrichs die Ursache der schwarzen Farbe der Negern sey. Er setzt hinzu, daß, weil man eine so außerordentliche Hitze in keinem gebirgigen, wie auch in keinem solchen Lande antreffe, das weit über der Oberfläche des Meeres erhaben liegt, daher auch unter der Linie selbst die Einwohner von Peru und dem innern Afrika nicht schwarz sind. Eben dieser Meynung scheint auch Herr Pallas zu seyn in der Abhandl. über die Berge und Veränderungen der Erdkugel S. 152. (in den Leipz. Samml. zur Physik II. Stück) wo er sagt: In Amerika hingegen, das ohnehin erst später mit Menschen besetzt worden zu seyn scheint, hat eine völlig eben so heiße Lage doch nicht so viel Wirkung als bey den Negern thun können, vielleicht aus dem Grunde, weil die Menschen da-

selbst eine vom Mittag nach Mitternacht laufende Kette
von Bergen antrafen, also auf derselben ihr Klima nach
und nach verändern, oder ihre unter verschiedenen Breiten entstandene Racen vermischen, und dadurch die Wirkung der heißen Zone mildern konnten. —— Noch ist
anzumerken, daß es selbst in Peru hin und wieder Abweichungen von der eigenthümlichen Kupferfarbe der
Einwohner giebt, so wie in Afrika von der schwarzen.
Herr Bouguer hat diese Bemerkung schon gemacht S.
143. wo er sagt: er sey versichert, daß man die fast kupfer-
rothe Farbe der Amerikaner, die ihnen natürlich ist, und
nicht von dem Anstreichen herrührt, nur als einen zufälligen Unterschied anzusehen habe. Er habe bemerkt, daß
diejenigen, welche gleich unter den Cordilleras auf der
westlichen Seite oder an der Südsee wohnen, beynahe
eben so weiß sind als wir. Diese sind einer heftigen und
beständigen Sonnenhitze nicht so, wie die andern bloßge-
stellt; sie bringen vielmehr ihre Lebenszeit in einem Lande
zu, wo eine so vollkommene Windstille herrscht, daß sie
auch niemals durch die geringste Bewegung der Luft unterbrochen wird: denn die Gebirge schützen sie gegen den
anhaltenden Ostwind, der fast eine Meile hoch über ihren
Kopf streichen muß. Wenn man sich von den Cordilleras weiter gegen die Küste wendet, so hat es schon nicht
mehr die Bewandniß; man empfindet dort den Wind,
und die Indianer haben auch wieder ihre Kupferfarbe.
Es ist wahr, wenn die Fleischfarbe der erstern keinen Unterschied zwischen ihnen und uns zu machen scheint, so unterscheiden sie sich doch dadurch, daß sie weder einen Bart
noch Haare auf der Brust oder sonst an einem Theile des
Leibes haben, und insonderheit, daß ihr Haupthaar sehr
lang ist; denn sie haben durchgehends dicke, schwarze, gerade und sehr starke Haare. Wenn man zugiebt, setzt
Bouguer hinzu, daß ihre Farbe von der Beschaffenheit
des Himmelsstrichs oder von der starken Wirkung der
Luft, wozu der Mangel an Kleidung Gelegenheit giebt,
herrühre,

herrühre, so läßt sich allenfalls muthmaßen, daß auch die andern Umstände, worinne sich ein Unterschied äußert, beynahe eben den Grund haben. Bayer sagt ebenfalls S. 196. daß die Chiriguanos ganz weiß wie die Europäer, und sehr wohl gebildet sind. Ihr Land gränzt auf der einen Seite an die Landschaft Sierra, auf der andern an das Land der Chiquitos. Nur Schade, daß Bayer die Lage ihres Landes nicht genauer bestimmt hat, woraus man einen Schluß auf die Ursachen dieser Verschiedenheit in der Farbe machen könnte! Die Stelle des Bouguer dient auch noch zur Bestätigung der Einförmigkeit der Gestalt, welche bey den Amerikanern von jedem Klima so auffallend ist. Robertson hat diese Anmerkung des Ulloa noch durch andre Zeugnisse bestätiget I. S. 539.

Das Bemalen der Körper und Schminken mit Zinnober und andern Erden war bey den Peruanern nicht so allgemein, wie die spanischen Schriftsteller behaupten. Wenigstens widerspricht ihnen G. de la Vega VIII Kap. 25. und schränkt den Gebrauch der Schminke bloß auf einige Frauenzimmer ein. Au reste les hommes ne se servoient point de ce vermillon, ni d'aucun autre fard. Je fais cette remarque contre un certain auteur, qui a avancé mal à propos que les Yncas et les Indiens en général, lorsqu'ils alloient à la guerre ou qu'ils solemnisoient leurs fêtes, se peignoient le visage de diverses couleurs. Il est certain qu'il n'y avoit que quelques nations particulieres, qui se peignissent ainsi le visage pour paroître plus farouches. Doch vermuthlich redet Vega nicht von dem allgemeinen Anstriche des Körpers, sondern bloß von dem künstlichen Bemalen mit dem Stiche. Die untergejochten Indianer in Peru haben, nach dem eignen Geständnisse des Ulloa, den Gebrauch, ihren Körper anzustreichen, seit der Eroberung aufgegeben. Darnach muß man folgende Stelle des Bouguer verstehen S. 141. wo er von den Indianern überhaupt sagt: daß sie wegen der großen Hitze fast

II Theil. T na-

nackend gehn müſſen; ſie färben ſich gemeiniglich mit dem Roucou roth, und ſuchen darinne einen beſondern Putz; anſtatt ſich über und über anzuſtreichen, bemalen ſie ſich nur ſtreifenweiſe, und ſogar auch in dem Geſichte. Dieſen Gebrauch ſcheinen ſie dem Herrn Bouguer ſeinem Urſprunge nach als ein Mittel, ſich wider den Stich gewiſſer Arten von Mücken zu ſchützen, angeſehn zu haben. Wenn man aber den Nutzen dieſes Gebrauchs für die erſte Veranlaſſung oder Urſache deſſelben anſehen darf, ſo laſſen ſich gewiß mehrere und wichtigere Urſachen angeben, welche Robertſon ſehr deutlich erklärt hat I. S. 431. Herr von Paw hat den Gedanken des Bouguer angenommen, ausgeziert, und auf alle Nationen in den vier Welttheilen, welche den nämlichen oder einen ähnlichen Gebrauch hatten, angewendet. Rechecches Tom. I. p. 103 folg.

Was Ulloa von der Apathie der Amerikaner ſagt, haben auch Wundärzte in Braſilien angemerkt. Ein Indianer, ſagen ſie, klagt niemals unter dem Leiden, und erträgt das Abſchneiden eines Beins oder Arms ohne einen einzigen Seufzer. Ungeachtet dieſer Zeugniſſe, glaubt dennoch Robertſon I. S. 423 und 562. daß die erſtaunlich gleichmüthige Standhaftigkeit der Amerikaner bey den empfindlichſten Qualen nicht aus einer ihnen eigenthümlichen ſchwachen Leibesconſtitution, ſondern vielmehr aus einer frühzeitig eingeflößten und ſorgfältig genährten Ehrbegierde herrühre, welche eine unüberwindliche Standhaftigkeit als den Hauptvorzug eines Mannes, und als das höchſte Verdienſt eines Kriegers anſah; daß, wo dieſe Triebfeder nicht wirkt, der Amerikaner Schmerzen eben ſo heftig als andre Menſchen empfinde.

Allgemein iſt die Anmerkung von der Feigherzigkeit der Amerikaner, und der Art, wie ſie Krieg führen, auch wohl nicht wahr; wenigſtens haben die Eroberer von Mexico den Einwohnern des Landes nicht Feigherzigkeit vorzuwerfen gehabt. Die Bewohner von Chili ſollen auch ihre Feinde in offenem Felde, in regelmäßiger Schlacht-

Schlachtordnung angreifen, und überhaupt die tapfersten und muthigsten unter allen Amerikanern seyn. Man sehe die Nachrichten des Ovalle und Lorenzano bey Robertson I. S. 564. Ueberhaupt urtheilt man gewiß falsch, wenn man die Ueberlegenheit der europäischen Krieger und Feuerwaffen irgend einer natürlichen Feigherzigkeit der Amerikaner zuschreibt. Viel wahrscheinlicher erklärt die Ursache dieser Ueberlegenheit Robertson I. S. 427. aus den Umständen, welche den rohen ungebildeten Zustand dieser Nationen nothwendigerweise begleiten müssen.

Von der Gewohnheit einiger Nationen, sich den Ohrlappen zu durchstechen, und durch angehenkte schwere Körper zu einer übernatürlichen Größe auszudehnen, siehe Ulloas Reise S. 289. De la Condamine Voyage S. 82. Vega I. Kap. 22. Eine Erklärung von der Bildung dieser übergroßen Ohrlappen hat Hr. Blumenbach versucht. Götting. Magaz. I. B. V Stück, S. 260.

Von den Heirathen der Indianer in der Provinz Quito, und der daselbst gewöhnlichen Vertauschung der Weiber, siehe Ulloas Reise S. 309. Ueberhaupt aber verdienen die Bemerkungen des Hrn. Robertson über den Hausstand der Indianer und das Schicksal der Weiber in Amerika nachgelesen zu werden I. B. S. 365 folg.

Die Art, wie noch jetzt in Peru der Feldbau von den Indianern gemeinschaftlich getrieben wird (diese Vereinigung heißt Chaco, auch bey der Jagd), die Art ihre Felder durch künstliche Canäle zu wässern und zu düngen, sind alles Ueberbleibsel der alten Einrichtungen, welche die Incas ganz dem Genie der Nation gemäß gemacht hatten, und die spanische Regierung sehr klüglich beybehalten hat, theils um den Indianern ihre Unterwürfigkeit zu erleichtern, theils aber, weil sich zu der Absicht in dem Lande keine bequemern Erfindungen ausdenken lassen. Die Art, wie ehemals die Nation mit vereinigten Kräften, mit Musik und Gesängen, die verschiedentlich ausgetheilten Ländereyen bauete, beschreiben Herrera Decad. V. Lib.

Lib. IV. c. 2. und G. de la Vega im fünften Buche vom 1 bis 5ten Kapitel. Von den Wasserleitungen s. Ulloa Reise S. 373. Auf dem ebenen Lande von Cuzco und den gebirgigen Gegenden düngt man mit Menschenmist, hingegen auf der ganzen Meerküste von Arequequa bis Tacapaca mit dem Miste gewisser Seevögel, welche sich auf den öden Eylanden in der Nähe in unglaublicher Menge aufhalten. In andern Gegenden an der nämlichen Küste, wie zu Atica, Atitipa Villacori, Malla und Chilca, braucht man darzu die Köpfe der Sardellen. So sagt Vega V. Kap. 3. Den Vogelmist nennet man Guano, damit düngt man das Land um Lima. Ulloa Reisen S. 429. Acosta IV. Kap. 37. Seite 280. — Die Vögel, welche Ulloa Guanaes nennet, gehen dem Heringe (Anchoien oder Anchoreten) nach, welche sich in unendlichen Haufen an der Küste bey Lima und sonst einfinden. Ulloa Reise S. 433.

Die Mitas oder Zwangdienste, welche die Indianer, außer den Bergwerken, in den Fabriken zu Quito und auf den Landgütern thun müssen, beschreibt Ulloa in seiner Reise S. 315. doch findet man daselbst keine solchen Klagen, wie er hier über die schlechte Behandlung der Eingebornen führt.

Neunzehntes Kapitel.
Von der Religion der Indianer.

Was Ulloa hier davon sagt, muß man mit den übrigen Anmerkungen verbinden, welche er in andre Kapitel zerstreuet hat, und wovon das Wesentliche dieses ist. Zuerst also im 20 Kap. §. 22. merkt er an, daß der Gottesdienst des Pachacamac, nebst dem ihm bestimmten Tempel in dem Thale von gleichem Namen schon bestand, ehe die Incas diese Gegenden eroberten. Deswegen muß man also die Errichtung dieses Tempels dem dortigen Regen-

Regenten Cuismancu oder seinen Vorfahren zuschreiben; da aber die Größe, Anordnung und Bauart desselben so genau mit den andern von den Incas errichteten Gebäuden und Denkmälern übereinstimmen, so hat man Ursache zu vermuthen, daß die Incas den Tempel, dessen Ruinen man noch sieht, wenigstens erweitert oder wieder von neuem aufgebaut haben. Den Pachacamac verehrten auch die Incas als die erste und größte Gottheit, aber nur innerlich; dahingegen sie der Sonne und dem Monde, deren wohlthätigen Einfluß sie augenscheinlich bemerkten, auch öffentliche Beweise ihrer Verehrung gaben. Den Namen der Gottheit erklärt Ulloa. S. 131 f. durch el Dios supremo, invisible, y desconocido, oder el Criador. Dieß alles wiederholt er im 21 K. S. 171 f. wo er hinzufügt, daß die Peruaner zwar der Sonne Dankopfer brachten, aber keinen sinnlichen Gegenstand ihrer Verehrung, oder irgend eine bildliche Vorstellung der Sonne in ihrem Tempel hatten; man finde bloß darinne die Bilder, welche unförmliche und häßliche Figuren aus der indianischen Nation vorstellen. Garcilasso de la Vega II. K. 2. erklärt Pachacamac durch die Seele der Welt, von Pacha die Welt und Camac, dem Particip vom Präsens des Verbum Camar, beseelen, beleben. Acosta V. K. 4. nennet zwar den obersten Gott Viracocha; aber G. de la Vega hat II. K. 1. bis K. 6. den Ungrund und Ursprung dieser Behauptung hinlänglich gezeigt. Eben dieser Schriftsteller giebt zwar zu, VI. Kap. 30. daß die Indianer unter dem Cuismancu der Gottheit Pachacamac allein einen Tempel gebaut, und sie darinne verehrt haben; aber er behauptet, daß sie die Kenntniß von diesem obersten Gotte durch das Gerüchte von den Incas erhalten hätten. Vier Meilen von Pachacamac liegt das Thal Rimac; das Wort bedeutet einen der da spricht. Die Benennung hatte das Thal von einem Tempel darinne, wo man ein Götzenbild in menschlicher Gestalt verehrte und um Rath fragte: — Was die sinnlichen und bildlichen

Vorstellungen der Sonne anbetrifft, welche Ulloa schlechterdings läugnet, so behauptet dagegen G. de la Vega III. Kap. 20. daß man in dem Sonnentempel zu Cuzco ein Bildniß der Sonne gefunden habe, das einzige in seiner Art. Er beschreibt es also: Sur le grand autel on voioit la figure du Soleil, faite de même sur une plaque d'or plus massive au double que les autres. Cette figure qui étoit toute d'une piece, avoit le visage rond, environné de rayons et de flammes, de la même maniere que les Peintres ont acoûtumé de la représenter. Elle étoit si grande, qu'elle s'étendoit presque d'une muraille à l'autre, où l'on ne voioit que cette seule Idole; parce que ces Indiens n'en avoient point d'autre, ni dans ce temple, ni ailleurs, et qu'ils n'adoroient point d'autres Dieux que le Soleil, quoi qu'en disent quelques auteurs. Daß die letztern Worte allein von Bildnissen der Sonne zu verstehen sind, zeigt die bald darauf folgende Erwähnung von der Figur des Mondes auf Silber. Unterdessen spricht dennoch Acosta V Kap. 27. S. 377. von drey Statuen der Sonne und des Donners.

Was Ulloa hierauf von dem jetzigen Aberglauben oder Religion der unterwürfigen Indianer in Peru, und den Mochaderos erzählt, ist, so viel ich urtheile, ein ganz unrecht abgebrochenes, und daher in einer falschen Richtung vorgestelltes Stück von ihrer alten Religion, welche sie noch so viel als möglich beybehalten. Die Ableitung des Wortes Mochaderos kann ich nicht ganz beurtheilen, doch will ich dem Leser ein Wort aus der Sprache der Einwohner von der Provinz Tarama in Peru anzeigen, welches dem Anschein nach eher das Stammwort von jenem seyn kann. Es heißt Mocha, und bedeutet bey jenen Völkern die Sonne, wie Lact Notae ad H. G. de Origine Gent. Americ. S. 181. aus dem Pedro de Cieza anführt. Ueber die Bemerkung selbst, wie auch über die von Ulloa beygebrachte Vergleichung mit den dem

Mer-

Merkurius geweihten Steinhaufen kann eine Stelle im Acosta IV. Kap. 5. die beste Erklärung geben. Die Indianer, sagt er, verehren die Flüsse, Quellen, Thäler, Felsen, große Steine, Hügel, die Hügel von Bergen, welche sie Aphachitas nennen, und für ehrwürdige Gegenstände halten; kurz alle natürliche Dinge, welche ihnen merkwürdig und sonderbar scheinen, verehren sie gleichfalls, wenn sie darinne eine besondere Gottheit anerkannten. Zu Caxamalca de la Nasca zeigte man mir einen großen Sandhügel, welcher eine vorzügliche Guaca der alten Indianer gewesen war. Als ich fragte, was sie denn göttliches da gefunden hätten, so antworteten sie mir: das Wunder bey diesem Hügel von Sande, der sich mitten unter vielen andern von Steine befinde. Der Hügel verdiente auch allerdings viel Aufmerksamkeit. — Sie verehren auch Bäre, Löwen, Tiger und Schlangen, damit sie ihnen nicht schaden. —

Nach dieser Beschaffenheit ihrer Götter richten sich auch die Dinge, welche sie ihnen zum Zeichen ihrer Ehrfurcht darbringen. Wenn sie gehen oder reisen, so pflegen sie auf den Steg selbst, oder auf die Kreuzwege und Hügel, vorzüglich auf die Gipfel der Berge, welche sie Apachitas nennen, alte Schuhe, Federn, gekauete Coca, und wenn sie weiter nichts bey der Hand haben, wenigstens einen Stein hinzuwerfen; alles dieß ist gleichsam ein Opfer, womit sie sich eine glückliche Reise und Stärke dazu erbitten. Daher findet man auf den dortigen Wegen große Haufen von dergleichen zusammengeworfnen Steinen, und den andern vorher genannten Dingen. Eine eben so thörichte Verehrung bezeigten die Alten ihrem Merkurius, dem sie an den Kreuzwegen Steine hinwarfen. (Dergleichen Steinhaufen hießen daher griechisch ἑρμακες, vom Namen des Merkurius.) Eben so sonderbar läßt das Opfer, wenn sie sich die Augenbraunen oder Wimpern ausreißen, und der Sonne, den Hügeln, den Apachitas, den Winden, oder andern Dingen, welche sie fürchten, darbringen. — G. de la Vega II Kap. 4. widerlegt hier den Acosta, und giebt eine andre Erklärung von diesen Gebräuchen. Weil sie zugleich auch ein Licht auf die Nachricht des Ulloa wirft, so will ich die Stelle hersetzen: . Pour expliquer le nom Apachitas, que les Espagnols attribuent aux tertres élevés, et qu'ils font passer pour les Dieux des Indiens, il faut favoir qu' *Apachec* est un participe du tems préfent, qui fignifie *celui qui fait fupporter*, fans dire ni quoi, ni qui il eft: et ce participe fait au génitif *Apachecpa*, et au datif *Apachecta*. De forte qu' à prendre ce mot fuivant la maniere concife de parler des Indiens, c'étoit la même chofe que f'ils avoient dit: *rendons* de très-humbles actions de graces, et offrons quelque chofe à celui qui nous donne autant de vigueur et de force, qu'il nous en faut, pour monter jufqu'au fommet de ces lieux fi élevés et fi raboteux; paroles, qu'ils n'emploioient jamais qu' après avoir gagné le haut de la colline. Ce qui a fait croire aux Hiftoriens Efpagnols, qu'ils en appelloient le fommet *Apachitas*. Mais toutes les fois, que les Indiens éclairés de la lumiere naturelle ufoient de ces termes, leur intention étoit de montrer, qu'ils devoient rendre graces, et faire quelque offrande à Pachacamac, ou au Dieu inconnu, qu'ils adoroient mentalement, pour les avoir aidé à furmonter cette fatigue. Auffi lorfqu'ils étoient arrivés au fommet de la colline, ils pofoient leur fardeau, s'ils en avoient quelqu'un; et après avoir élevé les yeux au ciel, ils les baiffoient vers la terre, et ils donnoient les mêmes marques d'adoration qu'ils avoient accoutumé de pratiquer à l'égard de *Pachacamac*. Outre cela, ils repétoient deux ou trois fois le datif *Apachecta*; enfuite par une efpece d'offrande, ils fe tiroient le poil des fourcils; et foit qu'ils en arrachaffent ou non, ils les fouffloient en l'air, comme s'ils les euffent voulu envoyer au ciel. Ils prenoient auffi dans la bouche d'une herbe, qu'ils

efti-

estiment beaucoup, appellée *Cuca*, qu'ils jettoient aussi
en l'air, comme pour dire, qu'ils offroient à *Pachaca-
mac* ce qu'ils avoient de plus précieux. Leur superstition alloit même jusqu' à lui offrir de petits éclats de
bois, ou des pailles, s'ils ne trouvoient rien de meilleur; ou bien quelque caillou, et à faute de cela une
poignée de terre; on voioit même de grands monceaux de ces offrandes sur le sommet des collines. Quand
ils faisoient ces cérémonies, ils ne regardoient jamais
le soleil, parce que ce n'étoit pas à lui, mais à *Pachacamac* que leur adoration s'adressoit. — Je parle comme témoin oculaire, et pour avoir été plusieurs fois
avec eux en pareille occasion. —— Die Erklärung,
welche hier G. de la Vega von den sonderbaren Gebräuchen der Indianer, welche man aber in der ältesten Geschichte vieler andern ungebildeten Nationen findet, giebt, ist eben
so gesucht, als die innerliche Verehrung, durch welche er
sowohl als Ulloa den Pachacamac von der Sonne unterscheidet. Mit welchem Rechte hingegen Paw Epître sur
la Religion des Américains S. 288. den Pachacamac
schlechtweg für die Sonne der Peruaner erklärt, überlasse
ich andern zu entscheiden. Wenn es wahr ist, was Vega
V. Kap. 12. und Herrera Decad. V. Libr. IV. cap. 4. erzählen, daß die Götzen einer jeden eroberten Provinz nach dem
Haupttempel zu Cuzco gebracht und dort aufgestellt wurden, so läßt sich vielleicht daraus die innerliche Verehrung
des fremden Gottes Pachacamac erklären. Die Folgen,
welche die peruanische Religion, die in der Verehrung
der Sonne bestand, auf die Regierungsform und die Sitten der Einwohner hatte, findet man von Robertson erklärt, II. B. S. 359. — Beyläufig aber muß ich hier anzeigen, daß es falsch sey, wenn Hr. Robertson aus dem
Acosta V. 3. anführt, daß es in der Sprache der Peruaner keinen eignen Namen des Allerhöchsten gegeben habe,
welcher anzeigte, daß sie sich ihn als den Schöpfer und Beherrscher der Welt vorstellten. Acosta sagt zwar 307.

daß

daß die peruanische Sprache kein eigenes Wort, wie das griechische Θεός, das lateinische Deus und dergleichen habe, die Gottheit auszudrücken; aber er sagt dagegen zu Anfange des Kapitels: communmente sienten y confessan un supremo señor, y hazedor de todo, al qual los del Peru llaman Viracocha, y le ponian nombre de gran excellencia, como Pachacamac o Pachayachachic, que es criador del cielo y tierra. Also meynte Acosta, daß die Peruaner kein einfaches selbstständiges Wort haben, die Gottheit dadurch zu bezeichnen, sondern sich zu dieser Absicht gewisser Umschreibungen durch Beyworte oder zusammengesetzte Worte bedienen. Ich hätte wohl gewünscht, daß Herr Robertson darauf geachtet, und sich über die innerliche Verehrung dieses fremden und angenommenen Gottes erklärt hätte.

Von den Gräbern der Indianer, Guacas genannt.

Zuerst will ich hier die Nachrichten des Ulloa von den Grabmälern in Quito aus dessen Reise S. 341. einrücken. Die Indianer, sagt er, verfertigten Werke, welche sie der Nachkommenschaft widmeten, und womit die Gegenden um Quito überall, sowohl um die bewohnten Plätze herum, als auch auf den Ebenen, Hügeln und mittelmäßigen Bergen, angefüllt sind; denn sie ließen sich, wie die alten Aegyptier, gern an merkwürdigen Orten und unter große Gebäude beerdigen. Die Aegyptier baueten Spitzsäulen, und die Mitte derselben diente den einbalsamirten Leichnamen derjenigen, für welche sie gebaut wurden, zum Grabe. Die Indianer legten ihren Todten an den Ort, wo er bleiben sollte, ohne ihn zu beerdigen, häuften darüber viele Steine zusammen, und baueten ihm damit und mit ungebrannten Ziegeln gleichsam ein Grabmaal. Alle Angehörige des Verstorbenen schütteten auf dieses Grabmaal und an die Seiten desselben so viel Erde, daß ein künstli-

künstlicher Berg daraus ward, den sie Guaca nennten.
Ein solcher Berg war nicht völlig einer Spitzsäule ähnlich;
es scheint vielmehr, daß man dabey der Natur habe nachahmen wollen, wie sie ihre Berge bildet. Die ordentliche
Höhe eines solchen Berges beträgt gemeiniglich acht bis
zehn Toisen, oder drey und zwanzig Baras, die Länge
zwanzig bis fünf und zwanzig Toisen, und die Breite etwas weniger. Man findet aber auch andere, die noch
viel größer sind. Man findet zwar, wie ich schon gesagt habe,
in dem ganzen Lande dergleichen Denkmäler, aber am häufigsten in dem Bezirke des Fleckens Cayambe, wo die Felder
recht damit angefüllt sind. Die Ursache hiervon ist, weil hier
eines von ihren größten Bethäusern, oder einer von ihren
vornehmsten Tempeln gestanden hat, und weil die darum
liegenden Felder als heilige Plätze angesehn worden sind,
und deswegen die Könige und Caziken von Quito, wie
auch die Einwohner aus den da herum liegenden Flecken
und Dörfern hier begraben wurden. Da diese in der
Größe von einander unterschieden sind, so kann man daraus urtheilen, daß man sich bey Verfertigung einer Guaca nach dem Amte, Stande und Vermögen eines jeglichen
gerichtet haben werde. Ohne Zweifel wird die Guaca
eines großen Caziken, der viel Unterthanen hatte, welche
alle an seinem Grabmale bauen halfen, größer gewesen
seyn, als die Guaca eines gemeinen Indianers, welche
nur von seinen Anverwandten und Freunden aufgerichtet
wurde. Mit einem jeglichen wurde sein Hausrath und
seine goldenen, kupfernen, steinernen oder irdenen Geschirre, deren er sich bedient hatte, begraben. Bouguer beschreibt in seiner Reise S. 130. die Gräber, welche er an
einem Orte Cochesqui fand, und wegen ihrer Größe und
Gestalt erstaunungswürdig nennt. Er setzt ihre Entstehung in die Zeiten des Kaisers Hueyana Capac. Es bestehen diese Gräber aus aufgeworfenen Erdhügeln, unter
denen einige 40 Schuh hoch, 70 Klaftern lang, und 40
breit, auch mit überauslangen Gängen versehen sind, auf
denen

denen man, weil sie allmählich heruntergehn, unvermerkt zu diesen Gräbern gelanget. Es sind deren 7 oder 8, und noch über 100, die eine ganz andere Gestalt haben. — Die Geschichtschreiber erwähnen eines Palastes, den sich die Incas in eben der Gegend hätten bauen lassen; man findet aber nicht die geringsten Spuren davon, dahingegen die Gräber, deren keiner gedacht hat, noch wirklich vorhanden sind. — Bayer beschreibt S. 153. die Grabmäler um Cuzco also: Man sieht ebenfalls an vielen Orten auf den kleinen Anhöhen herrliche Guacas, wo die adelichen Indianer begraben liegen. Sie sind artig von künstlichzusammengelegten Steinen ins Viereck gebauet, und haben auf allen Seiten drey oder vier Ellen in der Breite, in der Höhe aber drey oder sechs; oben sind sie flach mit Steinen zugemacht. Auf der Seite gegen Sonnenaufgang ist ein kleines Thürlein, so offen steht, in welchem der todte Indianer in einer Nische sitzet. Die meisten von diesen Grabstätten sind von den Spaniern niedergerissen worden, theils wegen des Goldes und Silbers, so sie zuweilen darinnen fanden, theils wegen der guten und artig gearbeiteten Steine, die sie zu andern Gebäuden verwendeten. An einer andern Stelle S. 204. beschreibt er kurz die Gräber in einigen Thälern, welche gegen die Küste von Peru zu liegen. Sie waren von fest zusammengestampfter Erde so stark gebaut, daß sie noch ganz unverletzt da stunden, und seit mehr als 500 Jahren nicht den geringsten Schaden gelitten hatten. So sagt Bayer, vielleicht aus Uebereilung; sonst wären diese Gräber aus den ersten Zeiten der Regierung der Incas, welches sich wohl nach dem bloßen äußern Ansehen nicht bestimmen läßt. — Frezier S. 236. beschreibt zweyerley Arten von Gräbern, welche ganz verschieden sind. Die eine Art davon trifft man bey Arica oberhalb der Kirche zu Ylo und längst dem Ufer hin bis an die Spize Coles in unzähliger Menge an. In diesen Gräbern haben sie sich mit ihren Kindern und Gütern lebendig begraben; daher man noch

heut

heut zu Tage beym Nachgraben fast ganze Körper mit ihren Kleidern und zuweilen auch gold- und silbernen Gefäßen antrifft. Diejenigen, so ich gesehen, sind in den Sand mannshoch eingegraben, und mit einer Mauer von trocknen Steinen umfangen. Ueber sie her liegt eine Hürde von Schilf, auf dieser eine Lage Erde und Sand darüber, damit man den Ort, wo sie gewesen, nicht finden möge. Das, was Frezier als eine gemeine Meynung von dem Ursprunge dieser Gräber hinzufügt, daß nämlich die Indianer aus Furcht vor den Spaniern dahin geflüchtet seyn, und sich daselbst lebendig mit ihrer Familie begraben haben, zeigt deutlich, daß Ulloa im 19 Kap. S. 135 ff. eben diese Gräber meynt, welche er in die Thäler de las Capillas setzt. Er giebt zwar zu, daß die gemeine Meynung einigen Grund haben könne, aber er nimmt nicht ohne Grund und Wahrscheinlichkeit an, daß man schon lange vor diesem traurigen Vorfalle dergleichen Gräber, wie er sie beschreibt, daselbst müsse im Gebrauche neben den Wohnhäusern gehabt haben.

Die Berechnung, welche Ulloa aus der Anzahl der Leichname, welche man in diesen Gräbern findet, macht, um dadurch das Alter der Nationen, welche diese Thäler bewohnten, oder wenigstens die Zeit ihrer Unterjochung und Ausbildung durch die Incas zu bestimmen, halte ich für einen sinnreichen Einfall, der, um wahrscheinlich zu werden, durch genaue Nachrichten von der ehemaligen Bevölkerung dieser Gegenden, und von der verhältnißmäßigen Sterblichkeit, welche nicht nach unserm Klima bestimmt werden kann, unterstützt werden müßte.

Von dieser erstern Art von Gräbern unterscheidet Frezier eine zweyte, welche man nach seiner Meynung den vornehmen Leuten errichtete. Diese sind, außer der Erde, von rohen Backsteinen, rund als kleine Taubenhäuser, 5 bis 6 Schuh im Durchschnitte, 12 bis 14 Fuß hoch, und gleich einem Backofen gewölbt, worinnen man sie aufrecht setzte, und nachmals ummaurete. Auf Reisen durch die Länder findet man deren noch eine Menge, welche auch sogar von der Einkunft der Spanier her annoch im Stande geblieben sind.

Die Begräbnißplätze, oder vielmehr die Verwesungshäuser, welche bey den Einwohnern von Louisiana gebräuchlich sind, nebst den übrigen bey der Trauer üblichen Gebräuchen, stimmen genau bis auf die geringsten Kleinigkeiten mit den Beschreibungen überein, welche die Engländer von den Begräbnißplätzen auf Otaheiti gemacht haben. Man sehe Hawkesworths Sammlung II. B. S. 96. S. 141. und S. 231. wo man auch eine Abbildung davon findet. Wenn das Fleisch von den Beinen abgefault ist, schabt man die Knochen rein ab, und begräbt sie dem Stande der Person gemäß, entweder innerhalb oder außerhalb eines Morai, oder Bethauses.

Bey allen diesen weitläuftigen Beschreibungen muß einem aufmerksamen und neugierigen Leser doch der Wunsch sich aufdringen, von der Art und Weise, wie eigentlich die Todten in diese Grabhügel gebracht worden sind, wie man sie darinne fand, und in wie ferne die Bestattung des Leichnams nach dem verschiedenen Stande und nach der Würde der Personen unterschieden war, genauer unterrichtet zu werden. Ich finde darüber bey den Schriftstellern, welche ich brauchen kann, wenig Aufklärung; aber auch das Wenige, was ich zusammengelesen habe, will ich meinen Lesern willfährig mittheilen. Acosta V Kap. 6. sagt, daß die Peruaner die Körper ihrer Könige und Herren sorgfältig aufzubewahren suchten, und sie über 200 Jahre lang ganz ohne eine Spur von Gestank und Fäulniß erhalten haben. So fand man die Incas zu Cuzco, jeden in seiner besondern Kapelle, aus welchen der Unterkönig Marquis von Cañete drey oder viere holen und nach Lima (ciudad de los Reys) bringen ließ, wo man sich ungemein über die frische Gesichtsfarbe dieser so wohl erhaltenen Körper verwunderte. Von den Schä-

ten und von der Verlassenschaft eines jeden Inca ward die Kapelle, in welche der Leichnam gesetzt ward, sowohl als die Menge von Bedienten, nebst der ganzen Familie, welche die Besorgung der gewöhnlichen jährlichen Ceremonien hatte, unterhalten. Außerdem ließ jeder Inca bey Lebzeiten sein Bildniß von Stein machen, welches Guaciqui, das ist Bruder, hieß. Diesem erzeigte man sowohl bey Lebzeiten, als nach dem Tode des Inca die nämliche Ehrfurcht; man nahm es mit in den Krieg, trug es in Procession, wenn man um Regen oder gut Wetter bat, und weihte ihm viele Feste und Opfer. Von diesen Bildsäulen gab es zu Cuzco und in der Nachbarschaft eine große Menge, aber die Verehrung dieser Denkmäler hörte von der Zeit an auf, als sie von Polo entdeckt worden. Die erste Bildsäule, welche man fand, war vom Ingaroca, dem Haupte des königlichen Geschlechts oder Linie, welche Hanan Cuzco heißt.—An einer andern Stelle, VI Kap. 20. erzählt Acosta, daß Pizarro den Leichnam des Inca mit Namen Viracocha zu Xaquixaguana entdeckte, und verbrennen ließ. Die Indianer sammleten die Asche davon, bewahrten sie in einem Gefäße auf, und bezeigten dafür eine außerordentliche Ehrfurcht. Dieß dauerte so lange, bis endlich Polo die Körper der übrigen Incas in seine Gewalt bekam. Man fand diese sehr wohl erhalten und einbalsamirt.

Im folgenden Kapitel erzählt Acosta, daß Polo den Körper des Inca Yupangui zu Totocache entdeckt habe, wohin man ihn von Patallacta gebracht hatte. Der Körper war so wohl behalten, und mit einem Harze zubereitet, daß er noch Leben zu haben schien. Die Augen waren von einem Goldblättchen (telilla de oro) so zierlich gemacht und eingesetzt, daß sie ganz natürlich aussahen. Am Kopfe sahe man die Narbe von einer Wunde, die er im Kriege bekommen hatte. Er hatte ein graues Haar, und sahe überhaupt so frisch aus, als wenn er denselben Tag erst gestorben wäre, da doch der Körper mehr als

60 oder 80 Jahre gestanden hatten. Mit diese Körper wurden nach Lima in das Hospital von St. Andreas gebracht, wo viele Spanier sie gesehn haben. Jetzt aber sind sie sehr verstümmelt und verdorben. — Auf diesen Umständen konnten allerdings auch die Abbildungen der peruanischen Könige gegründet seyn, welche Ulloa im vierten Bande seiner Reise nach einem Kupferstiche, welcher ehemals in Lima gemacht worden war, gegeben hat. Zwar spricht er nur von Modellen aus Thon, nach welchen die Indianer ehemals ihre Könige in ganz oder halberhabener Arbeit sowohl aus Gold als aus Stein abgebildet hätten, und wornach die Zeichnungen zu Lima gemacht worden wären; vermuthlich aber hat man sich der entdeckten Leichname zu dieser Absicht ebenfalls mit Vortheile bedienen können. — Vega V. Kap. 29. erzählt, daß er in dem Hause des Richters von Cuzco, Paul Ondegardo von Salamanca, im Jahre 1560 die Leichname von fünf Incas gesehen habe, und darunter auch den Körper des Viracocha. Dieser und die übrigen Körper hatten sich so wohl erhalten, daß ihnen kein Haar auf dem Kopfe noch an den Augenbraunen fehlte. Sie trugen die nämliche Kleidung als ehemals im Leben, und hatten nur auf dem Kopfe die Llautu, das Zeichen der königlichen Würde. Sie saßen mit über den Magen kreuzweis gelegten Händen, die Augen auf die Erde gerichtet. Was Acosta von den eingesetzten Augen sagt, habe ich damals, als ich die nämlichen Körper sahe, nicht bemerkt. Hätte ich damals geglaubt, dereinst eine Geschichte von Peru zu schreiben, so würde ich sie näher untersucht, und nach der Art, wie die Indianer diese Körper einbalsamirten, geforscht haben: denn den Spaniern haben sie dieß Geheimniß niemals entdecken wollen; vielleicht ist es auch ganz mit mehrern Künsten verloren gegangen. Ich für meinen Theil habe an den Körpern kein Harz bemerkt; doch zweifle ich nicht, daß man sich gewisser Specereyen bedient habe, um sie so ganz und fleischig zu erhalten. Ich

stelle

stellte mir vor, daß das ganze Geheimniß der Indianer
darinne bestand, daß sie den Leichnam in den Schnee gruben, wo er ganz trocken ward, und hierauf das Harz zu-
setzten. Meine Muthmaßung gründet sich auf die allgemeine Gewohnheit in den kalten Ländern von Indien, wo
man das Fleisch bloß damit erhält, daß man es in die
Luft setzt, und darinne austrocknen läßt, worauf es weiter
keines Salzes oder sonst eines andern Mittels bedarf.
Auf diese Weise bewahrte man unter den Incas die Fleisch-
vorräthe für die Kriegsleute auf. Die erwähnten Körper waren so hart und dabey so leicht, daß der kleinste
Indianer einen davon unter dem Arme oder auf dem Rücken tragen konnte. — So weit Vega. Diese beyde Stellen reden bloß von den Körpern der Könige; wie man
aber mit den Leichnamen der übrigen und gemeinen Indianer verfahren habe, bleibt völlig unbestimmt. So
viel sich aber aus dem 7ten Kapitel des 5ten Buches des
Acosta von dem Aberglauben, welchen die Indianer mit
den Todten trieben, abnehmen läßt, so war in Peru nirgends der Gebrauch eingeführt, die Todten zu verbrennen, sondern die Körper, entweder durch die Kälte einge-
trocknet, oder einbalsamirt, unter einen Erdhügel zu bringen, sie zu bekleiden, darneben Essen und Trinken hinzu-
stellen, und dieses jährlich an einem gewissen Tage zu wiederholen.

Was Vega von der Art, wie man ehemals das Fleisch
durch den Frost trocknete und aufbewahrte, anführt, gilt
noch jetzt. Ulloa erzählt in seiner Reise S. 433. daß
man nach Lima gefrornes Kalbfleisch aus dem Gebirge
bringt, welches sehr wohlschmeckend ist. Die Kälber werden auf dem Gebirge geschlachtet, und das Fleisch wird
einen oder zwey Tage lang auf dem Paramo unter freyem
Himmel hingelegt, bis es gefroren ist. Aus dieser oder
einer ähnlichen Ursache kam es, daß Barbinais le Gentil
in der Hauptstadt von Pachacamac Leichen auf dem Markte liegen sahe, ohne die geringsten Merkmale einer Ver-

II Theil. U we-

wesung. Er schrieb dieses der Beschaffenheit der feuchten Luft und des Bodens zu. Die Gesichtsbildung war noch vollkommen kenntlich, nur war die Haut weißer und stärker gespannt, als sie gewöhnlich bey den Indianern zu seyn pflegt. Siehe dessen Reise I Theil S. 92. der Amsterdamer Ausgabe von 1728. Eben dieser Gentil fand in der Landschaft Chincha ein Grabmal, worinne man die Leichen von zweyen Männern und Weibern angetroffen hatte, welche noch dergestalt unversehrt waren, daß man den Unterschied des Geschlechts an ihnen wahrnehmen konnte. Zugleich fand man in dem Grabe vier irdene Gefäße, vier Schalen, zwey Hunde, und einige Stück Silber. Die Gestalt der Gräber selbst beschreibt er weiter nicht. — Zarate I. Kap. 12. sagt, daß man die Caciquen und Vornehmen von Peru nach ihrem Tode in einen gewölbten Platz gebracht, und daselbst, auf ihren Duos sitzend, und mit den reichsten Kleidern angezogen gelassen habe. Mit ihnen begrub man zugleich einige von den Frauen, Dienern, und Geräthschaften des Verstorbenen. Bey dem Leichenbegängnisse gießen die Verwandten Chica über das Begräbniß, welche durch Röhren in den Mund des Todten herabläuft. Man stellt ebenfalls ihr Bildniß, von Holz gemacht, oben über die Begräbnißstelle. Bey gemeinen Indianern begnügt man sich, die Zeichen und Werkzeuge ihrer Handthierung oder Bedienung bloß durch Malereyen auszudrücken, vorzüglich bey Kriegern. Im 10ten Kapitel sagt er, daß die Vornehmen sich wenigstens in der Provinz Pachacamac begraben ließen, wo der Tempel einer bey ihnen hochgeschätzten Gottheit dieses Namens stand, vier (spanische) Meilen von Lima. — Einige Puncte dieser Nachrichten erläutern das, was Ulloa sagt; andere beruhen auf der Treue und Glaubwürdigkeit eines einzigen Zeugen: aus allen Stellen aber zusammengenommen erhellet, daß man wenigstens die Körper der Vornehmern in Grabhügel von Steinen, der Geringern vermuthlich in Gräbern von Erde, Leim, oder ungebrannten

brannten Ziegeln gemacht, einbalsamirt oder ausgetrocknet, stand in einer Nische, oder auf einem Sessel, begrub ihnen mancherley Vorrath zu Essen und zu Trinken, wie auch ihre Kostbarkeiten, Bediente, und den Königen einige ihrer Frauen zur Gesellschaft mitgab. — Wo man eigentlich die Körper der Könige hin brachte, finde ich nicht bestimmt; Vega sagt VI. Kap. 5. daß man sie in den Tempel zu Cuzco vor das Bildniß der Sonne gestellt, und ihnen daselbst Opfer gebracht habe. Ob sie daselbst blieben, oder wohin man sie hernach brachte, sagt Vega nicht. Die Eingeweide wurden aber nach seiner Versicherung in einem Tempel von Tampu aufbewahrt. Im dritten Buche Kap. 22. sagt er ganz deutlich, daß die einbalsamirten Körper der Könige im Tempel der Sonne zu Cuzco zu beyden Seiten des Bildnisses der Sonne, jeder auf einem goldenen Throne saßen, mit den Augen auf den Boden des Tempels gekehrt. Bey der Ankunft der Spanier haben die Indianer diese Körper mit den übrigen Schätzen weggebracht und versteckt, ohne daß man sie jemals hat wieder finden können, außer die 5 Körper, welche 1559 der Unterkönig Polo entdeckte. Dieser Nachricht widerspricht Lopez de Gomara, La historia general de las Indias, Anvers 1554. wo er S. 170. von den Einwohnern der Gegend von Cuzco sagt, daß sie alle sich begraben lassen, die Armen und Niedrigen ganz einfach, so daß man einem jeden die Zeichen seiner Handthierung oder Kunst auf das Grab setzt; für die Incas und Vornehmen mache man Höhlen oder unterirdische Gewölber (hoyos o bovedas), welche man mit Tapeten (mantas) bedeckt, woran viele Juwelen, Waffen und Federn aufgehängt werden. Man setzt auch goldene und silberne Gefäße mit Wasser, Liqueur und Essen hinein; desgleichen giebt man ihnen einige von ihren liebsten Weibern und Dienern zur Begleitung und Aufwartung mit; doch diese letztern sind nur von Holze gemacht. (Anders weiß ich den Ausdruck mas estos no van en carne, sino en madera

madera nicht zu übersetzen.) Alles wird mit Erde bedeckt, und beständig oben darauf Chica gegoffen. — Eben dieser Schriftsteller sagt S. 241. Die Peruaner laffen sich unter der Erde begraben; einige werden einbalsamirt, indem man ihnen durch den Schlund den Saft von wohlriechenden Bäumen eingießt, und sie äußerlich mit Gummi einsalbt. Auf dem Gebürge erhalten sich die Körper sehr lange in der Kälte, daher trifft man viele dergleichen Mumien an (y affi ay mucha carne mumis). Endlich von den Einwohnern von Panama erzählt er S. 267. daß sie die Körper ihrer Caciquen am Feuer trocknen und so begraben; viele aber ließen sich auf das Feld bringen, stürben daselbst, und würden von den wilden Thieren gefreffen und begraben.

In der Reise nimmt Ulloa S. 342. an, daß die Könige und Caziken auf eben die Art wie die gemeinen Indianer, nur in größern Guacas, und vorzüglich in der Nachbarschaft irgend eines großen Tempels begraben worden seyn. Mit den Körpern der gemeinen Indianer scheint man weiter keine Umstände gemacht zu haben, als daß man sie in den Grabhügel setzte, und ihnen einige Trinkgeschirre und andere Geräthschaft, auch Waffen mitgab. Daselbst verwesete also der Körper; die Gräber waren oben zu, doch giengen einige Röhren durch, in welche man jährlich an einem gewiffen Tage dem Todten zu Ehren Chica goß. In dergleichen gemeinen Gräbern treffen also die spanischen Mönche oder Schatzgräber nichts weiter, als die Gebeine des Verstorbenen, einige irdene Trinkgeschirre, Aexte von Stein oder Kupfer, und dergleichen Spiegel an, wie Ulloa S. 342. seiner Reise versichert. Auf der XVI Kupferplatte hat Ulloa daselbst einen Grabhügel abgebildet, an welchem eine Oeffnung wie eine Thüre deutlich zu bemerken ist, dergleichen auch Bayer in den steinern Gräbern bey Cuzco fand; hingegen bemerkt man dergleichen nicht an den vielen andern Guacas, welche auf der XVII Platte vorgestellet sind.

Auch

Auch diese Verschiedenheit muß ihren Grund in dem Range der Personen, oder in irgend einem andern Umstande haben, den ich aber nicht angegeben finde.

Daß die Indianer in Peru den Tabak bloß rauchen sollen, wie Ulloa sagt, wird von G. de la Vega widersprochen, II Kap. 25. wenigstens sollen nach ihm die Indianer in den vorigen Zeiten den Taback auch geschnupft haben: ils en prenoient par le nés pour se décharger le cerveau. Die Pflanze heißt im Lande Sayri. Die Mode des Frauenzimmers in Lima, beständig Rollen Tabak im Munde zu führen, (Ulloa Reisen S. 437.) ist ohne Zweifel bloß von dem spanischen zu verstehen.

Zwanzigstes Kapitel.
Von den Alterthümern der Indianer.

Zur Erläuterung der Nachrichten, welche Ulloa zuerst von der Form der gewöhnlichen Wohnungen der alten Indianer, und von den Materialien giebt, womit sie gebauet waren, will ich hier die Beschreibung einrücken, welche Frezier S. 342. von den gewöhnlichen Wohnungen der peruanischen Spanier gegeben hat, damit man zugleich daraus urtheilen möge, mit welchem Rechte die stolzen Spanier selbst den alten Indianern Mangel an Erfindsamkeit und allen Kenntnissen, wodurch sie sich Bequemlichkeiten verschaffen konnten, vorwerfen; da sie doch, ausser vielen andern alten Einrichtungen, auch selbst die alte peruanische Bauart in ihren Häusern beybehalten und befolgen. Diese sind nach Frezier platt vom Boden etwa 14 bis 15 Schuh hoch aufgeführt. Die Abtheilung der vornehmsten Gebäude ist diese, daß sie vorne beym Eingange einen Hof haben, worinne längst dem Bau hin hölzerne Schwibbogen angefügt sind. Solcher Bau ist allezeit in Chili einfach, weil man den Giebel allzugroß machen müßte; auf der Küste von Peru aber macht man es so vielfach als man will. Denn wenn man ja keine Helle

U 3 durch

durch die Wand bekommen kann; so kriegt man Licht genug durch den Boden, weil kein Regen zu befürchten ist, mithin sich immerhin sicher eine Oeffnung hineinmachen läßt. Das erste Stück eines solchen Hauptbaues nun ist ein großer Saal, etwa 19 Schuhe breit, und 30 bis 40 lang, woraus man hernach in 2 oder 3 Zimmer nach einander kommt. Sie machen so wenig Fenster hinein, daß es immer zu dunkel und melancholisch aussieht. Weil sie auch keine Gläser haben, so sehen sie gebrechen hölzerne Gitter vor, und verringern also die Helle noch mehr. — Die gewöhnlichen Baumaterialien, bürgerlicher Häuser sind die Adoves, oder große Backsteine, ohngefähr 2 Schuhe lang, 1 breit und 4 Zoll hoch, in Chili; hingegen weit kleiner und dünner in Peru, weil es im letzten Lande nie regnet. Oder es sind auch Mauern aus Leimichter zwischen zwey Brettern gestampfter Erde, die man Tapias nennt. Diese Manier zu bauen war, wie aus dem Vitruv erhellet, bey den Römern im Gebrauch. Sie taugt wenig, weil das Erdreich überall zu solchen Bau nicht tauglich ist, und dennoch dauert sie ganze Jahrhunderte hindurch, wie an den Ueberbleibseln der großen Gebäude und Festungen zu sehn, welche die Indianer gebaut, und schon zum wenigsten über 200 Jahre stehn. Im Regen zwar halten sie nicht wohl, daher man sie des Winters auf der mitternächtlichen Seite mit dicken Strohmatten oder Brettern verschlagen muß. Auf solche Weise erhält man sie in Chili im Stande. — Von Lima sagt er S. 284. Weil es niemals regnet, so sind die Häuser mit nichts bedeckt, als mit einer platt aufliegenden Schilfmatte, worauf ein Finger hoch Asche liegt, um die Feuchtigkeit des Nebels einzuziehen. Die schönsten Gebäude sind von rothen Backsteinen von gestampfter Erde, mit ein wenig Stroh, blos an der Sonne getrocknet, welches gleichwohl, weil der Regen nichts abspült, manchmal über 100 Jahre dauerte S. 278 redet er wiederum von den Adoben, und erzählt, daß die Häuser in Lima ganz eben auf der Erde

stehn,

strohs) und etwan ein Stückwerk von Schilfröhren, der Leichtigkeit halber, haben. Vom Dache wisse man daselbst nichts, weil es niemals regnet. — Adoves ist der spanische Name; der indianische heißt Tica, wie Condamine anmerkt: Mémoires de l'Academie de Berlin 1746, p. 444. Es wird nach seiner Nachricht das Stroh vom Icho unter den Lehm geknetet. G. de la Vega stimmt damit völlig überein, und merkt noch an, daß die Peruaner sich anstatt des Mörtels, desselben rothen Thons mit Stroh von Icho vermischt, aus welchem die Adoves von verschiedener Länge gemacht wurden, bedienten, und ihn Xaipa nennten. I. B. Kap. 1. und I. Kap. 4. Der Gebrauch der Lehmwände war allerdings vormals sowohl in Spanien als in Italien bekannt, so wie auch der rohen Backsteine. Vermuthlich meynte Frezier die Stelle des Plinius 35. Kap. 14., welche ich hersetze: Quid non in Africa Hispaniaque ex terra parietes, quos appellant formaceos, quoniam in forma circumdatis vtrinque duabus tabulis inferciuntur verius quàm instruuntur, aeuis durant, incorrupti imbribus, ventis, ignibus, omnique caemento firmiores? Spectat etiam nunc speculas Hannibalis Hispania, terrenasque turres iugis montium impositas. — Illini quidem crates parietum loco, et lateribus crudis exstrui, quis ignorat? Daß die Römer auch ebenfalls unter den Thon, woraus ihre Ziegel bereitet wurden, Spreu oder kleingehacktes Stroh mischten, und überhaupt mehr rohe Backsteine als gebrannte Ziegeln brauchten, erhellet sowohl aus der nachfolgenden Stelle des Plinius, als auch aus dem Vitruv II. Kap. 3.

Die Häuser von Rohre, welche am meisten auf dem niedrigen Lande längst der Meerküste gebräuchlich sind, beschreibt Frezier also S. 195., wo er von dem Dorfe Arica spricht. Die meisten Häuser sind nichts als Büschel von einer gewissen Schwertel- oder Berglilie, Totora genannt. Diese bindet man nach der Reihe und eine über die andre mit ledern Nesteln auf starke Schilfröhre, welche statt der Querbalken sind; oder man steckt auch nur solch langes Rohr in den Boden, und füllt den Zwischenraum mit Erde aus. Die ungebacknen Steine bleiben nur für die prächtigsten Häuser und Kirchen. Weil es niemals regnet, besteht das ganze Dach aus einer Schiffmatte, wodurch sie von außen her nicht anders als verfallene Gebäude aussehn. Acosta nennt die Totora, eine Art von Binsen (junco), welche häufig in dem See Titicaca wächst, und welche die Indianer verschiedentlich, bald als Futter für Pferde und Schweine, bald zum Baue ihrer Häuser und Flößen, und endlich zur Feuerung brauchen. II. Kap. 6. S. 95. Umständlicher beschreibt Bouguer S. 7. die Rohrhäuser von Manta, welche die Spanier nach der Mode der Indianer bloß von Rohr aufgeführt haben, welches verschiedentlich zu Balken und Bretern gespalten ist, die mit Stricken von Baumwurzeln oder Lianen mit einander verbunden sind. Ein dergleichen Haus, worinne die französischen Akademiker wohnten, führte den stolzen Namen Casa real, zeugte aber dessen ungeachtet von der Faulheit der peruanischen Spanier, welche ihre Gebrechen an den Indianern nicht wieder erkennen. Die verschiedenen Arten von Schilf und Rohr, deren man sich zu dergleichen Häusern bedient, beschreibt Ulloa in der Reise S. 170. aber systematisch sie zu bestimmen, bin ich nicht im Stande.

Was Ulloa von der Anlage und Beschaffenheit der alten indianischen Wohnplätze oder Städte sagt, erläutert sich aus dem, was er von den Ueberbleibseln eines solchen Platzes in dem Thale Quachipa, drey Meilen von Lima nach Nordosten, nach der mündlichen Nachricht eines Spaniers erzählt. Reise S. 430. Die Gassen in diesem Flecken waren sehr enge. Die Häuser, ohne Dächer, waren von Erde (tapias de tierra) aufgeführt, und so eingerichtet, daß man in jeglichem drey kleine viereckigte Zimmer oder Gemächer wahrnahm. Die Hausthüren, die auf die Gasse herausgiengen, hatten nicht einmal die Höhe

eines

eines Menschen; die Höhe der Mauern betrug ohngefähr 3 Waras. Unter allen Häusern, welche noch zu erkennen geben, daß hier gleich unten an einem Berge ein großer bewohnter Flecken gewesen seyn müsse, nimmt sich sonderlich eins auf; und aus der Höhe der Wände desselben muß man urtheilen, daß es zur Wohnung des Caziken dieses Bezirkes gedient habe. Denn aus den verfallenen Trümmern kann man nicht urtheilen, wozu es eigentlich bestimmt gewesen sey. Merkwürdig ist es, daß sowohl die Gebäude dieses als der andern Flecken in den benachbarten Thälern auf die platte Erde gesetzt sind. Denn man legte darzu keinen Grund. Solchergestalt haben diese Gebäude den heftigen Erschütterungen der Erde widerstanden, da hingegen die festen Gebäude der Spanier in allen großen Flecken dadurch zu Grunde gerichtet worden sind. Bey den Gebäuden des Fleckens, wovon die Rede ist, spürt man weiter keinen Verfall, als daß sie verlassen, und von den Viehhändlern einigermaßen beschädigt worden sind.

Die folgenden Beschreibungen von den Ueberbleibseln des Pallastes, Tempels und der Festung zu Pachacamac und Herbay machen eigentlich nur ein Supplement aus zu den Nachrichten, welche Ulloa in seiner Reise von dergleichen Denkmälern gegeben hat. Darzu muß man noch die königlichen Straßen und Brücken rechnen, welche ebenfalls in der Reise beschrieben werden. Es ist unmöglich, hier alle die Beschreibungen zu wiederholen, welche verschiedene Schriftsteller von mehrern alten peruanischen Denkmälern geben; ich begnüge mich also damit, die Stellen der Autoren und die Namen der Oerter anzuführen, wo Palläste, Tempel, oder sogenannte Festungen beschrieben werden, und am Ende will ich die Bemerkungen, welche sich dabey machen lassen, und die Hauptabsicht bey dergleichen Untersuchungen seyn sollten, aus den verständigsten Schriftstellern anführen. Acosta beschreibt VI. Kap. 14 nur obenhin verschiedene Gebäude der Incas und die von

U 5 ihnen

ihren angelegten fliegenden Fähren oder Brücken. Er bewundert an den Gebäuden die ungeheure Größe der Steine, welche sie in einer ziemlichen Höhe, ohne alle Maschinen und Mörtel, so veste zusammengefügt haben, obgleich die Steine selbst von verschiedener Gestalt, also nicht gleich behauen waren. Die alten Gebäude von Tiahuanaca beschreibt Vega, III. Kap. 1. die von Cuzco und mehr andere VII. Kap. 1. und folg. ingleichen VII. Kap. 27. Unter den Neuern haben von diesen Denkmälern kurze oder ausführliche Beschreibungen gegeben, Bouguer (Reise, S. 148); Condamine von der Festung von Anzu-Cañar in der Histoire de l'Academie de Berlin 1746, S. 435. folg., womit man die Beschreibung und Zeichnung des Ulloa S. 347 vergleichen muß. Aus diesen sind Bemerkungen und Urtheile gezogen, welche neuere Schriftsteller über die Bauart der alten Peruaner, und den daraus hervorleuchtenden Geist der Nation gemacht haben. Alle diese Denkmäler geben ihnen einen Beweis von der außerordentlichen Geduld und Beharrlichkeit der Peruaner bey ihren Arbeiten und Unternehmungen; zeugen aber auch zugleich von dem Mangel an Scharfsinn und Erfindsamkeit. Denn anstatt die großen Steine durch Reiben oder Behauen mit den kupfernen Aexten einander gleich zu machen, wendeten sie ihren Fleiß und Geduld blos darauf, durch Aushöhlen den einen rohen Stein in den andern zu passen, und genau zusammenzufügen. In den Zimmerarbeiten waren sie völlig unerfahren; konnten nicht zwey Balken ineinander fügen, noch irgend ein aus Bauholz bestehendes Werk genau vereinigen, und kannten auch den Nutzen der Gewölber nicht. Man sehe Raynald Histoire des Etablissemens d. E. III. p. 154., welcher bey seinem Urtheile doch billiger und den einstimmigen Nachrichten glaubwürdiger Zeugen, gemäßer verfährt, als sein Lieblingsschriftsteller, *, von Paw Recherches II, S. 178. folg. vorzüglich aber Herrn Robertson II. B. S. 360. folg. Verschiedene Umstände in der Bauart dieser Denkmäler bleiben sent noch dem Urtheile der verständigsten und unpartheyischsten Männer unbegreiflich und unerklärbar; aber einen unumstößlichen Beweis geben sie alle zusammen von dem Satze des Bouguer S. 148., daß man von dem uralten Zustande dieser Völker nicht nach demjenigen, worinne sie sich jetzt befinden, urtheilen müsse. Wenn also die Spanier und mit ihnen Ulloa so sehr über die angeborne Faulheit und Dummheit der Indianer in Peru klagen, so bekennen sie damit, daß ihre Nation nicht die Mittel kennt noch braucht, womit sie die durch so viele Denkmäler bewiesene Geduld und Standhaftigkeit der Peruaner in ihren Arbeiten zu ihrer Absicht leiten und benutzen sollte.

Die Art, wie die Nordamerikaner die Häute zubereiten und darauf die Figuren oder Gemälde, von welchen Ulloa am Ende des Kapitels spricht, zeichnen, beschreibt Dûmont de Montigny in der Beschreibung von Louisiana, dessen Stelle in dem hamburger Magazine 23 B. S. 649 eingerückt steht; undeutlicher ist die Nachricht davon in Baumgartens allgemeiner Geschichte von Amerika I. Theil S. 294.

Ein und zwanzigstes Kapitel.
Von einigen alten indianischen Werkzeugen, Geräthe und deren Gebrauche.

Zuerst von den Werkzeugen von allgemeinem Gebrauche, welche die täglichen Bedürfnisse des Menschen zuerst erfunden, und unter alle Nationen von Amerika verbreitet haben, als Bogen und Pfeile, und dergleichen mehr. Hernach von der Geräthschaft, welche die Liebe zur Bequemlichkeit und zum Putze unter den Nationen, welche sich etwas mehr ausgebildet hatten, einführte.

Die Indianer, welche jetzt unter spanischer Bothmäßigkeit stehen, haben ihre ehemalige Waffen fast ganz aufgegeben, und zugleich die Geschicklichkeit verloren, oder vergessen, welche zur Verfertigung derselben, wie auch zu ihrem Gebrauche erforderlich ist. Eben so gehören alle Geräthschaften und Werkzeuge der Bequemlichkeit und Pracht bey ihnen jetzt unter die Alterthümer, welche man aus den alten Begräbnissen und andern Denkmälern, wo man noch Gold suchte, hervorgezogen hat.

In der Reise S. 343. ist Ulloa nicht so umständlich und genau in der Beschreibung der alten indianischen Aexte. Er nennt sie blos als die gemeinsten Werkzeuge, deren sich die Indianer zum Schneiden und Hauen bedienten; von ihrem Gebrauche als Ehrenzeichen der Könige und der königlichen Bedienten sagt er gar nichts. Eine Stelle des Vega VI. Kap. 27. scheint die Muthmaßung des Ulloa zu bestätigen. Es heißt daselbst: La derniere marque de distinction, qu'on donnoit au Prince, étoit un javelot d'une aune de long, et une hache d'armes, dont le fer étoit d'un côté comme celui d'un couteau large, et de l'autre en pointe de diamant, et ressembloit à peu près à une pertuisane. So führen auch die Incas eine Axt in den Bildnissen, welche Ulloa in seiner Reise gegeben hat. Der Stoff darzu war dreyerley. Sie waren entweder von Kupfer, oder von Gallinassenstein, oder auch von einer zweyten Art Stein, der dem Feuerstein ähnlich, aber nicht so fest, glasartig, rein und hart als jener war. Aus diesen beyden Steinarten verfertigten sie auch ihre Lanzetten, welche man mit den Aexten zugleich in den meisten Guacas findet. In der beygefügten Kupfertafel hat er No. D. verschiedene Arten von kupfernen Beilen, womit sie ihre mechanischen Arbeiten verrichteten, No. H. eine Axt von Feuerstein, womit sie andere Steine bearbeiteten, und No. L. eine Art von Streitaxt in Holz gefaßt, abgebildet; eben daselbst sieht man auch No. K. die Figur einer Lanzette (Sunga-ticama), womit sich die Indianer die Barthaare ausziehn.

Von den sternförmigen Aexten erwähnt Ulloa in seiner Reise gar nichts, dagegen aber hat er dreyerley Arten

von

von Nadeln und Agraffen abgebildet, worunter sich No. M, eine mit einem sternförmigen Kopfe befindet. Die Art, welche die Franzosen Casse-tête nennen, heißt bey den Einwohnern von Guiana Butu. Sie brauchen sie, um ihren Feinden damit den Kopf einzuschlagen. Sie sieht fast wie ein Lineal aus, welches beynahe einen Zoll dick, zwey Schuhe lang, in der Mitten ein wenig eng, und an beyden Enden, welche sehr eckigt sind, drey oder vier Zoll breit ist. Man pflegt dies Gewehr aus Eisen, Lettern oder einer andern Gattung von sehr hartem Holze zu machen. Barrere Reise nach Guiana S. 125. Garcilasso de la Vega hat zwar das ganze 28ste Kapitel des zweyten Buchs der Beschreibung der Werkzeuge der alten Indianer von Peru gewidmet, aber alles, was er sagt, ist so unbestimmt und undeutlich, daß man keinen Gebrauch davon machen kann. Er nennt unter den Werkzeugen, deren man sich zum Behauen der Steine bedient hat, eins von einem schwarzen Kiesel, den die Indianer Hibuana nennten; dies scheint der von den Spaniern sogenannte schwarze Gallinassenstein zu seyn, welcher, wie Ulloa in der Reise S. 343. sagt, seinen Namen von der Farbe des Vogels Gallinasso (Gallinazo) hat. Acosta IV. 37. führt an, daß der Gallinazo auch Aura heiße. Es ist Vultur Aura Linnaei. Der Gallinassenstein ist also schwarz, überaus hart, etwas durchsichtig, und springt leichtlich wie der Feuerstein. — Daraus und aus dem Incasteine verfertigten die alten Indianer ehemals die Spiegel, welche man in ihren Begräbnissen gefunden hat. Ulloa nennt im gegenwärtigen Werke hin und wieder die Spiegel der Indianer, aber nirgends hat er sie beschrieben, vermuthlich, weil er dieses bereits in seiner Reise gethan hatte, S. 343. G. de la Vega II. 28. redet nur von silbernen, kupfernen und meßingenen Spiegeln; aber die steinern, welche Ulloa beschreibt, verdienen allerdings einige Aufmerksamkeit. Der Incastein ist weich, undurchsichtig und etwas bleyfarbig. Die daraus verfertigten Spiegel sind gewöhnlich

rund;

rund; die eine Oberfläche ist eben und so glatt, wie ein Spiegel von Crystalle; die andere erhaben, oder etwas eyförmig oder kugelrund, und nicht so glatt und glänzend wie jene. Ulloa sah einen, der ohngefähr anderthalb Schuh im Durchschnitte hatte; die Hauptfläche war hohl, und vergrößerte den Gegenstand sehr merklich; sie war außerordentlich glatt. Dieser Stein hat einige Adern, welche die Fläche des Spiegels verunstalten, und wenn er auf die Erde fällt, so zerbricht er an den Stellen leicht. Viele, sagt Ulloa, glauben oder vermuthen, daß diese Spiegel gegossen seyn; man habe zwar davon einige äußerliche Merkmale, welche aber zur völligen Ueberzeugung nicht hinlänglich seyn sollen. Da Ulloa die Thäler nennet, wo dergleichen Steine gegraben werden, so war es ihm ja etwas leichtes, durch die Vergleichung des natürlichen Steines mit den daraus verfertigten Spiegeln sich davon zu versichern, wenn nicht seine ganze Beschreibung aus fremden Erzählungen genommen ist, welches sehr wahrscheinlich ist. Ich finde beym Herrn Paw eine Erläuterung über diese beyden Steinarten; (Recherches sur les Américains T. II. p. 184.) wobey ich sehr gern den Beweis zugleich angegeben sähe. Er sagt in der Note: La pierre de Gallinace n'est autre chose, qu'une lave fine jettée par les volcans du Pérou: elle est d'un noir foncé, & reçoit aisément un beau pole. On croit que la pierre Obsidienne de notre Continent est le vrai analogue de la Gallinace du Pérou. Quant à la pierre des Incas, c'est une espece de pyrite blanche, arsénicale, luisante comme de l'étain, ou du fer recuit, dont l'analogue est inconnu dans notre Continent. In der Reise nach Californien von Chappe d'Auteroche S. 62. beschreibt der Spanier Alzaté Stücke von einem natürlichen schwarzen schweren Glase, welches Gallinace genennt wird, und mit dem isländischen Achat einerley seyn soll, nach Hrn. Beckmanns Vermuthung in der ökonomischen Bibliothek IV B. S. 29.

Herr

Herr Bergmann muß mit dem H. von Pluw eine mir unbekannte Stelle des Condamine vor Augen gehabt haben, denn er S. 175. Physik. Erdbeschr. 2te Ausgab. schrieb: Ein glasartiger Stein, daselbst Piedra de Gallinazo genannt, ist vermuthlich Lave. Er giebt Feuer gegen Stahl, schmilzet Glas, nimmt Politur an, liegt in großen Blöcken, und gleicht dem Lapis Opsidianus. Den geschliffenen Incastein nennt er daselbst einen Kiesel. — Der Spanier Alzate wird wohl der nämliche seyn, von welchem ein Aufsatz über die Naturgeschichte von Mexico im Journal des Sçavans 1773 im Monat Junius steht: vielleicht derselbe Aufsatz; denn ich habe beyde Bücher nicht selbst verglichen.

Die Spiegel vom Gallinaßensteine sind zirkelrund, mit einem Loche am Rande, damit man sie anhängen konnte. Sie sind rarer als die vorigen, denn der Stein hat selten solche Adern. Ulloa versichert mancherley Arten davon gesehen, und selbst einige davon besessen zu haben; sie waren entweder flach oder hohl, andere aber erhaben gearbeitet, so daß man glauben sollte, die Indianer hätten die Optik vortreflich verstanden.

Neben den Spiegeln findet man in den Gräbern der gemeinen Indianer auch irdene Trinkgeschirre von mancherley Form, welche Ulloa hier beschreibt. Diese Geschirre wurden mit dem übrigen Hausrathe jedem Todten in die Guaca mitgegeben; daher nennet man sie auch Guaqueros, wie Ulloa in seiner Reise anführt, S. 342. Der Stoff darzu war ein schwarzer Thon. Man weiß jetzt nicht, wo derselbe gegraben worden, oder aus was für Erdreiche man diese Geschirre verfertiget habe. Sie haben die Gestalt einer kleinen runden Kanne, ohne Fußboden, und in der Mitte mit einem Henkel. Die Oeffnung oder Schnauze, woraus man trank, ist auf der einen Seite, und auf der andern gegenüber sieht man den Kopf eines Indianers so natürlich mit allen Geberden und Gesichtszügen vorgestellt, daß ihn die Neuern nicht so geschickt würden nachmachen können. Man findet noch andre von röthlichem Thone, die eben so gestaltet sind, und hiernächst verschiedene andere grosse und kleine Gefäße von beyderley Thone, worinnen Chicha aufbehalten oder verfertigt ward. Dieß ist die Beschreibung des Ulloa in seiner Reise, worzu aber die beyden Figuren No. O. nicht sehr passen. Einige ähnliche Gefäße aus den indianischen Gräbern beschreibt Frezier S. 359. welcher auch Abbildungen beygefügt hat; er vermuthet aber von einigen derselben einen ganz andern Gebrauch, nämlich zur Musik.

Außer den hier genannten Stücken beschreibt dennoch Ulloa selbst in seiner Reise einige Ueberbleibsel der alten indianischen Kunst und Pracht, als goldene Nasengehenke, Halsketten, Armketten, Ohrengehenke, Götzenbilder und künstlich gearbeitete Smaragden. —

Gefäße von Smaragd findet man nach Ulloa S. 345. bey Manta und Atacames in den indianischen Gräbern. Diese Smaragden von der Küste Manta übertreffen die von Santafe' sowohl an Härte und Größe, als auch an Güte und Schönheit. Einige davon sind kugelrund, andre länglichtrund, oder wie Stangen und Kegel, und auf andre Art gearbeitet. Sie schliffen und durchbohrten die Smaragden so sauber, als man es jetzo nimmermehr würde thun können. Die Art, wie sie sich der Steinbohrer bey den Smaragdbrüchen bedienten, wird Ulloa, der etwas davon anführt, wohl selbst ausgedacht haben. Condamine gedenkt in seiner Reise S. 288. ebenfalls der runden Smaragden, welche polirt und mit zween conischen auf einer gemeinen Achse gegenüberstehenden Löchern durchbohrt sind. Er bewundert daran mit Recht die Kunst der Indianer, welche bloß Werkzeuge von Kupfer und Stein zu ihren künstlichsten Arbeiten gebrauchten.

Was Ulloa hier von der Kenntniß der Indianer in Mischung und Härtung des Kupfers zu den verschiedenen Werkzeugen sagt, ist so allgemein und unbedeutend, daß
man

man daraus nichts lernen kann. Es ist sonderbar, daß, obgleich die Kupfererze eine weitläuftigere Bearbeitung als die Eisenerze brauchen, dennoch die Alten das Kupfer viel eher als das Eisen zu Waffen und mechanischen Werkzeugen angewendet haben. Die künstlichen Arbeiten in Kupfer schreibt Homer immer dem Vulcan zu; ein Beweis, daß es ausländische Erfindung und Waare war. Es ist überhaupt wahrscheinlich, daß die Griechen die Bearbeitung so wohl der edlen Metalle, als Gold und Silber, als auch der übrigen, erst nach Homers Zeiten in Asien gelernt haben. Man sehe Heyne in der Abhandlung von den elfenbeinern Bildsäulen der Alten in den Götting. Comment. Nov. T. V. Die erste Kenntniß von Eisen, und den Gebrauch der daraus verfertigten Werkzeuge, erlangten sie von Barbaren, welche in Scythien wohnten, und von ihnen Chalyber und Myser genennet werden. Dieß bezeugen Aristoteles und viele andre alte Schriftsteller. Die eigentliche Zeit, worinne sie mit der Bearbeitung des Eisens bekannt wurden, läßt sich nicht bestimmen; so viel aber ist gewiß, daß in dem Zeitalter des Aristoteles die chirurgischen Werkzeuge noch aus Kupfer waren, ob man gleich auch welche von Eisen hatte. Man kann also mit vieler Wahrscheinlichkeit annehmen, daß noch andere Werkzeuge, deren man sich im gemeinen Leben bediente, aus eben demselben Metalle werden verfertigt worden seyn. Die Stelle des Aristoteles, welche meine Meynung bestätigt, ist in den Problemen Sect. I. Quaest. 34 und 35. Seite 62. der Septalischen Ausgabe. Er thut die Frage, warum die Wunden von chirurgischen Instrumenten von Kupfer eher heilen, als wenn die Werkzeuge von Eisen sind? — Man muß also damals eine uns jetzt unbekannte Kunst gehabt haben, das Kupfer durch irgend eine Mischung zu den schneidenden und andern Werkzeugen so zu härten, wie wir mit dem Eisen thun; auch muß man damals gewußt haben, die Kupfererze ohne alle die großen Vorrichtungen, die wir jetzt bey unsern Schmelzungen nöthig haben, in kleinen Gefäßen zu schmelzen. Man sehe hierüber eine Anmerkung des Hr. von Born in den Abhandlungen einer Privat-Gesellschaft in Böhmen 2 B. S. 326.— Kalm berichtet in seiner Reise nach Nordamerika, daß die dortigen Wilden vor der Ankunft der Europäer noch kupferne Werkzeuge hatten. Dieses bestätiget auch Robertson in seiner Geschichte von Amerika. Alonso Barba, im I. Th. 34. Kapitel, gedenkt der Kunst der Indianer, das Kupfer zu mischen und zu härten, aber nur mit ein paar Worten. Herr Godin schickte 1727 eine peruanische Axt von gehärtetem Kupfer nach Frankreich, wo sie untersucht ward. Sie ward an Härte den alten griechischen und römischen Waffen von Kupfer ziemlich gleich befunden. Die Versuche, welche man damit gemacht hat, kann man beym Grafen Caylus nachlesen, in dessen Recueil d' Antiquités T. I. p. 168—250. womit man vergleichen muß, was Paw dabey erinnert Recherches sur les Américains II. S. 185. Man findet auch in Deutschland noch häufig dergleichen alte Werkzeuge, welche aus künstlichen Metallarten verfertiget sind; und nur erst neuerlich haben wir diese durch die chymische Untersuchung des Hrn. Wiegleb einiger solcher Instrumente, welche in der Gegend von Langensalza gefunden worden sind, genauer kennen lernen. Das Metall war eine Art von Glockenspeise, welche aus Kupfer und Zinn bestand, nach der Proportion, welche sich schon im Plinius findet, nämlich auf 100 Pfund Kupfer $12\frac{1}{2}$ Pfund Zinn. Man sehe die Schriften der Churmaynzischen Gesellschaft, 2ter Band, No. 5.

Von den goldenen Bildern, welche sich in den alten Grabmälern finden, spricht Ulloa auch in seiner Reise S. 344. Die Götzenbilder, sagt er, stellen den ganzen Leib vor, und sind inwendig durchaus, auch im Kopfe hohl. Da nun ein solches Bild aus dem Ganzen gearbeitet ist, und man kein Merkmal findet, daß man etwas angelöthet oder ange-

angeschmolzen habe, so fällt es schwer, die Art recht zu erklären, deren man sich bediente, sie auszuhöhlen, und wie die Form hernach habe davon genommen werden können, ohne das Bild zu beschädigen, da dasselbe doch überall so zart und gleich dünne war. Die Figur, welche Ulloa in Kupfer hat stechen lassen, ist sitzend gebildet, und hält auf der Rechten einen Vogel, in der Linken aber ein Gefäß; aber übrigens findet sich in derselben nichts von der häßlichen und monströsen Gestalt, welche hier Ulloa von den indianischen Idolen anführt. Bayer redet zwar ebenfalls S. 168. von einem goldenen Bilde, welches zu seiner Zeit auf der Insel des Inca ausgeackert ward, und welches einen Indianer auf einem Steine sitzend vorstellte; aber er sagt nicht, ob es hohl war, welche Gestalt, oder welche Attribute es hatte.—Von der allgemeinen Neigung der Peruaner zum Häßlichen und Monströsen in ihren Bildern finde ich sonst nirgends ein Zeugniß, als beym Acosta V. 9. welcher diese Bilder Guacas nennet. Huvo en las Indias gran curiosidad de hazer idolos, y pinturas de diversas formas y diversas materias, y aestas adoravan por dioses. Llamavanlas en el Piru Guácas, y ordinariamente eran de gestos feos y disformes, alomenos las que yo he visto, todas eran assi. Creo sin duda, que el demonio, en cuya veneracion las hazian, gustava de hazerse adorar en figuras mal agestadas. Man sollte fast glauben, daß Ulloa diese Stelle in Gedanken gehabt habe, wenigstens paßt seine Widerlegung des gemeinen Vorurtheils völlig auf dieselbe. Acosta nennet diese ungestalteten Bilder Guacas; dieß ist eins der vielbedeutendsten Wörter der peruanischen Sprache, und hat, wie man bey Lesung der Nachrichten von der Religion der Einwohner von Peru bald bemerkt, und wie auch schon G. de la Vega sehr nachdrücklich erinnert hat, die Spanier zu mancherley falschen Vorstellungen von der indianischen Religion verleitet. Die Indianer in Peru nennen nach dem Zeugnisse des G. de la Vega II. K. 4.

alle außerordentliche Dinge und Geschöpfe, bey welchen die Natur von der allgemeinen Regel der Schöpfung und Fortpflanzung scheint abgewichen zu seyn, Guaca; alle dergleichen Dinge, also auch ungeheure und monströse Gestalten, machten auf sie einen starken Eindruck; sie bezeugten darüber ihr Erstaunen und Verwunderung in solchen Ausdrücken und auf solche Art, welche man bey rohen Nationen leicht für eine Art von göttlicher Verehrung ansehen konnte. Daß man diese außerordentlichen Figuren und Gestalten in der Natur nachbildete, und diese Bilder in dem Tempel einer Gottheit aufstellte, scheint eine ganz natürliche Folge ihrer Verwunderung gewesen zu seyn, ohne daß man deswegen sagen kann, daß die Nation überhaupt einen überwiegenden Geschmack an häßlichen Figuren gehabt habe. Man lese hier das angeführte Kapitel aus dem G. de la Vega nach, welches eines der wichtigsten ist, und über die Religionsbegriffe der Peruaner viel Licht verbreitet, wenn man nach den daselbst angegebenen Datis die Nachrichten der Spanier, insonderheit des Acosta IV. Kap. 5. vergleichen und prüfen will.

Der Beweis von den hölzernen Larven oder Masken ist meiner Meynung nach ganz unbedeutend und beynahe lächerlich. Im Vega finde ich eine einzige Stelle VI. K. 20. wo er von der Nation Xuncas anführt, daß sie am Festtage der Sonne sich mit gewissen Larven von der allerhäßlichsten Figur verstellten. Aber aus dergleichen Zügen einer ausschweifenden Fröhlichkeit, die noch dazu vielleicht nur einzelne Nationen unterschieden, läßt sich so wenig der Geschmack des ganzen unter einen Scepter vereinigten Volks bestimmen, als aus der Gestalt unserer heutigen Masken, Dominos und dergleichen man einen gründlichen Schluß auf den Geschmack der deutschen Nation machen kann. Von den peruanischen Zauberern und Wahrsagern erzählt Acosta V. Kap. 25. vieles, ohne doch den Umstand zu berühren, welcher sehr charakteristisch wäre, daß nur häßliche und ungestaltete Personen die

Gabe

Gabe zu wahrsagen sich anmaßen, oder wenigstens darzu fähig geachtet werden.

Was Ulloa am Ende des Kapitels von den wollenen
und baumwollenen Leichentüchern, welche man in den alten indianischen Gräbern findet, anführt, muß mit der
Nachricht im 19ten Kapitel S. 137. verbunden werden.
Die Wurzel, welche die blaue Farbe giebt, und auf dem
Gebürge von Peru wächst, nennet Ulloa una especie de
papas silvestres llamada *Chaucha*. Den Namen Papas
führen in Peru die knolligten Wurzeln von Solanum tu-
berosum. Hingegen heißen die Wurzeln von Solanum
montanum eben daselbst papas montanas. Vergl. *Feuillée* III. p. 62. Das andere Farbenmaterial nennet Ulloa hier Achote; vermuthlich ist das Wort falsch geschrieben, und soll Achiote heißen. Denn so nennet man auch
auf den caraibischen Inseln den Orleanbaum, Bixa Ore-
lana L. Vielleicht ist in Peru der Name Bixa gebräuchlicher, wenigstens kömmt davon das dort gebräuchliche em-
bixarse von dem Bemalen des Körpers vor. Den Namen Chaucha weiß ich weiter nicht zu erläutern; denn
Chuchau beym Vega VIII. S. 13. scheint davon ganz
verschieden zu seyn.

Wenn man endlich alle diese Nachrichten von den Ueberbleibseln der indianischen Kunst und Pracht mit einander vergleicht, so muß man doch gestehen, daß Herr Paw
seinen Eifer wider die große Cultur der Peruaner unter
den Incas zu weit treibt, wenn er S. 183. Tom. II.
sagt: Enfin, ce qui prouve évidemment que ce que
nous nommons l'Empire des Incas, n'étoit qu'une ré-
gion presque sauvage, habitée par des barbares, c'est
qu'il n'en est resté aucun monument, aucun débris de
quelque importance. Les moines de Cusco et de Lima se sont long-tems occupés à fouiller les Guacas, ou
les anciens tombeaux des Indiens, dans l'espérance d'y
déterrer des trésors et des raretés; mais après bien
des recherches, poussées aussi loin, que l'avarice a pu

les pouſſer, on n'en a encore extrait que quelques
monceaux de la Pierre des Incas, et de la Pierre de
Gallinace, qui a ſervi, dit-on, à faire des miroirs. Der
Mann machte ſich ſehr wunderliche Begriffe von den Reichthümern einer Nation, welche unter einem ſo verſchiedenen Himmel lebte, und ganz andre Bedürfniſſe als wir
zu befriedigen hatte. Bey den letzten Worten ſollte man
glauben, daß er niemals die Reiſe des Ulloa geleſen hätte, welche er doch bey andern Gelegenheiten ſo gut zu nutzen wußte, und anführte, ſo oft eine Nachricht daraus
zur Beſtätigung ſeiner Hypotheſe ſollte angeführt werden.

Herr Robertſon, der den Grad der Cultur, welchen dieſe und andre Denkmäler der Peruaner anzeigen,
ziemlich genau und wahrſcheinlich beſtimmt hat, hält ſich
durch verſchiedene Muſter von peruaniſchen Geräthſchaf-
ten und Zierrathen, die im königlichen Cabinet zu Madrit
aufbewahrt werden, und durch einige, die man in verſchiedenen Sammlungen in andern europäiſchen Ländern findet, für überzeugt, daß die Arbeit eher der ſchlechten
Werkzenge, als ihrer wirklichen eignen Nettigkeit und
Zierlichkeit wegen zu bewundern iſt, und daß die Peruaner unter allen Amerikanern zwar am weiteſten, aber doch
nicht über die Kindheit der Künſte hinaus gekommen waren. Der Abt Raynal ſagt Tom. III. p. 159. daß alles,
was die Spanier, und Vega inſonderheit, von den künſt-
lichen und zierlichen Arbeiten und Gärten mit Blumen
von Gold und Silber rühmen, unſtreitig zu den Fabeln
gehöre; daß alle die übriggebliebenen Gefäße, nebſt einigen Figuren von Thieren und Inſekten, die in dem Schatze von Quito lange Zeit aufbewahrt worden, aber 1740
bey der Belagerung von Carthagena alle eingeſchmolzen
worden ſind, wohl die Schwierigkeit der Arbeit, aber auch
zugleich die Unwiſſenheit der Peruaner in der Zeichnung
beweiſen. Dieſe Nachricht iſt aus der Abhandlung des
Condamine über einige alte peruaniſche Denkmäler genommen, welche ſich in der Hiſtoire de l' Académie ro-
iale

tale de Berlin année 1746. S. 455. findet; aber der Verfasser sagt ausdrücklich, daß die Figuren im Schatze von Quito weder er noch sonst ein Kenner gesehen und beurtheilt habe. Condamine versichert aber, daß er selbst einige Bilder nebst einem Gefäße von Silber besessen habe, an welchen er zwar wenig Kunst in der Zeichnung gefunden, dargegen aber desto mehr Geschicklichkeit und Feinheit in der Bearbeitung einer außerordentlichen dünnen Masse bewundert habe.

Zwey und zwanzigstes Kapitel.
Von der Sprache der Indianer, und von der Art, wie Amerika bevölkert worden seyn kann.

Die Sprache Quichua heißt auch die Sprache von Cuyco oder die Hofsprache, und die allgemeine Sprache von Peru. Quichua, oder vielmehr Quechua, heißt sie von Quechua, unter welchem Namen alle Provinzen und Völkerschaften begriffen waren, welche an den Ufern auf beyden Seiten des Flusses Amansay wohnten. Vega III. Kap. 12. Diese Provinzen und Völker nebst denen, welche unter dem Namen Aymara begriffen wurden, soll der fünfte Inca Lapac Rupangui erobert haben. Wann und warum die allgemeine Sprache den Namen von den Völkern Quechua bekommen habe, und von welchem Inca sie eingeführt worden sey, finde ich nirgends angegeben, da dieses doch gewiß keine bloß neugierige, sondern, wie ich meyne, sehr wichtige Frage ist, deren Beantwortung uns einen Aufschluß über den Anfang und die stufenweise erfolgte Cultur der verschiedenen Nationen von Peru geben würde. — Eben so wenig befriedigen mich die Nachrichten von der Sprache Aymara, welche die gemeine Sprache in dem Bisthume von Paz (Baye. S. 121.) und unter den Völkern, welche zur Mißion Juli gehören, ist. Bayer hat S. 173. eine Probe davon gegeben, die aus einem Paternoster und Ave-Maria in der Aymara besteht. Dieß ist zwar das leichteste und bequemste, aber auch gewiß das schlechteste Mittel, einen Begriff von dem Charakter einer fremden Sprache zu geben, welchen man abgezogene Ideen abzwingen will, die sie niemals besessen hat. Aber dergleichen Leuten wie Bayer, war es nicht zuzumuthen, daß sie sich um die allgemeinen Unterscheidungszeichen und Regeln einer fremden Sprache bekümmern sollten: denn ihnen war es genug, die Sylbenzahl und den Klang der Wörter zu wissen, und andre zu lehren. Eine Grammatik von dieser Sprache hat nach dem Zeugnisse des Laet (De origine Gent. Americ. Responsio ad Dissert. II. S. 91.) Fr. Ludovicus Bertonius 1603 herausgegeben; so wie der Jesuit Didaco Gonzalez Holguin von der Quichua' eine Sprachlehre und Wörterbuch 1608 zu Lima; ich finde vom H. von Murr in der Note zu Bayers Reisen S. 121. das Jahr 1607 angegeben. Falkner, welcher in seiner Beschreibung von Patagonien eine Nachricht von der Sprache der Moluchen gegeben hat, vergleicht sie mit der peruanischen in Ansehung der Transitionen, welche die Verba durch Einschaltung oder Hinzusetzung gewisser bestimmten Partikeln in sofern abändern, daß sie nicht allein die handelnde Person, sondern auch diejenige anzeigen, auf welche die Handlung übergeht. Doch soll die peruanische Sprache mehr dergleichen Partikeln haben, und deren Gebrauch mit mehreren Schwierigkeiten verknüpft seyn. (S. 169.) — Die Sprache von Cusco heißt auch die allgemeine Sprache, weil die Incas, so wie sie eine Provinz erobert hatten, ihre Sprache, nebst dem Gottesdienste der Sonne daselbst einführten. Durch diese feine Politik, welche die Spanier hätten nachahmen sollen, bewirkten die Incas eine Uebereinstimmung der Sprache, Sitten und Religion unter den verschiedenen Völkern ihres Reichs; diese Uebereinstimmung vereinigte diese Völker durch nähere Verbindungen, und bildete sie zur Gesellschaft und Freundschaft; durch

diese

diese Verbindungen verbreitete sich die Cultur und die Kenntnisse, wovon die Ideen der Sprache von Cuzco einverleibt waren, welche natürlicherweise durch das gegenseitige Bestreben derer, welche die Sprache lehrten und lernten, immer mehr und mehr erweitert und ausgebildet werden mußten. Von der mexicanischen Sprache, welche ebenfalls in allen neu eroberten Provinzen eingeführt ward, hat man allein die Bemerkung gemacht, daß sie eine Menge von Ausdrücken enthielt, welche die Ehrerbietung anzeigten, welche die Niedrigen ihren Obern beweisen mußten, und daß sie ganz vollkommen zur Höflichkeit gebildet war. Robertson II. S. 323. Dennoch war die Ehrfurcht der Peruaner gegen ihre Könige nicht geringer, denn sie sahen sie als Söhne der Sonne, und ihre Gesetze als göttliche an. Ich sollte also glauben, daß diese Ehrfurcht sich ebenfalls in der Sprache der Peruaner sollte abgedruckt haben. Endlich sicherten die Incas durch diesen Kunstgriff die Ruhe, Einigkeit und Treue ihrer Unterthanen, indem sie bald zu den Kenntnissen gelangten, welche ihnen die Vortheile ihrer Unterwerfung zeigten, und daher bald in die gemeine Ueberzeugung von dem göttlichen Ursprunge ihres Regenten mit einstimmten. Man darf sich also nicht wundern, daß diese Sprache, nach dem allgemeinen Zeugnisse der Spanier, reicher an Worten, mehr ausgebildet und zierlicher als die übrigen Sprachen einzelner und besonderer Völker in Südamerika ist. Eben daraus, daß diese Sprache einen größern Schatz von Ideen und Kenntnissen nach dem Verhältniß der Cultur, welche die Regierung der Incas bewirkt hatte, in ihren Worten enthielt, läßt sich die Bemerkung des Blas Valera beym Vega VII. Kap. 4 erklären. Er behauptet nämlich, daß die robesten und barbarischsten Völkerschaften in Peru, sobald sie die Sprache von Cuzco gelernt haben, ganz andre Menschen scheinen, so daß man glauben sollte, sie seyn auf irgend eine übernatürliche Weise erleuchtet, oder völlig umgeschaffen worden.

Sie fassen auch den Unterricht der Missionairs in der Religion viel eher und leichter, als die andern Nationen; daher er für unumgänglich nöthig hält, die allgemeine Sprache beyzubehalten, und ihre Kenntniß so viel als möglich allgemein zu machen zu suchen: denn sagt er, es ist leichter für die Europäer, die Sprache der Indianer, als für diese die castillanische zu erlernen. Begreiflich ist es allerdings, daß die Sprache von Cuzco, so sehr sie auch übrigens in einzeln Worten und deren Bedeutung von den übrigen Sprachen der einzeln amerikanischen Völkerschaften abweichen mag, dennoch dem Verstande und den Sprachorganen der Amerikaner weit angemessener seyn müsse, als die spanische und jede andere europäische Sprache. Unterdessen giebt es doch auch Indianer, welche die spanische Sprache lernen und verstehn; so wie denn die Jesuiten in Paraguay ihre Hauptsorge mit seyn ließen, die Kinder der Indianer in der spanischen, einige auch sogar in der lateinischen Sprache zu unterrichten. Von diesen sowohl als von den Indianern in der Provinz Quito merkt Ulloa in seiner Reise S. 313 an, daß alle Indianer, die in Städten und volkreichen Plätzen erzogen worden sind, Handwerke gelernt haben und spanisch reden, viel witziger sind, als diejenigen, die in kleinern Dörfern wohnen, daß sie mehr Fähigkeiten zeigen, und daß endlich ihre Sitten nicht mehr den Anstrich von dem Heidenthume haben. Ulloa hat ganz Recht, wenn er sagt, daß nicht die spanische Sprache an sich selbst die Kraft habe, den Verstand der Indianer zu verbessern, sondern sie lernten nur dadurch einen vernünftigen Umgang mit den Spaniern pflegen, würden dadurch aus ihrer Unwissenheit gerissen, und zu vielen Dingen fähiger gemacht. Es ist gar kein Zweifel, daß jede andere europäische Sprache bey denjenigen Nationen in Peru, welche vor andern vorzüglich gelehrig sind, (welches Blas Valera beym Vega von den Nationen der Provinzen, die sich von Quito an bis an die Chichas erstrecken, versichert,) eben dieselbe Wirkung als die spani-

sche

sche thun würde; nur ist die Frage, ob das spanische Gesetz für Amerika auf die Natur der Sache gegründet, und ob die spanische Sprache, deren Erlernung den Amerikanern anbefohlen wird, dem Genie des Amerikaners und seinen Sprachorganen mehr oder weniger angemessen sey, als die Quichua?

Der Quichua fehlen die Buchstaben B D F G I V X, sie hat kein einfaches L und kein doppeltes R; daher kommt es, sagt Vega, daß die Spanier die Quichua, noch mehr aber die Indianer das Spanische in der Aussprache verstümmeln. Doch ich überlasse die Entscheidung dieser Frage denen, welche durch den Umgang, oder durch die gedruckte Grammatik von der allgemeinen peruanischen Sprache besser unterrichtet sind, als ich, und daher die Vergleichung mit der spanischen zu machen im Stande sind.

Mit der Art, wie Ulloa die Vergleichung und die dadurch gefundene oder eingebildete Aehnlichkeit einiger Worte der amerikanischen Sprache mit der hebräischen auf die Untersuchung von der ersten Bevölkerung der neuen Welt anwendet und benutzt, wird schwerlich ein Leser zufrieden seyn, der die Schwierigkeiten bey dergleichen Untersuchungen kennt, und alle die vielfachen Kenntnisse erwägt, welche erfordert werden, wenn man dabey glücklich seyn will. Ulloa selbst scheint einzugestehn, daß die Vergleichung, welche er sowohl als andere mit der hebräischen Sprache angestellt haben, mehr auf den Klang und Ton als auf die Bedeutung der Worte und das ganze Genie der beyden Sprachen gegründet sey; und dennoch muß ihn aller Wahrscheinlichkeit nach die Hypothese von der Aehnlichkeit der amerikanischen und hebräischen Sprachen darzu verleitet haben, daß er sogleich einige von Noä Nachkommenschaft nach dem vorhandenen Modele der Arche ein neues Fahrzeug bauen, und entweder mit dem Vorsatze, neue Länder zu suchen, oder von ohngefähr auf einer Fischerey auf dem Meere nach Amerika überfahren, oder durch den Wind dahin bringen läßt. Die Aengstlichkeit, mit welcher

cher der gutherzige Mann dem Mangel und der Verlegenheit dieser Abentheurer oder unglücklichen Fischer wegen der Lebensmittel auf dieser langen Reise abzuhelfen sucht, zeigt allemal von der Barmherzigkeit des Stifters dieser neuen Colonie; aber ich fürchte sehr, daß sie mehrere Leser zum Lachen bewegen werde.

So wie Ulloa hat auch Condamine einen Versuch gemacht, die Vergleichung der amerikanischen Sprachen mit den orientalischen zur Untersuchung der ersten Bevölkerung von Amerika zu benutzen. Ich setze die Stelle aus seiner Reise S. 229. desto lieber hieher, weil sie nicht allein viel ähnliches mit dem Raisonnement des Ulloa hat, sondern auch eine Charakteristik aller Sprachen von Südamerika enthalten soll. Alle Sprachen in dem südlichen Amerika, sagt er, von denen ich einige Kenntniß bekommen habe, sind sehr arm. Viele sind zwar nachdrücklich und einer Zierlichkeit fähig, insonderheit aber die alte peruanische Sprache; allein es fehlt ihnen allen an Worten, um allgemeine Begriffe auszudrücken, welches ein augenscheinlicher Beweis von der geringen Vollkommenheit des Verstandes dieser Völker ist. Zeit, Dauer, Raum, Wesen, Substanz, Materie, Körper, alle diese Wörter und viele andere sind so beschaffen, daß in ihrer Sprache gar keine, die eben dasselbe bedeuten, gefunden werden; und nicht allein die Namen der metaphysischen, sondern auch der moralischen Begriffe lassen sich bey ihnen nicht anders als sehr unvollkommen und durch lange Umschreibungen erklären. Sie haben kein eigentliches Wort, womit man Tugend, Gerechtigkeit, Freyheit, Erkenntlichkeit, Dankbarkeit übersetzen könnte. Alles dieses läßt sich sehr schwer mit demjenigen reimen, was Garcilaßo von der Polizey, dem Fleiße, den Künsten, der Regierung und der natürlichen Geschicklichkeit der alten Peruaner erzählte. Wofern die Liebe des Vaterlandes ihn nicht verblendet hat, so muß man sagen, daß diese Völker von ihren Vorfahren sehr ausgeartet sind. Was die übrigen südlichen Nationen in Amerika betrifft, so weiß man nicht, daß sie jemals aus ihrer Barbarey gekommen sind. Ich habe ein Verzeichniß der in verschiedenen indianischen Sprachen gebräuchlichen Wörter gemacht. Die Vergleichung dieser Wörter mit denen, welche ebendieselbe Bedeutung in andern Sprachen mitten im Lande haben, kann nicht allein dienen, die verschiedenen Wanderungen dieser Völker von einem Ende dieses großen Landes bis zum andern zu beweisen, sondern eben diese Vergleichung ist vielleicht das einzige Mittel, den Ursprung der Amerikaner zu entdecken, wenn man sie mit den verschiedenen Sprachen der in Afrika, Europa und Ostindien sollte anstellen können. Eine gründlich erwiesne Gleichförmigkeit der Sprache würde die Frage sonder Zweifel entscheiden. Das Wort Abba, Baba, oder Papa und Mama, welches aus den alten morgenländischen Sprachen mit einer geringen Veränderung in die meisten europäischen übergegangen zu seyn scheint, ist vielen amerikanischen Völkern gemein, deren Sprachen sonst sehr unterschieden sind. Wenn man diese Wörter als die ersten Töne betrachtet, welche die Kinder deutlich aussprechen können, und welche folglich in allen Ländern vorzüglich von den Aeltern, welche sie aussprechen hörten, angenommen seyn müssen, um dadurch die Begriffe von Vater und Mutter zu bezeichnen, so fragt es sich, warum sich in allen amerikanischen Sprachen, in denen man diese Worte antrifft, ihre Bedeutung ohne Veränderung erhalten habe? Durch welchen Zufall ist es z. E. in der Sprache der Omaguas in dem Mittelpunkte des festen Landes, oder in irgend einer andern ihres gleichen, wo die Wörter Papa und Mama im Gebrauche sind, nicht zuweilen geschehen, daß Papa Mutter und Mama Vater bedeute, sondern daß man beständig das Gegentheil, gleichwie in den morgenländischen und europäischen Sprachen, wahrnimmt? Es ist sehr wahrscheinlich, daß sich unter den eingebornen Amerikanern viele Wörter befinden, deren wohlbestimmte Verhältniß mit den Wörtern einer andern

Sprache

Sprache in der alten Welt, einer Frage, welche bisher mit bloßen Muthmaßungen beantwortet ist, ein Licht geben könne. — Nichts konnte dem Herrn von Paw erwünschter seyn, als diese Bemerkung, womit er die Erzählung des Vega von den Schulen in Cuzco und ihren Lehrern, Amautas genannt, völlig zu widerlegen sucht. (Recherches II. p. 185.) Unterdessen muß ich dabey verschiedenes bemerken, welches den Leser wenigstens schüchtern machen und abhalten kann, so geschwind dem Raisonnement des Herrn Paw seinen Beyfall zu schenken. Erstlich sollte Hr. v. P. sich erinnern, daß nicht G. de la Vega der Erfinder dieser Fabel, wie er es nennt, sey, sondern vielmehr der Spanier Blas Valera, dessen Bericht Vega von Wort zu Wort anführt. Es war also wenigstens beym Vega nicht irgend eine Neigung zur Fiction, oder Verblendung der Vaterlandsliebe, sondern vielmehr Mangel an Beurtheilungskraft oder Leichtgläubigkeit, welche ihn verführten, den Bericht des Valera zu wiederholen, wenn er nicht durch mehrere Zeugnisse und Beweise unterstützt war, und daher Glauben verdiente. Ferner darf man abgezogene metaphysische Begriffe in der Sprache der Peruaner nicht suchen, wenn man die Dauer der Regierung der Incas und den Grad der Cultur, welche dieselbe eingeführt hatte, überlegt; diese Cultur konnte ohne metaphysische Begriffe bestehn, nicht aber ohne moralische Begriffe; vielweniger läßt sich ohne dieselbe etwas ähnliches von einer Schule und einem Unterrichte in der Politik und von den Pflichten des Bürgers denken. Nun fragt es sich, ob wirklich die Sprache der Peruaner keinen Ausdruck für moralische Begriffe hat, wie Condamine versichert? Doch er sagt nur, sie habe keine eigentlichen Wörter, um moralische Begriffe auszudrücken, sondern man bediene sich dazu einer Metapher oder Umschreibung, welche freylich in Vergleichung der Sprachen, welche auch für abgezogene Ideen eigenthümliche Wörter besitzen, den Begriff nur unvollkommen andeuten können. Ich zweifle aber überhaupt,

überhaupt, ob die Bemerkung des Condamine, auch so, wie er will, auf die Metaphern und Umschreibungen eingeschränkt, noch ganz ihre Richtigkeit habe. Ich finde wenigstens sowohl im Vega als in andern spanischen Schriftstellern, daß sie z. B. bey Erklärung der Namen der Incas, und bey andern Gelegenheiten, Worte anführen, welche allgemeine moralische Begriffe ausdrücken, und durch Klugheit, Gerechtigkeit und dergleichen übersetzt werden; dargegen aber trifft man auch in andern Titeln der Könige Beyspiele von den Metaphern und Umschreibungen an, von welchen Condamine spricht. Zweytens gestehen viele spanische Schriftsteller, daß die allgemeine Sprache von Peru geschickter sey, als irgend eine andere amerikanische, um den Indianern darinne den Religionsunterricht zu ertheilen, und daß sie denselben darinne eher fassen, als in ihrer eigenen Mundart. Die Sprache kann daher doch nicht so arm an moralischen Wörtern seyn, als Condamine versichert. Doch gestehe ich gerne, daß bey diesem Beweise auch die Art und der Inhalt des Unterrichts, welchen die spanischen Mißionairs den Indianern ertheilen, mit in Berechnung gebracht werden muß. Die letzte Frage würde meiner Meynung nach noch diese seyn: wie und woher hatte Condamine die Kenntniß der peruanischen Sprache erlangt? Hat er sie durch den Umgang mit Indianern bekommen, so mußte sie nothwendigerweise sehr unvollkommen und mangelhaft seyn; denn wenige Völkerschaften verstehn noch die Quichua, wie alle Reisende versichern. Die wenigen aber, welche noch etwas davon verstehen, wie könnten sie in dem Zustande der Unwissenheit und Dummheit, worüber die Spanier so viel klagen, ohne Schrift, und in der Verfassung, worinne sie sich jetzt befinden, diese moralischen Ausdrücke, welche blos die Regierungsform, unter welcher sie vormals lebten, erzeugt hatte, und die auf ihre gegenwärtige Lebensart gar nicht mehr angewendet werden können, noch kennen oder beybehalten haben? Setzt die Sprachlehre und das Wör-

terbuch)

terbuch der Quichua scheinen viel zu spät zusammengetragen zu seyn, als daß sie den ganzen ehemaligen Umfang dieser Sprache und der in den Worten enthaltenen Ideen und Kenntnisse hätten fassen können. Im Anfange beschäftigten sich Krieger und Priester blos mit der Plünderung und Zerstörung der Oerter, wo sie Gold suchten und fanden; lange Zeit hernach, als die Habsucht entweder gesättiget war, oder nicht mehr so viel Nahrung fand, richtete die Neugierde und Intoleranz der Priester ihre Augen auf die Sprache. Man lernte sie aber blos in der Absicht, um den Indianern darinn das Evangelium zu predigen, nicht aber nach dem Schatze der Kenntniß zu forschen, welcher in ihr verborgen lag. Dieß alles führe ich bloß in der Absicht an, um zu zeigen, wie behutsam man gehen müsse, wenn man den ehemaligen Zustand und Cultur eines Volkes nach seiner spätern Verfassung und nach den durch so mancherley Unterdrückungen und Drangsalen geschwächten Einsichten urtheilen will. — Was die Aehnlichkeit der allgemeinen Sprache von Peru mit der hebräischen betrifft, so muß ich erstlich anmerken, daß sie ebenfalls auch einige Gleichförmigkeit mit der griechischen und lateinischen, vielleicht auch noch mit mehrern europäischen Sprachen habe, welche der Pater Blas Valera nach dem Berichte des Vega VII. Kap. 4 angemerkt hatte. Aber eben dieser Pater behauptet in einer andern Stelle, wo er die Meynung, als ob die Indianer der neuen Welt unmittelbar aus Abrahams Nachkommenschaft herstammten, widerlegen will, daß die Aehnlichkeit und Gleichförmigkeit der amerikanischen und hebräischen Sprachen, auf welche diese Meynung gegründet ist, nur den Klang und Ton der Wörter, nicht aber ihre Bedeutung angehe. Mehre Gründe zur Bestreitung dieser Meynung braucht Acosta I. Kap. 23. Diejenigen, welche die Bevölkerung von Amerika durch die Vergleichung der Sprache der Indianer mit andern weiter untersuchen und erforschen wollen, werden mit Nutzen die Sammlungen des Laet a. a. O. S. 172

S. 172. folg. brauchen können; ferner die gedruckten Sprachlehren, wovon ich einige, welche mir bekannt sind, hier nennen will. Von der mexicanischen Sprache haben wir eine von D. Joseph Augustin de Aldama y Guevara, unter dem Titel: Arte de la Lengua Mexicana 12. Mexico 1754. Von der Sprache Poconchi oder Pocoman, welche in der Gegend um Guatimala und an einigen Orten der Honduras gebräuchlich ist, hat Thomas Gage seiner Reise von S. 457. an der deutschen Uebersetzung, Leipzig 1693. eine ziemlich unvollkommene Sprachlehre angehängt. Von der brasilianischen Sprache hat der Jesuit Joseph de Anchieta zu Conimbrica 1595. eine herausgegeben; von der huronischen und algonkinischen der Baron de la Hontan Voyage dans l'Amérique septentrionale T. II. p. 313. folg.

Mit der Untersuchung der Zeit und der Weise, wie und wann Amerika zuerst bevölkert worden sey, und aus welchem Theile der alten Welt es seine ersten Colonien erhalten habe, ist die physische Frage: seit wann ist das Land von Amerika bewohnbar? so genau verbunden, daß alle Bemühungen, jenen ersten Punkt aufzuklären, fruchtlos sind, wenn diese nicht vorher beantwortet ist, oder nicht beantwortet werden kann. Ulloa löst das große und schwere Problem auf eine Art, welche ihm die wenigste Anstrengung des Geistes kostete, und keine langwierigen und verworrenen historischen Untersuchungen erforderte. Theologen und Leute, welche von Peru und ganz Amerika weiter nichts zu wissen verlangen, als die Handelsproducte, wodurch die neue Welt ganz Europa auf so mancherley Weise aussaugt und an Menschen erschöpft, können sich ganz wohl damit begnügen, oder auch geradezu mit einem großen Theologen annehmen, daß die Arche, worinne Noa der Ueberschwemmung von Asien entgieng, auf einem Berge in Brasilien stille gestanden habe, und daß diesem glücklichen Zufalle Amerika seine Bevölkerung zu verdanken habe. Ich für meinen Theil lasse mich auf diese

diese Untersuchung hier nicht weiter ein, als was ich oben hin und wieder über den ehemaligen Zustand von Südamerika beygebracht habe, und verweise den Leser auf Robertsons Geschichte von Amerika, wobey man noch Carvens Reise, Stellers Beschreibung von Kamtschatka, und des von Paw Recherches sur les Américains vergleichen kann, wenn man die verschiedenen Meynungen der Gelehrten darüber will kennen lernen. Die Zukunft wird uns vielleicht in dieser Streitfrage mehr Licht geben, nachdem Cooks Meerenge zwischen Asien und Amerika mit den Einwohnern der angränzenden Küsten wird genauer untersucht worden seyn.

Anmerkungen zum ersten Theile,

über die

physicalische Geographie von Amerika,

nebst einem Nachtrage von Anmerkungen über die Naturgeschichte.

Ueber das 2te Kapitel S. 37.

Die aufmerksamen Seefahrer haben allerdings die Bemerkung gemacht, und dieselbe oft mit Nutzen beym Ankerwerfen angewendet, daß nämlich die Tiefe des Meerbodens sich gegen die Küsten allenthalben nach den Ufern richte, so daß, wenn diese schroff und jähe sind, auch das Meer an denselben eine jähe Tiefe hat, und umgekehrt, wenn die Ufer in die Länge geneigt sind. Diese Bemerkung findet man bey Dampier Voyage P. II. p. 476. und eben dasselbe haben die norwegischen Bauern an ihren Küsten beobachtet, wie Pontoppidan, Naturgeschichte von Norwegen I. S. 123. erzählt. Aus der See, sagt er, laufen insonderheit auf der Westseite viele große und kleine Einbuchten auf 6, 8, bis 10 Meilen weit ins Land hinauf. Darinnen wird zwar der Seegrund auch sehr verschieden gefunden, doch überhaupt von eben der Tiefe, wie er draussen in der See selbst ist. Aber was die Tiefe unter dem Wasser betrifft, so wird über dem Wasser die Höhe des nächsten steilen Berges bemerkt; diese soll, wie die Bauern vorgeben, mit der Tiefe der See unter Wasser übereinstimmen. Ob diese Regel eben ganz richtig ist, will ich dahin gestellt seyn lassen. — Pontoppidan versucht dennoch in dem Folgenden die große Tiefe der dortigen Buchten aus dem Abflusse der Gewässer von dem hohen Gebürge bey der allgemeinen Sündfluth zu erklären. Ob das übrige des Seebodens eben solche Uebereinstimmung mit dem festen Lande habe, müssen künftige Versuche ausmachen. Man sehe noch Bergmans Physical. Erdbeschr. I. Theil S. 359.

Fünftes Kapitel.

Was Ulloa S. 83 und folgende von der Beschaffenheit der Luft auf den höchsten Gebirgen in Peru und von ihren Wirkungen auf den Körper sowohl der Menschen als der Thiere anmerkt, stimmt nicht allein völlig mit den Beobachtungen des Acosta überein, sondern erhält auch noch durch dessen Erzählung Bestätigung und vielleicht auch einige Aufklärung. Daher will ich die ganze Stelle aus dem dritten Buche Kap. 9. S. 143 der Ausgabe von Madrit 1608 hier übersetzt einrücken. Er fängt mit der Beschreibung der gemeinen Seekrankheit an, welche er von der Seeluft herleitet, und fährt hierauf so fort: Dieses habe ich angeführt, um eine sonderbare Wirkung zu erklären, welche in gewissen Gegenden von Indien die Luft, oder der herrschende Wind hervorbringt. Man empfindet nämlich daselbst eben dieselben Zufälle, aber weit heftiger, als wenn man zuerst auf die See kommt. Einige Leute halten dies für eine Fabel, andere für Uebertreibung; ich will also nur erzählen, was mir selbst begegnet ist. In Peru giebt es ein sehr hohes Gebirge, welches Sierra Pariacaca heißt. Ich hatte von der Veränderung gehört, welche sie in dem menschlichen Körper hervorbringen soll, und hatte mich also nach dem Unterrichte der erfahrensten Leute, welche man hier Vaquianos nennt, dazu, so gut ich konnte, vorbereitet; aber mit aller meiner Vorsorge empfand ich dennoch, sobald ich auf die sogenannten Escaleras, den höchsten Gipfel dieses Gebirges, kam, ganz plötzlich eine so tödtliche Beängstigung, daß ich glaubte, ich müßte von meinem Maulesel auf die Erde fallen. Wir ritten zwar viele zusammen; aber ein jeder eilte, so viel er konnte, aus dem gefährlichen Orte wegzukommen, ohne auf seinen Gefährten zu merken; daher befand ich mich endlich ganz allein mit einem Indianer, den ich bat, mich auf dem Thiere halten zu helfen. Sogleich gieng es an ein Heben und Brechen;

nach

nach der Speise folgten Schleim und Galle, grün und gelb, und endlich warf ich Blut aus, mit einer Heftigkeit, welche mein Magen empfand, so daß ich glaubte, ich würde hier meine Seele zusetzen. Doch dauerte dieses nur drey bis vier Stunden, bis wir weiter herunter in ein bequemeres Klima kamen, wo ich meine Gefährten, vierzehn oder funfzehn, so ermüdet antraf, daß einige davon die Beichte verlangten, in der Meinung, daß sie bald sterben würden. Einige stiegen ab, weil sie von dem vielen Speyen und Auswerfen ganz weg waren; andere hatte dieser Zufall, wie man mir erzählte, das Leben gekostet. Einer warf sich auf die Erde nieder, und schrie über den rasenden Schmerz, den ihm der Durchgang von Pariacaca verursachte. Gewöhnlich hat man weiter keinen großen Schaden davon, außer dem Ekel und der Beängstigung, welche so lange als der Weg dauern. Doch spürt man diese Wirkung nicht auf dem Wege von Pariacaca allein, sondern überhaupt auf dieser ganzen Gebirgskette (Cordillera), welche sich in die Länge über 50 Meilen erstreckt. Ueberall, wo man darüber geht, empfindet man die nämliche üble Beschaffenheit der Luft, nur an einem Orte stärker als an dem andern; vorzüglich aber wenn man von der Küste in das Gebirge kommt, nicht aber wenn man herab nach der Ebene zurückkehret. Ich bin über diese Gebirgskette noch an andern Orten gegangen, sowohl durch die Lucanas und Soras, als auch durch die Collaguas, kurz, auf vier verschiedenen Wegen und Reisen, und habe allemal auf der nämlichen Gegend die beschriebene Veränderung und Uebelkeit erfahren, doch aber niemals so stark, als das erstemal, da ich über Pariacaca gieng. Mehrere, welche es versuchten, haben die nämliche Erfahrung gemacht. Daß die Luft, oder der hier herrschende Wind die Ursache dieser sonderbaren Wirkung sey, leidet gar keinen Zweifel; denn das ganze Hülfsmittel, welches man dargegen ausgefunden hat und welches wichtig ist, besteht darinne, daß man sich, so viel möglich,

Maul, Nase und Ohren zustopft, und mit dem Kleide hauptsächlich den Magen bedeckt. Denn die Luft ist hier so dünne und durchdringend, daß sie durch den Leib geht. Die Beängstigung fühlen nicht allein Menschen, sondern auch Thiere, welche bisweilen so davon ermüden, daß man sie mit keinen Sporen von der Stelle bewegen kann. Ich halte dafür, daß dieser Ort einer von den höchsten Stellen in der ganzen Welt ist; die Anhöhe, welche hinaufführt, ist unermeßlich, und die Puertos nevados von Spanien, die Pyrenäen und die Alpen von Italien kommen mir dargegen wie gewöhnliche Häuser gegen hohe Thürme vor. Daher glaube ich, daß die Luft daselbst so fein und dünne ist, daß sie nicht zum Athemholen taugt, als wozu eine dichtere und mehr gemäßigte Atmosphäre erfordert wird. Dies ist meiner Meinung nach auch die Ursache, warum der Magen so viel davon leidet, und der ganze Körper in Unordnung gebracht und erschüttert wird. Auf den höchsten Gebirgen von Europa, welche ich gesehen habe, trift man zwar eine kalte Luft an, welche dem Menschen beschwerlich fällt, und ihn zwingt sich sehr wohl zu bedecken: aber diese Kälte benimmt ihm nicht die Lust zum Essen, sondern macht vielmehr welche; sie verursacht kein Heben oder Brechen, sondern nur einen Schmerz in den Füßen oder Händen; kurz ihre Wirkung ist nur äußerlich. Die Luft von den indianischen Gebirgen bringt hingegen weder an Füßen, noch an Händen, noch an einem andern Theile des Körpers einige Beschwerlichkeit hervor, greift aber die innern Theile und Eingeweide an. Am meisten muß man sich darüber verwundern, daß die Sonne an diesem Orte dennoch eine ziemliche Wärme erzeugt, wodurch ich mich überzeuge, daß das Uebel von der Luft entstehe, welche man daselbst aus- und einathmet, und welche im höchsten Grade dünn und fein ist, ingleichen von der Kälte, welche nicht so sehr empfindlich als durchdringend ist. Gewöhnlich ist diese Cordillera wüste ohne Menschen und Wohnungen; kaum giebt es für
den

den Reisenden einen Platz, wohin er die Nacht seine Zuflucht nehmen kann. Eben so wenig halten sich daselbst Thiere, weder schädliche noch nützliche, auf, die Vicuñas ausgenommen, von deren außerordentlichem Naturell ich zu seiner Zeit sprechen werde. Das Gras sieht meist von der Luft wie verbrennt und ganz schwarz aus. Die Wüstenei erstreckt sich auf 20 biß 30 Meilen in die Breite, und auf 50, wie ich schon gesagt habe, in die Länge. Ferner giebt es in Peru andere wüste und verlassene Spitzen oder Paramos, welche man dort Punas nennt, wo die Beschaffenheit der Luft den Körper und das Leben der Menschen ohne die geringste Empfindung zerstört. Ehemals nahmen die Spanier ihren Weg von Peru nach Chile über das Gebirge (Sierra); jetzt aber gehn sie meist zu Wasser dahin, bisweilen auch auf der Küste. Dieser Weg ist zwar auch beschwerlich und sehr mühsam, aber lange nicht so gefährlich, als jener über das höchste Gebirge, wo es Ebenen giebt, in welchen viele Menschen umgekommen sind; andere sind mit großer Lebensgefahr entkommen, jedoch einige ganz lahm und krüpelicht. Es herrscht dort eine Luft, die zwar nicht stark, aber so durchdringend ist, daß Menschen todt hinfallen, ohne etwas vorher zu empfinden, oder es fallen ihnen Finger von Händen und Füßen wie abgeschnitten. Die Sache sieht einem Mährchen ähnlich, und dennoch ist sie wahr. Ich habe den General Gieronymo Castillo genau gekannt, welcher Cuzco mit zuerst bevölkert hat, dem drey oder vier Zehen an den Füßen fehlten: diese hatte er auf diesem Wege durch die wüsten Gebirge nach Chile eingebüßt; sie waren von der Luft ganz durchdrungen, und als er darnach sahe, fand er sie abgestorben, und sie fielen ab wie ein vertrockneter Apfel vom Baume, ohne den geringsten Schmerz oder Beschwerlichkeit. Dieser Krieger erzählte, daß von einer zahlreichen Armee, welche nach dem von Almagro entdeckten Königreiche Chile gegangen war, ein großer Theil todt auf diesem Wege geblieben sey, und daß er die Leichname haselbst auf der Erde angetroffen habe, ohne Gestank und ohne irgend ein Zeichen der Verwesung. Er fügte noch einen seltsamen Vorfall hinzu, daß sie nämlich unterwegens einen Jungen lebendig angetroffen hätten, der auf die Frage, wie er sich hier erhalten habe? antwortete: er habe sich in eine Hütte verborgen, sey von da herausgegangen, habe mit einem Messer sich Fleisch von einem todten Maulesel geschnitten, und davon lange Zeit gelebt; daß mehrere von seinen Gefährten sich auf eben diese Weise eine Zeit lang erhalten, aber nach und nach alle ihr Leben beschlossen hätten; er wolle auch ebenfalls wie die andern hier sterben, denn er fühle keine Neigung irgend sonst wohin zu gehn, noch die geringste Lust, etwas zu genießen. Die nämliche Erzählung habe ich auch von andern, unter andern von einem meiner Mitbrüder gehört, welcher als Weltpriester diesen Weg gemacht hatte. Es ist zu verwundern, wie die kalte Luft hier tödten, und zugleich die Leichname unverwest erhalten kann. Das Nämliche hat mir auch ein angesehener Dominicaner-Prälate erzählt, welcher es mit eignen Augen in der Wüste gesehn hatte; er fügte bey, daß, als er gezwungen worden sey, die Nacht daselbst zuzubringen, er kein anders Mittel, sich wider die dortige tödtliche Luft zu verwahren, gefunden habe, als eine Menge von den Leichnamen, welche daherum lagen, zusammenzulegen, und sich davon gleichsam eine Mauer statt des Kopfküssens zu machen, und so habe er mitten unter den Todten geschlafen, und sein Leben erhalten. Ohne Zweifel ist die Kälte hier so durchdringend, daß sie die Wärme des menschlichen Körpers gleichsam erstickt, und ihren Einfluß auf das Leben unterdrückt; zugleich ist sie so trocken, daß sie die Verwesung, welche von Hitze mit Feuchtigkeiten verbunden herkommt, von den todten Körpern abhält. — Die Beschwerlichkeiten, welche Don Diego d'Almagro ehmals auf dem Wege nach Chili über die Gebirge angetroffen hatte, beschreibt Zarate III. Kap. 2 beynahe noch

fürch-

fürchterlicher. Ein Umstand, sagt er, der sie auf dieser
Reise am meisten beunruhigte, war die strenge Kälte, welche sie auf dem Wege über einige Schneegebirge aushalten
mußten. Einer von den Gefährten des Diego, der Capitain Ruydias, hatte den Zufall, daß viele von seinen
Soldaten samt den Pferden auf dem Wege von Kälte erstarrt blieben, ohne daß sie sich durch ihre Kleidung wider
den Frost schützen konnten. In der That ist auch die Luft
auf diesen Bergen so heftig kalt, daß Don Diego fünf
Monat nachher, als er nach Cuzco zurückkehrte, an verschiedenen Stellen die Leichname der Soldaten, welche auf
der Hinreise erfroren waren, noch sitzend auf den Pferden, gegen einen Fels gelehnt, mit dem Zügel in der
Hand fand. Das Fleisch von Menschen und Pferden war
noch so frisch und unverdorben, als wenn sie erst vor kurzem gestorben wären, und man bediente sich daher dieses
Pferdefleisches auf dem Rückzuge zur Speise. — Auf
diese oder auf eine ähnliche Erzählung gründete sich vermuthlich Hales, wenn er in der Beschreibung seines Ventilators §. 130 sagt, daß auf dem Gipfel einiger Gebirge in Peru die Luft so kalt seyn solle, daß einem bey einem einzigen starken Athemzuge das Blut gerinnen könne.

Der Bericht des Herrn Bouguer stimmt zwar in vielen
Stücken mit den Zeugnissen des Acosta und Ulloa überein; aber in Bestimmung der Ursachen, welche die sonderbaren Zufälle hervorbringen, geht er gar sehr von ihnen ab. Daß er aber nicht alles so bemerkte, wie Acosta und Ulloa, und daß er einige tödliche Zufälle gar
nicht bemerkte, rührt wohl daher, daß Bouguer seine
Bemerkungen allein unter und am Berge Pichincha im
Gebiete von Quito gesamlet, und also die vom Acosta
genannten Gegenden nicht besucht hat. Zuerst beschreibt
Bouguer S. 45. was die Gesellschaft empfand, als sie auf
die Höhe von Quito gekommen war. Wir empfanden,
sagt er, anfänglich eine große Beschwerlichkeit von der
dünnen Luft. Diejenigen unter uns, welche eine zarte
Brust

Brust hatten, empfanden den Unterschied noch mehr, und hatten oft ein kleines Nasenbluten. Dieses kam sonder Zweifel daher, daß die Luft ein kleineres Gewicht hatte, und durch ihren Druck das Blut nicht genugsam in den Gefäßen zurückhalten half, welches seines Theils allezeit mit gleicher Stärke wirken konnte. Ich habe bey mir nicht angemerkt, daß diese Beschwerlichkeit viel größer ward, als wir hernach noch höher hinauf stiegen; vielleicht weil ich mich schon zu dem Lande gewöhnt hatte, oder auch weil die Kälte Ursache war, daß die Ausdehnung der Luft nicht so beträchtlich seyn konnte, als sie sonst gewesen würde. Viele unter uns fielen in dem Heraufsteigen in Ohnmacht, und mußten sich oft brechen: allein diese Zufälle waren noch mehr die Wirkung der Müdigkeit als der Schwierigkeit, Athem zu holen. Dieses wird daher unstreitig erwiesen, daß man diesen Ungemächlichkeiten niemals unterworfen war, wenn man ritte, oder wenn man einmal den Gipfel erreichet hatte, wo die Luft jedoch noch dünner war. Ich läugne nicht, daß diese große Dünne der Luft die Müdigkeit beförderte, und zur Vergrößerung der Mattigkeit etwas beytrug; denn das Athemholen wird dort überaus schwer, wenn man sich nur ein wenig angreift, und man kommt durch die geringste Bewegung ganz außer Athem; aber dies geschieht nicht, wenn man in der Unthätigkeit bleibt. Ich sage nichts, als wovon ich vielmal Zeuge gewesen bin, und was ich sonder Zweifel noch öfter gesehn haben würde, wenn die Erfahrung nicht die meisten unter uns bald überzeugt hätte, daß sie sich einer so großen Abmattung nicht bloß stellen dürften. — Hierauf beschreibt Bouguer, was ihnen auf dem Gipfel des Pichincha begegnete, S. 47. Die Kälte war daselbst so strenge, daß einige unter uns scorbutische Zufälle empfanden, und daß die Indianer und die andern aus dem Lande mitgenommenen Bedienten ein heftiges Reißen im Leibe ausstunden. Sie gaben Blut von sich, und einige mußten sich wieder herunter begeben. Allein ihre Unpäßlichkeit

lichkeit kam allezeit, als wir einmal auf der Spitze des Felsen unsre Wohnung hatten, allein von der strengen Kälte her, deren sie nicht gewohnt waren, und die Ausdehnung der Luft schien davon wenigstens nicht die unmittelbare oder nächste Ursache zu seyn. Ich habe dieses mit desto größerer Sorgfalt untersucht, als ich wußte, daß die meisten Reisenden sich darinne betrogen hatten, weil die verschiedenen Wirkungen von ihnen nicht genugsam waren unterschieden worden. — Zuletzt redet Bouguer S. 74. von dem Passe Guanacas, durch welchen man über die östlichen Cordilleras geht, und wodurch er seinen Rückweg nach dem Magdalenenflusse nehmen mußte. Man tritt diesen im mittägigen Amerika beschrieenen Weg zu Guanacas allemal mit Furcht und Zittern an, besonders wenn man von der Außenseite kommt. Die Maulesel sind dabey noch größern Gefahren unterworfen, als die Menschen; denn außerdem, daß sie, gleich den Menschen, mit einer durchdringenden Kälte zu streiten haben, werden sie müde und kraftlos. Der ganze Weg ist über 2 Meilen lang mit Gebeinen von dergleichen daselbst umgefallenen Thieren dergestalt angefüllt, daß es nicht möglich ist, den Fuß niederzusetzen, ohne darauf zu stoßen. Unterdessen empfand Bouguer die Beschwerlichkeiten dieses Weges wenig, weil er mitten aus den Cordilleras kam. Denn es macht einen unglaublichen Unterschied aus, ob man aus dem niedrigen Lande und einem gemäßigten Klima in die kalte und dünne Luft der hohen Gebirge kommt, oder umgekehrt, wie schon Acosta bemerkt hat, und wovon Bouguer die wahrscheinlichen Ursachen S. 72 und 73. seiner Reise entwickelt hat. — Was nun die Ursache der Beängstigungen, der Uebelkeiten und des Erbrechens anbelangt, so schreibt Acosta sie der dünnen und zugleich kalten Luft zu; Bouguer aber ganz allein der Ermüdung. Den Beweis, den er giebt, stößt das Beyspiel der Reisegefährten des Acosta größtentheils um; denn diese ritten alle. Dargegen führt Acosta einen Beweis für seine Meynung

nung an, welcher auf die Ermüdung nicht angewöhnet werden kann. Doch, wie gesagt, Bouguer scheint nach dem, was Ulloa hier anführt, die Wirkungen nicht an den Oertern bemerkt zu haben, wo sie am stärksten sind; daher will ich es nicht wagen, die Mißhelligkeit in den beyden verschiedenen Meynungen aufzuheben oder zu vergleichen. Einige Zufälle, welche sich hauptsächlich im Heraufsteigen zeigen, beym Heruntersteigen aber sich nicht einfinden, scheinen allerdings die plötzliche Wirkung der dünnern Luft zu seyn. Der verminderte Druck der äußern Luft auf die beym Heraufsteigen gespannten Fibern und Musseln kann eine Schwäche in ihrer Bewegung verursachen, und also Schuld seyn, daß Leute, welche auf den Gipfel eines Bergs hinaufsteigen, glauben, sie haben einen kürzern Athem. Das Uebergewicht der Luft in der Brust und in der Lunge können ebenfalls eine Zeit lang eine solche convulsivische Wirkung auf den Magen hervorbringen, daß daraus Uebelkeiten und Erbrechen entstehen; bey andern kann eben daher auch Nasenbluten entstehn. Diese Wirkungen aber werden aufhören, sobald die Kälte der verdünneten Luft das Gegengewicht hält. Doch einige Zufälle zeigen sich auch noch da, und scheinen die Wirkung so wohl von Kälte als von trockner oder verdünneter Luft zu seyn. Die große Kälte verursacht den Scorbut mit sehr unglücklichen Zufällen, bringt die animalischen Substanzen in einen gangränösen Zustand, verursacht Ersterbung der Glieder und des Zahnfleisches, so daß das verfaulte Fleisch abgeschnitten werden muß. Dies alles haben die Unglücklichen erfahren, welche den Winter in Grönland und andern kalten Ländern zugebracht haben. Die Kälte verursachte ihnen Unbeweglichkeit und unerträgliche Schmerzen in verschiedenen Theilen des Körpers, nebst gelben Flecken und Blattern an der Haut. Sie erregte durch die Aufhaltung der Bewegung des Geblütes und die Unterdrückung der Perspiration Schwindel, Schläfrigkeit, Schmerzen in den Eingeweide, Bauchflüsse und Blutflüsse, und

den-

dennoch niemals Abgang an Lust zum Essen. Die heftigste Hitze verdirbt eben so wie die heftigste Kälte thierische Substanzen, und bringt sie in einen gangränösen Zustand, nur mit dem Unterschiede, daß die Kälte, welche Ersterbungen in lebendigen Körpern verursacht, die todten für die Fäulung bewahrt; denn darzu wird Hitze und Bewegung der thierischen Säfte erfordert. — Dies sind im Allgemeinen die Wirkungen, welche kalte und verdünnte Luft auf den menschlichen Körper zeigen. Man sehe darüber John Arbuthnots Abhandl. von der Wirkung der Luft auf und in die menschlichen Körper. Zur Aufklärung der Zufälle aber, welchen die Menschen auf den Cordilleren in Amerika ausgesetzt sind, will ich noch die Bemerkungen, welche auf den höchsten Bergen in Europa über die Beschaffenheit der Luft und ihre Wirkungen auf den menschlichen Körper gemacht worden sind, so weit sie mir bekannt sind, hier anführen, weil sich Ulloa selbst darauf bezieht, und eine Aehnlichkeit der Zufälle, welche er erzählt, nur in einem geringern Maße, daselbst annimmt. Was nun zuerst die Wirkungen der dünnen, kalten und zugleich trockenen Luft auf den höchsten Gebirgen anbetrifft, welche sich an der Haut des Körpers sowohl als an andern Dingen zeigen, so bemerkt man zwar dieselben auf den Eisgebirgen in Europa, aber ungleich schwächer, als sie von Ulloa und Bouguer beschrieben werden. Herr de Luc fand auf seiner letzten Reise nach den Gebirgen von Sixt, S. 165. daß die Haut ganz verschrumpft war, und ein sehr blasses Ansehn hatte, so, daß sie sowohl für das Auge, als für das Gefühl einer trockenen, runzelichten Blase nicht unähnlich war. Indessen spürte er dennoch daselbst weiter keine Beschwerden außer dem Winde und der Kälte; die Verrichtungen der Lunge und alle übrigen Bewegungen des Körpers giengen frey und ungestört vor sich. Einen andern Umstand, welcher ebenfalls seinen Grund in der Reinigkeit und Trockenheit der Luft hatte, bemerkte er an einer andern Stelle

an seinem Stocke, wovon der stark angetriebene eiserne Ring
von selbst abfiel, obgleich sonst der Stock von sehr trock-
nem Holze war. (S. 113.) Die Reinigkeit der Luft erkannte er auch an dem Geschmacke des Regenwassers und
des geschmolzenen Eises, welcher weit angenehmer war,
als er zu seyn pflegt, wenn beyde erst durch den untern
Theil des weit dichtern und unreinen Dunstkreises gegangen sind. Uebrigens aber hat de Luc nirgends bemerkt,
daß der Unterschied der Dichtigkeit der Luft irgend einen
andern Einfluß auf den Körper gehabt, oder größere Veränderungen hervorgebracht hätte. Wir verwunderten
uns, sagt er S. 128., daß wir den Unterschied der Dichtigkeit der Luft an nichts bemerkten, als an unsern Instrumenten; denn nicht die geringste Beschwerde, oder un-
angenehme Empfindung ließ es uns fühlen, daß die Luft,
die wir hier athmeten, beynahe um ein Viertel weniger
dicht sey, als die in der Ebene, noch daß hier der Druck
der Luft auf unsern Körper um ein Gewicht von hundert
Centnern geringer sey. Das Gleichgewicht in dem Innersten war überall nicht dadurch gestört. Welch eine
wunderbare Maschine, die so überschwenglich große Veränderungen, selbst in den Ursachen ihrer ersten Bewegungen, leiden kann, ohne daß etwas dadurch in Unordnung
geriethe! De Luc beruft sich ferner auf die Gemsenjä-
ger und die Weiber aus dem Dorfe bey Sixt, welche jeden Tag aus den Tiefen der Thäler auf die höchsten Berge, ohne die geringste Beschwerde davon zu spüren, steigen. Aehnliche Beobachtungen sind auf den Pyrenäen
gemacht worden, welche uns Arcet bekannt gemacht hat
im Discours sur l'état actuel des Pyrenées, Paris 1776.
Auch dort war dem Verfasser die empfindliche Kälte sonderbar, die man ungeachtet des hohen Standes des Wär-
memaßes verschiedentlich spürte. Das Pflanzenlaugen-
salz ward auf dem Gipfel des Berges nicht feucht, der
rauchende Salpetergeist dampfte wenig, die Electricität
war die nämliche wie in der Ebene; und so auch die an-
ziehen-

ziehende Kraft des Magnets. Die Leichtigkeit des Athemholens soll auch dort ausnehmend seyn, ohne alle andre Beschwerden. Die Erfahrungen des Arcet über die anziehende Kraft des Magnets stimmen völlig mit den Beobachtungen des Bouguer S. 124. überein; aber die Kraft der Electricität in der dünnen Luft will Volkmar auf dem Riesengebürge in Schlesien vielfach stärker befunden haben, als in der dickern Atmosphäre der Erde. Siehe dessen Beschreibung seiner Reisen nach dem Riesengebürge S. 140. wo er auch S. 118. die Leichtigkeit des Athemholens, und die vorzügliche Güte des Wassers auf dem Riesengebürge bestätigt. Ueber die Kraft der Electricität sind, so viel ich weiß, auf den Cordilleren von Amerika noch keine Versuche gemacht worden. Endlich, so läugnet auch Herr Saussure Voyage aux Alpes II. S. 483. die Erschwerung des Athems auf den Alpen; aber eine außerordentliche Ermattung, Neigung zum Schlafe, auch Abschelferung der Haut, bemerkt man allerdings nach seinem Zeugnisse. —— Dieß sind also ohngefähr die Bemerkungen, welche man über das, was man auf den höchsten Bergen in Europa empfindet, gemacht hat; sie zeigen, wie man sieht, nur einen geringen Theil von dem, was man auf den Cordilleren von Amerika erfahren hat: man muß aber dabey bedenken, daß die letztern im Ganzen genommen, nach der Angabe des Hrn. von Buffon, Supplément à l' histoire naturelle Tome IX. S. 434. um ein Viertheil höher, als die europäischen sind. —— Was die zweyte Erfahrung anbetrifft, welche man über die kalte und zugleich austrocknende Luft der hohen Gebirge in Peru gemacht hat, daß man nämlich darinne nicht allein Thiere, sondern auch Früchte unverwest und gut erhalten kann, so habe ich bereits oben die mir davon bekannten Bemerkungen bey Gelegenheit der indianischen Begräbnisse beygebracht.

Zehentes Kapitel.
Von Seen und Flüssen.

Was Ulloa an mehrern Orten über den Fluß Misisipi gesagt hat, als S. 31. 35. und S. 180. will ich hier zusammenfassen, und darüber einige Bemerkungen beyfügen, welche die Behauptungen des Ulloa theils aufklären, theils berichtigen mögen. Von den Eingebornen in Louisiane wird der Fluß Meactchassipy, das ist, der Vater der Flüsse genennet, woraus man Misisipi gemacht hat. Vorher kannte man den Lauf desselben nur bis zum St. Petersflusse hinauf, noch unter dem Wasserfalle St. Antonius; nur allein der Pater Hennepin, und nach ihm der Engländer Carver, sind bis zum Fluß St. Franciscus, sechszig englische Meilen über den Wasserfall hinauf gekommen, welcher sich nach Carvers Karte unter dem 45sten Grade N. Br. und 95 Gr. W. L. mit dem Misisipi vereinigt. Alles, was wir von den nördlichern Theilen wissen, beruht lediglich auf den Erzählungen der Indianer, welche Carver sorgfältig gesammlet, und so gut, als möglich, auf seiner Karte verzeichnet hat. Etwas gegen Südwesten, nicht weit vom rothen See, liegt der sogenannte Weißebärensee, der ohngefähr eben so groß ist als der rothe. Diesen rechnet Carver zu den nördlichsten Gewässern, woraus der Misisipi entsteht, und meynt, er könne füglich desselben äußerste Quelle genennet werden. Er hat ihn unter den 47 Gr. N. Br. und den 97 Gr. W. L. gesetzt. Ehe der Misisipi in den Meerbusen von Mexico fällt, durchläuft er, alle seine Krümmungen mit eingerechnet, nach Carvers Rechnung völlig eine Weite von 3000 Meilen; in einer geraden Linie aber ohngefähr 20 Grade, welche beynahe 1400 englische Meilen ausmachen. Von dem Meere an ist er für Fahrzeuge von einiger Größe nicht weiter als bis zum Ausflusse des Ohio schiffbar, und selbst bis dahin können sie wegen des reißenden Stromes und der vielen Krümmungen nicht ohne viele Mühe kommen. Ulloa sagt, man kenne den Lauf des Mißisipi, den er bis zum 43 Grade hat, noch nicht; aber Carver hat ihn weit unter dem 43 Grade, bey dem Einflusse des sogenannten gelben Flusses auf der Westseite, und des Flusses Visconsin auf der Ostseite, bis über den 44sten Grad N. B. verfolgt, und beschrieben. Sein Wasser ist sehr klar, so lange bis sich der Missouri hinein ergießt, welcher es durch den Leim, welchen er mit sich führt, gänzlich trübe macht. Nichts destoweniger bleibt dieses Wasser beständig gesund, welches, wie Le Page du Pratz sagt, eine gemeine Eigenschaft der leimigten Gewässer ist.

Der Mißisipi ergießt sich ordentlich zu gewissen Zeiten. Wenn, wie du Pratz in seiner Beschreibung von Louisiane sagt, zu Anfange des May der in Norden schmelzende Schnee den Fluß erstaunlich aufschwellt, so ergießt er sich zu allen Seiten auf 20 und 30 Meilen über das Land, und dieß dauert bis zu Ende des Julius. Weil die Ufer des Flusses viel höher sind, als das entferntere Land rings umher ist, so kann dieses Wasser nicht in ihn wieder ablaufen. Ein Theil der Ueberschwemmung fließt also nach Osten, durch Manchac, einen natürlichen Canal, der mit dem See Maurepas zusammenhängt, vom See Maurepas in den See Pontchartrain, und von diesem ins Meer. Der andre Theil fließt nach Westen in den Meerbusen von Ascension, und das, was an den niedrigsten Stellen stehen bleibt, macht Moräste, Seen und Arten Flüsse verdorbnen Wassers, welche im Lande Bayoucs heißen, und längst neben dem Flusse hin sehr häufig sind. Die Ufer desselben sind überhaupt mit Gehölze bedeckt, aber hin und wieder fließt er zwischen steilen und hohen Gebirgen hinweg, die er niemals überschwemmen kann. Bey seinen Ueberschwemmungen führt er nicht allein viel Leim ins Land, sondern reißt auch eine Menge Bäume mit sich fort, ohne die zu rechnen, welche er täglich unter seinen Ufern untergräbt, und die endlich in ihn hineinstürzen, da er sie denn gegen die Sandbank anführt, welche dadurch beständig erneuert wird; oder wenn er sie nicht bis ins Meer fortführen kann, weil sie der Schlamm und Meersand aufhalten, so entstehen daraus neue Inseln, die mit der Zeit anwachsen, den Lauf des Flusses verändern, und ihn denen unkenntlich machen, die ihn nur selten besuchen. Daß der Fluß das Ufer und Land, welches er anspült, durch den abgesetzten Schlamm erhöht, bezeuget auch Le Page du Pratz. Das flache Land von Louisiane, sagt er, ist dem Boden eines Gewässers ähnlich, und scheint nur vom Sande, und allem, was das Meer auswirft, durch den Schlamm und das Gehölze, welches der Fluß bey seiner Ueberschwemmung von drey Monaten mit fortreißt, und hin und wieder im Lande zurückläßt, gebildet zu seyn, ohne zu rechnen, was hierzu die Blätter der Bäume und Rohre, welche hier erstaunlich stark wachsen, wenn sie des Winters abfallen, ja die absterbenden Bäume und Rohre selbst, die mit der Zeit faulen, beständig beytragen. Als man einsmals drey Meilen über Neuorleans einen Brunnen gegraben, so hat man in einer Tiefe von 20 Schuhen einen ganzen umgestürzten Cypressenbaum von 3 Schuhen im Durchmesser, dessen Holz unverweslich ist, gefunden. Das Erdreich muß sich also, seitdem dieser Baum niedergestürzt ist, um 20 Fuß erhöht haben; und da dieses Holz leicht ist, und schwimmt, so ist nicht zu vermuthen, daß er in das vom Wasser erweichte Erdreich tiefer hineingesunken seyn sollte. Uebrigens beweisen auch die viel höhern Ufer des Flusses, als das innere Land ist, daß sie durch den Schlamm entstanden seyn müssen, welchen das Wasser mit sich führt, und wovon es beständig destoweniger zurückläßt, je weiter es sich von dem Bette des Flusses entfernt. Ja endlich so findet man auch auf 100 Meilen vom Meere Hügel, welche Haufen von Austerschalen zu seyn scheinen; und die Einwohner des Landes versichern, von ihren Vor-

fahren

fahren gehört zu haben, daß ehedem das Meer bis an diese Oerter gegangen sey. Wenn man der Sage dieses Volks Glauben beymessen kann, und dasjenige überlegt, was ich eben gesagt habe, so muß man die niedere Louisiane als ein Land ansehen, das man dem Meere entzogen hat, und dessen erster Grund ein crystallener, schneeweißer und feiner Sand ist, wie Mehl. So ist wirklich die ganze Küste sowohl ost- als westwärts des Ausflusses vom Mißißippi beschaffen. Sie ist unbewohnbar; der Schein des Sandes, wenn die Sonnenstralen darauf fallen, ist so lebhaft, daß er die Augen blendet, und man in Gefahr ist, blind zu werden, wenn man im Gehen nicht etwas vor die Augen hält. Inzwischen ist kein Zweifel, daß nicht in künftigen Jahrhunderten das Meer und der Fluß eine Erde von eben der Art daraus machen werden, als man sie findet, wenn man über diese Küste weiter landeinwärts kömmt.

Was Lißba S. 182. von dem Schwefel, oder der gelben Haut sagt, welche sich zu gewissen Zeiten am Mißißipi auf dem Regenwasser zeigt, ist so ohne alle Bestimmung hingeworfen, daß man wohl sieht, wie wenig überhaupt der Verfasser geschickt sey, die Natur und ihre Producte mit Genauigkeit zu beobachten. Erst sagt er deutlich, daß der Dunstkreis daselbst voll Schwefel zu seyn scheine, und zum Beweise führt er die heftigen Donnerwetter an; diese Bemerkung würde einiges Gewicht haben, wenn deutlich und ausgemacht wäre, wie viel eine schwefelreiche Gegend Einfluß auf die Stärke des Donners und der Gewitter haben kann. Aber sie scheint überhaupt aus einer veralteten Theorie vom Donnerwetter hergeleitet zu seyn; und nirgends giebt der Verfasser einen Ort an, wo sich Schwefel in so großer Menge fände. Hernach vermischt er die Ausdünstungen der vielen harzbringenden Bäume in der Gegend mit subtilen Schwefeltheilchen, und am Ende gesteht er wiederum, daß der dort sogenannte Schwefelregen weiter nichts, als den feinsten

öligten

fligten Theil des Schwefels enthalte. Doch scheint der zweyte vom Ulloa bemerkte Umstand, nämlich die Menge der Bäume, welche ein Harz ausschwitzen, auf die wahre Ursache der Erscheinung zu leiten, wenn man annehmen will, daß der Samenstaub von Tannen und andern ähnlichen Bäumen auch in Amerika den sogenannten Schwefelregen, wie oft in Europa, die Einbildung veranlasset habe. Man sehe Bergmanns Physik. Erdbeschr. S. 37. II Theil. Nur gehört zu Entscheidung dieser Frage erst eine chymische Untersuchung der sich auf dem Regenwasser setzenden Haut, und ferner eine genaue Bestimmung der Zeit, in welcher dergleichen Haut sich auf dem Wasser setzt, und der Monate, in welchen dort die Tannen und andere damit verwandte harztragende Bäume blühen und ihren Samenstaub von sich geben.

Garuas. Ulloa spricht davon S. 79. und S. 146. Ich will zur Erläuterung sowohl dieses Namens, als zur Bestätigung der übrigen Anmerkungen des Ulloa von dem Klima von Peru, hier das 22ste Kapitel aus dem dritten Buche des Acosta einrücken. Dieser Theil der neuen Welt, sagt er, den man Peru nennet, und der von dem Königreiche Quito anfängt, und in einer Länge von 1600 Meilen bis nach Chile hinläuft, verdient wegen der viel besondern Eigenschaften, welche eine Ausnahme von der allgemeinen Regel wegen der Beschaffenheit von Amerika machen, ganz besondere Aufmerksamkeit. Erstlich herrscht auf der ganzen Küste nur ein einziger Wind, und zwar nicht der in der heissen Zone gewöhnliche, sondern der entgegengesetzte Südwind und Südwest. Zweytens, da dieser Wind sonst der allerungestümste, rauheste und ungesundeste zu seyn pflegt, so ist er hier im Gegentheil zum Verwundern gelinde, angenehm und gesund, so, daß man es ihm einzig zu danken hat, daß die Küste bewohnbar ist, wo es sonst kein Mensch wegen der beklemmenden Hitze aushalten könnte. Drittens, sieht und hört man nichts von Donner, Hagel, Schnee oder Regen auf dieser Küste;

Küste; aber in einer geringen Entfernung von derselben regnet, schneyet und donnert es ganz fürchterlich. Von den zwey Gebirgsketten, welche unter der nämlichen Polhöhe mit einander gleich laufen, hat die eine große Waldungen, die meiste Zeit des Jahrs Regen, und ist sehr warm; die andere ist im Gegentheil ganz kahl, sehr kalt, und das Jahr wird daselbst durch Regen und Sonnenschein in Sommer und Winter getheilt. Um dieses besser zu verstehen, muß man erwägen, daß Peru gleichsam in drey lange und schmale Streife getheilt ist, in die sogenannten Llanos, Sierras und Andes. Die Llanos (Ebenen) machen die Küste aus, Sierras die Küste mit einigen Thälern, Andes viel zusammengedrängte Berge. Die Llanos haben in der Breite ohngefähr 10 Meilen, an einigen Stellen weniger oder etwas mehr; die Sierra wird 20 Meilen, die Andes eben so viel, an einigen Orten weniger oder mehr haben. Die Andes laufen in der Länge von Norden nach Süden, in der Breite von Osten nach West. Es ist zu verwundern, daß in einer so geringen Entfernung von 50 Meilen, bey dem gleichen Abstande von dem Pole und der Linie, eine so große Verschiedenheit angetroffen wird, daß es in der einen Gegend beynahe beständig regnet, in der andern fast niemals, und daß in der dritten Regen mit Sonnenschein abwechselt. Auf der Küste regnet es niemals, obgleich bisweilen ein dünner Thauregen niederfällt (agua menudilla), den man dort Garvas, in Castilien aber Mollina nennet; dieser verdickt sich bisweilen zu kleinen Wassertropfen, welche herabfallen: aber in der That hat man dort keine Dächer auf den Häusern, hat auch keine wegen des Wassers nöthig. Was die Stelle derselben hinlänglich vertritt, sind Matten mit ein wenig Erde oben darauf. Auf den Anden regnet es beynahe das ganze Jahr, doch ist eine Zeit heitrer als die andre. In der Sierra, in der Mitten zwischen den beyden äußersten Gegenden, regnet es zur nämlichen Jahrszeit wie in Spanien, vom September an bis

Z 4 in

in den April; die übrige Zeit ist es daselbst heiter, eben zu der Zeit, wenn die Sonne sich am weitesten entfernt hat, da das Gegentheil Statt findet, wenn sie am nächsten steht. Was man Andes und Sierra nennet, sind zwey Reihen (cordilleras) hoher Berge, welche wohl über 1000 Meilen eine neben der andern gleichsam parallel fortlaufen. In der Sierra trifft man unzählige Heerden von Vicuñas, Guanacos und Pacos an, welches die Schafe und zugleich die Lastthiere dieser Länder sind. Auf den Andes halten sich viele und schöne Affen (monos y micos) und Papageyen auf. Daselbst wächst auch das Kraut oder der Baum Coca, der von den Indianern so geschätzt wird, und einen sehr vortheilhaften Handel unterhält. Die sogenannte Sierra bildet an den Örtern, wo sie sich öffnet, Thäler, welche der beste Aufenthalt von ganz Peru sind, wie z. B. das Thal von Xauxa, Andaguaylos und Yucay. In diesen Thälern wachsen Mais, Weizen und Früchte, bald mehr bald weniger. Ueber die Stadt Cuxco hinaus entfernen sich die beyden Gebirgsketten etwas mehr von einander, und lassen in der Mitten eine große Ebene, welches die Provinz Callao ist. Auf dieser großen Ebene trifft man eine Menge Flüsse, den großen See Titicaca, viel fruchtbares Land und Weide an; ob es aber gleich eine Ebene ist, so hat es doch die nämliche Höhe und das rauhe Klima der Sierra. Eben so wenig wächst daselbst Wald oder Holz; die Stelle des Brodtes vertreten die Wurzeln, welche man pflanzt, und Papas nennet. Diese trocknen die Indianer, bereiten sie zu, und machen daraus den Chuño, woraus ihr Unterhalt besteht. Ueberdieß giebt es noch einige andere Wurzeln und Kräuter, welche sie essen. Es ist dieses Land gesund, und am meisten angebauet; es ist reich, weil es einen großen Ueberfluß sowohl an europäischen Heerden von Schaafen, Ziegen und Kühen, als auch an einheimischen, als Guanacos und Pacos, auch Rebhühner in Menge hat. Jenseit Callao ist die Provinz Charcas, wo
es

es große und überaus fruchtbare Thäler, aber auch sehr rauhe und an Erzgruben reiche Hügel giebt, dergleichen man sonst in keinem Welttheile antrift. — Noch deutlicher erklärt Ulloa die Garvas in der Reise S. 404. wo er von den Ursachen der Kälte in Lima spricht: Die Erde wird daselbst den ganzen Winter hindurch mit einem so dicken Nebel bedeckt, daß die Sonnenstrahlen dadurch zurückgehalten werden, und nicht bis auf die Erde hindurch dringen können. Unter diesem Nebel streichen die Winde fort; und behalten die Kälte, welche sie von dem Orte, wo sie entstehn, mitbringen. Diesen Nebel bemerkt man eben so stark in den ganzen Thälern gegen Norden zu. Er ist auch nicht bloß auf das Land eingeschränkt, sondern er bedeckt auch einen Theil von der See. Ordentlich bedeckt er das Land den ganzen Morgen; und ist so dick, daß die Gegenstände davon ganz verdunkelt werden. Um 10 oder 11 Uhr vor Mittage, manchmal auch zeitiger oder später, zieht er sich etwas in die Höhe; er zertheilt sich aber nicht ganz. Die Wolke, wodurch zuvor die Aussicht verhindert ward, thut dieses zwar jetzt nicht mehr; es werden aber doch des Tages die Sonne und des Nachts die Sterne dadurch verdeckt. Der Himmel ist also beständig verhüllt; nur daß die Dünste bald mehr erhaben, bald näher an der Erde sind. Zuweilen zertheilen sie sich auch so, daß man das Bild der Sonne dadurch erkennen kann; allein die Stralen derselben können keine Wärme verursachen. Es ist hierbey dieses besonders anzumerken, daß in einer Entfernung von zwo oder drey Meilen von der Stadt die Dünste sich vom Mittage an weit mehr zertheilen, als in der Stadt selbst. Denn man bekommt die Sonne daselbst völlig zu Gesichte, und sie mäßiget durch ihren Einfluß die Kälte. Also ist in dem Hafen Callao, der von Lima nur drittehalb Meilen weit abliegt, der Winter gelinder, und die Luft ist alsdann heiterer — In dieser einzigen Jahreszeit (des Winters) spüret man, daß diese Dünste sich in ein Geriesel oder in einen sehr

dünnen

dünnen Thau auflösen, welchen man Garva nennt. Dieser befeuchtet auf gleiche Art die ganze Erde, und dadurch werden auf den Bergen und Hügeln, die in den übrigen Theilen des Jahrs ein ganz dürres Ansehn haben, allerhand Kräuter hervorgebracht. — Die gedachten Garvas gelangen niemals zu einer solchen Größe und Dicke, daß sie an dem Gehen verhindern sollten, oder daß die Wege dadurch beschwerlich und unbequem gemacht würden. Denn der Thau oder die Feuchtigkeit, die sie verursachen, ist so klein und dünne, daß die sehr leichten Kleider nur nach einer langen Zeit davon naß gemacht werden. Weil sie aber doch im Winter beständig fortdauren, und die Sonnenstralen nicht durchbringen können, so sind sie schon zureichend in den Erdboden hineinzudringen, und die dürreste und unfruchtbareste Oberfläche desselben fruchtbar zu machen. —

Paramos, Punas S. 92. Auch Acosta III. K. 9. bemerkt, daß Paramos, d. i. wüste verlassene Gegenden, in Peru Punas heißen.

Eilftes Kapitel.
Von den Krankheiten.

Denen, welche sich mit der Arzneykunst beschäftigen, und im Stande sind die hier vom Ulloa gegebenen Nachrichten und Anmerkungen zu beurtheilen, will ich noch einige Data an die Hand geben, welche ich aus andern Reisebeschreibungen über diesen Gegenstand gesamlet habe.

Zu den Anmerkungen über die Pocken und deren Einimpfung in Amerika muß ich erst erinnern, daß der Name Macy im Original ohne Zweifel Maty heißen sollte. Man kennt diesen englischen Doctor der Arzneygelahrheit aus mehrern Schriften; unter andern aber hat er die historischen Nachrichten des Condamine von der Einimpfung der Pocken ins Englische übersetzt. Man sehe Mémoires de l'Academie des Sciences de Paris, année 1758. S. 439 folg. Wegen der Einimpfung der Blattern

tern in Amerika und ihrer Wirkung verdient noch folgende Stelle des Condamine in seiner Reise, S. 316. der Uebersetzung, hier angeführt zu werden. „Man merkt zu Para an, daß die Blattern ben neulich aus den Wäldern gezogenen und in den Missionen befindlichen nackend gehenden Indianern weit tödtlicher seyn, als den bekleideten Indianern, welche unter den Portugiesen geboren, oder schon seit langer Zeit unter ihnen wohnhaft sind. Die erstern, welche gleichsam so wohl im Wasser als auf dem Lande lebende Thiere, und von ihrer Kindheit an in allem Ungemache der Luft abgehärtet sind, haben vielleicht eine dichtere Haut als andre Menschen; und man sollte daher fast glauben, daß dieses allein den Ausbruch der Blattern bey ihnen schwerer machen könne. Die Gewohnheit eben dieser Indianer, ihren Leib mit Roucou, Genipa, und verschiedenen fetten und dicken Oelen zu bestreichen, welche zuletzt die Schweißlöcher verstopfen müssen, trägt vielleicht auch etwas bey, diese Schwierigkeit zu vermehren. Diese Muthmaßung wird durch eine andere Anmerkung bestätiget. Die Negersclaven, welche aus Africa gebracht sind, und welche diese Gewohnheit nicht haben, leiden in dieser Krankheit nicht so sehr, als die Eingebornen des Landes. Doch dem sey wie ihm wolle, ein wilder Indianer, der erst neulich aus den Wäldern gezogen worden, und von dieser Krankheit befallen wird, setzt darinne insgemein sein Leben zu. Aber warum geschieht nicht eben dieses bey den künstlichen Blattern? Ein Mißionair von dem Carmeliter Orden in den Gegenden von Para sahe vor 15 oder 16 Jahren alle seine Indianer nach einander sterben; und da er in einer Zeitung das Geheimniß der Einimpfung, welche damals vieles Aufsehen in Europa machte, gelesen hatte, so urtheilte er weislich, daß, wenn er dieses Mittel brauchte, er zum wenigsten den Tod zweifelhaft machen würde, welcher nur gar zu gewiß war, wenn er sonst nichts als die gewöhnlichen Arzneymittel brauchte. Ein so natürlicher Schluß

mußte

mußte nothwendig allen denjenigen beykommen, welche einer Ueberlegung fähig waren, und welche, da sie den großen Schaden, welchen die Krankheit verursachte, sahen, von dem glücklichen Erfolge dieser neuen Heilungsart reden hörten; allein dieser Geistliche war der erste in Amerika, der das Herz hatte, dieselbe bey den Kranken ins Werk zu richten. Er hatte schon die Hälfte seiner Indianer verloren, und viele andere wurden täglich krank. Er wagte es also die Blattern allen denjenigen, welche noch nicht damit behaftet waren, einimpfen zu lassen, und verlor keinen einzigen Menschen mehr. Ein andrer Mißionair an dem Rio Negro folgte seinem Beyspiele mit einem eben so guten Erfolge." Das Jahr, wenn in NeuEngland die Einimpfung der Pocken ist eingeführt worden, kann ich nicht bestimmen.

Die Krankheit, welche die Spanier el mal de siete dias, die siebentägige Krankheit, nennen, ist, so viel sich aus der sehr kurzen Beschreibung des Ulloa urtheilen läßt, die nämliche, welche die Kinder in Cayenne auszustehn haben, und welche Barrere in seiner Reise nach Guiana sehr deutlich beschrieben hat. Er sagt S. 52 der deutschen Uebersetzung: die Sclaven wollten sich im Anfange lange nicht vermehren, weil es unmöglich war ein Mohrenkind lebendig zu erhalten; denn sie starben fast sobald sie auf die Welt kamen. Noch heutiges Tages sind diese armen Kinder mit dieser Krankheit geplagt, die man in dem Lande, wiewohl sehr uneigentlich, einen Catarr oder Hauptfluß nennt. Sie besteht in einer Verzuckung aller Glieder, oder in einer wirklichen Gicht, und man kann sie die Geißel der Kinder nennen. Sie greift dieselben insgemein kurz nach ihrer Geburt an, und reißt sie fast alle in drey oder vier Tagen dahin. Ja sie verschont auch nicht erwachsene Leute, in welchem Alter sie auch seyn mögen. Man hat niemals, oder zum wenigsten sehr selten, gesehn, daß ein Weißer, wie man im Lande redet, davon ergriffen worden sey. So viel hat die beständige Erfahrung gezeigt, daß die Kinder die 3. oder 4. ersten Tage nach ihrer Geburt bis zum neunten diesem Uebel am meisten unterworfen sind; wenn sie aber neun ganze Tage, ohne davon etwas zu empfinden, überstanden haben, so glauben die Weiber, daß sie außer Gefahr sind, und setzen sie dreist in die Luft. Einige bringen diese Krankheit, wenn sie geboren werden, mit auf die Welt, und sterben davon den Augenblick. Insgemein erkennt man dieselbe an der Schwierigkeit zu saugen, und an der Verzuckung der Kinnbacken; wie denn auch ihr Geschrey sehr gezwungen klingt, und von dem ganz unterschieden ist, welches man bey andern Kindern hört. Die Kinnbacken schließen sich endlich immer mehr und mehr zusammen, die äußersten Enden werden starre; sodann folgen verschiedene verzuckende Bewegungen, welche die Vorboten des Todes sind, auf einander, und reißen den Kranken dahin. — Hierauf beschreibt B. die Wirkungen dieser Krankheit bey erwachsenen Personen, und zugleich die darwider gebräuchlichen und wirksamen Arzneymittel.

Die Krankheit Pasmo nennt auch Frezier S. 310. wo er sagt: Quesnoa oder Quiuna, ein kleiner weißer Saamen wie Senf, aber ungleich, so für das Fallen und eine Krankheit, so sie Pasmos nennen, und im Ziehen der Glieder besteht, gebraucht wird. In der Reise beschreibt Ulloa S. 422. die Zufälle und Heilungsart weitläuftig, da er hier bloß die Entstehung derselben berührt. Es ist also nöthig beyde Stellen mit einander zu verbinden. Diese Krankheit, heißt es dort, wird in zwo Gattungen eingetheilt. Dieselben sind die gemeine oder unvollkommene, und die bösartige oder vollkommene Ohnmacht (Pasmo commun oder Parcial, und Pasmo maligno oder de Arco.) Die Menschen werden mit beyden Gattungen ohne Unterschied befallen, wenn sie sonst an einer hitzigen Krankheit darnieder liegen. Nur der Unterschied befindet sich dabey, daß von denjenigen, die mit einer gemeinen Ohnmacht befallen worden, einige wieder aufkommen

wiewohl

wiewohl die meisten den vierten oder fünften Tag hernach, welches die ordentliche Zeit ist, sterben. Diejenigen hingegen, welche mit einer bösartigen oder vollkommenen Ohnmacht befallen werden, leben ordentlich nicht über zwey oder drey Tage. Es geschieht sehr selten, daß die Natur über diese Krankheit siegt; denn ordentlich stirbt der Kranke in der gedachten kurzen Zeit. Der Pasmo besteht überhaupt darinne, daß alle Muskeln des menschlichen Körpers in eine völlige Unthätigkeit gesetzt werden; die Spannadern in dem ganzen Körper werden zusammengezogen, und zwar zuerst die Spannadern am Kopfe. Die Muskeln verlieren ihre ganze Thätigkeit, und können daher keine Bewegungen hervorbringen. Die Spannadern werden hingegen dergestalt zusammengepreßt, daß bey ihnen alle Bewegung wegfällt. Hierzu kommt noch eine scharfe und beißende Feuchtigkeit, die sich durch alle Häute ausbreitet, und daselbst heftige und unerträgliche Schmerzen verursachet, die alsdann am empfindlichsten sind, wenn man sich von einer Seite auf die andere bewegen will, und den Ort berührt, wo der Schmerz seinen Sitz hat, oder wo man das Stechen fühlt. In eben dieser Krankheit schließt sich der Schlund so vest zusammen, daß man keine Nahrung durch denselben hinunterbringen kann. Die Kinnbacken können zuweilen durch keine Gewalt geöffnet werden. In diesem Zustande und ohne die geringste Bewegung bleibt der Kranke mit einer beständigen innerlichen Unruhe, die von den erschrecklichen Schmerzen herrühret, welche er an dem ganzen Leibe erduldet. Obschon die Heftigkeit dieser Schmerzen den ganzen Leib betäubt, und seine Empfindungen schwächt, so läßt doch deswegen die daher rührende Pein nicht im geringsten nach. Die Natur wird also durch den Kampf mit einem solchen Feinde abgemattet, und überläßt ihm sogleich den Sieg, sobald es ihr an Vermögen fehlt, demselben ferner zu widerstehn. In Ansehung des Pulses spürt man bey der gemeinen und unvollkommnen Ohnmacht keine weitere Wirkung, als bey

der

der Krankheit, die gemeiniglich vorhergeht. Manchmal geschieht es auch wohl, daß sich die Heftigkeit des Fiebers legt. Aber bey den bösartigen Ohnmachten pflegt der Puls etwas stärker zu schlagen, indem der Umlauf des Geblütes schneller wird. In beyden Gattungen der Ohnmacht pflegt der Kranke ordentlich mit einer Schlafsucht befallen zu werden. Diese rührt entweder von dem Geblüte her, welches nach allen Theilen des Leibes mit einer ungezähmten Wuth herumrennt, oder von dem schmerzlichen Stechen in der Haut, und daher, weil die Muskeln aller Empfindung beraubt worden. Diese Schlafsucht ist von solcher Beschaffenheit, daß man auch unter derselben die Heftigkeit der Krankheit genugsam durch das Stechen empfindet, welches ohne Unterschied bald in diesem bald an jenem Orte des Körpers gefühlt wird, und bald mehr bald weniger Schmerzen verursacht. Manchmal ist das Stechen so heftig und gewaltig, daß der Kranke aus seiner Schlafsucht davon erwacht, und erbärmlich zu winseln anfängt. Die bösartige Ohnmacht wird die O. des Bogens genennt, weil sie gleich im Anfange so heftig ist, daß die Spannadern an den Wirbeln des Rückgrades von dem Gehirne an bis herunter auf einmal zusammengezogen werden, und zwar immer mehr und mehr, jemehr die Krankheit zunimmt, und jemehr das Geblüte in Hitze geräth, von welchem die Krankheit verursacht wird. Der Körper des Kranken wird alsdenn außerordentlich krumm gezogen, so daß der Rücken gleichsam einen Bogen vorstellt, und alle Gelenke desselben aus ihrer Stelle gerückt werden. Zu dieser Pein, welche, wie man leicht erachten kann, schon an sich selbst heftig und groß genug ist, kommen noch die Schmerzen, welche dieser Ohnmacht mit der vorherbeschriebenen gemein sind. Also pflegt die große Heftigkeit derselben ordentlich und gleich im Anfange den Kranken aller Empfindung und Thätigkeit zu berauben, so, daß er nicht einmal zu winseln vermögend ist. Ordentlich pflegt der Kranke zu Anfange dieses Zufalls

krampfar-

krampfartige Verzuckungen zu erdulden, und zwar überhaupt am ganzen Leibe, so daß der Kranke zu gleicher Zeit in allen Gliedern damit befallen wird. Indessen ist der Kranke aller Empfindung völlig beraubt; die Verzuckungen währen um so viel länger, und kommen um so viel öfterer wieder, jemehr die Krankheit überhand nimmt. Endlich wird die Natur ermüdet, und die Verzuckungen lassen zwar nach, allein der Kranke wird indessen noch immer zu gewissen Zeiten seiner Empfindung und Sinne völlig beraubt, und ordentlich endiget sich sein Leben zu einer solchen Zeit. — Die Heilungsart wird man beym Ulloa selbst nachlesen; ich vermuthe, daß vielen meiner Leser schon bey dieser langwierigen, tautologischen und ekelhaften Beschreibung, die so ganz das Gepräge des Nationalcharakters hat, wird übel geworden seyn.

Von dem Aussatze, welcher auch in der Statthalterschaft von Cartagena sehr gemein ist, führt Ulloa in seiner Reise S. 37. ebenfalls den häufigen Genuß des Schweinefleisches nach der Behauptung der dasigen Aerzte als die Ursache dieser Krankheit an. Er verwirft diese Meynung aber, weil man auch in andern Gegenden viel Schweinefleisch ißt, ohne solche Folgen davon zu spüren. Zu Cartagena hat man für die Aussätzigen ein Krankenhaus errichtet, worinne sie nach Bequemlichkeit schmachten und verhungern, oder betteln gehn können. Der Abt Raynal III. S. 255. schreibt die Entstehung dieser schrecklichen Krankheit einer allzustarken Transspiration zu, und schlägt darwider ein Mittel vor, welches die Aerzte beurtheilen mögen.

Von dem Mutterkrebse sagt Ulloa in der Beschreibung von Lima S. 424. daß diese Krankheit so ansteckend sey, daß ein Frauenzimmer damit befallen wird, wenn sie sich auf einen Stuhl setzt, worinnen eine mit dem Krebse behaftete Person gesessen hat. Die Krankheit soll man nicht eher aus dem äußerlichen Ansehn oder aus der Veränderung des Pulses erkennen können, bis sie schon den höchsten

höchsten Grad erreicht hat. Den Mannspersonen soll
sie nicht schaden; deswegen scheidet sich auch die Frau
nicht von ihrem Manne, wenn sie schon diese Krankheit
hat. Man schreibt sie zweyen Ursachen zu. Die eine ist
die große Menge geistiger und stark riechender Sachen, deren man sich bedient. Eine andre Ursache kann ihre beständige Bewegung seyn, indem sie immer in Kaleschen
fahren. Jedoch, setzt Ulloa hinzu, scheint dieses mit einer solchen Krankheit keine so große Verbindung zu haben: denn wäre dieses, so würde alles Frauenzimmer,
welches auch in andern Ländern in Kutschen fährt, mit
solcher Krankheit befallen werden.

Von der Krankheit der Hunde giebt Ulloa in seiner
Reise S. 217. ebenfalls eine Beschreibung, welche aber
nicht so genau ist. Es heißt daselbst: Wie man weder in
Quito noch in dem ganzen südlichen Amerika das Wü-
then der Pest spürt, so findet man auch hier keine rasende
Hunde, die in Europa so häufig angetroffen werden. Von
der Pest hat man hier zwar einigen Begriff, weil gewisse
Krankheiten in Ansehung ihrer Wirkungen einige Aehnlichkeit damit haben, und daher mit diesem Namen belegt
werden; allein von der Raserey der Hunde kann man solches nicht sagen. Man weiß hier nicht das Geringste davon, und die traurigen Wirkungen, welche die giftigen
Bisse rasender Hunde zu verursachen pflegen, sind den hie-
sigen Einwohnern gänzlich unbekannt. Anstatt dessen sind
die Hunde hier einer andern Krankheit unterworfen, welche man mit den Pocken bey den Menschen vergleichen
kann. Denn die Hunde werden alle damit befallen, wenn
sie noch jung sind; oder es geschieht doch selten, daß einer
davon befreyt bleibt. Kommen sie nun einmal davon, so
werden sie hernach niemals wiederum damit befallen. Diese Krankheit wird auch die Pest genennt; sie besteht darinne, daß die Hunde ein starkes Reißen und Zucken in
allen Gliedern bekommen, beständig um sich schlagen,
schwindlich werden und viel Blut ausspeyen. Diejeni-

II. Theil. Aa gen,

gen, welche nicht stark genug sind, dieser Krankheit zu widerstehen, müssen daran sterben. Diese Krankheit ist hier so gemein, daß man sie in allen Landschaften und Königreichen des südlichen Amerika findet. Folgende Anmerkung des Herrn Paw, Recherches I. S. 25. gründet sich auf keine mir bekannte Nachricht. Er sagt: Les chiens du Pérou, qui sont de la prémiere race transplantée, éprouvent encore aujourd'hui des accès du mal vénérien. L' humidité de l' atmosphere en Amerique est la veritable cause de ce que ces animaux n' enragent jamais dans aucune partie du nouveau monde.

Den größten Theil des Handels von der Statthalterschaft Tucma, welches die Spanier Tucuman schreiben, machen die Maulesel aus, welche in den Thälern und grasreichen Wiesen daselbst weiden. Diese werden in starken Heerden durch ganz Peru verführt, und die meisten Provinzen dieses Reichs versehn sich von hieraus damit, weil die tucumanischen Maulesel besser abgerichtet und stärker sind, als diejenigen, welche man in andern Provinzen findet. Mit ihnen kann man die Reisen über die Gebirge durch die schmalen Wege am allersichersten machen. Dieß ist die Nachricht des Ulloa in seiner Reise S. 480. und S. 164. 165. 365. Auch Freyier S. 233. gedenkt der ungeheuren Menge Maulesel, welche man jährlich von Tucuman und Chili kommen läßt, um den steten Abgang derselben zu ersetzen. Er setzt sogar die Anzahl derer, welche man jährlich kommen läßt, auf 80 bis 100000 Stück. Man sehe auch Falkner von Patagonien S. 63.

In der Uebersetzung bemerke ich erst jetzo zwey Fehler, welche den Sinn sehr verunstalten, und deren Veranlassung mir ganz unbegreiflich ist, bey einem Manne wenigstens von Hrn. Prof. Diezens Einsichten. Erstlich übersetzt er Culebrilla durch Flechten, da es doch S. 206. den Fadenwurm bedeutet; wie sowohl aus der ganzen Beschreibung, als auch aus der Vergleichung mit Ulloa's Reise S. 38. erhellt, wo er von dem Ursprunge dieser Krankheit hielt eine ganz verschiedene, aber falsche Meynung äußerte. Wahr ist es zwar, daß Culebrilla im Spanischen sowohl die Flechten als ein Schlängelchen oder den Fadenwurm bedeutet; aber ein Ueberseher muß doch nicht die erste beste Bedeutung seinem Original anzwingen, sondern nach dem Sinne und Zusammenhange wählen. Eben diese Anmerkung gilt auch von einer zweyten Stelle S. 208., wo Ulloa von einer Krankheit der Maulthiere spricht, welche nach der deutlichen Beschreibung ihren Sitz in dem Hufe hat. Dennoch aber übersetzt Herr Dieze el mal de bazo durch eine Milzkrankheit; da er bey einer kurzen Nachforschung finden konnte, daß bazo hier nicht die Milz bedeute, sondern vermöge einer bey den Spaniern gewöhnlichen Verwechselung der Buchstaben hier statt vaso stehe. Dies Kunstwort aber bedeutet im Spanischen den Hufs Ranilla aber die Gabel am Hufe, so wie auch die daselbst entstandene Krankheit. Vermuthlich haben die Spanier diesen Namen nach dem Lateinischen gebildet, welche diesen Theil des Hufs ranulam, so wie die Griechen βάτραχον, den Frosch, nannten. Xenophon hingegen und die ältern Griechen belegen diesen Theil mit einem verständlichern Namen, denn bey ihnen heißt er χελιδων, die Schwalbe, aus eben dem Grunde als im Deutschen die Gabel.

Nachtrag zu den Anmerkungen über die Naturgeschichte.

S. 234. Die Königspalme ist der sogenannte Kohlbaum, Areca oleracea Linn. Die zweyte Art, oder die Corozopalme, welche bey Carthagena häufig wächst, beschreibt Herr Jacquin, und zählt sie zur Gattung der Oelpalme, Elais Linn. — Die Wurzeln Njames, wenn sie einerley mit Ignemes sind, wie es scheint, kommen von Dioscorea oppositifolia Linn. her.

Von dem nordamerikanischen Ginseng (panax quinquefolium) erzählt Burnaby in seiner Reise, daß die englische ostindische Compagnie von Nordamerika Ginseng

seng nehme, um sie als Contrebande in China einzuführen. Man sehe auch Carvers Reise S. 429.

Den Thee von Paraguay Mate' genannt, hat zwar noch niemand zuverläßig bestimmt; aber es ist wahrscheinlich, daß er von der Staude Prinos glaber beym Linne' komme, den aber Miller in seinem Gärtnerlexicon zu der Gattung Cassine rechnet.

S. 114. Die Guabos oder Pacaes sind allerdings die Früchte von Mimosa fagifolia, welche schon Frezier ganz recht mit der Mimosa Inga verglich.

Die Granadilla von Lima ist Passiflora tiliaefolia nach Feuillée II. p. 720. tab 12. darneben findet sich aber auch die getüpfelte Art, Passiflora punctata, Feuillée I. p. 718.

Frutilla S. 240. Die Stelle des Acosta IV. Kap. 19 lautet von dieser Frucht so: Was man in Peru Frutilla de Chile, oder Erdbeeren von Chile nennt, ist ein angenehmes Essen, und hat etwas von dem Geschmacke der Kirschen; ist aber ganz davon unterschieden. Es ist dieses ein Kraut, welches nicht hoch wächst, sich auf der Erde ausbreitet, und eine Frucht giebt, welche an Farbe und Körnern etwas den weißen Maulbeeren, wenn sie reif sind, gleicht, aber viel spitziger (ahusada) und größer ist. Man sagt, daß sie auf den Feldern von Chile wild wächst; wo ich sie aber sahe, da pflanzte man sie mit den Ranken fort, und wartete sie wie ein Gartengewächse. Frezier bestimmt S. 99 die Verschiedenheit der Pflanze genauer als Ulloa; wenn er aber S. 109 sagt, daß man die Erdbeere von Chile weder in den hohen kalten, noch in den gemäßigten Gegenden von Peru antreffe, so ist das wohl nur von der wilden Pflanze zu verstehn; denn er selbst sagt in seiner Reise, daß sie um Quito herum sich finde, und noch größer in andern Theilen von Peru. In einigen europäischen Ländern wird sie unter dem Namen der chilischen oder Riesen-Erdbeere gebaut.

baut. Sie trägt wenige, aber die größten Früchte. Man sehe Duhamel und Millers Gärtnerlexicon.

Die Llamas sollen nach Frezier S. 198. in Chili Chillehugue heißen; in einem Aufsatze über die Naturgeschichte von Chile in Rozier Observations sur la Physique XII. S 407. ist der Name etwas verschieden, Chilibuegue geschrieben. — Was die Taruga anbetrift, so stimmt Acosta nicht mit Ulloa überein. Zu Anfange des 40 Kap. im 4ten Buche heißt es beym Acosta: Unter die Merkwürdigkeiten von Peru gehören die Vicuñas, und Carneros de la Tierra, oder die sogenannten Landhammel, welches zahme und sehr nutzbare Thiere sind. Die Vicuñas aber sind wild; — es giebt davon eine andere Gattung, welche Tarugas heißen, ebenfalls wild, aber geschwinder, größer und mehr brandfarbig sind; sie haben weichere und liegende Ohren, gehen nicht heerdenweise, sondern einzeln. Die Bezoarsteine von den Tarugas sind nicht allein größer, sondern auch kräftiger. — Im 41 Kapitel beschreibt Acosta die Hausthiere der Peruaner unter dem Namen indianische Hammel; die Peruaner aber nennen ihr zahmes Vieh Llama. Davon giebt es nach dem Acosta zwey Arten; die eine wolligt, diese heißen Pacos; die andere Art ist glatt und hat wenig Wolle. Sie ist größer als ein großer Hammel, aber kleiner als die Bezerras (mexicanischen Hirsche). Diese taugen besser zum Lasttragen. Ihr langer Hals war ihnen wegen der Höhe ihres Körpers nöthig, um weiden zu können. Es giebt ihrer von verschiedenen Farben, ganz schwarz, ganz weiß, grau und andre fleckigt, welche Moromovo heißen. — Die Wolle verarbeiten die Indianer zu Tuche; die gemeine grobe heißt Savasca, die feine Cumbi. Von der feinen arbeiten sie Tischtücher und mancherley Decken, welche lange dauern, und einen Glanz wie Halbseide haben. Die Arbeit an diesen Tüchern ist besonders; denn sie machen sie auf beyden Seiten recht, so daß man am ganzen Stücke nirgends den Faden sehn kann. — Die glatten Hammel haben ein sehr zierliches Ansehn; sie bleiben auf dem Wege stehn, halten den Hals in die Höhe, und sehn den Menschen sehr aufmerksam an, und so bleiben sie eine ganze Weile stehn, ohne ein Zeichen von Furcht oder Vergnügen von sich zu geben. Doch werden sie bisweilen scheu, und laufen mit ihrer Last nach den steilsten Felsen zu, wovon man sie endlich herunter schießen muß, wenn man die Silberstangen nicht verlieren will. Die Pacos werden bisweilen von der Last so ermüdet, daß sie sich niederwerfen, und dann hilft nichts in der Welt, um sie wieder auf die Füße zu bringen. Daher man in Peru von einem aufgebrachten, eigensinnigen und trotzigen Menschen den Ausdruck empacada gebraucht. Die Indianer brauchen in diesem Falle dies Mittel. Sie halten an, setzen sich neben dem Paco nieder, und schmeicheln ihm so lange, bis er sich wieder aufrichtet, welches oft zwey bis drey Stunden dauert. Sie sind einer Krankheit, wie die Räude, unterworfen, Carache genannt, wovon sie sterben. —

Vom Stinkthiere in Nordamerika versichert Carver in seiner Reise S. 373. daß der Gestank nicht vom Harne komme. Er schnitt viele Thiere auf, die er geschossen hatte, und fand nahe bey der Harnblase ein kleines Wasserbehältniß, das völlig von ihr abgesondert war, und aus dem er sich überzeugt hielt, daß der fürchterliche Geruch herkomme. Er hat übrigens nichts aasähnliches, sondern riecht vielmehr wie starker Moschus, und ist mehr durch seine Stärke als durch das Ekelhafte widrig.

Von dem amerikanischen Krocodill oder Kayman merkt Acosta an, III. Kap. 17. daß er sich nur in warmen Flüssen und Küsten finde, in kalten aber gar nicht. Daher, sagt er, trift man sie auf der ganzen Küste von Peru bis Payta nicht an; aber von da an trift man sie häufig in allen Flüssen, als z. B. in dem Guayaquil und Chagre, an. Ulloa redet also S. 129 nur allein von den Caymanen in der Provinz Louisiane.

Die

Die zweyköpfige Schlange des Carver S. 405. hatte wirklich zwey Köpfe, die am Halse zusammensaßen, und gehörte also zu den Misgeburten. Von der Klapperschlange führt dieser nicht gemeine Beobachter S. 398 zwey besondre Umstände an. Der erste ist, daß sich die Glieder an der Klapper mit jedem Jahre vermehren — Zweytens fand er in einem getödteten Weibchen 70 völlig ausgebildete Junge, die ihre Zuflucht sogleich in den Rachen der Mutter nahmen. Sonach wäre diese Schlange lebendig gebärend. Die Galle, mit Kreide vermischt und in kleine Kugeln geformt, wird zum medicinischen Gebrauche aus Amerika eingeführt.

Von dem Cucuyo finde ich beym Laet (Descriptio Indiae occidentalis S. 5.) eine Nachricht, welche ich mit den übrigen bekannten Eigenschaften des Insects nicht zusammenreimen kann. Er sagt: fidem prope superant, quae ab *Oviedo* atque aliis narrantur de Cucuyo e Scarabaeorum genere, cujus ocelli atque latera, vbi alas suas deducit, tantum lumen emittunt, vt noctis tenebras haud secus quam candelae illustrent, et hominibus legendi scribendique copiam faciant. Indigenae olim hoc animalculo non modo ad tenebras illuminandas, sed et ad *Niguas* fugandas vtebantur. Den Oviedo kann ich nicht nachschlagen; und sonst finde ich den Umstand nicht angemerkt, daß man mit dem Cucuyo die Niguas, ein Insect, das sich nur im Staube aufhält, und sich in die Füße nistelt, verjagen könne. Unwahrscheinlich bleibt mir wenigstens diese Nachricht, so lange bis ich die nähere Erklärung der Wirkung erfahre. Eher will ich glauben, was Lopez de Gomara Historia general de las Indias S. 44. erzählt, daß man sich des Cucuyo bediene, um das ekelhafte Ungeziefer, welches vorzüglich im Schlafe beunruhigt, die Mosquitos, damit nicht, wie Lopez sagt, zu tödten, sondern durch ihren Glanz diese zu vertreiben und abzuhalten. Lopez meynt, daß die Indianer überhaupt den Cucuyo mehr in dieser Absicht,

Absicht, als um des Lichts willen in ihre Häuser bringen. — Wegen der Nigua will ich noch die Bemerkung des OL dendorp von der Tschike auf den caraibischen Inseln aus dessen Mißionsberichten anführen. Der Kopf der dortigen Tschike ist schwarzbraun, oben zugespitzt, mit einem Saugrüssel von gleicher Farbe, der so lang ist, als der Leib.

Was S. 256 von der mit zunehmendem Alter sich zeigenden Farbenwandelung einiger amerikanischer Vögel angemerkt ist, trift nach Bajon Mémoires sur l'histoire naturelle de Guiane T. II. p. 245 f. Bemerkungen bey den meisten ein, und bey vielen wird die Farbe desto lebhafter, je älter der Vogel wird. Diese Verschiedenheit soll so groß seyn, daß man zuweilen zwey Vögel für unterschiedenen Geschlechts halten sollte, da sie doch blos dem Alter nach verschieden sind. — Noch verdienen hier aus diesem schätzbaren Werke einige allgemeine Beobachtungen von den amerikanischen Vögeln beygebracht zu werden. Die Klasse der Vögel ist nach Bajon in Amerika weit stärker, als der vierfüßigen Thiere. Alle legen in der regnichten Jahreszeit ihre Eyer, und brüten sie auch in selbiger aus. Viele Vögel, die in Europa Zugvögel sind, halten sich in dem südlichen Amerika das ganze Jahr auf, z. B. Schwalben, Nachtigallen, Wachteln. Wenn ja die dortigen Vögel ihren Aufenthalt zu einer Zeit verändern, so hängt dieses mehr von andern Ursachen, z. B. von der größern oder geringern Trockenheit, ab. Die meisten Vögel dieser Länder maustern sich nicht zu einer bestimmten Zeit, sondern verändern nur nach und nach ihre Federn. Viele, die Schwimmfüße haben, setzen sich in Amerika auf die Bäume, und machen auch daselbst ihre Nester. —

Abhandlung über die Purpurfärberey der Spanier in Südamerika.

Die am Ende dieser Anmerkungen befindliche Nachricht des Ulloa von der spanisch-amerikanischen Purpurfärberey leitete mich auf den ganz natürlichen Gedanken, das heutige Verfahren der Spanier mit der Alten ihrem zu vergleichen, um die vom Ulloa und andern vorgegebene Aehnlichkeit von beyderley Färbereyen genau zu bestimmen. Ich liefere also hier die Nachrichten der Alten von der Gestalt, Lebensart, und Fortpflanzung der Purpurschnecken. Ich habe sorgfältig alle ihre Angaben von dem Purpursafte, wie und woher sie ihn sammleten, wie sie ihn zur Färberey zubereiteten und gebrauchten, gesammlet, und, so viel möglich, durch die Beobachtungen der Neuern von den verwandten Schneckenarten der ganzen Familie der einschaligen gewundenen Schnecken mit einem Deckel zu erläutern gesucht. Aus dieser Untersuchung ergiebt sich ganz deutlich, daß man aus mehrern Arten von Schnecken einen entweder schon gefärbten, oder doch an der Sonne oder auf andre Weise zu einer Purpurfarbe sich verwandelnden Saft erhalte; daß die Alten einen schon von Natur gefärbten Saft gebrauchten, und daß also hierauf der wesentliche Unterschied der alten und neuen Purpurfärberey beruhe. Die Arten von Schnecken, welche die Alten zu ihrer Färberey mögen gebraucht haben, verlange ich nicht zu bestimmen: denn dieß halte ich für unmöglich, so nahe man auch der Wahrscheinlichkeit durch Vermuthungen kommen kann. Die Gründe meiner Behauptung liegen in mehrern Umständen, welche in dem Folgenden angeführt werden sollen. Verschiedene Untersuchungen, welche nicht wesentlich mit der Naturgeschichte der Purpurschnecken oder mit der alten Purpurfärberey verbunden sind, sondern mehr in das Fach der eigentlichen Alterthumskunde und Philologie gehören, übergehe ich jetzt gänzlich, und hebe mit den ältesten Nachrichten eines Aristoteles an, dessen Beobachtungen von der Purpurschnecke alle sehr genau, obgleich nicht überall richtig erklärt sind, wie ich durch die Vergleichung der neuern Erfahrungen zu zeigen hoffe.

Im fünften Buche der Thiergeschichte Kap. 12. sagt er: Die Purpurschnecken erzeugen sich im Frühjahre, und die Trompetenschnecken zu Ende des Winters: Ueberhaupt trifft man alle Schaalthiere sowohl im Frühjahre als im Herbste mit den sogenannten Eyern bey ihnen an, ausgenommen den eßbaren Meerigel. Im 15 Kapitel heißt es: Die Purpurschnecken versammlen sich im Frühjahre an einen Ort, und legen daselbst den sogenannten Honigkuchen. Dieser Körper sieht wie eine Wachstafel aus, ist aber nicht so zierlich gebaut, sondern ohngefähr, wie wenn die weißen Hülsen der Cichererbsen zusammengebacken sind; man bemerkt daran keine Oeffnung. Daraus werden aber die Purpurschnecken nicht erzeugt; sondern sie sowohl als die übrigen Schaalthiere entstehen aus dem Schlamme und aus der Fäulung. Es ist dieses vielmehr gleichsam ein Auswurf der Purpurschnecke, den auch die Trompetenschnecke von sich giebt. Also werden diese Schaalthiere, welche einen Wachskuchen legen, auf eben die Art, als die übrigen Schaalthiere erzeugt; doch diese mehr, oder in größerer Menge, wenn die gleichartigen Körper vorher da sind. Denn so, wie sie anfangen zu raßen, geben sie einen jähen Schleim von sich, aus welchem die hülsenartigen Zellen bestehen. Diese aber zerfließen ganz, und lassen das, was sie in sich enthalten, auf die Erde fallen. (Athenäus III. S. 88. der diese Stelle anführt, hat etwas deutlicher gelesen: lassen die enthaltene Feuchtigkeit auf die Erde fallen, $\chi\omega\varrho\epsilon\tilde{\iota}\nu$ statt $\tilde{\epsilon}\chi\epsilon\nu$). Hier entstehen in der Erde kleine Purpurschnecken, dergleichen man an den größern antrifft, wovon einige noch nicht vollkommen ausgebildet sind. Werden sie gefangen, ehe sie noch gelegt haben, so legen sie bisweilen selbst in den Fischkörben, aber nicht an einen jeden Ort, wie es kömmt, kommt, sondern sie begeben sich wie im Meere alle zusammen an einen Platz; daraus entstehen gleichsam Trauben, weil der Raum zu enge ist. Es giebt mehrere Arten von Purpurschnecken. Einige davon sind groß, wie die beym Vorgebürge Sigeum und Lectum; andere klein, wie im Euripus und an den Küsten von Karien. In den Meerbusen sind sie groß und rauh; die meisten davon geben eine schwarze Purpurfarbe, andere aber wenige und rothe Farbe. Einige von den großen haben das Gewicht einer Mina. Die auf den Küsten sind klein, und geben eine rothe Farbe. An Orten, welche gegen Norden liegen, sind die Purpurschnecken meistens schwarz, in südlichen hingegen roth. Man fängt sie im Frühjahre, wenn sie rasten; in den Hundstagen aber nicht, weil sie alsdenn sich verbergen. Die Farbe, oder den Purpursaft, haben sie zwischen dem Halse und dem sogenannten Mohn; diese Theile sind dichte verbunden durch eine Art von weißer Haut, welche, wenn sie abgenommen und gedrückt wird, die Hand färbt. Durch dieses Band geht gleichsam eine Ader, welche man für den Saft hält. Uebrigens hat er die Natur des Alauns. Wenn die Schnecken rasten, haben sie den schlechtesten Saft. Die kleinen zerstößt man mit den Schalen, weil man diese nur mit vieler Mühe abnehmen kann; den größern aber nimmt man vorher die Schale, und alsdenn den Saft; deswegen trennt man auch den Hals von dem Mohne, weil darzwischen über dem sogenannten Magen der Saft sitzt. Man sucht sie lebendig zu zerstoßen; denn sterben sie vorher, so speyen sie allen Saft mit weg. Deswegen verwahren sie die Fischer in Reußen, bis sie eine Menge zusammengebracht, und Zeit haben. Die Alten banden keine Reuße an den Köder; daher kam es, daß oft die Schnecke im Herausziehen abfiel; jetzt aber bindet man Reuße an die Köder, damit die Schnecke nicht verloren gehe, wenn sie auch abfällt. Am meisten fällt sie ab, wenn sie voll ist; leer kann man sie nur mit Mühe abreissen. Dieß sind die Besonverhalten der Purpurschnecke. Auf eben die Art, und in der nämlichen Zeit, werden auch die Trompetenschnecken erzeugt; beyde haben einerley Schale, so wie auch die übrigen Schaalthiere von der Gestalt, und zwar von der ersten Geburt an. Wenn sie fressen wollen, strecken sie die sogenannte Zunge unter dem Deckel aus. Die Zunge der Purpurschnecke ist länger als ein Finger; damit zerbohrt sie die Schalen der Muscheln, welche sie frißt. Beyde Gattungen leben lange; die Purpurschnecke lebt an sechs Jahre, und man kann ihren Wachsthum jedes Jahr an dem Abstande und Zwischenraume der Windungen ihrer Schale unterscheiden. — Im 4 B. Kap. 8. sagt er: Daß die Schaalthiere Geschmack und Geruch haben, zeigen die Köder, wie bey den Purpurschnecken, welche mit faulen und stinkenden Sachen von weitem her gelocket werden. Im VI. B. 13. Kap. merkt er an, daß einige glauben, die Purpurschnecke nähre sich, wie die Austern und übrigen Fische, von dem schwimmenden Meertang, und bekomme davon ihre Farbe. (In wie fern der schwimmende Seetang den Fischen und andern Seethieren Nahrung geben könne, sehe man in Osbeks Reise S. 399. Daß auch wenigstens einige Arten von Tang, wenn sie an der Sonne faulen, eine blutrothe Farbe geben, bezeugt *Linne'* in seiner Oelandischen Reise S. 121.)—Im VIII B. 12 Kap. versichert er, daß alle Schaalthiere sich auf eine Zeit verbergen; die Purpurschnecken in den Hundstagen an dreyßig Tage lang, und eben so die Trompetenschnecken. Endlich so heißt es VIII B. 20 Kap.: Den Schaalthieren sind regnichte Jahre zuträglich, außer den Purpurschnecken. Man sieht dieß daraus, weil sie, sobald man sie an dem Ausfluß eines Stroms setzt, und sie süsses Wasser kosten, in einem Tage sterben. Sonst leben sie in der Gefangenschaft an 50 Tage, und nähren sich von einander; denn auf ihren Schalen wächst eine Art von Moos und Tang. Was man ihnen aber zur Nahrung hinein wirft, soll bloß darzu dienen, um ihr Gewicht zu vermehren. — In

diesen

diesen Stellen des Aristoteles habe ich manches nach einer von mir verglichenen vortreflichen Handschrift anders gelesen und übersetzt, als man in den gemeinen Ausgaben und Uebersetzungen finden wird. Diese Abweichungen hier zu rechtfertigen, ist nicht nöthig; nur die einzige Verschiedenheit verdient bemerkt zu werden, daß, wo Gaza nach dem griechischen ἡ δ' ἄλλη σύμφυσις οἷον ϛυπτηρίας übersetzt durch reliquum contextus quasi alumen est, ich nach meiner Handschrift gesetzt habe (ἡ δ' ἄλλη φύσις), übrigens hat er die Natur des Alauns. Diese Lesart schien mir wenigstens verständlicher zu seyn; denn durch die Natur des Safts kann ich sie nicht bestätigen, weil damit noch keine chymische Versuche in der Absicht gemacht worden sind.

Unter den spätern Schriftstellern, welche von der Natur der Purpurschnecke reden, und meist nur den Aristoteles ausgeschrieben haben, will ich hier nur die Stelle des *Plinius* anführen IX. B. 26. Kap., weil sich dabey verschiedene Bemerkungen über die römische Nomenclatur der Schaalthiere und die Uebersetzungsmanier des Verfassers machen lassen. Purpurae vivunt annis plurimum senis. Latent sicut murices, circa Canis ortum tricenis diebus. Congregantur verno tempore mutuoque attritu lentorem cuiusdam cerae salivant. Simili modo et murices. Plinius setzt hier zu den sechs Lebensjahren eins auf seine Rechnung hinzu; hernach übersetzt er das griechische κηρυξ oder Trompetenschnecke durch murex, bald hernach aber auch durch buccinum; daraus sieht man also, daß beyde lateinische Namen einerley mit dem einzigen griechischen bedeuten. Der Ausdruck lentorem cerae cuiusdam salivant verdunkelt das Original mehr; denn Aristoteles unterscheidet sehr deutlich den zähen Schleim von den hülsenförmigen Körpern, welche darinne liegen. Diese Körper sahe Aristoteles nicht für Eyer an, aus welchen nach der gewöhnlichen Art die jungen Purpurschnecken erzeugt würden, sondern für mit den Purpur-

schnecken

ſchnecken gleichartige Körper (ὁμοιογενῆ), welche nach einiger Zeit zerflieſſen, und alsdann den enthaltenen Saft auf die Erde fallen laſſen, wo in dem Schlamme durch die Fäulung die junge Brut, wie bey den übrigen Schaalthieren, erzeugt werde. Unterdeſſen giebt doch Ariſtoteles ſelbſt zu, daß dieſe gleichartigen Körper, wenn ſie zuvor da ſind, viel zu der Erzeugung der Schaalthiere, welche raßen, beytrage. Dieſe wunderliche und dunkle Theorie hat Plinius durch ſeine Ueberſetzung des einen Theils davon verworren: denn den Haupttheil der Theorie hat er ganz und gar übergangen. Auch im Plutarch, welcher die Stelle des A. ausgezogen hat, de Solert. Anim. S. 980. iſt alles verſchönert, aber eben dadurch verwirrt geworden. — Sed purpurae florem illum tingendis expetitum veſtibus in mediis habent faucibus. Liquoris hic minimi eſt in candida vena, vnde pretioſus ille bibitur, nigrantis roſae colore ſublucens. reliquum corpus ſterile. Vivas capere contendunt, quia cum vita ſuccum eum euomunt. Et maioribus quidem purpuris detracta concha auferunt: minores cum teſta vivas frangunt, ita demum rorem cum exſpuentes. Den Sitz des Purpurſafts giebt Plinius weit unbeſtimmter und unrichtig an; auch das Behältniß iſt zu dunkel beſchrieben. Man ſieht deutlich, daß Plinius nur abkürzen wollte, und aus dergleichen Abkürzungen beſtehn die meiſten und ſelbſt die beſten ſeiner Nachrichten aus der Naturgeſchichte. Was er in dem folgenden von der Zunge ſagt, iſt zum Theil aus dem Ariſtoteles de Part. Anim. II. 17. überſetzt, wo geſagt wird, daß die Purpurſchnecke damit Conchylien (Muſcheln) und Strombos zerbohre und ausſauge. Den Umſtand aliqoui captae diebus quinquagenis viuunt ſalius ſua, hat Plinius entweder ſelbſt hinzugeſetzt, oder ihn ganz allein von einem andern Schriftſteller entlehnt. Die Meynung des A. wird man aus den obigen Stellen erſehn. Die äußere Geſtalt der beyden Schaalthiere beſchreibt Plinius alſo: concharum ad purpuras et conchylia

chylia (eadem enim est materia, sed distat temperamento) duo sunt genera: buccinum minor concha ad similitudinem ejus, qua buccini sonus editur: unde et causa nomini rotunditate oris in margine incisa. Alterum purpura vocatur, cuniculatim procurrente rostro, et cuniculi latere introrsus tubulato, qua proferatur lingua. Praeterea clavatum est ad turbinem vsque aculeis in orbem septenis fere, qui non sunt in buccino; sed vtrisque orbes totidem, quot habeant annos. Buccinum non nisi petris adhaeret, circaque scopulos legitur. In dieser ganzen Beschreibung ist nicht eine Sylbe, die Plinius vom Aristoteles entlehnt hätte; denn die Bestimmung des Alters nach der Anzahl der Voluten der Schaale hat er gewiß nicht von ihm, wie Harduin meynte. Aristoteles giebt ein ganz verschiedenes und gewiß natürlicheres Kennzeichen an, wie man aus der oben angeführten Stelle ersehn kann. Wenn also Fab. Columna dem Plinius widerspricht, und diesen Unterschied läugnet, so geht dies den Aristoteles nichts an, und der Tadel trifft ihn weder ganz, noch zur Hälfte. Doch aber scheint Aristoteles sich selbst zu widersprechen; denn von der Zeugung III. Kap. 11. sagt er allgemein von den einschaligen gewundenen Schnecken (ςρομβωδῶν), daß mit dem Wachsthum der Schnecke sich auch vorwärts die Anzahl der Windungen vermehre. Ueberhaupt berichtet dieser nichts von der äußern Gestalt beyder Schaalthiere, außer, daß er IV. Kap. 4. anmerkt, die Trompetenschnecke habe eine rauhe Schaale. Die Beschreibung des Plinius hat der Verfasser der Geschichte der Färberkunst S. 39. ganz falsch übersetzt: Die Purpurschnecke hat ein keulenförmiges mit einer siebenfachen Reihe Stacheln umgebenes Gehäuse, das an der Mündung in eine rinnenförmige Spitze ausläuft, wodurch die Schnecke ihre Zunge stecken kann. Denn das clavatum muß mit aculeis verbunden und also auch ganz anders verstanden werden. Was Plinius den Schnabel nennt, hat Aristoteles

les oben $\varkappa άλυμμα$, ben Deckel, genannt; aber eigentlicher ist wohl das Wort $ἐπίπτυγμα$, womit er IV. Kap. 4. dieß dem Geschlechte der einschaaligen Conchylien, welche er $ςρομβοειδεῖς$, und die Lateiner turbinatos nennen, eigne Unterscheidungszeichen andeutet.

Den Fang der Purpurschnecken beschreibt Plinius also: Capiuntur autem purpurae parvulis rarisque textu veluti nassis in alto jactis. Inest iis esca, clusiles mordacesque conchae, ceu mitulos videmus, has semineces, sed redditas mari auido hiatu reviuescentes appetunt purpurae, porrectisque linguis infestant: at illae aculeo exstimulatae claudunt sese, comprimuntque mordentia: ita pendentes aviditate sua purpurae tolluntur. Daß die Purpurschnecken mit faulen und stinkenden Sachen leicht angelockt und gefangen werden, sagt oben Aristoteles, und Plinius wiederholt es X. sect. 90. purpurae quoque foetidis capiuntur. An einer andern Stelle sagt Plinius XXXII. sect. 18. daß sie mit dem Fleische von Fröschen an die Angel gelockt werden, carnibus ranarum in hamum additis praecipue purpuras certum est allici. Diese Stelle beweist deutlich, was man aus der Beschreibung des Aristoteles vermuthen konnte, daß man die Purpurschnecke ehemals auch an dem Angel gefangen habe. Zu Aristoteles Zeiten scheint man noch den Angel gebraucht zu haben, aber mit dem Fischreuße verbunden, damit die Schnecke wenn sie vom Angel fiel, nicht verloren gienge. Die spätere Art des Purpurfangs mit den Fischreußen von Binsen geflochten beschreibt Oppian Halieut. V. B. 600 und f. und aus ihm Aelian H. A. 7. 34. Beyde geben den Strombum und die Chamam zum Köder an, wie auch der Arzt Jicesius die Chamam angiebt. Man sehe die Anmerkungen über Oppian in der neuesten Ausgabe, S. 425. wo das Antiquarische beygebracht ist. Am allerdeutlichsten beschreibt den Fang ein ungenannter Schriftsteller beym Pollux Onomastici IV. sect. 45, welche Nachricht sich weit richtiger in dem Werke

le der Kaiserin Eudocia findet, welches neulich Hr. Vil-
loison herausgegeben hat in Anecdotis Graecis Vol. I.
S. 42. Eben dieselbe Stelle hatte schon ehemals du
Cange im Anhange zu seinem griechischen Glossarium S.
105 abdrucken lassen, woraus Hr. Bischoff eine Uebersetzung gemacht hat in der Geschichte der Färbekunst S.
54. Die Stelle lautet nach dem griechischen Texte fol-
gendermaaßen: Die jetzigen Phönicier fangen das Thier
auf folgende Weise, und färben damit die Wolle so schön,
daß sie dem Auge blühend erscheint. Sie drehen ein langes starkes und festes Tau, welches sie in das Meer lassen können; daran bevestigen sie eine Reihe von Körben aus Binsen geflochten in mäßigen Entfernungen von einander.
Die Enden und Spitzen der Binsen lassen sie beym Eingange der Körbe hervorstehn, so, daß sie dem Thiere leicht
nachgeben und den Eingang verstatten, aber es alsdenn
nicht mehr zurückgehn lassen. Diese Körbe lassen die Fischer mit einem Köder an den Klippen in das Meer hinab
und hängen an das Tau ein Stück Kork, damit es nicht
zu tief hinabsinke. So lassen sie alles Tag und Nacht stehen und finden nach dieser Zeit meist ihre Körbe voll. ——
Nach dieser Beschreibung gehn die Purpurschnecken in das
Fischerreuß hinein, aber nach der Nachricht des Oppian
stecken sie ihre Zunge durch die Zwischenräume der geflocht-
enen Körbe, und wenn die Zunge aufgeschwollen ist, so
bleiben sie daran hangen. Daß die tyrische Purpurschnecke ebenfalls ein Schaalenthier gewesen sey, und einen rothen färbenden Saft von sich gegeben habe, zeigt die Erzählung von dem Hunde, welche kurz vorher steht. Dieser fand die Schnecke außer ihrem Gehäuse auf dem Felsen kriechen, fraß sie, und bekam davon eine rothgefärbte
Schnauze. — Was übrigens Hr. Bischoff aus dieser Stelle
schließt, daß nämlich noch im 11ten Jahrhunderte die
Purpurfärberey in Phönicien bekannt und ausgeübt worden sey, kann niemand verführen, der da weiß, daß die
Stelle aus einem alten Schriftsteller genommen ist, den

II. Theil. B b auch

auch Pollux unter dem Kaiser Commodus genutzt oder ausgeschrieben hat. Endlich so wird jeder Leser von selbst bemerkt haben, daß aus allen diesen Nachrichten, welche ich sorgfältig gesammlet habe, sich dennoch nicht die Arten der Schaalthiere bestimmen lassen, welche die Alten zu ihrem Purpur gefangen und gebraucht haben. Denn alle die von ihnen angeführten Umstände sind mehrern Arten gemein, und selbst der Köder und die Art, die Schnecken zu fangen, zeigt hinlänglich, daß sie mehrere Arten müssen zur Färberey angewendet haben. Viel weniger wird sich die Frage durch die Vergleichung ihres Verfahrens bey der Färberey mit den Versuchen der Neuern, welche ich nun anstellen will, aufklären und entscheiden lassen.

Zuerst setze ich also die Stelle des Plinius her, welche das alte Verfahren noch am vollständigsten beschreibt; und darauf werde ich als Zusätze und Erläuterungen die kleinen zerstreuten Nachrichten beybringen, die vielleicht nicht alle zu einem und demselben Verfahren, und nicht zu der nämlichen Absicht leiten, aber doch im Allgemeinen einen Aufschluß über die verschiedenen Zubereitungen des Purpursafts geben können. Capi eas post Canis ortum, aut ante vernum tempus, vtilissimum: quoniam cum cerificavere, fluxos habent succos. Sed id tingentium officinae ignorant, cum summa vertatur in eo. Eximitur postea vena, quam diximus, cui addi salem necessarium, sextarios ferme in libras centenas: macerari triduo iustum: quippe tanto maior vis, quanto recentior. Fervere in plumbo singulasque amphoras centenas ad quingentenas medicaminis libras aequari, ac modico vapore torreri, et ideo longinquae fornacis cuniculo. Ita despumatis subinde carnibus, quas adhaesisse venis necesse est, decimo ferme die liquata cortina, vellus elutriatum mergitur in experimentum, et donec spei satis fiat, vritur liquor. Rubens color nigrante deterior. Quinis lana potat horis, rursusque mergitur carminata, donec omnem ebibat saniem. So

weit

weit die Beschreibung der einfachen Purpurfärberey. Dabey verdient zuerst bemerkt zu werden, daß schon die Alten angemerkt hatten, daß der Purpursaft bey der Schnecke abnehme und schlechter werde, sobald sie geraßet, oder ihre Eyer gelegt hätte. Hätten die damaligen Naturkündiger nicht so fest an der Theorie des Aristoteles geklebt, so hätte sie diese Beobachtung schon lange zu der Entdeckung führen müssen, welche dem Herrn Ström in unserm Jahrhunderte vorbehalten war. Sie wendeten also auch die Eyer, oder das Raß, wie sie es nannten, nicht zum Gebrauche der Färberey an, weil sie daran keine Farbe bemerkten, und überhaupt die Verwandelung und Erhöhung der Farbe des weißen oder gelben Purpursafts und der Materie der Eyer durch die Sonnenstralen nicht kannten, wie ich hernach zu bemerken Gelegenheit haben werde.—Die Stelle des Plinius hat Hr. Bischoff so übersetzt S. 41: Hatte man eine hinlängliche Menge von solchem Safte, so that man Salz darzu, und ließ beydes drey Tage weichen; darauf mußte die Masse bey gelindem Feuer in einem bleyernen (besser zinnernen, wie auch Reaumür übersetzt) Kessel bis auf ein gewisses Maaß einkochen, wobey man von Zeit zu Zeit die obenschwimmenden Fleischtheilchen, die mit hineingekommen waren, abschäumte. Dies währte zehn Tage. Hierauf versuchte man die Farbe mit etwas reiner Wolle, und ließ die Brühe so lange einkochen, bis die Farbe nicht mehr ins Rothe, sondern ins Bläulichte fiel.—Die Verhältnisse hat Hr. B. ausgelassen, welche Plinius angiebt. Zu 100 Pfund Purpursaft kommen 20 Unzen Salz; diese Masse wird so weit und lange eingekocht, bis von 100 Amphoris (eine Amphora zu 80 Pf. gerechnet) 500 Pfund in der Küpe zurückbleiben. Daß die Wolle nicht ganz roh und ohne alle Vorbereitung gefärbt ward, versteht sich von selbst; aber Plinius drückt dieses auch deutlich durch vellus elutriatum, gereinigte Wolle, aus. Der Rabbi Moses, Maimons Sohn, sagt beym Bochart Hierozoici Tom. II. S. 727.

S. 727. daß die Juden die Wolle vorher in Kaltwasser beizten, hernach öfters auswuschen, bis sie rein war, darauf in Seifenlauge und dergleichen kochten, damit sie die Farbe annehmen möchte. Endlich habe man den schwarzen Saft der Schnecke in dem Kessel mit verschiedenen Pigmenten, als cimolischer Kreide und andern dergleichen, gekocht, und darauf erst die Wolle hineingetaucht, bis sie eine himmelblaue Farbe bekommen habe. Diese Stelle hat Braun de vestitu Hebraeorum wiederholt, S. 261. Ob eben dieses in dem Worte elutriare liege, läßt sich nicht genau bestimmen. Daß man auch mit einer Art von Meergras erst einen Grund auf die Wolle setzte, und sie alsdann erst mit Purpursafte färbte, führt auch Hr. Bischoff S. 41. aus dem Plinius 26. Kap. 10. an; aber er hätte dabey erinnern müssen, daß dieses nur bey der einen Art von Purpur statt fand, von welcher wir hernach sprechen werden. Die Worte sind: fucus marinus — qui conchyliis substernitur. Vielleicht ist die andre Stelle eben so zu verstehen 22. Kap. 19., wo er sagt, daß man mit der Anchusa den Grund auf die Wolle zu kostbaren Farben lege: anchusae radix — praeparat lanas pretiosis coloribus. Dies versteht Hr. Bischoff von dem Purpur.

Hierauf geht Plinius zu den zusammengesetzten Purpurfarben über, und sagt: Buccinum per se damnatur, quoniam sucum remittit. Pelagio admodum alligatur, nimiaeque eius nigritiae dat austeritatem illam nitoremque qui quaeritur, cocci. Ita permixtis viribus alterum altero excitatur, aut adstringitur. Summa medicaminum in L. libras vellerum buccini ducenae, pelagii CX. Ita fit amethysti color eximius ille. At Tyrius pelagio primum satiatur, immatura viridique cortina: mox permutatur in buccino. Laus ei summa in colore sanguinis concreti, nigricans aspectu, idemque suspectu refulgens. Daß der Saft der Trompetenschnecke allein keine dauerhafte, sondern eine falsche Farbe gebe, und daher mit dem Safte der Purpurschnecke verbunden werden müsse, davon wissen
die

die übrigen alten Schriftsteller nichts. Auch ist es nicht
gewiß, ob die alten Tyrier ihren Purpur auf eben die Art
färbten, wie die Römer mit ihrem tyrischen Purpur thaten. Wenigstens findet man davon keine Spur in der
nachher anzuführenden Nachricht, und Aristoteles, der so
viel von dem Safte der Purpurschnecke redet, gedenkt mit
keiner Sylbe des Safts der Trompetenschnecke als eines
Pigments. Von dem tyrischen Purpur giebt Seneca
Quaest. Natur. l. 5. folgende Beschreibung, wodurch die
Stelle des Plinius erläutert wird. Gewisse Farben, sagt
er, zeigen ihre Schönheit nur in einer gewissen Entfernung. Der tyrische Purpur, je schöner und dunkler er
ist, desto höher muß man ihn halten, wenn er seinen Glanz
zeigen soll. An einer andern Stelle Q. N. l. 3. merkt Seneca noch überhaupt die Ursachen der verschiedenen Schattirungen an, wenn er sagt: Sic et purpura eodem conchy-
lio non in vnum modum exit. Interest quam diu macera-
ta sit, crassius medicamentum an aquatius traxerit, sae-
pius mersa sit et excocta, an semel tincta. Die Beize
geht vermuthlich auf das Salz, womit der Saft vorher
vermischt ward.

Die zweyte Hauptfarbe, Conchylium genannt, ward
ohne Saft von der Trompetenschnecke, durch eine anders
gemachte Brühe oder Küpe zubereitet. Plinius sagt: In
conchyliata veste cetera eadem, sine buccino: praeter-
que jus temperatur aqua et pro indiviso humani po-
tus excremento: dimidia et medicamina adduntur.
Sic gignitur laudatus ille pallor saturitate fraudata, tan-
toque dilutior, quanto magis vellera esuriunt. Hr. Bischoff S. 43. hat diese Stelle falsch übersetzt, wenn er
sagt: auch nahm man nur halb so viel Purpursaft, als
man zur vorigen Farbe brauchte, und vermischte sie
noch überdieß mit der Hälfte Wasser und Urin. Daher war auch diese Farbe heller und wohlfeiler als die
vorige. Wenn zu der vorigen Farbe 110 Pfund Saft
von der Purpurschnecke kamen, und hier noch die Hälfte

des vorigen Gewichts zugesetzt werden sollen, so macht die ganze Masse 165 Pfund. Der Schluß von dem Preise der Farbe, welchen Hr. B. aus der geringen Menge von Purpursaft gemacht hat, gilt also hier nicht. Auch Harduin legt die Stelle so aus, wie ich sie erklärt habe.—Dieß ist alles, was uns Plinius von der Zubereitung des Purpurs hinterlassen hat. Denn die übrigen zusammengesetzten Farben, welche er anführt, können hier nicht weiter erklärt werden, weil wir weiter nichts über ihre Zubereitung wissen. Ehe ich aber den Plinius verlasse, will ich noch über die letzte Zubereitung der hellen Purpurfarbe (conchylii) die Stelle des Demokrit anführen, welche Harduin in der Note (Tom. I. S. 527.) aus einer pariser Handschrift ausgezogen hat. Dieser bereitet die Brühe ebenfalls mit Wasser und Urin zu gleichen Theilen, läßt sie, wie sie vom Feuer kömmt, in ein Gefäß schütten, die Wolle darzu thun, und diese so Tag und Nacht weichen. So verstand und übersetzte auch Hr. Bischoff die Stelle S. 42. obgleich die griechischen Worte eigentlich statt der Wolle die Purpurschnecke nennen. Es wäre übrigens zu wünschen, daß sowohl diese als ähnliche Handschriften bekannt gemacht würden. Denn darinne scheinen noch manche uns noch unbekannte Kenntnisse und Künste der Alten aufbewahrt zu liegen. Von dem Gebrauche des Salzes oder Salpeters finde ich noch eine Stelle beym Plinius 31. Sect. 46. in nitro optimum, quod tenuissimum, et ideo spuma melior. Ad aliqua tamen sordidum tanquam ad inficiendas purpuras tincturasque omnes; aber ich kann nicht bestimmen, ob der dunkle Ausdruck von Einweichung und Vorbereitung der Wolle, oder von der Auflösung und Zertheilung der Farbetheile im Purpursafte zu verstehen sey. Die erstere Auslegung scheint mir der Sprachgebrauch des Plinius zu rechtfertigen. Sonst mischten die Alten, wie wir gesehen haben, auch eine bestimmte Menge Salz zu dem gesammleten Purpursafte, und beizten ihn damit drey Tage lang.

Ob Plinius diesen Gebrauch meyne, kann ich auch nicht sagen. Daß in die Farbebrühe oder Küpe wenigstens bey einer Art von Purpurfarbe auch Bohnen, vermuthlich Bohnenmehl, zugemischet ward, vermuthlich in eben der Absicht, als unsre Färber ihre Brühe durch Kleyen und verschiedene Samen schleimicht machen, ersehn wir aus einer Stelle des Plutarch De defectu Oracul. S. 433. wo er sagt: so wie die Bohne die Farbe des Purpurs, und das Nitrum die Scharlachfarbe in der Beymischung erhöhen soll. Auch der Arzt Mercurialis hat diese Nachricht bemerkt, (Var Lection. VI. 25.) und übersetzt das dunkle ἄγειν τὴν βαφὴν durch purpureæ coloris, ut illustrior et speciosior redderetur, addi fabam consuevisse, ohne die Art und den Nutzen der Beymischung zu erklären.

Der Verfasser des griechischen Buchs von den Farben, welches unter den Werken des Aristoteles gedruckt steht, hat uns seine Beobachtungen über die Entstehung der Purpurfarbe aufgezeichnet hinterlassen, welche hier einen Platz verdienen. Die erste steht S. 1166. Wenn man die Purpurschnecke zerschlagen, und aus ihr allen Saft und Feuchtigkeit ausgezogen hat (τὴν ὑγρασίαν ἐκλύσωσι), so gießt man diese in Kessel und kocht sie. Anfangs kann man in der Brühe keine Farbe unterscheiden; denn eine jede von den Farben, welche noch mit einander in dem Kessel vermischt sind, leidet, während daß die Feuchtigkeit mehr und mehr auskocht und verdunstet, verschiedene Veränderungen, und geht mehrere Stufen durch; sie wird schwarz, weiß, dunkel (ὄρφνινον), himmelblau (ἀέριον), und endlich werden alle zusammen, wenn sie genugsam gekocht haben, purpurroth; so daß man alsdann in der ganzen Mischung keine einzelne verschiedene Farbe mehr bemerken kann. Hier scheint der Verfasser auf ein besonderes Verfahren zu zielen, wodurch man aus den zerbrochenen und ausgenommenen Purpurschnecken allen Saft und alle Feuchtigkeit

keit zu ziehn suchte; doch aber ist es auch möglich, daß der Verfasser, wenn es ein später Grieche war, unter Feuchtigkeit den Purpursaft verstand. Jedoch es ist nicht allein möglich, sondern es wird sogar aus dem nachfolgenden gewiß, daß hier Feuchtigkeit bloß den Purpursaft bedeute. Denn kurz darauf führt der Verfasser das nämliche Beyspiel an, und sagt: Wenn die Purpurfärber den Saft in den Kessel thun, so wird dieser anfänglich dunkel, schwarz, blau, und endlich, wenn die Brühe genug gekocht hat, schön glänzend und purpurroth. Hier steht in den Ausgaben statt des Wortes Saft, welches ich gebraucht habe, αἱματίδας, welches die Uebersetzung sanguinarias purpuras giebt; es soll aber wohl αἱματίτιδας heißen, und darzu Φλέβας verstanden werden. So nennen Aristoteles und Plinius beyde das Behältniß des Purpursafts eine Ader, venam, Φλέβα. — Eben dieselbe Farbenwandelung des Purpursafts während dem Kochen bemerkt auch der Verfasser, aus welchem Pollux und Eudocia ihre Nachricht von der Purpurfärberey genommen haben. Es heißt daselbst: Darauf zerstößt man die Schale des Thieres, salzt das Fleisch ein, und wirft es, nachdem es vom Schmuz gereiniget worden ist, in einen Kessel, der über dem Feuer stehet. Wenn es nun heiß wird, wird das Blut flüssig, und fängt an zu blühen. Ein Theil davon wird blond (ξανθόν), ein anderer blau, und ein anderer bekömmt wiederum eine andere Farbe. Was man in die Brühe (Blut) thut, erhält nach einiger Zeit die Farbe derselben. Den Schluß dieser Stelle, welcher beynahe am merkwürdigsten ist, übersetzt Hr. Bischoff S. 55. also: Die Purpurfarbe aber wird alsdann erst vortreflich, wenn man den Zeug in die Sonne bringt. Denn die Sonnenstralen geben ihr noch ein größeres Feuer, machen die Farbe dunkler, und ihr Glanz wird durch das Feuer von oben zu seiner Vollkommenheit gebracht. Hieraus will nun Hr. Bischoff beweisen, daß der große Einfluß der Sonnenstralen auf den Purpur, den zuerst

Reaumúr und nach ihm Ström entdeckt und bekannt gemacht haben, auch schon den Alten bekannt gewesen sey; ja er geht so weit, daß er vermuthet, die jetzt angeführte Nachricht habe dem fleißigen und aufmerksamen Reaumúr den ersten Anlaß zu seiner Entdeckung gegeben. Mir aber kömmt diese Meynung aus zwey Gründen zweifelhaft und unwahrscheinlich vor. Erstlich erhielt der Purpursaft, den die Alten bey ihrer Färberey brauchten, schon durch das Kochen am Ende die wahre Purpurfarbe, welche sie der einzutauchenden Wolle geben wollten; so daß sie also nicht erst die Wirkung der Sonnenstralen auf den Saft, der ohnedieß schon gefärbt war, wenn er aus der Schnecke kam, abwarten mußten. Wenn also die Sonnenstralen noch irgend einen Einfluß auf ihre Purpurfarbe haben konnten, so war es erst alsdann, wenn der Zeug oder die Wolle schon gefärbt aus der Küpe an die Sonne gelegt ward, und dadurch noch eine gewisse beliebte Schattirung, mehr Feuer und Glanz erhielt. Ich muß aber noch den zweyten Grund anführen, warum ich an dieser Erklärung zweifle. Man kann nämlich die griechischen Worte auch ohne große Gewaltthätigkeit von den optischen Wirkungen der Sonnenstralen auf die Purpurfarbe, vorzüglich die tyrische, wovon hier die Rede ist, erklären. Denn diese mußte man hoch und in einer gewissen Entfernung halten, und von unten ansehen, wenn man ihren Glanz und die rechte Schattirung bemerken wollte. Diese Auslegung wird mir aus einer Stelle des Philostratus Icon. I. 28. S. 804. noch wahrscheinlicher. Er redet von dem ächten tyrischen Purpur, und sagt: er sieht dunkel aus, und bekömmt von der Sonne seine Schönheit (ἕλκει τὴν ὥραν παρὰ τῦ ἡλίυ); dadurch bekömmt er die Schattirung von der Granatblume (τῷ τῆς σίδης ἄνθει ἐκλύεται, denn so wird man wohl statt ἴδης lesen müssen, worüber Olearius so viel wunderliche Dinge gesagt hat). Doch will man lieber die erste Erklärung annehmen, so erhält man dadurch doch nur eine weit geringere Wirkung der Sonnenstralen auf die Purpurfarbe, welche den Alten bekannt war, als die, welche Reaumür und Ström bey dem rohen und ungefärbten Safte verschiedener Schaalenthiere bemerkt haben.

Daß man den Purpursaft lange habe aufbewahren können, zeigt die Nachricht des Cassiodorus, Variar. I. epist. 2. Erst bewahrten die Purpurfänger die Purpurschnecken lebendig in den Fischreußen oder Körben im Meere auf, bis sie die verlangte Anzahl beysammen hatten, oder bis der Fang aufhörte. Dies dauerte oft 50 Tage. Währender Zeit fütterten sie die Schnecken mit einer Art von rothem Seegras oder Tang; dies geschahe aber nach der vom Aristoteles angeführten Meynung blos in der Absicht, um ihr Gewicht zu vermehren. (So sagt Dargenville, daß man die Conchylien einige Zeit in einem Glase mit Meerwasser und Meergras (Fucus) erhalten könne.) Man verkaufte also den Purpursaft nach dem Gewichte; bey den kleinen Schnecken, welche mit der Schaale zerstoßen wurden, mußte man nothwendig das ganze Thier kaufen. Oder kaufte man etwan überhaupt den Fischern die ganzen Schnecken nach einem gewissen zu ihrem Gewichte verhältnißmäßigen Preise ab? Von dieser Aufbewahrung der lebendigen Schnecken redet also Cassiodor zuerst, und beschreibt sie in seinem gothisch-prächtigen Latein also: Si perscrutator Hydrontini maris intusa conchylia solenniter condidisset apto tempore, acervus ille Neptunius generator florentis semper purpurae — a quarum copia resolutus imbrem aulicum flammeo liquore laxaret. Wenn die Schnecken an die Färberey abgeliefert waren, so scheint man da erst den größern das Purpurbehältniß ausgeschnitten, und die kleinern zerstoßen zu haben. Die ganze Masse von den Purpuradern nebst dem Fleische der kleinern Schnecken scheint man, im Salze zum künftigen Gebrauche der Färberey oft lange aufbewahrt zu haben. Cassiodor giebt sechs Monate an; Plinius sagt, daß, wenn die Masse nur drey Tage lang

im

im Salze gelegen habe, so bekomme man davon mehr und bessere Farbe, als wenn sie länger darinne gelegen haben. Das Salz bewahrte das den Purpuradern noch anhangende Fleisch vor der Fäulniß. Dies meynte vermuthlich Caßiodor, wenn er sagte: Mirum est, substantiam illam morte confectam, cruorem de se post spatia tam longi temporis exudare, qui vix solet vivis corporibus vulnere sauciatis effluere. Nam cum sex pene mensibus marinae deliciae a vitali fuerint vigore separatae, sagacibus naribus nesciunt esse gravissimae, scilicet ne sanguis ille nobilis aliquid spiraret horroris. Die Rede ist von der Seidenfärberey, und im nachfolgenden wird die mit Purpur gefärbte Seide auch Blatta genennt. Dieser Name kam zwar ursprünglich der Scharlachfarbe, dem Chermes der Araber zu; aber in den damaligen Zeiten brauchte man ihn hauptsächlich von der Seide, welche mit Purpursaft gefärbt war. Von dem alten Verfahren bey der Seidenfärberey haben wir, so viel ich weiß, ganz und gar keine Nachricht. Die thörichte Meynung, womit auch noch unsre Färber oft ihre Unachtsamkeit entschuldigen, oder einen unvermutheten schlimmen Zufall mit der Küpe erklären wollen, findet sich auch in folgenden Worten des Caßiodor: in illis autem rubicundis fontibus cum albentes comas serici doctus moderator intinxerit, habere debet corporis purissimam castitatem, quia talium rerum secreta refugere dicuntur immunda. Etwas ähnliches, aber vielleicht mit mehrerm Grunde, bemerkt Plinius 28. sect. 23. daß nämlich die Asche von der monatlichen Reinigung der Weiber, wenn sie mit zur Lauge kommt, worinne purpurfarbener Zeug gewaschen wird, die Farbe des Purpurs verändere.

Von der Dauerhaftigkeit der alten Purpurfarbe führt Plutarch im Leben des Alexander ein merkwürdiges Beyspiel an. In dem Schatze des Königs der Perser soll sein Ueberwinder fünf tausend Talente von hermionischem Purpur gefunden haben, welcher seit 190 Jahren da gelegen, und seine Farbe ganz frisch und gut erhalten hatte. Als Ursache dieser langen Dauer giebt man, sagt Plutarch, an, daß der rothe Purpur mit Honig zubereitet und gefärbt worden sey, der weiße aber mit weißem Baumöl. Denn auch dieser, welcher eben so alt war, hätte noch einen reinen und frischen Glanz. Hier wird von weißem Purpur gesprochen, dergleichen weder Plinius noch sonst ein älterer Schriftsteller nennt. Aber die spätern gedenken allerdings eines weißen Purpurs. Zum Beweise berufe ich mich auf die Stellen, welche Du Cange unter dem Worte Purpura anführt. Eben so führt er die Farben leucoporphyrus, leucoprasinus, leucorhodinus aus dem mittlern Zeitalter an, welche mit den griechischen Λευχέρυθρος, weißroth, Λευχύφαιος und Λευχόχρυσος übereinkommen, und nichts weiter als eine bleiche oder lichte Farbe anzeigen. In diesem Sinne braucht Plinius albicare vom Smaragd und vom Gold; am besten also würde man den vom Plutarch genannten weißen Purpur durch albicantem purpurae defectum beym Plinius 37. sect. 40. erklären können. Genach möchte vielleicht die weiße Purpurfarbe der Griechen nichts anders als das conchylium der Römer seyn, welches sich durch seine Bleiche (pallor) unterschied.

Es giebt wohl keine einzige Stelle in den alten Autoren, wo von Künsten und Handwerken gesprochen wird, welche nicht von den Auslegern, welche nichts als Kritik verstunden, auf mancherley Weise wäre misdeutet worden. Ein Beyspiel haben wir an der obigen Nachricht des Plutarch, welche der in seiner Arzneywissenschaft gelehrte Mercurialis VI. 25. Variar. Lection. auf eine ganz unschickliche Art erklärt hat. Er behauptet, daß die Worte τὴν βαφὴν τῶν ἁλυργῶν διὰ μέλιτος γενέσθαι, δι' ἐλαίου δὲ λευκῇ λευκῶν, nicht von den mit Purpursafte gefärbten Kleidern zu verstehn seyn, sondern vielmehr von dem ausgeschnittenen Saftbehältnisse, oder dem ganzen Körper der Schnecken, wovon man die rothen in Honig, die weißen aber in dem Oele von unreifen Oliven aufbewahrt habe. Daß es auch weißgefärbte Purpurschnecken gebe, und daß weißes Baumöl von unreifen Oliven komme, brauchte er nicht zu beweisen, wohl aber, wie der Sprachgebrauch die Erklärung rechtfertige, welche er von dem Worte βαφή, und der ganzen Redensart τὴν βαφὴν γενέσθαι διὰ μέλιτος giebt. Wenn βαφή den Saft bedeutet, so muß der Saft des weißen Purpurs ebenfalls weiß ausgesehn haben; wie konnte man aber daran den Glanz und das Feuer der Farbe bewundern? Wie es scheint, hat den guten Mann die Zubereitung des weißen Purpurs mit weißem Baumöl am meisten in Verlegenheit gesetzt. Weil er diese nirgends angegeben fand, und sich davon keinen Begriff machen konnte, so verfiel er auf eine Erklärung, welche er durch eine Stelle des Vitruvius rechtfertigen zu können glaubte. Die Stelle ist in mancher anderer Rücksicht merkwürdig, deswegen setze ich sie her. VII. c. 13. Er hebt mit dem Satze des Aristoteles an, welchen er erläutert: Non habet in omnibus locis, quibus nascitur, vnius generis colorem, sed solis cursu naturaliter temperatur. Hierauf beschreibt er die Zubereitung des Purpurs: Ea conchylia, cum sunt lecta, ferramentis circascindantur, e quibus plagis purpurea sanies vti lacryma profluens excussa in mortariis terendo comparatur, et, quod ex concharum marinarum testis eximitur, ideo ostrum est vocatum. Id autem propter salsuginem cito fit siticulosum, nisi mel habeat circumfusum. Fast alle Gelehrte, welche diese Stelle angeführt haben, ziehen sie auf die Purpurfärberey, mit welcher Vitruvius in seinem Werke gar nichts zu thun hat. Er beschreibt blos eine Farbe zum Gebrauche der Maler, und ihre Zubereitung, welche ganz verschieden war. Zu dieser Absicht zerschlug man die Schaale, und machte mit einem eisernen Instrumente Einschnitte in den Rücken der Schnecke. Der Saft, welcher aus den Wunden lief, und zwar sehr sparsam, wie die

Vergleichung mit den Thränen zeigt, ward in Mörsern so lange gerieben, bis er den gehörigen Grad der Dichtigkeit und Farbe erlangt hatte. Diese Masse bewahrte man zum künftigen Gebrauche in Honig auf, damit sie nicht so bald austrocknen und hart werden möchte, oder damit sie nicht zuviel Feuchtigkeit in sich ziehn möchte. Diesen doppelten Sinn giebt das siticulosum; ich bin aber nicht im Stande zu entscheiden, welches von beyden der wahre Sinn des Verfassers seyn mag. Diese Malerfarbe hieß ostrum, eben so wie die Farbe, welche zur Wolle gebraucht ward. Daher ist vermuthlich das Mißverständniß gekommen. Außer dieser Malerfarbe bereitete man noch andere, aber weniger kostbare, welche Plinius purpurissum nennt, XXXV. sect. 26. E reliquis coloribus, quos a dominis dari diximus, propter magnitudinem pretii, ante omnes est purpurissum e creta argentaria: cum purpuris pariter tingitur, bibitque eum colorem celerius lanis. Praecipuum est primum fervente aheno rudibus medicamentis inebriatum. Proximum, egesto eo, addita creta in jus idem. Et quoties id factum est, levatur bonitas pro numero, dilutiore sanie. Diese gefärbten Purpurerden wurden in kleinen viereckigen Stücken an Maler und Frauenzimmer verkauft; denn die letztern malten damit ihr Gesicht aus. Weil Plinius sagt: cum purpuris tingitur; so scheint er auf die Zubereitung der Farbebrühe mit Kreide, deren oben aus dem Rabbi Moses gedacht worden ist, zu zielen. Vielleicht erhielt man durch diese Beymischung eine hellere Purpurfarbe; und also war die Purpurerde ein Nebennutzen der Färberey. Eine dritte Art von trockner Purpurfarbe für die Maler beschreibt Plinius XXXV. sect. 27. nach dem Dioscorides V. Kap. 107. welche aus dem oben auf der Purpurküpe schwimmenden Schaume verfertigt ward. Indici — alterum genus est in purpurariis officinis innatans cortinis, et est purpurae spuma. Einen so vielfachen Gebrauch wußten die Alten von dem

Safte

Safte der Purpurschnecken zu machen. Das Verfahren bey der Zubereitung muß allerdings mühsam und langweilig gewesen seyn, wenn man jeder von den größern Schnecken das Saftbehältniß ausschnitt, oder, wie bey der Malerfarbe geschah, dasselbe aufschnitt, und so die wenigen Tropfen Saft daraus sammlete. Mit den kleinern gieng die Arbeit viel geschwinder von statten, denn diese warf man zusammen in ein Geschirr, zerstieß die Schaalen und salzte das Fleisch ein; aber bevor man sie in den Kessel warf, wurden sie von allem Schmuze gereiniget, welcher den Purpursaft hätte verunreinigen können. Auf diese Weise hebt sich der Einwurf des H. Reaumür von selbst, welcher sich nicht vorstellen konnte, wie die Alten bey dem letztern Verfahren eine reine Purpurfarbe haben erhalten können. Es ist wahr, sagt er in den Memoires de l'Acad. de Paris 1711. S. 183., daß Aristoteles und Plinius versichern, man habe sich mit den kleinen Schnecken nicht so viel Mühe gegeben, daß man ihnen einzeln das Saftbehältniß ausschnitt, sondern daß man sie blos in Mörsern zerstieß. Dadurch konnte man allerdings viel Arbeit in kurzer Zeit verrichten. Es scheint sogar Vitruvius VII. Kap. 13. dieses Verfahren für das allgemeine auszugeben. Unterdessen ist es schwer zu begreifen, wie man auf diese Weise eine schöne Purpurfarbe habe erhalten können. Die Unreinigkeit der Schnecke, welche die Alten den Mohn nennten, mußte nothwendig die Purpurfarbe sehr verändern, wenn man beyde Theile zusammen im Wasser kochen ließ. Denn die Unreinigkeit der Schnecke hat selbst eine braungrünliche Farbe; diese theilte sich wahrscheinlicherweise dem Wasser mit, und dadurch mußte die Purpurfarbe sehr verändert werden. Ueberdies hat die Schnecke eine weit größere Menge von dieser Unreinigkeit, als von Purpursafte bey sich. Dieses kommt mir desto gewisser vor, weil ich bemerkt habe, daß, je mehr man mit dem Saftbehältnisse Fleisch wegnimmt, destomehr verliert die erhaltene Farbe an ihrer Schönheit. Es

ist

ist auch nicht möglich, daß das Fleisch, so wenig es auch Farbe haben mag, nicht das Wasser ein wenig färben, oder wenigstens trübe machen sollte. So weit Reaumür. Auch er hatte sich aus dem Vitruvius eine falsche Vorstellung von dem Verfahren der Alten gemacht, wie ich bereits gezeigt habe. Was er von der Wirkung des anhangenden Fleisches auf die Farbe sagt, gilt doch nur von dem ungefärbten Safte des steinigten Rinkhorns, welchen er bey seinen Versuchen brauchte. Diesen strich er nur mit Seewasser benetzt auf den Zeug, und ließ daraus durch die Sonnenstralen die Purpurfarbe bereiten. Wenn er aber diese Wirkung des anklebenden Fleisches auch in dem Verfahren der Alten annehmen und beweisen wollte, so mußte er schon gefärbten Purpursaft nehmen, und diesen durchs Kochen versuchen.

Reaumür hat noch einige Erläuterungen des alten Verfahrens beygebracht, welche ich hier anführen, und mit den Nachrichten der Alten vergleichen will. Sobald, sagt er S. 184, als man die Saftbehältnisse ausgeschnitten hatte, warf man sie in eine große Menge Wasser, und setzte sie so ganze zehn Tage lang über ein mäßiges Feuer. Nicht, als wenn so viel Zeit dazu gehört hätte, um dem Safte die Purpurfarbe zu geben; denn diese würde er viel eher bekommen, sondern man wollte nur durch dieses langsame Feuer das Fleisch von den Saftbehältnissen scheiden. Dieses konnte, wenn man nicht viel Saft verlieren wollte, nicht anders geschehn, als daß man das Fleisch in dem warmen Wasser auflösete. Dieses setzte oben einen Schaum ab, den man sorgfältig abschöpfte. Hier übergeht Reaumür ein Wesentliches des alten Verfahrens, die Salzbeize, welche nach dem Zeugnisse des Seneca viel Einfluß auf die zu erhaltende Farbe hatte, nachdem sie eine lange oder kurze Zeit dauerte. Plinius sagt, daß drey Tage zur Beize hinlänglich seyen, weil der Saft eine desto bessere Farbe gäbe, je frischer er ist. Unterdessen zeigt die Stelle des Cassiodorus, daß man die todten Schnecken

den sogar fast sechs Monate lang hat liegen lassen, vermuthlich im Salze.

Die Alten, fährt Reaumür fort, lösten viel Meersalz in dem Wasser auf, mit welchem der Purpursaft vermischt ward. Ich glaube nicht, daß sie meynten, dadurch eine schönere Farbe zu erhalten; sondern vielleicht brauchten sie es nur in der Absicht, um das Fleisch in dem Kessel währender Zeit vor der Fäulniß zu bewahren, welche die Purpurfarbe hätte können verderben. Ich habe zwey Gründe, warum ich dies glaube. Erstlich, wenn man das Kinkhorn an der Luft oder im Wasser verderben läßt, so erhält man keine schöne Purpurfarbe. Zweytens, weiß ich aus mehrern Erfahrungen, daß das Salz die Farbe des Purpurs nicht verschönert.

Woher Reaumür die Nachricht habe, daß die Alten viel Meersalz zu dem Purpursafte in den Kessel oder in die Küpe setzten, weiß ich nicht. Aber ich vermuthe, daß er die Salzbeize beym Plinius unrecht verstanden habe; oder vielleicht erklärte er die Stelle XXXI. Sect. 46: nitrum sordidum ad inficiendas purpuras tincturasque omnes, von dem Zusatze des Salzes in die Küpe. Die Wahl des Zinns zu den Farbekesseln rechtfertiget er durch den heutigen Gebrauch bey der Scharlachfärberey; die kupfernen, sagt er, würden eine andere Farbe geben, als man verlangt. (Man sehe Hellots Färbekunst S. 159. folg.)

Einen Nebennutzen, den die Purpurfärberey der Alten hatte, und wodurch ohne Zweifel der Vortheil von dergleichen Officinen höher stieg, kann ich hier nicht unberührt lassen. Reaumür war so besorgt, daß der Purpursaft durch die beygemischte Unreinigkeit der Schnecke (den Mohn) verdorben worden seyn möchte. Aber eben dies war fast der einzige Theil an der Schnecke, welchen schon zu Aristoteles Zeiten (man sehe ihn de Part. Anim. IV. Kap. 5.) die Leckermäuler am meisten als eine Delicatesse suchten. Muß man also nicht annehmen, daß man

diesen Bissen nirgends in so großer Menge und um einen
so wohlfeilen Preis erhalten konnte, als in den Purpur-
färberepen, und daß man sich also auch größtentheils daraus versehn habe? Sonach wäre die Bedenklichkeit des
Herrn Reaumür noch auf eine zweyte Art gehoben, wenn
man annimmt, daß man diesen Theil der Schnecke sorgfältig
aussuchte und verkaufte. Denn sonst war nach dem Zeugnisse
der alten Aerzte an der ganzen Schnecke kein Theil genießbar.
Xenocrates de Alimento ex Aquatilibus S. 62.

Hierzu kommt noch, daß der Deckel der Purpurschnecke, unter den Namen des Nagels (ὄνυξ), Schaale
(ὀςράχιον), callus, blatta, Räucherklauen und dergleichen,
theils in der Medicin, theils im gemeinen Leben zu mancherley Absichten, als zum Räuchern, gebraucht und gesucht ward.

Die Purpurfärberey hat sich endlich verloren; aber
wir können das Ende dieser Kunst eben so wenig als ihren Anfang genau bestimmen. Auch ist es unentschieden,
ob sie sich zuerst im Occident oder Orient verloren hat.
Doch ist es wahrscheinlich, daß sie sich in dem griechischen
Kayserthum länger als im Occident erhalten habe. In
Italien übte man die Purpurfärberey noch unter dem go-
thischen Eroberer Theoderich aus; und die größte Pur-
purfischerey, vermuthlich auch die Färberey, war damals
nach dem Zeugnisse des Cassiodor an der Küste von Kala-
brien, in dem otrantischen Meere. Zu Tarento hatten
die alten Römer lange eine ansehnliche Purpurfärberey,
von welcher man noch Spuren will entdeckt haben. Vor der
Stadt Tarento zeigte ein tarentinischer Edelmann dem
H. Baron von Riedesel (f. dessen Reise nach Sicilien S.
206.) in einem Kornfelde ein rundes oben gewölbtes Loch,
das einen Canal zum Zuflusse und einen andern zum Abflusse hatte, und welches nach seiner Meynung zur Bereitung der verlornen Farbe des Purpurs gedient hatte. Er
vermuthete dies, weil er vor einigen Jahren, als solches
entdeckt ward, die Purpurfarbe an der Mauer angeklebt

gefun-

gefunden zu haben versicherte, und weil nahe bey demselben, gegen Mare piccolo, das kleine Meer, welches eigentlich der alte Hafen war, ein Hügel ist, der gänzlich aus Schaalen und Muscheln des Murex, aus welchem der Purpur bereitet worden, bestehet, die aus der Färberey dahin geschüttet worden waren, wie er glaubte. Dieses Loch war wie ein Kessel gestaltet, und man sahe, daß der Kanal in ein anderes Loch von gleicher Form, wovon aber das Mauerwerk zerstört ist, Gemeinschaft gehabt habe. Von diesem Murex wird noch eine große Menge dort gefischt, wie der H. v. R. versichert. Schade, daß nicht bestimmt worden ist, von welchen Arten die Schaalen und Muscheln waren. Dadurch würden wir vielleicht weit eher einen Aufschluß erhalten haben, als durch die vielen und mühsamen Untersuchungen der neuern Gelehrten, welche über die dunkeln Nachrichten der Alten sind angestellt worden, und die ich nun nach der Zeitfolge anführen will.

Fabius Columna war (1616) der erste, welcher mit Fleiß die Nachrichten der Alten zu erklären und bestimmen suchte. Er zeigte also in seinem Werke (de Purpura, Romae 1616.), daß die zur Purpurfarbe von den Alten gebrauchten Thiere Schaalthiere gewesen seyen (und zwar mit einfacher und gewundener Schaale und einem Deckel); daß ferner die Worte conchylium, purpura, buccinum und murex gemeiniglich als gleichbedeutend, bald von den Thieren selbst, bald von der Farbe wären gebraucht worden. Hierauf beschrieb er zwey Schnecken, die beyde einen purpurrothen Saft enthalten, ob er gleich selbst nicht gewiß behaupten konnte, daß diese die von den Alten gemeynten Thierarten seyen.

Die erste ist Murex trunculus des Linné, von St. R. Müllern der Hochschwanz genannt, und bey Martini abgebildet im Conchylien-Werk III Theil, Taf. 109. Figur 1018—1020. Sie ist von der gemeinen Purpurschnecke des Rondelet, Murex brandaris beym Linné, dem dornigen Schnepfenkopfe beym Müller, durch den

Mangel der Stacheln und den abgestumpften und kurzen Schwanz hinlänglich unterschieden. Ihr Bewohner ist der Erdschnecke sehr ähnlich; hat gelbliches Fleisch, mit bläulich purpurrothen Flecken dichte besetzt, unter denen noch andere kleinere gelbe Flecken, besonders um den Nacken herum sind. Die Augen liegen etwas über der Mitte der Fühlfaden, welche sich von da an in eine feine Spitze endigen. Mit dem purpurrothen Rüssel zieht das Thier Wasser ein und spritzt es von sich; auch soll es damit statt der Kiefern Athem holen. Es hält sich in dem sandigen Ufer des todten Meers auf der Küste von Puzzoli auf, und giebt eine purpurblaue Farbe. Nicht alle Schnecken, welche zu einer Zeit gefangen werden, sondern nur einige von ihnen geben die Purpurfarbe. Die Ursache davon konnte Columna nicht bestimmen, so wenig als er für gewiß behauptet, daß dies die purpura puteolana des Plinius sey.

Die zweyte Purpurschnecke nannte Columna cochleam ianthinam; beym Linné heißt sie Helix ianthina und bey Müllern Quallenboot. Die innern Theile des Thiers sind röthlich, hingegen die übrigen blaß purpurblau; das Thier hat zwey Anhänge, wovon der äußere größer, und ihr Rand dunkelpurpurroth ist. Diese Schnecken speyen von selbst einen purpurvioletten Saft aus, womit sie sich selbst und auch diejenigen, welche sie sammlen, färben. Wenn man das Thier im Nacken verwundet, fallen einige purpurblaue Tropfen heraus, deren Farbe sehr schön ist, und so feste im Papier oder Leinwand hängen bleibe, daß sie nicht kann ausgewaschen werden. Von eben diesem Schaalthiere lieset man in Cooks Reisebeschreibung von Hawkesworth II. B. S. 242. wie auch in Forskaols Descript. Animal. Arab. eine umständlichere Beschreibung. In der englischen Reise wird gesagt, daß die Schnecke Eyer lege, und ohngefähr einen Theelöffel voll Purpursaft gebe; Forskaol hingegen behauptet, daß das Thier lebendige Junge gebäre, und die Gebärmutter im Rüssel habe.

Von dem Purpursafte erwähnt er gar nichts, den das Thier doch sonst so bald zeigt. Dieser Umstand, den schon die Alten an ihren Purpurschnecken bemerkt hatten, daß nämlich viele Schnecken, die zu gleicher Zeit gefangen werden, dennoch keinen Tropfen Purpursaft geben, läßt eine gewisse Bestimmung desselben vermuthen, zu welcher er nur einige Zeit in dem Körper des Thiers gesammlet und aufbewahrt, und dann zu einer gewissen Zeit aufgezehrt wird. Der Zustand, in welchem Forskaol seine Schnecke, als sie gestorben war, antraf, und die kleinen purpurfarbnen Eyer oder Schnecken, welche das Thier zur Welt gebracht hatte, leiten auf den Gedanken, daß der Purpursaft vielleicht die Saamenfeuchtigkeit der Schnecke oder zur Nahrung der jungen Brut im Leibe der Mutter bestimmt sey. Doch davon hernach ein mehreres.

Der Engländer Kole versuchte 1685 (s. Philosophical Transactions von diesem Jahre) den Saft eines queergefurchten englischen Kinkhorns, welches man in der Chemnitzischen Fortsetzung von Martini Conchyllienwerke Taf. 126. Fig. 1212 — 1214. abgebildet findet, in Ansehung des Purpursafts. Anfänglich sah er, auf weissen Zeug sowohl von Leinewand als Wolle oder Seide gestrichen, hellgrün aus, in der Sonne aber ward er in wenig Minuten dunkelgrün, dann meergrün, bläulich und endlich purpurroth. Wenn er ein paar Stunden in der Sonne gelegen hatte, war es der schönste Purpur, den ferner nichts mehr verändern konnte. Dieser Versuch ward 1686 durch das Journal des Sçavans den Franzosen bekannt, und veranlaßte die vielfachen und lehrreichen Versuche des Herrn Reaumür.

Mittlerweile beschäftigte sich auch der Pater Plumier mit der Untersuchung des Purpurs der Alten. In den Mémoires de Trevoux 1703. Sept. S. 167. versichert er, daß der Alten ihr Murex oder Purpurschnecke ein Schaalwurm und in Amerika unter dem Namen Pisseur bekannt sey, weil er, wenn man ihn von dem Felsen, worauf er, wie unsre Schnecken kriecht, hinwegnehmen will, einen milchweißen Saft schnell von sich spritzt. Dieser Saft kommt aus einer Falte auf dem Rücken des Thiers, und kann zum Rothfärben gebraucht werden. Anfänglich ist er weiß, dann wird er grün, endlich schön roth, ein wenig ins Violette spielend. Das damit gefärbte leinene Zeug behält, ohngeachtet alles Waschens, die Farbe beständig. Das Thier hat nur ohngefähr eine Nußschaale voll von diesem Safte.

Reaumür machte seine Versuche 1711 mit dem Safte und den Eyern des steinähnlichen Kinkhorns, Buccinum lapillus beym Linne', welches man im Martini abgebildet findet Taf. 1104. 1105. 1111. 1112 Figur. Er scheint auch wirklich diese Schnecke für das buccinum des Plinius zu halten, wie seine Vergleichung mit der Nachricht und Beschreibung des Plinius zeigt. Er fand diese Schnecken zur Zeit der Ebbe meistentheils in großen Haufen um gewisse Steine, oder unter ausgehöhlten Sandklumpen, um gewisse Körner versammlet, womit die Steine und ausgehöhlten Sandhaufen bedeckt waren. Diese Körner hält er wahrscheinlich für die Eyer des Kinkhorns, oder eines andern Seegeschöpfs, von dem sich die darum versammleten Kinkhörner zu nähren scheinen. Diese Eyer sind oval und bauchig, und haben die Gestalt einer kleinen Flasche. Vermittelst eines kleinen unten platten Stiels sind sie mit einem festen Leime an die Steine oder an den Sand dichte neben einander, selten über einander befestiget; oben ist das Ey mit einem durchsichtigen Deckel, der von innen anliegt, verschlossen. Es enthält zweyerley Feuchtigkeiten, wovon die eine klar und weiß, die andere aber gelblich ist. Diese schwimmt in kleinen Tropfen vertheilt in der weißen herum. Reaumür bemühte sich durch Versuche von dem Ursprunge dieser Eyer sich zu belehren, aber vergeblich; auch in den Schriften der Alten, sagt er, habe er umsonst sich nach einer Erklärung umgesehen. Im letztern Falle möchte aber Reaumür mir wohl Unrecht haben, wie wir bald hernach sehen werden. Die Fischer geben diese Eyer für Körner vom Meergras aus. Man trifft sie zu Ende des Herbstes auf den Küsten von Poitou so häufig an, daß ein Mensch in wenig Stunden mehr als einen halben Boisseau davon sammlen kann. Im Sommer hingegen trifft man gar keine an, oder sie sind leer, und der Deckel ist heraus, zum Zeichen, daß die Brut ausgekrochen ist. Bisweilen trifft man noch volle Eyer an in dieser Jahreszeit; aber dann ist die Feuchtigkeit dunkelbraun, und giebt keine Purpurfarbe mehr. Eben dieß wiederfuhr dem Herrn Reaumür mit den Eyern, welche er fast ein Jahr lang bey sich in Meerwasser aufbewahrt hatte.

Wegen der Aehnlichkeit, die die Feuchtigkeit der Eyer mit dem Safte des Kinkhorns in Ansehung der Farbe zeigte, versuchte Reaumür zuerst die Feuchtigkeit der Eyer, und drückte sie auf seine Manchetten aus. Im Anfange wurden diese nur schmutziggelb, aber innerhalb einiger Minuten zeigte sich eine schöne purpurrothe Farbe, welche die Manchetten behielten, nachdem sie mit Seewasser waren gewaschen worden, und selbst nach vielen Wäschen, in welchen sie hernach gewesen waren; doch aber schwächte jede Wäsche die Farbe etwas. Er nahm darauf eine große Menge dieser Eyer mit sich, und wiederholte den Versuch in seiner Stube mit Leinewand; allein der Erfolg war ganz anders, denn nach langer Zeit sah er nicht die geringste Veränderung in der Farbe. Diese so verschiedenen Wirkungen rührten, wie er nach vielen Versuchen entdeckte, von der freyen Luft her; denn so oft er Körper mit diesem Safte in der Stube, wo keine freye Luft darzu kam, bestrich, so oft erfolgte keine Purpurfarbe, welche sich doch im Gegentheile in freyer Luft sogleich zeigte. Die Sonne hatte während dieser Versuche nicht geschienen, und also hatten auch ihre Stralen keinen Theil an der Farbenwandelung. Er legte auch einige mit dem Safte bestrichene Stücken Leinewand nahe an das Feuer;

aber ſie trockneten, ohne die Farbe zu verändern; eben
dieß geſchah mit einer Menge Saft, welche in einer Taſſe
an das Feuer war geſetzt worden. Hingegen als er den
Saft in einem Glaſe oder in einer Taſſe in die freye Luft
ſetzte, ſo färbte ſich die ganze Oberfläche roth, unten
aber blieb der Saft weißlich. Reaumúr giebt zu, daß
die Sonnenſtralen eben dieſe Farbenwandelung hervorbringen, und dieß zwar in einem Augenblicke, wenn man
den Zeug im Sommer in die Mittagsſonne legt, oder die
Stralen mit einem Brennglaſe ſammlet, und darauf fallen läßt, ſo daß man nicht im Stande iſt, den ſchnellen
Uebergang der verſchiedenen Farben zu bemerken. Unterdeſſen behauptet Reaumúr, daß das Sonnenlicht nicht
die einzige Urſache dieſer Wirkung ſey, ſondern daß das
gemeine Feuer, nur in einem weit ſtärkern Grade der Hitze, eben dieſelbe Veränderung hervorbringe. Der mit
dem Safte des Kinkhorns beſtrichene Zeug, den er ganz
nahe an das Feuer legte, bekam ebenfalls in einem Augenblicke die purpurrothe Farbe. Doch zieht Reaumúr
die Farbe, welche die Sonnenſtralen geben, der letztern
vor, und räth daher an, ſich beym künftigen Gebrauche
im Großen nur der Sonnenſtralen zum Färben zu bedienen. Die Luft bringt die Farbenwandelung in dem Safte des Kinkhorns etwas langſamer hervor, als in dem
Safte der Eyer. Wenn der Saft dicke aus dem Behältniſſe
kömmt, ſo muß man ihn in einen ſtarken Wind ſetzen, und
dann zeigt er in wenig Stunden nach und nach eben die
verſchiedenen Farben, wie in der Sonne. Aber viel ſtär-
ker und geſchwinder iſt die Wirkung der Luft und des
Windes, wenn man den Saft mit vielem Waſſer verdün-
net; doch nicht ſo geſchwind, als bey dem Safte der
Eyer; dabey iſt der merkwürdige Umſtand nicht zu ver-
geſſen, daß der in vielem Waſſer aufgelöſte Saft keine
Farbenwandelung vorher zeigt, ehe er die Purpurfarbe
annimmt. Deswegen iſt Reaumúr geneigt, beyde Säfte für gleichartig anzuſehen, welche nur dadurch unter-

ſchieden

schieden sind, daß der eine mit mehr Wasser vermischt ist, als der andere.

Die Ursache dieser wunderbaren Farbenwandelung untersuchte Reaumur durch folgenden Versuch, in welchem er sie auch gefunden zu haben meynt. Er löste den Saft des Kinkhorns mit Wasser auf, und that ihn in eine lange gläserne Bouteille, so daß ohngefähr der dritte Theil der Flasche damit angefüllt war. Er pfropfte die Flasche zu, und schüttelte sie so während einer halben Viertelstunde sehr stark, und sahe endlich, daß die darinne enthaltene Feuchtigkeit eine purpurrothe Farbe bekam. Hieraus schließt er, daß die stete Bewegung und die Wirkung der Luft die kleinen unsichtbaren Theile des Safts entweder in ihrer Figur oder in ihrer Ordnung und Lage verändern, und dadurch den Farbenwechsel hervorbringen, ohne daß die Luft dem Safte etwas zusetze oder davon nehme. Auf eben diese Art wirket also auch sowohl das Sonnenlicht, als das irdische Feuer auf den Saft des Kinkhorns, nur jenes weit stärker und geschwinder, weil seine Feuertheilchen weit feiner und durchbringender sind. Wenn der Saft in der Luft trocken wird, ehe die Farbenwandelung vorgegangen ist, so kann die Luft nicht mehr wirken; daher muß man das Zeug, sobald es anfängt trocken zu werden, anfeuchten, wenn man alle die verschiedenen Stufen von Grün sehen will, durch welche der Saft von der gelben zur Purpurfarbe übergeht. Eben dieß scheint die Ursache zu seyn, warum der Zeug, welcher mit dem Safte der Eyer bestrichen, und an das Feuer gelegt worden war, keine andere Farbe bekam, so wenig als der Saft in der Tasse. Ohne Zweifel verdunsten in der Hitze die wässerichten Theile zu geschwinde, und die Masse wird zu hart, als daß sie gehörig in Bewegung gesetzt werden kann.

Schon Kole hat bemerkt, daß, wenn die Sonne oder das Feuer stark auf den Saft der Purpurschnecke wirkt, sich ein unangenehmer knoblauchartiger Geruch verbreitet. Wenn dieser Geruch, setzt Reaumür hinzu, nicht mit der Zeit schwächer würde, so würden die Römer ihre prächtigsten Kleider dem gemeinen Volke gegeben haben, oder sie müßten von dem Geruche anders geurtheilt haben als wir. Diese Anmerkung scheint aber nicht auf das alte Verfahren zu passen, weil man ehemals schon gefärbten Saft brauchte, wo die Natur schon den größten Theil des Processes verrichtet hatte, durch den man den ungefärbten Saft des Kinkhorns durch mehrere Stufen auf die Purpurfarbe bringt. Weinsteinöl, Vitriolgeist und Veilchensyrup veränderten den Saft der Schnecke nicht; aber ein einziger Tropfen von sublimirtem beißenden Quecksilber brachte auf dem mit Safte bestrichenen Zeuge die Purpurfarbe eben so geschwind, als die durch das Brennglas vereinigten Sonnenstralen, oder das stärkste Feuer hervor. Doch nähert sich die Farbe, welche die Luft und Feuer erzeugt, mehr dem Violetten. Gießt man das Quecksilber aber auf den mit Wasser verdünnten Saft, so erhält das Wasser davon eine blaue Farbe, da es sonst an der Luft oder an der Sonne eine rothe bekommen hätte. Setzt man gleich hernach dieses Wasser in die Sonne oder Luft, so behält es dennoch seine blaue Farbe. Es ist hierbey zu merken, daß diese blaue Farbe nicht mit unter den Schattirungen ist, durch welche der Saft in der Luft oder an der Sonne zur rothen übergeht. Das Wasser verliert bald seine blaue Farbe: denn der Saft sammlet sich an verschiedenen Orten in blauen Fäden, und fällt darauf zu Boden, so daß das Wasser wiederum ganz klar wird. Uebrigens mag man so viel oder so wenig Sublimat, als man will, nehmen, so giebt er allemal dem dicken Safte eine purpurrothe, dem verdünnten aber eine blaue Farbe. Der Saft der Purpureyer hat einen salzigen Geschmack; hingegen schmeckt der Saft des Kinkhorns so beißend wie Pfeffer, daher denn dieses Thier nicht eßbar ist. (In dem Original steht hier cette liqueur des œufs de buccinum; aber vermuthlich sollte es nur bloß cette liqueur du buccinum heißen; denn Reaumür nennt die Eyer, welche er für die Brut des Kinkhorns hält, immer œufs de pourpre, und mit den Eyern der eigentlichen Purpurschnecke hat er nichts zu thun gehabt.) Die Alten bemerkten an ihrer Purpurschnecke einen beißenden Geschmack, den sie mit dem Geschmacke der Meerzwiebel verglichen.

Aus allen diesen Versuchen folgert Reaumür, daß man beym Gebrauche des Saftes der Purpureyer den größten Theil der mühseligen Zubereitung der Alten ersparen könne. Man dürfte nur die gesamleten Eyer in Meerwasser waschen und vom Schmuze reinigen, alsdann auf die Leinewand thun, und darinne ausdrücken, so wie man mit den Johannisbeeren thut, wovon man Gelee machen will; oder, um die Arbeit zu verkürzen, könnte man sich darzu einer kleinen Presse bedienen. Weil man auf diese Weise den Saft der Eyer ohne Beymischung einer fremden Materie erhält, so braucht man ihn nicht mehrere Tage über dem Feuer zu halten, wie die Alten thun mußten, um den Saft von dem anklebenden Fleische zu sondern. Man dürfte auch nur den Saft in großen und flachen Gefäßen in die Luft setzen und umrühren. Auf diese Weise würde die ganze Masse nach und nach der Wirkung der freyen Luft ausgesetzt, und sich geschwind färben.

Endlich wundert sich Reaumür darüber, daß Aristoteles und Plinius da, wo sie von der Purpurfärberey reden, nicht ein Wort von der merkwürdigen Farbenwandlung des Safts einfließen lassen. Sie würden, wenn sie sie bemerkt oder gekannt hätten, gewiß davon geredet haben; daher glaubt R. sie hätten beyde davon nach den ihnen von andern mitgetheilten Nachrichten geschrieben. Ueberdem meynt er auch, daß bey der alten Zubereitung diese Farbenwandlung nicht habe bemerkt werden können, weil der Saft, mit viel Wasser vermischt, auf einmal zur rothen Farbe übergeht. Was den Aristoteles betrifft, so wird man wohl bald einsehn, daß er in der allgemeinen

Thier-

Thiergeschichte nicht von der Purpurfärberey handeln konnte. Er begnügte sich bloß das Farbematerial nach seiner Lage, und wie man es dem Thiere abnimmt, zu beschreiben. Plinius aber kann freylich nur mit seiner im Nachschreiben gewöhnlichen Nachläßigkeit entschuldigt werden. Wenn endlich die von Reaumür beschriebene Farbenwandlung des Purpursafts den Alten nicht bekannt war, oder von ihnen nicht erwähnt wird, so kam dies nicht daher, weil sie den Saft in Wasser auflösten, wo der Uebergang der Farben nicht bemerkt werden kann, sondern vielmehr weil sie nicht die nämliche Veränderung der Farben an einem schon von Natur gefärbten Safte bemerken konnten. Hingegen zeigte ihnen der Purpursaft während dem Kochen im Keßel einen andern Farbenwechsel; den der Verfaßer der Nachricht beym Pollux und bey der Eudocia, noch deutlicher aber der Verfaßer des Buchs von Farben, wenn es nicht vom Aristoteles selbst ist, beschrieben hat. In der erstern Stelle des Buchs von Farben folgen die Farben so: schwarz, weis, dunkel (ὄρφνιον) und himmelblau (ἀερόειδες), und endlich purpurroth. In der zweyten Stelle aber also: dunkel (ὀρφναῖαι), schwarz, himmelblau, und endlich purpurroth (ἁλουργὸν). Beym Pollux werden nur die blonde und himmelblaue Farbe (ξανθὸν καὶ κυανὸν) ausdrücklich genennet, aber dabey wird bemerkt, daß sich ihrer mehrere zeigten.

Alle die vorigen Versuche des H. Reaumür sind in den Memoires de l' Académie des sciences vom Jahre 1711 weitläuftig beschrieben. In dem Bande von 1736 S. 49 f. meldet Herr Du Hamel seine Versuche mit dem Safte der Purpurschnecke, die häufig an den Küsten von Provence gefunden, und daselbst die Schnepfe genennt wird. Weiter wird die Schnecke nicht beschrieben, und die Figur, welche am Rande angeführt wird, finde ich nicht in dem Exemplare, welches ich vor mir habe. Doch scheint es mir, daß der gezackte Schnepfenkopf beym Martini Taf. 114 Fig. 1058 — 61 und Taf. 115. Figur 1062 — 1065 gemeynt sey, Murex brandaris beym Linné.

Zuerst erzählt Dü Hamel, daß ein gewisser Sagon unter Anleitung des Herrn Baron unternommen habe, die Versuche des Herrn Reaumür auf Baumwolle zu wiederholen und im Großen zu nutzen; von dem Ausgange dieses Unternehmens habe ich aber weiter keine Nachricht ausfindig machen können.

Der Saft der Purpurschnecke ist natürlich weiß, bisweilen findet man ihn aber auch grün, und die Schaale ebenfalls von der Farbe, wenn der Saft ausgelaufen ist. Vermuthlich bringt irgend eine Krankheit diese Aenderung hervor. Der weiße Saft wird an der Sonne sogleich bleich, grün oder gelblich, sogleich darauf dunkelgrün, wie ein Smaragd, bald dunkler, hierauf blau, roth und endlich dunkel purpurfarben. Die gesamleten Schnecken erhielt Dü Hamel, in einem zugemachten Korbe ins Meerwasser gesetzt, sehr lange lebendig. Einige davon hatten weniger Saft als die übrigen, und andre gaben einen Saft, der leichter sich färbte. Im Schatten und an der freyen Luft nahm der Saft auf dem Zeuge blos eine grüne Farbe an. Die stärkste Sonnenhitze und die Hitze des Brennglases brachten nicht allein eine etwas lebhaftere Farbe, sondern auch geschwinder hervor.

Am Feuer bekam der mit dem Safte bestrichene Zeug blos eine lichtgrüne, hernach dunkelgrüne und endlich gelbe Farbe. Ungeachtet des Knoblauchsgeruchs, den der Saft an der Sonne verbreitete, und anderer Umstände, welche irgend eine Ausdünstung vermuthen ließen, konnte Dü Hamel sich durch keinen Versuch davon überzeugen. Er versuchte ferner den klebrichten Saft in Spiritusvini und Terpentinessenz aufzulösen; aber er konnte dieses nur auf eine unvollkommene Art bewerkstelligen, doch färbte er damit einige Stückchen Leinewand. Die Farbe, welche die Purpurschnecke giebt, hat ihre Vortheile, wie folgende Proben zeigen. In der stärksten Lauge von Seife und Soude, und in der stärksten Auflösung von Alaun lange Zeit gekocht, verlor dennoch der Zeug seine Farbe nicht ganz, obgleich einige Stücken durch die Lauge ganz zerstört waren. Es ist wahr, daß bey der geringsten Probe ein Theil der Farbe verloren geht, und die Farbe überhaupt viel bleicher wird; aber die Ursache davon ist, daß nur die Farbe, welche den Zeug durchdrungen hat, widerstehn kann; die andre, welche nur auf jener sitzt, geht bald weg. Daraus folgt, daß, wenn man diesen zähen Saft in irgend einer Feuchtigkeit auflösen könnte, wie vermuthlich die Alten thaten, der Gebrauch desselben zur Färberey viel bequemer und nutzbarer seyn würde, weil sich alsdann der Saft viel gleichförmiger auf dem Zeuge verbreiten könnte. Darzu kommt noch, daß, wenn der Saft an einer Stelle des Zeugs dicker aufgetragen ist, wo er sonst die Purpurfarbe gut angenommen hat, demohngeachtet in der Probe beynahe alle Farbe verloren geht; vermuthlich weil nur die Oberfläche roth gefärbt ist, das übrige darunter aber grün bleibt, und daher leicht in der Probe fortgeht. Der Schwefeldampf verändert die Purpurfarbe nicht, aber die grüne Farbe wird davon in Weiß verwandelt.

Zu Ende führt Du Hamel noch an, daß er in einer Art von Kahlschwänzen oder Schneckenkrebsen, welche französisch le Soldat oder Bernard l' Hermite heißt, und die sich in die Purpurschneckenschale zu nisten pflegt, einen klebrichten und schön purpurrothen Saft gefunden habe, den das Thier wie einen Geifer von sich gab. Bey der Oeffnung fand er noch ein Behältniß mit diesem Säfte. Die meisten aber, welche er sich darauf samlen ließ, hatten dergleichen Saft gar nicht. (Auch in Amerika heißt dies Insekt bey den Spaniern Caracol Soldado, wie Ulloa in seiner Reise S. 51. erzählt.)

Unter den Bemühungen der Neuern, die Purpurfarbe der Alten wiederherzustellen, und das Thier, von welchem sie kam, ausfindig zu machen, verdient eine Beob-

achtung des Mariti in seiner Reise S. 326. hier angeführt
zu werden. Er sagt, daß er sich während seines Aufent=
haltes zu Sur, dem alten Tyrus, vergeblich bemüht ha=
be, die Schneckenschaale oder Muschel zu finden, in wel=
cher das Purpurthier gewesen wäre; er fand aber am
Strande des Meers kleine Thiere kriechen, die in Anse=
hung des Kopfs mit den Schnecken große, in Ansehung
aber der Materie und des Fleisches völlige Aehnlichkeit
hatten. Sie gaben einen carmoisinrothen Saft von sich,
den man mit besonderer Aufmerksamkeit auffangen mußte.
So wie er sie aufnahm, waren die Hände mit einer
schönen Purpurfarbe gefärbt. Als sie wieder in das
Wasser gelassen wurden, ließen sie im Schwimmen noch
eine gute Menge dieser Farbe von sich fließen. Eben der=
gleichen Schnecken fand er auch an der Küste von Barut,
des alten Berytus; man sagte ihm aber, daß sie anfan=
gen, sich gegen das Frühjahr zu zeigen, im Herbste aber
bekomme man keine mehr zu sehn. Die Araber machen
weder von dem Thiere, noch von der Farbe irgend einen
Gebrauch. Mariti scheint dies für die Purpurschnecke
der Alten zu halten: aber es ist bewiesen, daß die Purpur=
schnecke ein Schaalthier war; die Schnecke des Mariti
aber ist ohne Schaale. An dem hintern runden Theile ist
ein Bläschen, welches die rothe Farbe enthält; daran ist
eine Oeffnung, wodurch das Thier den Saft ausläßt,
welcher hernach durch eine rinnenförmige Spalte auf dem
obern Theile des Schwanzes herausfließt. In der Ab=
bildung des Mariti hat das Thier, nach dem Urtheile ei=
nes Gelehrten, (in den Leipz. Sammlungen zur Physik
und Naturgeschichte I. B. S. 450.) viel ähnliches mit
dem Meerhasen des Bohadsch, Aplysia depilans Linn.
Auch der Meerhase hat eine Drüse, die einen giftigen
Saft enthält. Wäre dieser etwa mit dem Purpursafte
zu vergleichen? So fragt man an dem angeführten Orte.

Außer den angeführten Arten von Schnecken geben
noch verschiedene andere einen rothen Saft, den man aber
nicht

nicht für das Blut dieser Thiere ansehn darf. Dahin gehört unter andern eine in unsern Gewässern ziemlich gemeine Schnecke, das Waldhorn beym Müller, Helix cornea beym Linné, oder Planorbis purpura bey O. Fr. Müller Histor. Verm. II. p. 154. Es wäre auch der Mühe werth, den klebrigen Saft von mehrern Schneckenarten mit Hülfe der Sonnenstralen auf die Purpurfarbe zu probiren; denn aus den vorigen Versuchen erhellet zur Gnüge, daß außer den Stachelschnecken (muricibus) und Spitzhörnern (buccinis) noch mehrere Arten von See- und Flußschnecken einen entweder schon gefärbten oder dennoch zum Purpur geschickten Saft enthalten. Von der Helix vivipara versichert dieses Gronov über Plinius de Aquatilibus S. 144. Bis jetzt aber ist ihr Saft noch nicht zur Färberey versucht worden, so wie man auch seithero aus allen Beobachtungen über den Saft der Purpurschnecken noch keine wahrscheinliche Vermuthung von dem Nutzen desselben für das Thier selbst hat machen können.

Endlich hat Herr Ström das Geheimniß an dem steinähnlichen Kinkhorne, buccinum lapillus, aufgedeckt, und seine Beobachtungen darüber in dem eilften Bande der Schriften der Kopenhag. Gesellschaft dänisch abdrucken lassen, welche hernach H. Chemnitz in einem deutschen Auszuge geliefert hat, der sich im 4ten Bande der Schriften der Berlinischen naturforschenden Gesellschaft S. 241. f. befindet. Schon Lister hatte die Purpurfarbe dieser Schnecke bemerkt, und sie daher in seiner Histor. Conchyl. Tab. 965. fig. 19. die englische Purpurschnecke genannt. Herr Ström selbst hatte schon ehemals in seiner Beschreibung vom Sundmör Tom. I. p. 183. derselben gedacht, und erzählt, wie man sich an manchen Orten in Norwegen des Safts bediene, um damit gewissermaßen ganz unauslöschliche Merkmale und Buchstaben auf Leinen- und Wollenzeug zu setzen. Aber erst im Jahre 1769 untersuchte er sowohl den Saft als die Schnecke

genauer, und folgte dabey vorzüglich den anatomischen Bemerkungen in Swammerdams Bibel der Natur.

In dem ersten Theile beschreibt er die äußerlichen und innerlichen Theile der Schnecke. Die bewundernswürdige Zunge gleicht der feinsten seidnen Schnur und der feinsten Uhrkette; wegen ihrer beträchtlichen Länge liegt sie in dem kleinen Körper der Schnecke in einen Kreis wie ein Schiffseil zusammengerollt. An dem äussersten Ende läuft sie ganz spitzig zu, und ist daselbst am schärfsten. Es ist wahrscheinlich, daß das Thier diese Zunge weit hervorstrecken, und damit in andre Körper eindringen, und sie aussaugen könne. (Bey dem Bewohner des Bootshaken (Strombus Chiragra) soll der unter dem Schnabel ausgestreckte lange runde und steife Rüssel am Vordertheile, nach der Beschreibung im Regenfuß, eine Klaue oder den Kinnbacken befestiget haben. Vermuthlich aber ist dieses so zu verstehen, wie Dargenville von dem Bewohner der knoblichen Sturmhaube (buccini echinophori L.) bemerkt, daß er durch die kleine eyförmige Mündung eine hohle mit Zähnen besetzte Zunge herausstrecke, und damit das Fleisch andrer Schaalenbewohner aussauge. Einen dergleichen weißen gezahnten hohlen Rüssel, womit sie andre Schaalenthiere durchbohren und aussaugen, hat ebenfalls Adanson an den Bewohnern der Porcellanschnecken entdeckt. Am deutlichsten ist von ihm der Rüssel der Kahnschnecken beschrieben. Es ist eine lange walzenförmige Röhre, die vorne offen, und mit einigen hakenförmigen Zähnen bewaffnet ist. Damit soll das Thier andre Schalen durchbohren, und ihren klebrigen Saft aussaugen. Hieraus wird wohl die unvollkommene Beschreibung der Zunge des Steinchens, so wie sie Hr. Chemnitz übersetzt hat, zu ergänzen seyn, wenn sonst der Bau des Rüssels bey den verschiedenen Arten einerley ist. Doch aber soll der Bewohner der apfelförmigen krumschnabligen Purpurschnecke die Oeffnung des Rüssels nur mit Borsten besetzt ha-

II. Theil.   Dd   ben.

ben. S. Martini 35. Vign. Fig. 4. Es müßte daher das Durchbohren und Aussaugen anderer Schaalenthiere auf mehrere Arten von den Purpurschnecken geschehen. Von den Schnecken mit einem Schnabel, in dessen Höhlung die Zunge ausgestreckt wird, vermuthete Lister Exercit. anat. altera de Buccinis S. 70. daß der Schnabel ihnen statt eines Hohlbohrers diene. Beym Aussaugen der Arten von Lepas und Mitylus haben sie diesen Schnabel nicht nöthig, und überhaupt möchte also der Bau des Rüssels nach der zu suchenden und dem Thiere von der Natur angewiesenen Nahrung eingerichtet seyn. Die Löcher an dem Wirbel gewisser Letter- und Venusschulpen, wo man sie am häufigsten antrifft, hält Martini, 3 Theil S. 298. für die Arbeit gewisser Purpurschnecken mit Schnäbeln. Um die Oeffnung befindet sich allemal ein sauber ausgefehlter Rand.)

In den weiblichen Zeugungsgliedern, am meisten in der Mutter, hat er allein diejenigen Säfte, welche zur Purpurfärberey brauchbar sind, gefunden. Er traf in der Mutter (utero) drey besondere durch Häute und Fibern von einander unterschiedene Abtheilungen, und in denselben dreyerley Säfte an. In der erstern kleinern Abtheilung hat er einen lichtbraunen bleichfarbigen, in der mittelsten und größten einen gelben ungemein klebrigen, und in der britten kleinsten einen schwarzen, unter dem Vergrößerungsglase dunkelgrün erscheinenden Saft gefunden. Dieser dreyfache Saft allein enthält den Stoff zur Purpurfarbe. Der bleiche Saft giebt die schwächste, der gelbe eine weit stärkere, und der dunkelgrüne die stärkste und beste Purpurfarbe und Röthe. Dabey merkt er an, daß selbst die weiße frische Materie der Eyer dieser Schnecke, sobald sie auf Leinen- oder Wollenzeug gestrichen, und an die Sonne gehangen werden, die Purpurfarbe angenommen; ja daß auch die junge Schneckenbrut, welche dabey gesessen, erst grünlich, darauf purpurroth geworden sey, sobald die Sonne darauf geschienen

nen habe; und daß endlich auch sogar die Eyerschalen derselben, wegen des in ihnen befindlichen Safts, an der Sonne die Purpurfarbe angenommen haben. Hierbey bemerkt Hr. Chemnitz, daß durch diese Erfahrungen die Nachricht des St. R. Müller bestätigt werde, wenn er im sechsten Theile des Linneischen Natursystems S. 463. sagt, daß diese Schnecke bey der Paarung einen Purpur von sich gebe, und Purpureyer lege. (Der grüne Saft, welchen Du Hamel in manchen seiner Purpurschnecken fand, und der sich bisweilen in die Schaale des Thiers ergossen, und dieselbe grün gefärbt hatte, nahm an der Sonne augenblicklich eine schöne rothe Farbe an, so wie auch die grüngefärbte Schaale that. Du Hamel schreibt diese Verschiedenheit der Farbe des Saftes ganz unrecht einer Krankheit des Thieres zu. Als Adanson auf den Deckel des verschlossenen Bewohners des buccini patuli Linn. oder des Weitmünders drückte, so floß eine ziemliche Menge von einer grünlichen Feuchtigkeit heraus, die nach dem Austrocknen dunkel purpurfarbig ward. Coquillages de Senegal S. 102—106.) Daraus wird nun endlich begreiflich, daß man sowohl bey derselben Schnecke, als bey mehrern Arten, einen ganz verschiedentlich gefärbten oder wohl gar keinen Saft antreffen kann, nachdem entweder das Thier seiner Paarung nahe ist, oder dieselbe verrichtet, und den darzu dienlichen Purpursaft verwendet hat, oder nachdem dieser Saft in dem Thiere selbst durch irgend eine natürliche Ergießung der Wirkung der Sonne mehr oder weniger ausgesetzt oder gefärbt worden ist. Vielleicht auch hat die Lage und Entfernung der Länder und der Meere, in welchen die Schnecken leben, von der Sonne einen wichtigen Einfluß auf die Farbe des Safts. Dieß haben wenigstens die Alten als eine sichere Beobachtung, von den Zeiten des Aristoteles an, angenommen, welche Vitruv an der angeführten Stelle weitläuftiger erklärt, wo er sagt: non habet in omnibus locis, quibus nascitur, unius generis colo-

colorem, sed solis cursu naturaliter temperatur. Eben diesen Verschiedenheiten der Ursache scheint auch die Farbe der Schaale unterworfen zu seyn.

In den Eingeweiden der Schnecke fand Hr. Ström den Bart der verschluckten Meereicheln; dadurch entdeckte er die Nahrung des Thieres, und das Mittel, die Schnecken zu seinen Untersuchungen lebendig zu erhalten und zu füttern. Ihre angenehmste Speise ist also der norwegische Berggrind oder Bergschorf, Lepas balanoides Linn. Mit ihrer spitzigen Zunge bringt sie durch die Fugen des Deckels bey den Seeeicheln, und weiß sie damit rein auszusaugen und auszulecken.

Wenn man mit dem Safte färben will, so ist nöthig, daß man zuerst das Schneckenhaus zerbreche, und alsdann die Mutter aufsuche, und allen darinne befindlichen Saft mit einer Federspule oder kleinem Messer sorgfältig herausnehme. Diesen ungemein klebrigen Saft vermischt man mit einer kleinen Quantität saurer Milch, um ihn dadurch ein wenig flüßiger, und zur Zeichnung der Buchstaben bequemer zu machen. Darauf kann man es versuchen, damit zu zeichnen und zu färben. Das alsdann mit Merkmalen versehene leinen und wollene Zeug hängt man sogleich in die Sonne, da man gar bald das Vergnügen haben wird, das schönste Purpurroth zu erblicken. Sollte man die Farbe ein wenig zu dick aufgetragen haben, und daher die Zeichnung zu dunkel ausgefallen seyn, so darf man nur alles, wenn es ein paar Tage lang in der Sonne getrocknet worden, (denn so lange muß es trocknen, wenn die Farbe beständig und dauerhaft bleiben soll,) in Lauge auswaschen, alsdann wird es bald lichter und schöner werden.

Alle Farbematerie, welche Ström aus mehr als 100 grossen und kleinen Schnecken zusammenbringen konnte, betrug nicht mehr als 14 Grane. Dieses Quantum hat er mit 1 Quentchen 16 Granen saurer Milch vermischt, und dadurch flüßiger gemacht, darauf einen leinenen Lappen hinein getaucht, und hernach denselben, nachdem er ihn zuvor wohl ausgepreßt und ausgedrückt, an die Sonne gehangen. Dieser Lappen erhielt eine zwar etwas ungleiche, doch ziemlich starke Purpurfarbe. Sie würde, wie er meynt, noch stärker geworden seyn, wenn er etwas weniger Milch genommen hätte. Ein andermal machte er den Versuch mit einem wollenen Lappen, und der Erfolg war derselbe. Endlich versuchte er es noch einmal mit einer gleichen Quantität von Saft, den er aber mit 1 Quentchen 16 Gran Wasser vermischte. Diese Auflösung wärmte er auf einem zinnern Teller, und tunkte alsdann ein Stück Leinwand hinein, das aber nur ganz schlecht und schwach davon gefärbt ward. Bey einer solchen Färberey würde, wie er versichert, noch einmal so viel Farbematerie, wie vorhin erfordert werden, wenn man seinen Zweck erreichen wollte. Die Vermischungen des Purpursafts mit Branntewein sind ihm auch mislungen, und es ist ihm bey einem solchen Verfahren unmöglich gewesen, eine gute und reine Purpurfarbe zu erhalten.

Man sieht aus allen Umständen dieser Erzählung, welche ich meist mit den eignen Worten des H. Chemnitz wiederholt habe, daß der aufmerksame nordische Naturforscher nichts von den Versuchen eines Reaumür oder Du Hamel gewußt habe; er selbst giebt seine Versuche mehr für curiös als nützlich aus, so lange man davon keinen Nutzen in der Anwendung angeben könne. Und also wußte auch der geschickte Mann nicht, daß er nur gleichsam die Theorie von einer Färberey lieferte, welche die Spanier schon lange in Amerika treiben. Zu dieser Absicht ist vorzüglich noch die folgende Bemerkung von ihm wichtig. Er fand nämlich, daß das Gewicht der Zeuge, welche mit Purpur gefärbt waren, nicht zu allen Stunden des Tages gleich war, sondern daß solche des Morgens weit schwerer befunden wurden, als des Mittags, welches nach seiner Meynung von der Feuchtigkeit herrührt,

rührt, welche sie bey der Nachtzeit an sich gezogen hatten, und zur Mittagszeit, wenn der Tag am heißesten war, wieder verloren.

Herr Chemnitz hat dieser Erzählung einige Anmerkungen beygefügt, wovon ich nur zwey hier anzuführen brauche. Weil man in allen Meeren eine unglaublich große Menge von Meereicheln, dem gewöhnlichen Nahrungsmittel der Purpurschnecken, findet, so wollte er wohl daraus den Schluß machen, daß die Anzahl der Purpurschnecken ebenfalls größer seyn müsse, als man seither geglaubt hat. Zweytens vermuthet er, daß der Purpursaft in andern Seethieren weit reichlicher und überflüßiger zu finden sey. So pflege der Unrath der Wallfische ganz roth zu seyn, und die Leinewand, welche damit bestrichen wird, erhält eine dauerhafte rothe Farbe. (Müllers Linn. Natursystem I. S. 485.) Vielleicht träfe man in dessen innern Theilen und Eingeweiden weit mehr von dem Farbematerial an.

Einen Umstand finde ich in diesem Auszuge übergangen, den H. Chemnitz vermuthlich nicht für wichtig genug hielt anzuführen, und der doch, wie aus den Versuchen des Reaumür am deutlichsten erhellet, in genauer Verbindung mit dem Purpursafte steht, ich meyne die Eyer des Kinkhorns. Herr Fabricius in seiner Reise nach Norwegen S. 333. hat in dem weit kürzern Auszuge aus Ströms Abhandlung mit angeführt, daß darinne bewiesen werde, die Eyer dieser Schnecke seyn die Hydra triticea, welche Linné in der Fauna Suecica no. 2259. also beschreibt: capsula ovali truncata magnitudine seminis tritici. Habitat in Oceano supra testas ostrearum. Capsulae subpedicellatae, plures, membranaceae, magnitudine et figura puparum formicae rufae, apice truncatae. Florem non vidi. Diese kurze Beschreibung zeigt schon die größte Aehnlichkeit der sogenannten Hydra mit den Purpureyern des Reaumur an, und Linné selbst ist in der neuesten Ausgabe des Systems schon auf die Vermuthung gekommen, daß die Hydra tric. wohl die Eyer des buccini undati seyn möchten. Die Beschreibung des H. Fabricius in seiner Reise S. 262. ist zwar weitläuftiger, aber nicht so bestimmt und deutlich als die Linneische. Er sagt (vom 22 Julius): Hydra triticea saß auf den Steinen außerhalb dem Waßer sehr häufig, an welchen sie sich vermittelst einer kleinen dünnen Haut bevestiget hatten. Der Körper selbst ist klein, eyförmig, gelblich, halbdurchsichtig, steht gerade in die Höhe, und zwar mehrere neben einander, und haben an der Spitze einen kleinen Eindruck. Sie haben außerordentlich viel ähnliches mit Eyern, und scheinen vielleicht die Eyer des buccini undati zu seyn, wie schon Linne' vermuthete. Die Versicherung und Erfahrung des Herrn Ströms, von deren nähern Umständen ich bedaure, daß wir noch nicht gehörig unterrichtet sind, finde ich auch schon in Ferbers neuen Beyträgen zur Mineralgeschichte 1 B. S. 449. wo gesagt und behauptet wird, die hydra triticea seyen die Eyer des buccini lapilli, welche Schnecke den Mytilum verzehre.

Die Meynung des Aristoteles von der Brut der Purpurschnecke habe ich oben angeführt; hier will ich noch einiges hinzusetzen, und sie mit den Erfahrungen der Neuern vergleichen. Im dritten Buche von der Zeugung Kap. 11. sagt er: die Purpur- und Trompetenschnecken geben eine zähe Feuchtigkeit (μυξώδεις ὑγρότητας) von sich, welche man für eine Saamenfeuchtigkeit halten könnte. Aber es ist kein Saame, sondern diese Feuchtigkeit hat etwas ähnliches mit den Pflanzen, welche sich durch Schößlinge oder durch Nebenwuchs, wie die Bollen, fortpflanzen. Daher entstehen eine Menge Thiere, wenn zuvor eins da ist. Denn alle diese Thiere entstehen auch von selbst (ohne Paarung); aber mehr, wenn dergleichen schon vorhanden. Es ist natürlich, daß gleichsam an dem Stamme ein Ueberfluß entstehe, aus welchem mehrere Nebenzweige erzeugt werden. Hieraus wird deutlich, was

Aristo-

Aristoteles in der oben angeführten Stelle unter den gleichartigen Theilen verstehe, aus welchen die Purpurschnecken entstehn sollen. Von den sogenannten Eyern der Purpurschnecken versichert Aristoteles de Partibus Animal. IV. 5. daß sie nichts zur Zeugung beytragen, sondern nur ein Zeichen der guten Nahrung sind, wie der Feist bey den Thieren mit Blute. Zum Beweise führt er de Generat. III. 11. an, daß die Steckmuscheln (pinnae), Purpur- und Trompetenschnecken diese Eyer biständig hätten, nur bald größer bald kleiner; einige aber, setzt er hinzu, haben sie nur im Frühjahre, und hierauf verschwinden sie nach und nach, wie bey den Kammmuscheln und Mießmuscheln (pectines et mituli). Was Aristoteles unter den Eyern hier verstehe oder meynen könne, mögen diejenigen untersuchen, welche Gelegenheit haben, lebendige Purpurschnecken zu beobachten. Ich für meinen Theil glaube, daß überall die nämliche Materie verstanden werde, welche A. zur Zeugung für unfähig hielt; bey den übrigen Schaalthieren hießen sie Eyer, bey den Purpurschnecken aber, deren Brut man öfterer und genauer zu betrachten Gelegenheit hatte, Raß. Einige Arten von dergleichen Eyerstöcken aß man auch ehemals, wie noch itzt die Eyer von dem Marmorhorne (Conus marmoreus L.) nach Rumphs Zeugnisse gegessen werden. — Daß die Bemerkungen des griechischen Philosophen verdienen gesichtet zu werden, erhellet schon daraus, weil sie oft von neuern berühmten Naturforschern sind ohne Prüfung der aristotelischen Zeugungstheorie nachgeschrieben worden. So erzählt der fleißige Rumph in der amboinischen Raritätenkammer S. 75, daß man öfters an den Klippen, wo sich die Stachelschnecken aufhalten, einen Büschel weißer eckichter Eyer hangen sehe, die so durchscheinend sind wie Eis, und mit schmalen Hälsen, wie die Eyer eines Blackfisches, an einander sitzen. Man hält sie, sagt er, für Eyer dieser Schnecke, die zur Fortpflanzung nichts beytragen: denn alle dergleichen Eyerstöcke von Schnecken (melicera) sind

nichts

nichts anders als eine schleimigte Nahrung. Hier haben wir die ganze ächte Theorie des Aristoteles, bey welcher der gute Rumph aller weitern Beobachtungen entübrigt zu seyn glaubte. Eben so sagt er S. 53. von den Bewohnern der Tonnen und Rebhüner, welche fast alle unter Linne's buccina gehören, daß ihr Eyerstock (moliceris) eine leere Masse sey, woraus keine jungen Schnecken kommen. Er fand einst eine Schale ohne Bewohner, ganz mit einer schleimigen Haut überzogen, worinne ein solcher unfruchtbarer Eyerstock war, welcher aus unzähligen frey an einander hängenden weißen Aesten bestand, woran weiße, durchscheinende Körner hiengen; so groß wie Gerstenkörner, aber etwas länglicher, und fast alle mit zwey schwarzen Pünktchen gezeichnet, als ob sie Augen eines Thiers werden sollten. Ganz anders und vernünftiger urtheilt Rumph S. 42. von dem Eyerstock der grauen glatten Sturmhaube (buccini glauci L.). Im Monat September, sagt er, versammlen sich diese Schnecken zu 20 und 30 auf einer Stelle, und legen ihre Eyer neben einander an Steine, die wohl zwey Klaftern tief unterm Wasser liegen. Diese Eyer sind kurz, zackigt und mürbe, wie Korallengras. Sie haben die Länge eines Daumen, liegen dicht auf einander gepackt, sind von oben mit einer stumpfen Spitze versehn, übrigens weich, schleimig, hellbraun, und ohngefähr so dick wie Segelgarn. Wenn sie etwas alt werden, findet man die Gestalt von jungen Schnecken darinne, von welchen dann diese Sturmhauben erwachsen. Von der Sjanfoschnecke (Voluta Pyrum L.) erzählt er an einer andern Stelle nach dem Berichte der Taucher, daß zu gewissen Jahrszeiten diese Schnecken hundertweise in einem Klumpen auf dem Grunde des Meers sich zusammenfinden; alsdann halte sich unter ihnen die Königinn auf, und beschwängere die andern. Es wird versichert, daß man kurz nachher an eben der Stelle gemeiniglich einen seltsam gebildeten Eyer-

II Theil.   Ee   stock

stock (melicera) oder viel kryſtallartige Körner antreffe, die an einem im Sande gerade in die Höhe ſtehenden Stiele rings herum wie Trauben hangen, aus welchen hernach die jungen Sjankos entſtehn. Den Eyerſtock der dickſchaligen Feige, eines muricis, findet man weitläuftig von Ellis und andern beſchrieben im Martini III B. Seite 7. — Durch dieſe und die oben angeführten Beobachtungen der Neuern wird die Nachricht des Ariſtoteles nicht allein erläutert, ſondern auch deſſen Theorie von der Zeugung der Purpurſchnecken verbeſſert. Daß der ſo genannte Purpurſaft der Stoff zur künftigen Brut und das zu ſeiner Aufbewahrung beſtimmte Behältniß die Mutter oder uterus ſey, hat erſt H. Ström entdeckt. Kur Dargenville vermuthete, daß der an dem obern Theile des Körpers von dem Bewohner des ſtachlichen Schneckenkopfs befindliche Sack, welcher einen dicken hellpurpurfarbigen Saft enthält, dem Thiere ſtatt eines Magens diene. Die nun aufgeklärte Beſtimmung des Purpurſafts zeigt deutlich, daß die Vorſicht der Alten gegründet war, wenn ſie die Schnecken fiengen, ehe ſie raſeten, oder ihre Eyer legten. Nun begreift man auch, warum man dieſen Saft nicht zu jeder Jahreszeit und nicht bey allen Schnecken antreffe. Der Unterſchied des männlichen und weiblichen Geſchlechts bey den gewundenen Schnecken iſt wenigſtens in einigen Arten von Adanſon als Augenzeugen behauptet worden; andere Arten ſollen hingegen Zwitter ſeyn, und einige lebendige Junge gebären. Von den Bewohnern der Kahnſchnecken bemerkt er das letzte; wenigſtens fand er im April und May in ihrem Leibe lebendige Junge, 4 bis 5 mit Schalen; er vermuthet auch, daß viele ihre Jungen in den erſten Tagen ernähren, weil viele Schnecken ihre Jungen in den Falten des Fußes trugen, obgleich die Länge ihrer Schale bereits 1½ Zoll betrug. Die letztere Bemerkung hatte Ariſtoteles ohne Zweifel auch ebenfalls

an

an einigen Arten der Purpurschnecken gemacht, weil er
sagt, daß man oft kleine noch unausgebildete Purpurschnecken an den größern antreffe.

Nach diesen vorläufigen Erläuterungen wird man
nun auch im Stande seyn, die beyden nachfolgenden Berichte
von der spanischen Purpurfärberey in Amerika zu verstehen und zu beurtheilen. Zwar nennet Dargenville S.
74. der deutschen Uebersetzung mehrere Oerter, wo man
sich noch des rothen Safts einiger Muscheln und Schnecken zur Färberey bedient; aber ich glaube nicht, daß ir-
gendwo der Gebrauch dieses Safts im Großen so weit
geht als in Amerika. Wir sind bis jetzt nur noch zwey
Nachrichten davon bekannt. Die eine findet sich in der
Reise nach Neuspanien von Thomas Gage VII B. 7
Kap. 429 Seite, wo es heißt: Es hat in der Gegend
von Chixa und dem Golpho des Salines einige spanische
Meyerhöfe und etliche kleine Dörfer der Indianer, welche
der Alcalde major als seine Leibeigne braucht, indem sie
ihm ein gewisses Kraut, de la Pice genannt, spinnen müssen, als welches eine überaus angenehme Kaufmanns-
waare in Spanien, sonderlich wenn es zu Nicoya und in
der Gegend mit Purpur gefärbt ist. Zu dem Ende sind
eine gewisse Anzahl Indianer bestellt, die am Ufer des
Meers eine besondere Art von Schnecken, so diese Purpurfarbe geben, suchen müssen. Nach einer Beschreibung
der Schnecke, welche aus dem Plinius Wort für Wort
abgeschrieben ist, und also zur Sache gar nicht paßt, fährt
er fort: Das Tuch von Segovien, so mit diesem Purpur
gefärbt ist, wird wegen der hohen Farbe die Elle bis auf
20 Kronen verkauft, und nur allein von den allerhöchsten
Herren in Spanien getragen.

Der Bericht des Ulloa in seiner Reise S. 138. ist etwas zuverlässiger und vollständiger; deswegen rücke ich
ihn hier ganz ein, und schließe damit diese Abhandlung.
Es heißt daselbst: Auf den Küsten, welche zur Statthal-

terschaft Guayaquill gehören, wird der feinste Purpur gefunden, den die Alten so hoch geschätzt haben, und welcher nachgehends in Vergessenheit gerathen, oder von vielen Nationen für verloren gehalten worden ist, weil man das Thier nicht kannte, von welchem er kommt. Diese Thiere stecken in Schneckenhäusern, die den gemeinen Schneckenhäusern gleich kommen, und an den Klippen wachsen, an welche die See spielt. Die Häuser sind ohngefähr so groß, wie welsche Nüsse, oder etwas größer. Diese Thiere haben einen Saft oder eine Feuchtigkeit in sich, welche herausgezogen wird und der wahrhafte Purpur ist. Allem Ansehn nach dienet diese Feuchtigkeit dem Thiere anstatt des Blutes. Man färbt damit die baumwollenen Fäden oder andere zarte Dinge. Dieses giebt eine so lebhafte und dauerhafte Farbe, daß sie weder durch das öftere Waschen ihren Glanz verliert, sondern vielmehr noch feiner wird, noch auch durch den langen Gebrauch vergeht, oder verdunkelt wird. In dem Bezirke des Hafens Nicoya, der unter die Provinz Guatemala gehört, findet man eben solche Schnecken, und färbt auch Baumwolle mit ihrem Safte. An beyden Orten braucht man hernach solche gefärbte Fäden zu Bändern, Spitzen und anderm Putze, worauf allerhand künstlich genähet und gestickt wird. Alle solche Sachen werden wegen der schönen und seltnen Farbe sehr hoch geachtet. In der Art, diesen Saft oder diese Feuchtigkeit herauszubringen, findet sich einige Verschiedenheit. Manche tödten das Thier; sie ziehen es aus dem Hause heraus, legen es auf den Rücken der Hand, drücken und quetschen es mit einem Messer vom Kopfe an bis an den Schwanz, reißen hernach denjenigen Theil von dem Körper ab, wo sich durch die Zusammenpressung der Saft gesammlet hat, und das übrige werfen sie weg. So verfahren sie mit vielen Schnecken, bis sie eine zureichende Menge Saft haben. Hernach ziehen sie die Fäden

den hindurch, die sie färben wollen, und weiter wird nichts
hierbey gethan. An den also gefärbten Fäden sieht man
aber nicht gleich anfangs die Purpurfarbe, die sie haben
sollen. Man bemerkt dieselbe nicht eher, als bis alles
völlig trocken ist. Anfangs ist diese Farbe milchweiß,
hernach wird sie grün, und endlich purpurroth. Andre
pressen den Saft aus, ohne das Thier zu tödten. Sie
ziehn es nicht ganz aus dem Hause heraus, sondern drücken es nur, bis es einen gewissen Saft oder eine gewisse
Feuchtigkeit von sich speyet, womit man die Fäden färbt.
Hernach legt man die Schnecken wiederum an eben die
Steine, wovon man sie hinweg genommen hat. Sie erholen sich daselbst von neuem, und geben nach einiger Zeit
wiederum etwas Saft von sich, aber doch nicht so viel, als
das erstemal. Wiederholt man dieses zum dritten- oder vier-
tenmale, so bekommt man nur etwas sehr weniges vom
Safte aus den Schnecken; diese Thiere verlieren endlich
ihre Kräfte, können sich nicht wieder erholen, und müssen
umkommen. Im Jahre 1744, da ich mich im Bezirke
Santa Elena befand, ereignete sich eine bequeme Gelegenheit für mich, solche Thiere zu untersuchen, und die erstere
Art mit anzusehn, wie man den Saft herauszieht und die Fäden färbt. Dieses ist nichts so gar gemeines, wie sich einige
Schriftsteller eingebildet haben, auch nicht einmal in den Gegenden, wo sich die Indianer mit Sammlung solcher Schnecken zu beschäftigen pflegen. Es ist zwar gewiß, daß an der
See ziemlich viel davon gezeugt wird, indem man schon
eine große Menge nöthig hat, um nur einige Unzen Fäden
zu färben; allein eben deswegen bekommt man sehr wenig
davon zu sehn. Weil nun diese Farbe so selten und theuer
ist, so wird sie auch um so viel höher geschätzt. Deswegen,
und wegen der besondern Eigenschaft der Farbe, suchte ich
einige solche Schnecken an mich zu bringen. Ich bekam
einige davon, und eine davon wird noch von mir aufgehoben, wie es ihre Seltenheit verdient. Zu den übrigen

Ee 3 Umstän-

Umständen kommt noch die seltne Eigenschaft, daß die damit gefärbte Baumwolle zu verschiedenen Stunden des Tages auch ein verschiedenes Gewicht und eine verschiedene Farbe hat. Auf der Landspitze Santa Elena konnte ich nichts von dieser Eigenschaft entdecken. Die dasigen Einwohner sind dem Ansehn nach nicht so aufmerksam als andre, und sind daher mit ihren Untersuchungen noch nicht so weit gekommen, daß ihnen ein so besonderer Umstand hätte bekannt werden sollen. In Nicoya aber weiß man dieses gar wohl. Diejenigen, welche damit handeln, setzen daher allemal als einen nothwendigen Umstand, um sich vor Betruge zu verwahren, die Stunde fest, wenn die Purpurfäden gewogen, und ausgeliefert werden sollen; denn der Käufer und Verkäufer wissen schon die Stunden, wenn der Purpur am schweresten wiegt, oder am leichtesten ist. Wir können sicher urtheilen, daß eben dieses, was in Ansehung der Verschiedenheit des Gewichts zu Nicoya geschieht, auch von dem Purpur auf der Landspitze Santa Elena gelten müsse: denn die Schnecken sind an beyden Orten einerley, und die Farbe, welche sie geben, ist im geringsten nicht unterschieden. Noch ein anderer Umstand verdient angemerkt zu werden, der sich nach der Aussage einiger Personen, die allen Glauben verdienen, bey dieser Farbe findet. Leinwandene Fäden sollen nämlich die Farbe nicht so annehmen, wie Fäden von Baumwolle. Wegen dieser Eigenschaft wäre es nöthig, daß man sowohl mit Leinwand als mit Seide und Wolle allerhand Versuche anstellte. Einige haben vorgegeben, das Thier, von welchem man diese Farbe bekommt, wachse in einer Muschel. Es kann seyn, daß man unter diesem Namen sowohl platte als schneckenförmige und gedrehte Schaalen verstehe. Damit nun alle Zweydeutigkeit vermieden werde, so will ich erinnern, daß man die letztere Art verstehn müsse. Daher nennt man auch die Fäden, die mit dem Safte gefärbt sind, Caracolillos. —

So

So weit Ulloa. Caracol heißt im Spanischen die Schnecke. Der Ursprung und Erfindung dieser Färberey, die Schneckenart und mehrere sehr wichtige Umstände, nach welchen man hier fragen muß, werden wohl so bald nicht können bestimmt werden. Die Verschiedenheit der Farbe hängt wohl von der Ursache des vermehrten Gewichts, vielleicht der eingesognen Feuchtigkeit ab. Dieser Umstand aber mit dem andern, daß nämlich die Leinewand die Farbe nicht so gut annimmt, verdient weiter untersucht zu werden.

www.ingramcontent.com/pod-product-compliance
Lightning Source LLC
Chambersburg PA
CBHW032011300426
44117CB00008B/983